了解经济学,可以让人更快乐!
学习经济学,让自己生活得更自在、更聪明、更游刃有余。

像经济学家一样思考
开启你的经济学之旅

每天学点

经济学

大全集

亢博剑 ◎ 编著

图书在版编目（CIP）数据

每天学点经济学大全集 / 亢博剑编著. —上海：立信会计出版社，2011.5

（超值金版）

ISBN 978-7-5429-2839-9

Ⅰ. ①每… Ⅱ. ①亢… Ⅲ. ①经济学-通俗读物 Ⅳ. ①F0-49

中国版本图书馆CIP数据核字（2011）第047173号

策划编辑　蔡伟莉
责任编辑　潘　伟
封面设计　久品轩

每天学点经济学大全集

出版发行	立信会计出版社
地　　址	上海市中山西路2230号　邮政编码　200235
电　　话	（021）64411389　传　真　（021）64411325
网　　址	www.lixinaph.com　电子邮箱　lxaph@sh163.net
网上书店	www.shlx.net　电　话　（021）64411071
经　　销	各地新华书店
印　　刷	廊坊市华北石油华星印务有限公司
开　　本	787毫米×1092毫米　1/16
印　　张	24.5
字　　数	485千字
版　　次	2011年5月第1版
印　　次	2013年3月第5次
书　　号	ISBN 978-7-5429-2839-9/F
定　　价	29.00元

如有印订差错，请与本社联系调换

导 读

经济学，一门让人幸福的学问

"经济学"一词最早出现在公元前469~399年间的古希腊，用希腊文表示为"oikonomia"，是"家计管理"的意思，后用英文翻译为"economics"，我国学者严复曾把它译为"生计学"，翻译成汉语"经济学"的第一人是日本学者神田孝平。

经济学的英文是"economic"，指的是家政管理。一般的经济史专家都认为，西方经济分析的鼻祖是柏拉图和亚里士多德，而这两位伟大哲人所说的经济学，从一开始，就贯注了浓郁的人文关怀精神，使经济学成为"讲道德"和"讲良心"的科学。

马克思认为，近代资本主义经济学的真正始祖是英国的威廉·配第爵士（1623~1687），一个给人看病的医生。他有一种强烈的人文关怀精神，利用业余时间研究、调查社会经济现象与问题，就有关国计民生的重大问题对英国的决策者经常提些经济政策建议。而且他还认为应该尽快就此建立一门新学术，他称之为"政治算术"。其实，从经济学发展历程来看，它始终与我们的生活息息相关，我们的生活离不开经济学。

经济学往大了说是"经世济民之学"，往小了说是"经济实惠之学"，人人都能从经济学中淘到自己需要的宝贝。对个人来说，经济学是一门高明的成功学与幸福学。

萧伯纳，英国著名的戏剧家，1925年诺贝尔文学奖获得者，他说过一句名言："经济学是一门使人生幸福的艺术。"经济学的研究对象是人，那么研究人类的幸福也应该是经济学的必由之路和归宿点。

这种幸福感在经济学大家身上可见一斑。美国著名非主流经济学家加尔布雷斯幸福地生活了97年，新自由主义大师弗里德曼幸福地度过了94年的光阴。"从这两位大师的身上，我们可以感受到经济学的魅力，可以感受到真正的经济学精神对于我们的建设性作用。"中国经济学家卢周来这样评价两位大师。

美国马克思主义经济学家保罗·斯威齐也是94岁高寿,薛暮桥在经济学王国生活了101年。我们会发现:经济学思想巨匠竟然会普遍长寿。回头看萧伯纳的那句名言,我们可以认识到献身经济学研究的人是幸福的。而这种幸福来源于经济学家用经济学这个工具认清了纷繁复杂的人生与世界。因为拥有"心如明镜"的境界,才使他们心情愉悦,得享高寿。

诺贝尔经济学奖获得者、美国著名经济学家约翰·梅纳德·凯恩斯认为经济学"不是一种教条,只是一种方法、一种心灵的器官、一种思维的技巧,帮助拥有它的人得出正确结论"。一个优秀的教练员未必比运动员实战水平高,但他能够给运动员以理论、经验和方法,使运动员的技能水平更高。一个优秀的经济学家未必是一个理财能手、成功的企业家或政府官员,但他能给一个理财能手、成功的企业家或政府官员非常重要的指导。这就是经济学的重要作用。

经济学能解决生活中的疑惑,不仅能告诉人们"是什么",还能告诉人们"为什么"以及"怎么办"。所以,使人幸福的经济学不是阳春白雪,也不是停留在经济学家的长篇巨著、经济评论家的艰深高论和难辨真假的媒体评论上,它是平常人触手可及的学问。

目录

入门篇　开启你的经济学之旅

第一章　商品·货币·信用
——点击经济学关键词

- 经济学前提：经济人假设 …………………… 002
- 商品：有什么物品不能买卖 ………………… 003
- 货币：狗牙也可以买东西 …………………… 004
- 成本：有收获就有放弃 ……………………… 006
- 稀缺性：两只桃子也杀人 …………………… 007
- 价值和价格：天价理发费 …………………… 008
- 效用：朝三暮四的妙用 ……………………… 010
- 信用：商业活动运行的基础 ………………… 011
- 银行：货币流通的中转站 …………………… 013
- 生活中的黄金搭档：帕累托最优 …………… 014

第二章　跟曼昆学习经济学
——经济学十大原理

- 选择：鱼和熊掌之间的权衡取舍 …………… 016
- 机会成本：两堆稻草间饿死的驴子 ………… 017
- 边际：理性的人考虑边际量 ………………… 018
- 激励：人们会对激励做出反应 ……………… 020
- 比较优势：贸易使每个人状况更好 ………… 022
- 看不见的手：市场是组织经济活动的好方法 …… 024
- 政府干预：政府有时可以改善市场结果 …… 025
- 生产率：一国的生活水平取决于其生产的能力 … 027
- 通货膨胀：当政府发行过多货币时物价上涨 … 029
- 菲利普斯曲线：通货膨胀与失业之间的权衡取舍 …… 030
- 附录　曼昆简介 ……………………………… 031

目录

基础篇　像经济学家一样思考

第三章　思维决定成败
——每天学点经济学思维

蝴蝶效应：小过错可能扩散成弥天大祸 …………………… 034
马太效应：穷人更穷，富人更富 …………………………… 036
羊群效应：随大流是明智还是愚蠢 ………………………… 038
鲇鱼效应：竞争让市场更高效 ……………………………… 040
木桶效应："短板"决定最终的结果 ………………………… 041
棘轮效应：消费习惯具有不可逆性 ………………………… 043
多米诺骨牌效应：经济雪崩的秘密 ………………………… 044
青蛙效应：学会适应未必是好事情 ………………………… 046
挤出效应：政府投资多，私人投资就少 …………………… 047

第四章　博弈不是教你诈
——每天学点博弈论常识

囚徒困境：出卖，还是合作 ………………………………… 049
智猪博弈：搭个便车最省力 ………………………………… 053
斗鸡博弈：狭路相逢勇者胜 ………………………………… 056
猎鹿博弈：从合作走向共赢 ………………………………… 059
协和谬误：放弃沉没的成本 ………………………………… 062
蛋糕博弈：讨价还价智慧大 ………………………………… 066
信息博弈：买的不如卖的精 ………………………………… 069
博傻理论：别做最大的笨蛋 ………………………………… 072

微观篇　走近市场经济学

第五章　贸易使人变得更好吗
——关注商品市场要学的经济学

供给与需求：经济学的心脏 ………………………………… 078
市场：无所不在的经济秩序 ………………………………… 080

均衡价格："看不见的手"的作用 …………………… 081
蛛网理论：地瓜农夫的智慧 ……………………… 082
边际效用：第一块三明治和第三块不同 ………… 084
经济周期："经济大气候"的变化 ………………… 086

第六章　人们的消费总是理性的吗
——关注消费者选择要学的经济学

消费者选择理论：人们如何选择商品 …………… 089
预算约束：购买力对消费行为的影响 …………… 090
非理性因素：人们的消费总是理性的吗 ………… 091
价格歧视：同物不同价的原因 …………………… 092
替代效应：猪肉涨价了就多吃牛肉 ……………… 095

第七章　企业怎样决定雇佣的人数
——关注生产要素市场要学的经济学

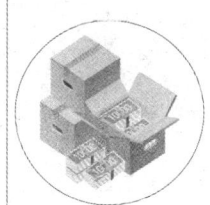

生产要素市场：决定工作报酬的市场 …………… 097
劳动的需求：企业怎样决定雇佣人数 …………… 098
需求变化：为何企业会突然增员 ………………… 099
工资差异：关于劳动市场的均衡 ………………… 100
厂商理论：微观经济学的重要组成 ……………… 101
生产费用论：商品的价值取决于生产费用 ……… 102

第八章　怎样限制成本使企业最有竞争力
——关注商品利润要学的经济学

生产成本：为何有的生产不划算 ………………… 104
边际产量递减规律：投入和产量的关系 ………… 105
成本曲线：企业成本的控制程度 ………………… 106
短期成本和长期成本：企业"翻身"时间 ……… 107
萨伊定律：供给创造需求 ………………………… 108
规模经济：企业做强的理论支持 ………………… 110

第九章　欧佩克如何控制世界石油市场
——关注垄断和竞争要学的经济学

完全竞争：不受干扰的市场机制 ………………… 112
垄断：没有选择的可能性 ………………………… 114

市场类型：在完全竞争和垄断之间 …………………… 115
寡头：从欧佩克对世界石油市场的控制说起 ………… 116
经济自由主义：提倡市场机制 …………………………… 117
垄断优势理论：对传统理论的挑战 ……………………… 119

宏观篇　抓住看得见的手

第十章　国家发行的货币知多少
　　　　——关注通货膨胀要学的经济学

通货膨胀：钱不值钱的背后 ……………………………… 122
本位币和辅币：何谓真正的钱 …………………………… 124
货币发行：印得太多必然会贬值 ………………………… 125
通货膨胀率：衡量货币贬值的程度 ……………………… 128

第十一章　政府应该做什么
　　　　——关注政府调控要学的经济学

货币政策：调控经济的杠杆 ……………………………… 130
凯恩斯乘数：一家公司的玻璃打破后 …………………… 133
不良需求：经济离不开宏观调控 ………………………… 135
经济刺激政策：信心比黄金更重要 ……………………… 137
经济刺激组合拳：财政货币政策 ………………………… 138
市场监管：法律不能成为摆设 …………………………… 141
财政赤字：事关纳税人的权益 …………………………… 142
产权保护：威廉一世与磨坊 ……………………………… 144

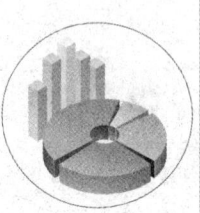

第十二章　货币贬值和升值意味着什么
　　　　——关注国际贸易要学的经济学

汇率：两国货币兑换的比率 ……………………………… 147
人民币升值：到底是好事还是坏事 ……………………… 149
对外贸易：全球化向我们走来 …………………………… 150
出口与进口的关系：贸易顺差与逆差 …………………… 152
贸易补贴：进出口贸易的津贴 …………………………… 154
商品倾销：以低价格占领市场 …………………………… 155

WTO：世界贸易的协调者 …………………………………… 156
热钱：投机性短期资本 …………………………………… 158

第十三章　股市是一个大赌场吗
　　——关注金融体系与金融工具要学的经济学

金融市场：合法的赌局 …………………………………… 161
金融里的博弈：谁是冤大头 ……………………………… 163
彩票，赌博与投资：挑美女的心理 ……………………… 164
对冲基金：索罗斯的智慧 ………………………………… 166
虚拟经济：摸不着但看得见 ……………………………… 168
金融泡沫：使其灭亡，必先使其疯狂 …………………… 170
财务杠杆：什么能让你一夕暴富 ………………………… 173
金融中介：资金盈余和短缺者的红娘 …………………… 174

第十四章　口红也能做成指标吗
　　——关注经济指数要学的经济学

绿色GDP：为什么GDP会受质疑 ………………………… 177
基尼系数：为什么不能过高 ……………………………… 179
恩格尔系数：测测你的富裕程度 ………………………… 181
消费者信心指数：从亚市早盘说起 ……………………… 183
生活成本指数：选择适合自己的城市 …………………… 185
负担系数：如何化解年轻人的负担 ……………………… 187
国民生产总值：真正属于自己的价值 …………………… 188
道·琼斯指数：经济的晴雨表 …………………………… 189
"巨无霸"指数：购买力平价理论 ……………………… 191
口红指标：最直观的经济指标 …………………………… 193

应用篇　这年头，就得学点经济学

第十五章　我们该如何消费
　　——每天学点消费中的经济学

经济学教你做出理性选择 ………………………………… 196
优惠券，"受惠"的是商家 ……………………………… 197

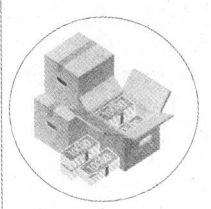

目录

信息不对称，买的没有卖的精 ………………………… 199
引导消费，别让商家赚了你便宜 ……………………… 200
差别定价，上品折扣的实惠典礼 ……………………… 201
免费午餐，酒吧里的花生米 …………………………… 202
了解团购，网聚人的力量 ……………………………… 204
"一次性"交易，肥了商家 …………………………… 205
买房是大事，不要丧失理性 …………………………… 207

第十六章 投资不准，收益不稳
——每天学点投资中的经济学

投资：牺牲当前消费来增加未来消费 ………………… 209
股票：不能不懂的资产增值手段 ……………………… 211
基金：让专家打理你的财富 …………………………… 213
黄金：保值增值的好选择 ……………………………… 215
储蓄：把钱存入银行 …………………………………… 217
期货：今天做明天的交易 ……………………………… 219
债券：比存款划算的投资方式 ………………………… 221
套利：捕捉低风险赚钱机会 …………………………… 222
复利：最神奇的财富升值工具 ………………………… 224

第十七章 为何说人脉就是钱脉
——每天学点交际中的经济学

人脉小投资，换来大回报 ……………………………… 228
说话只三分，收益百分百 ……………………………… 231
首因效应好，省时又省力 ……………………………… 234
大树好乘凉，傍个有名人 ……………………………… 238
人在江湖走，还得会送礼 ……………………………… 240
锦上添花，不如雪中送炭 ……………………………… 242
狡兔三窟，多个朋友多条路 …………………………… 245
学会做人，避免零和博弈 ……………………………… 248

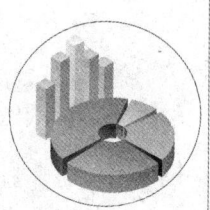

第十八章 怎样让一加一大于二
——每天学点婚恋中的经济学

恋爱，不能忽略成本 …………………………………… 251

用心维护，否则爱情会变质 …………………………… 252
恋爱公式，请画上不等号 …………………………… 254
覆水难收，理性看待失恋 …………………………… 257
门当户对，婚姻才牢靠 ……………………………… 259
经济学解释人为什么要结婚 ………………………… 260
婚恋博弈，给彼此多点信任 ………………………… 262
新婚夫妇，要合理安排家务 ………………………… 266
老夫少妻，婚姻与年龄无关 ………………………… 267
不轻易离婚，离婚也要资本 ………………………… 268

第十九章　你值一个好价钱吗
——每天学点职场中的经济学

不可替代性，帮你拿到高工资 ……………………… 271
不轻易辞职，不轻易换行业 ………………………… 273
树立个人品牌，打造核心竞争力 …………………… 274
职场成功，不只要努力工作 ………………………… 276
内卷化效应，警惕职场原地踏步 …………………… 277
有效需求，工作不一定专业对口 …………………… 278
分解成功因素，快速把握职场 ……………………… 280
增加投入，缩小工资差异 …………………………… 282
播种快乐，获取职场幸福 …………………………… 284

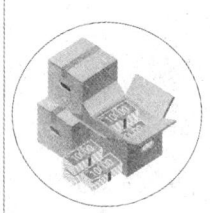

第二十章　激励比惩罚更有效
——每天学点管理中的经济学

如何能稳住军心，留住骨干 ………………………… 287
分槽喂马，各尽其用 ………………………………… 289
简单就是美，妙用奥卡姆剃刀 ……………………… 290
为什么员工工资只能升不能降 ……………………… 292
融化理性人，情感激励妙用 ………………………… 293
注意小细节，避免大损失 …………………………… 295
相信下属，不要凡事自己来 ………………………… 298
企业文化，成功的催化剂 …………………………… 299

目录

第二十一章　成功，怎能与金钱无关
——每天学点经商中的经济学

二八法则，决定效益的关键 …………………………… 303
留住老客户，成本最小 …………………………………… 306
全力营销，市场就是利润 ………………………………… 308
抓住商机，眼光决定发展 ………………………………… 310
竞争策略，对手就是动力 ………………………………… 312
蓝海战略，为企业找到新出路 …………………………… 314
有零有整，商品定价的学问 ……………………………… 316
做老大，成为行业龙头 …………………………………… 319

第二十二章　你能看懂财经新闻吗
——每天学点热点中的经济学

次贷危机，金融世界"大地震" …………………………… 321
中国房价，有房才有家 …………………………………… 323
扩大内需，消费是做贡献吗 ……………………………… 325
税赋归宿，谁来最终承担 ………………………………… 327
跑不过刘翔，要跑过 CPI ………………………………… 329
老年福利，养老是个大问题 ……………………………… 331
"黄金周"的出现，假日经济 …………………………… 333

常识篇　关于经济学的前生今世

第二十三章　从古典主义到凯恩斯流派
——不可不知的经济学流派

重农学派：一个时代的学术产物 ………………………… 336
剑桥学派：完整的庸俗经济学体系 ……………………… 337
新剑桥学派：对马歇尔学说的发展 ……………………… 338
凯恩斯革命：宏观经济学的诞生 ………………………… 339
货币学派：传统货币量的新论述 ………………………… 340
供给学派：独树一帜的学派 ……………………………… 341
激进经济学：以马克思主义为名 ………………………… 343

新自由主义：层面广泛的意识形态 ………………………… 344

第二十四章　送人千金不如授人一本经济学
——不可不知的经济学名著

《国富论》——亚当·斯密 ……………………………… 346
《政治经济学与赋税原理》——李嘉图 ………………… 347
《资本论》——马克思 …………………………………… 348
《经济学》——萨缪尔逊 ………………………………… 349
《同意的计算》——布坎南 ……………………………… 351
《人力资本投资》——舒尔茨 …………………………… 351
《经济学和公共目标》——加尔布雷思 ………………… 352

第二十五章　你知道"欧洲的孔子"吗
——不可不知的经济学家小传

约翰·劳——让法国倾家荡产的人 ……………………… 354
魁奈——"欧洲的孔子" …………………………………… 357
亚当·斯密——经济学鼻祖 ……………………………… 359
李嘉图——天才的业余经济学家 ………………………… 361
凯恩斯——名利双收的经济学家 ………………………… 363
张培刚——发展经济学之父 ……………………………… 365
保罗·克鲁格曼——预言家 ……………………………… 367
附　富裕的和穷困的经济学家 …………………………… 369

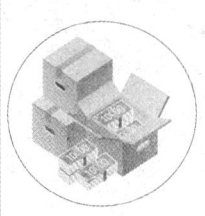

入门篇
开启你的经济学之旅

　　经济学，其最基本的功能在于给人们提供了一种认识世界的平台、分析世界的方式和改造世界的方法。我们今天处在一个扑朔迷离而又快节奏的社会里，用经济学的眼光和方法去思考问题、分析问题，会让一切事物真实地呈现在自己面前，并会发现经济学正在影响着我们的生活。

第一章　商品·货币·信用

——点击经济学关键词

在建立一幅经济世界的科学图像方面，定义扮演着重要的角色。

——沃尔特·奥肯

骑士时代已经过去，随之而来的是智者、经济学家和计算机专家的时代。

——埃德蒙·伯克

经济学前提：经济人假设

有一位妇人在纽约市的多家报纸上刊登了一美元卖宝马车的广告，人们并不以为然，因为一美元是不可能买到宝马车的。一周过去了，没有人去买这辆廉价的宝马车。刚毕业的小伙子约翰看到这则广告，满怀希望地拿着一美元按报纸上的地址去买这辆宝马车。很快，约翰就和卖车的妇人办好了手续。约翰问："为什么这辆宝马车只卖一美元呢？"妇人说："因为我的丈夫去世了，他的遗产全都是我的，只有这一辆宝马车属于他的情人。根据他的遗嘱，要把这辆车拍卖，拍卖所得的款项全部归他的情人。所以，一美元即可。"于是约翰高高兴兴地开着宝马车回家了。

经济人假设，也叫"理性经济人"，是经济学中最根本的一个假设，整个经济学大厦就是建立在这个假设基础上的。

经济人假设认为，因为资源的稀缺性，每个人都受到资源稀缺的约束（如收入的限制、时间的限制、价格的限制等），人的思考和行为都是在既定约束下追求自己利益的极大化。如同上文中的约翰，他很乐意用一美元去购买一辆宝马车。所谓经济人假设是指作为个体，无论处于什么地位，其人的本质是一致的，即以追求个人利益，满足个人利益最大化为基本动机，都希望以尽可能少的付出，获得最大限度的收获，并为此可不择手段。

亚当·斯密在《国民财富的性质和原因的研究》（简称《国富论》）中的一段话对理性经济人有较为清晰的阐述："我们每天所需要的食物和饮料，不是出自屠户、酿酒家和面包师的恩惠，而是出于他们自利的打算。我们不说唤起他们利他心的话，而说唤起他们利己心的话，我们不说我们自己的需要，而说对他们有好处。"亚当·斯密的这段论述向我们表明：人和人之间是一种交换的关系，能获得食物和饮料，是因为商家们要获取自己最大的利益。

大卫·李嘉图提出来经济人的"流氓假设"：社会是由一群无组织的个人组成的，每个人以一种计算利弊的方式为个人的利益行动；每个人为达到这个目的，尽可能地合乎逻辑地思考和行动。

在经济学家的眼里，千差万别的活生生的人都是理性经济人——不懈地追求自身最大限度地满足的理性的人。显然，经济人都是自利的，以自我利益的最大化作为自己的追求。当一个人在经济活动中面临着若干不同的选择机会时，他总是倾向于选择能给自己带来更大利益的那种机会，即总是追求最大的利益。

因此，理性经济人是自利的，但自利并不完全等于自私。如一个虔诚的教徒受到了感化，充满了行善的愿望，当他人得到幸福的时候，他会觉得自己也幸福——他是自利的，但并不自私。

无论个体的行为是成功地为个体带来正的经济利益的流入，还是带来负的经济利益的损耗，在做出决策时，个体都是理性的经济人。在社会以及经济活动中，人人都是理性经济人。比如说买一件商品，都希望买到的是"物美价廉"的商品，绝不希望买到"物次价高"的商品，因为在经济活动中，人会保持最大的自利，也许在结果上买了"物次价高"的商品，但这个不会改变个体是理性经济人这一事实。

可以说，理性经济人是经济学最基本的概念之一。

商品：有什么物品不能买卖

太平洋上的瑙鲁，是一个由珊瑚礁形成的岛国，矿产十分丰富，但岛上没有供农作物生长的土地。为了解决这个问题，瑙鲁一方面出口矿石，另一方面进口泥土，以便种植农作物。

世界上最奇特的商品，莫过于丹麦格陵兰岛出口的冰山了。这是10

万年前的冰,被认为是最纯净的,没有污染,杂质很少。

日本商人将田野、山谷和草地上的清新空气,用现代技术储制成"空气罐头",然后向久居闹市、饱受空气污染的市民出售,当购买者打开空气罐头,靠近鼻孔,顿时香气扑鼻,沁人肺腑。

商品对于我们来说,再熟悉不过了。我们每天吃、喝、穿、住、用、行,样样离不开商品,只要兜里有钱,我们随时能买到想要的各种商品。但是,究竟什么才是商品?

作为商品,首先必须是劳动产品。换句话说,如果不是劳动产品,就不能成为商品。比如,自然界中的空气、阳光,虽然是人类生活所必需的,但这些都不是劳动产品,所以它们不能叫做商品。

作为商品,还必须要用于交换。商品总是与交换分不开的。也就是说,如果不是用于交换的,即使是劳动产品,也不能叫做商品。例如,在古时候,传统的男耕女织的家庭生产,种出来的粮食和织出来的布,尽管都是劳动产品,但是只供家庭成员自己使用,并没有用来和他人交换,因而也不是商品。

因此,商品可以简单概述为:用于交换的劳动产品。

商品并不是从人类出现之时就有的,是人类发展到一定历史阶段的产物。它的产生,必须具备以下两个条件:

第一是社会分工。它是商品产生的基础。因为社会分工,才提出了交换的要求,也就有了进行交换的可能。社会分工的特征,表现为每一个劳动者只从事某些局部的、单方面的劳动,只生产某些甚至某种单一的产品,而人们的需求是多方面的,为了满足多方面的需求,生产者必然要相互用自己生产的产品去交换自己不生产而又需要的产品。这种商品生产和商品交换就是商品经济。

第二是所有权不同。它是商品得以生产的前提。因为生产资料和劳动产品属于不同的所有者,才会发生交换行为。在私有制条件下,产品交换的双方成为独立的利益主体,成为经济利益的对立面。这就决定了双方的交换不能是不等式的,而只能是等式的,即商品经济中的等价交换原则。劳动产品的交换既然是等价的商品交换,那么,生产者的生产过程就成为以直接交换为目的的商品生产过程。

可见,商品即是社会分工的产物,也是私有制的产物。

货币:狗牙也可以买东西

世界上除了我们所认识的常用货币外,还有一些新奇的不为我们所熟悉的货币形式。在太平洋某些岛屿和若干非洲民族中,以一种贝壳——

"加马里"货币来交税。再如美拉尼西亚群岛的居民普遍养狗,所以就以狗牙作为货币,一颗狗牙大概可以买到一百个椰子,而娶一位新娘,必须给她几百颗狗牙作为礼金!近年来有一些贪婪的骗子向美拉尼西亚运入大量的狗牙,以骗取土著居民的各种有用物资,一度造成了"通货膨胀"。

按照经济学理论的解释,可以任何一种能执行交换媒介、价值尺度、延期支付标准和完全流动的财富储藏手段等功能的商品,都可被看作是货币。

有人不禁要质疑上述的论断:人民币、美元、欧元才是货币,肥皂、洗衣粉之类的商品也能算是货币吗?在我们的日常生活中,肥皂、洗衣粉当然不能算作是货币。要了解货币,就必须从货币的起源来看。

货币的前身就是普普通通的商品,它是在交换的过程中逐渐演变成一般等价物。货币就是商品,但又不是普通的商品,而是特殊的商品。货币出现后,整个商品世界就分裂成两极,一极是特殊商品——货币,另一极是所有的普通商品。

人们使用货币的历史产生于物物交换的时代。在原始社会,人们使用以物易物的方式,交换自己所需要的物资,比如一只羊换一把石斧。有时候受到用于交换的物资种类的限制,不得不寻找一种能够被交换双方都接受的物品,比如一只羊换一把石斧,一把石斧换一堆盐,这里石斧就具备了货币的功能。

在人类的早期历史上,贝壳因为难获得,充当了一般等价物,"贝"因此成为最原始的货币之一。今天的汉字如"赚"、"赔"、"财"等,都有"贝"字旁,就是当初贝壳作为货币流通的印迹。

经过长年的自然淘汰,在绝大多数社会里,作为货币使用的物品逐渐被金属取代。使用金属货币的好处在于,它的制作需要人工,无法从自然界大量地获得,同时还易于储存。数量稀少的金、银逐渐成为主要的货币金属。古代希腊、罗马和波斯的人们把金银切割成大小不同的薄片,在上面刻制印标,准确标出每一片的重量。在交易中,人们只要看一下这片贵重金属上面的标志,便可得知它的价值。

随着经济的进一步发展,金属货币的重量和体积都令人感到烦恼。它不易携带,而且在使用过程中还会出现磨损的问题。据不完全的统计,自从人类使用黄金作为货币以来,已经有超过两万吨的黄金在铸币厂里,或者在人们的手里、钱袋中磨损掉。于是,作为金属货币的象征符号——纸币出现了。世界上最早出现的纸币,是中国北宋时期四川成都的"交子"。目前世界上共有二百多种纸币,流通于193个独立的国家和地区中。

由于货币是价值和社会财富的一般代表,谁占有了货币,就等于占有了价值和财富;谁占有的货币越多,即表明所拥有的商品越多。在货币的帮助下,人们不仅可以进行交易,而且也可以比过去更容易富裕起来。货币的权势并不像刀剑和长矛那样锋芒毕露,但其效果却更为持久和长远。

成本：有收获就有放弃

皮洛士生于亚历山大大帝死后分裂的古希腊，是小国伊庇鲁斯的王子。皮洛士一向醉心于马其顿国王亚历山大的"伟业"，企图在地中海建立一个大国。

公元前281年，皮洛士率领大批军队进攻罗马。在阿普利亚境内的奥斯库伦城附近，双方展开了激战。在这次战斗中，皮洛士的损失极其惨重。他虽然赢得了胜利，但损失了大批有生力量。战斗结束后，将士们向他表示庆祝，皮洛士看着硝烟还没散尽的战场，叹息道："要是再来一次这样的胜利，我也就彻底垮了"。

这就是著名的典故"皮洛士的胜利"，在经济上引申为成本太高而收益太少。

成本是商品经济的价值范畴，是商品价值的组成部分。人们要进行生产经营活动或达到一定的目的，就必须耗费一定的资源（人力、物力和财力），其所费资源的货币表现及其对象化称之为成本。也就是企业把商品提供给市场所支出的全部费用。

并且随着商品经济的不断发展，成本概念的内涵和外延都处于不断地变化发展之中。它有以下几方面的含义：

（1）成本是生产和销售一定种类与数量产品以耗费资源用货币计量的经济价值。企业进行产品生产需要消耗生产资料和劳动力，这些消耗在成本中用货币计量，就表现为材料费用、折旧费用、工资费用等。企业的经营活动不仅包括生产，也包括销售活动，因此在销售活动中所发生的费用，也应该计入成本。同时，为了管理生产所发生的费用，也应该计入成本。同时，为了管理生产经营活动所发生的费用也具有形成成本的性质。

（2）成本是为了取得物质资源所需付出的经济价值。企业为进行生产经营活动，购置各种生产资料或采购商品而支付的价款和费用，就是购置成本或采购成本。随着生产经营活动的不断进行，这些成本就转化为生产成本和销售成本。

（3）成本本质上是一种价值牺牲。它作为实现一定的目的而付出资源的价值牺牲，可以是多种资源的价值牺牲，也可以是某些方面的资源价值牺牲。它可以用货币单位加以计量。

（4）成本是为达到一种目的而放弃另一种目的所牺牲的经济价值。

举一个简单的例子，小张准备开一家服装店，在计算成本的时候，她可能会考虑到店面的房租、进货的费用、借款的利息、付给雇员的工资、水电费、税金等。在扣除这些费用之后，她认为自己还会赚到钱。但是，需要提醒她的是，这样的计算式还不完整：她漏掉了自己的工资，自己垫付资金的利息，还有开服装店的机会成本等。只有把这些成本也考虑在内，才能决定是否开服装店。

稀缺性：两只桃子也杀人

春秋时期，齐景公手下有三员猛将公孙接、田开疆与古冶子都为齐景公立下过汗马功劳。这三个人自恃勇猛，对齐景公也不放在眼里。晏子建议齐景公把这三个人剪除，以免将来留下祸患。景公也觉得应及早剪除，但是三人战功赫赫，又勇猛无比，齐景公也觉得很无奈。晏子说，应当巧斗。他向景公建议，赐给他们三人两只桃子，让他们分吃。只赏赐给最有功劳的人。拿到桃子后，三个大臣开始争夺，竞相陈述自己对国家的功劳。最后两个人得到桃子，另外一个羞愧自杀。得到桃子的两个人见同伴因自己而死，也便羞愧自杀。

这是《晏子春秋》里的记载，三员大将被两只桃子杀死——历史上有名的二桃杀三士的故事。可能有人觉得，同伴自杀，自己也就自杀吗？太不划算了吧，别忘了当时春秋时代的人都是很讲义气的，所以见到同伴自杀，自己也自杀是没什么奇怪的。晏子利用的就是经济学上的稀缺性，只给两只桃子，三个人无论如何也分不好，杀死三个勇士的不是两只桃子，而是稀缺性，因为稀缺才产生互相之间的竞争和争夺，最后在争夺中死亡。

我们常常会听说某个手机号或汽车牌照卖出了天价，这正是资源稀缺性的体现。因为这种手机号或汽车牌照的数字非常独特，而且是唯一的，不会再有第二个。物以稀为贵，这样的商品人人都想买，就会卖出很高的价格。鲁迅说过，北京的白菜太不值钱了，但南方的白菜拉到北京，就不叫白菜了，叫胶菜，而且价格要高很多。所以他创造了一个词语：物以稀为贵。

"稀缺"两字，代表着两种不同的含义：一个是稀有的，另一个是紧缺的。在经济学里，稀缺被用来描述资源的有限可获得性，是相对于人们无穷的欲望而言的。一个物品可以成为商品出售，首先是因为它是稀缺的，并不是因为人们的需求，例如阳光和空气，人人都需要，但因为太多，所以不会成为商品。但是淡水资源却越来越少，所以淡水的价格从原来的免费供应，现在也开始涨价。当一个商品变得稀缺的时候，它就开始变贵了。黄金因为属于稀有金属，所以价格才高。权力

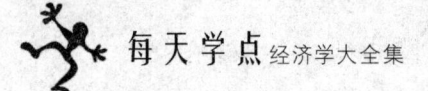

之所以人人追捧,也是因为权力是稀缺的。

资源的稀缺性是经济学的前提之一。稀缺性对社会、对人们的生活产生巨大的影响,正是稀缺性导致了竞争和选择,促进了社会的发展。想象一下,如果资源不是稀缺的,而是极大富足的,那么世界会完全变样。自然界中就不会有优胜劣汰,不会有厮杀,每个生物都可以得到满足。人们不用工作,不用考虑买房子,因为土地是富足的,不用考虑衣食住行,一切资源都是富足的。那样的世界就没有任何活力,会变成死水一潭,最终毁灭。

就像我们的住房紧缺问题,随着人们物质生活水平的提高,我们对住房条件质量的要求也越来越高,很多人不再只满足于只能遮风挡雨的小门小户,更多地期望房屋兼具实用性和美观性。而这种实用性则包括住房面积的大小、房屋的舒适性和房屋所处地理位置的便利性等要求,这样,即使人口不增长也会产生住房压力,所以在有限的土地上满足如此庞大人群的需求,住房紧缺就是显而易见的事情了。这也就能很好地解释为何在物质文明高度发达的今天,我们还是会感到资源的稀缺。

稀缺性是人类面临的永恒问题,它与人类社会共存亡。比如穷国政府为把有限的财政收入用于基础设施建设还是教育方面而争论不休时,富国政府也正为把收入用于国防还是社会福利而发愁;当穷人为一日三餐担心时,富人正在考虑是打桥牌还是打高尔夫球。

稀缺性的概念在整个经济理论中起着至关重要的作用,一些经济学家认为稀缺性是经济学存在的前提条件,所以往往用稀缺性来定义经济学。由于稀缺性的存在,决定了人们在使用经济物品中不断做出选择,如决定利用有限的资源去生产什么,如何生产,为谁生产以及在稀缺的消费品中如何进行取舍及如何用来满足人们的各种需求,这些问题被认为是经济学所研究的主题。只有当物品稀缺时,才能被认为是社会财富的一部分。

在生活中,人们的欲望需求总是超过了能用于满足欲望的资源,也正是由于资源的稀缺性引起了竞争与合作。竞争就是争夺对稀缺资源的控制,竞争是社会配置资源,即决定谁得到多少稀缺资源的方式。所谓合作就是与其他人共同利用稀缺资源、共同工作,以达到一个共同的目的。合作是为了以有限的资源生产出更多的产品,因此,合作是解决资源稀缺性的一种有效途径。

价值和价格:天价理发费

郑州一家理发店一夜之间成了全国最有名的理发店。不是因为这个店的师傅手艺高，而是因为它创造了一项惊人的纪录：两个人理发，收费1.2万元，平均1人6 000元。

2008年3月29日，在郑州市某中专读二年级的小亚和同学小莉一起到郑州市非常繁华的二七广场逛街。下午二时许，两人逛到二七路的正弘大厦附近，看到旁边的"保罗国际"的橱窗玻璃上贴着"洗剪吹38元"的字样，原本就准备理发的她们便走了进去。

在理发之前，店员向她们出示了消费单，分别是洗剪吹38元、洗发用品60元和护发用品60元。

两人开始剪发，剪完头发，已是下午六时许。可让两个女孩万万没有想到的是，结账时，收银员报出了总共1.2万元的天价！

因为小亚和小莉拿不出那么多的钱，店员便不让她们离开。后来店员给她们支招，只要办理一张该店的会员卡，就可以享受五折的优惠，但每张会员卡至少要一次性充值9 800元，剩余的钱将存在卡里。两人身上当时只有不到300元的生活费，无奈之下她们只好掏出手机向同学求助。当晚10时30分许，小亚和小莉一共向30多名同学借钱，总算凑够9 800元送到了店里，她们才得以脱身。

理发店收取1.2万元的价格，令人目瞪口呆。经过媒体曝光，郑州的"天价理发"事件在当地引起强烈反响。

价格是商品同货币交换比例的指数，或者说，价格是价值的货币表现。价格是商品的交换价值在流通过程中所取得的转化形式。

从本质上来说，价格是一种从属于价值并由价值决定的货币价值形式。价值的变动是价格变动的内在的、支配性的因素，是价格形成的基础。但是，由于商品的价格既是由商品本身的价值决定的，也是由货币本身的价值决定的，因而商品价格的变动不一定反映商品价值的变动。例如，在商品价值不变时，货币价值的变动就会引起商品价格的变动；同样，商品价值的变动也并不一定就会引起商品价格的变动。例如，在商品价值和货币价值按同一方向发生相同比例变动时，商品价值的变动并不引起商品价格的变动。因此，商品的价格虽然是表现价值的，但是，仍然存在着商品价格和商品价值不一致的情况。在简单商品经济条件下，商品价格随市场供求关系的变动，直接围绕它的价值上下波动；在资本主义商品经济条件下，由于部门之间的竞争和利润的平均化，商品价值转化为生产价格，商品价格随市场供求关系的变动，围绕生产价格上下波动。

价值是价格的基础，商品供给是价格形成和变化的直接条件。价格是市场的"晴雨表"，反映了供给与需求之间的相互作用与变化。供给与需求是使市场经济运行的力量，它们决定了每种物品的产量以及出售的价格。另外，价格的变化与市场环境的变化也息息相关。如果你想知道任何事件或政策将如何影响市场的价格，你就应该先考虑它将如何影响供给和需求。例如，当"非典"袭击中国的时候，全国食醋、消毒液、药用口罩的价格都上升了，一些日用品也成了普通消费者的抢购对象，这主要是因为突如其来的"非典"病毒造成了消费者对这些物品需求的剧增。在欧洲，每年夏天，当新英格兰地区天气变暖时，加勒比地区宾馆的价格呈直线下降；当中东爆发战争时，美国的汽油价格上升，而二手凯迪拉克轿车价格下降，这些都反映出供给和需求对市场的作用，而所有的这一切都是通过价格来反映的。

效用：朝三暮四的妙用

《庄子·齐物论》中有个"朝三暮四"的故事。

宋国有一个很喜欢饲养猴子的人，名叫狙公。他家养了一大群猴子，他能理解猴子的意思，猴子也懂得他的心意。狙公宁可减少全家的食用，也要满足猴子的要求。然而不久后，家里越来越穷困了，狙公打算减少给猴子吃栗子的数量，但又怕猴子不顺从自己，就先欺骗猴子说："给你们的栗子，早上三个晚上四个，够吃了吗？"猴子一听，都站了起来，十分恼怒。过了一会儿，狙公又说："给你们栗子，早上四个，晚上三个，这该够吃了吧？"猴子一听，一个个都趴在地上，非常高兴。

这个成语故事原本揭露狙公愚弄猴子的骗术，告诫人们要注重实际，防止被花言巧语所蒙骗。在这个故事里，猴子是作为一种愚蠢的动物而出现的。实际上，我们从经济学的角度来看，可能得出的结论会大不一样。古人认为总量是没有变化的，因此觉得早上三个晚上四个和早上四个晚上三个是完全一样的。其实不然，朝三暮四和朝四暮三还是有些区别的，它们能给猴子带来不同的效用。那么，什么才是效用呢？

在经济学的发展史中，"效用"概念的出现无疑是一个突破。物品效用在于满足人的欲望和需求。一切物品能满足人类天生的肉体和精神欲望，才成为有用的东西，才有价值。在经济学中，效用是用来衡量消费者从一组商品和服务之中获得的幸福或者满足的尺度。有了这种衡量尺度，我们就可以在谈论效用的增加或者降低的时候有所参考。因此，我们也可以在解释一种经济行为是否带来好处时有了衡量标准。效用不同于物品本身的使用价值。使用价值产生与物品的属性，是客观的；效用是消费者消费某种物品时的感受。

效用价值论强调物对人的满足程度，而满足程度完全是主观的感觉，他们认为，主观价值是客观交换价值的基础。物品的有用性和稀少性都是价值形成不可缺少的因素，都是主观价值的起源。在不同地点，人们对馒头的不同主观评价可以说明这个问题。

村子里有一个穷人和富人，有一天突然发洪水了。穷人背着家里最贵重的东西——一袋馒头爬上了一棵树，富人背着家里最贵重的东西——一袋金子也爬上了这棵树。洪水没有消退的迹象。第一天，穷人吃了一个馒头，富人什么也没吃，眼睁睁地看着穷人吃。第二天，穷人又吃了一个馒头，富人的肚子已经直打鼓。到了第三天，富人实在是忍不住了，于是富人对穷人说："我用一锭金子换你一个馒头"。在这种"不平等交换"下，富人和穷人最终撑过了这段艰难时期。在这个艰难时期，馒头对人的效用无疑比金子大。

经济学依赖一个基本的前提假定，即人们在做选择的时候倾向于选择在他们看来具有最高价值的那些物品和服务。效用是消费者的主观感觉，取决于消费者对这种物品的喜欢程度，即偏好。消费者对某种物品的偏好越大，这种物品带来的效用就越大，他就越愿意购买，需求就越高。

正如俗话所讲，萝卜白菜，各有所爱。有人喜欢抽烟，那么香烟对于他而言效用就很高，但对于一位不愿意闻烟味的女士来说，香烟就会是效用很低甚至是负效用。很显然，在做出决定的时候，烟民自然会把香烟视为至宝，而女士们可能更钟情于化妆品或者衣服。

信用：商业活动运行的基础

在一个民风淳朴的村庄，一个小伙子欠了别人一笔债，正在发愁的时候，他外面的朋友唆使他，让他趁着天黑去偷邻居家地里的西瓜。他经不住朋友的一再唆使就去偷瓜，当他向村外偷运西瓜时却被邻居逮了个正着。此后，这个小伙子就背上了"偷瓜贼"的恶名，村里人在教育自己的孩子时都说："千万不要学谁谁谁，把家里的脸都丢光了"。

在上面这个例子中，小伙子偷他人的东西，不但破坏了本村淳朴的民风，在人们心目中的形象也变坏了。对借钱给他的人而言，即使他还钱了，今后其他人也不会再借给他钱了，这就是信用与破坏信用所付出的代价。

从纯经济学的角度对信用的定义为：因为价值交换的滞后而产生的赊销活动，是以协议与契约保障的不同时间间隔下的经济交易行为。如果想维护经济秩序的自觉性，还要有法律做保障。假如没有法律保障，经济秩序就会被破坏。

个人信誉的流失会导致如此严重的后果，对于一家企业而言，信用更为重要。企业之所以能够持久发展，除了在产品上不断开拓，更重要的是和别的企业建立了长期、稳定的良好关系，企业的产品才会有销路。曾有人说："诚信是企业的生命与灵魂。没有诚信，企业犹如得了软骨病，没有凝聚力与号召力，就像行尸走肉一般。"

信用卡的出现和发展就是信用应用于商业活动的最好例子。如今，信用卡被广泛应用于生活中。它不仅方便快捷，安全系数又高。

有关信用卡的产生有过这样一段趣事：一天，美国商人麦克纳马拉在纽约的一家饭店请客吃饭，到了结账时才发现自己没带钱包，他深感难堪，只能打电话叫妻子带现金来结账。这件事让他产生了创建信用卡公司的想法，于是在1920年他和朋友共同创建了"大莱俱乐部"。这个俱乐部为会员提供一种证明自己身份与支付能力的卡片，会员凭借卡片可以记账消费。后来，随着银行信用的介入，这种商业信用卡渐渐转变成了以银行信用为特征的信用卡。信用卡一经面世，很快便风靡起来。

看来，信用卡的出现，它的初衷就是要给人们提供一种信用凭证，让人们可以凭借自己的经济收入与信用，从银行得到一定的信贷额度。因此，真正意义上的信用卡能为人们提供一定限额的消费信贷。而这是信用卡的一个根本标志，也正是因为这样一个功能，信用卡才具有了真正的"信用"意义。

企业尚且是这样，国民经济中的诚信就更不可缺少了。诚信是衡量一个国家发展状况的标准。若国民的诚信度低，就会造成经济行为具有不确定性与不可预期性，投资的机会成本与商品的交易成本就会非常高，经济运行效率低，社会资源与人力资源浪费就会更加严重。在国民经济中，诚信水平下降的根本原因是人们追逐不当得利及追逐不当得利被发现与受到惩罚的机会成本很小。怎样减少与消除因为国民不诚信行为，而给社会经济带来的不利影响，进而提高整个社会的经济运行效率呢？这就要求政府必须建立和现代市场经济相适应的诚信机制，尤其是要设置科学的诚信标准。

在现实生活中，诚信的标准主要包括两方面的内容：一是诚信的道德标准。它主要指人们在为人处世时诚实守信的行为规范，主要包括经商要有商德，为师要有师德，从医要讲医德，做百姓要遵守社会公德，做官要有官德等；二是诚信的规则标准。它主要是指为了让人们在社会政治经济等活动中，必须遵守诚信原则而制定的一系列政策法规，这主要包括政治、经济以及法律规则等。

以前，社会相对封闭，人们总是抬头不见低头见，偷一次瓜的后果就是一生被叫作"贼"。偷窃的成本这么高，以至于无人敢这么做。而现代社会，流动性大，有的人就想钻空子做"一锤子买卖"，社会的信用体系不再安全。信用低造成企业行为如履薄冰，影响了市场经济主体的正常运营，对市场经济的发展非常不利。

银行：货币流通的中转站

最早的银行业发源于西欧古代社会的货币兑换业。最初货币兑换商只是为商人兑换货币，后来发展到为商人保管货币，收付现金、办理结算和汇款，但不支付利息，并收取保管费和手续费。随着工商业的发展，货币兑换商的业务进一步发展，他们手中聚集了大量资金。当货币兑换商为了谋取更多的利润，利用手中聚集的货币发放贷款以取得利息时，货币兑换业就发展成为银行了。

公元前2000年的巴比伦寺庙、公元前500年的希腊寺庙，都已经有了经营保管金银、收付利息、发放贷款的机构。近代银行产生于中世纪的意大利，由于威尼斯特殊的地理位置，使它成为当时的贸易中心。1171年，威尼斯银行成立，这是世界上最早的银行，随后意大利的其他城市以及德国、荷兰的一些城市也先后成立了银行。

当时这些银行主要的放款对象是政府，并带有高利贷性质，因而不能适应资本主义工商业发展的要求。最早出现的按资本主义原则组织起来的股份银行是1694年成立的英格兰银行。

在我国，明朝中叶就形成了具有银行性质的钱庄，到清代又出现了票号。第一次使用银行名称的国内银行是"中国通商银行"，成立于1897年5月27日。最早的国家银行是1905年创办的"户部银行"，后称"大清银行"，1911年辛亥革命后，大清银行改组为"中国银行"，一直沿用至今。

那么银行在商业活动中，是如何担当起货币流通的中转站的角色的呢？假如银行有100元存款，银行借给别人，才有利息，才有赚钱。银行怎么赚钱？通过息差赚钱。如银行通过息差赚取2%的利息。银行不能100%放贷。如果老百姓存了100元钱，银行全都放贷了，那么当有人取钱时，银行便没钱给人，这就会造成金融危机。因此，中央银行要求每一家银行必须要保存一定份额的存款准备金，这样才能防止出现别人来取钱时，没有钱的状况。中央银行时刻要求保留一定份额的存款准备金，即银行就会把储户存款的一部分拿来放贷，即存款准备金如果是20%，那就是20%的存款留在银行，供提款人取现金用。也就是说，如果银行有100元钱的存款，他就只能放贷80元。银行就是通过这样不断地吸纳存款，不停地发放贷款来

完成货币的流通，并在货币的流通中赚取利润。

到18世纪末19世纪初，规模巨大的股份银行纷纷建立，成为资本主义银行的主要形式。随着信用经济的进一步发展和国家对社会经济生活干预的不断加强，产生了建立中央银行的客观要求。1844年改组后的英格兰银行可视为资本主义国家中央银行的鼻祖。到19世纪后半期，西方各国都相继设立了中央银行。早期的银行以办理工商企业存款、短期抵押贷款和贴现等为主要业务。现在，西方国家银行的业务已扩展到证券投资、黄金买卖、中长期贷款、租赁、信托、保险、咨询、信息服务以及电子计算机服务等各个方面。

生活中的黄金搭档：帕累托最优

春秋时期，鲁国非常弱小，有很多鲁国人在其他国家沦为奴隶。为了振兴国力，鲁国国君颁布了这样一条法律：如果鲁国人在其他国家中遇见沦为奴隶的同胞，可以先把这个奴隶赎回来，回国后国家给予报销赎金。

孔子有一位学生子贡，家里比较富裕，他曾多次将沦为奴隶的鲁国人赎回，而且事后并不去找国君报销。子贡觉得自己是在施行老师的"仁"，他为此还非常得意。

后来，孔子知道了此事，他却批评了子贡："我知道你追求高尚，也不缺钱花，可是这个补偿你一定要去领。现在你掏钱救人，受到社会的赞扬。但是从今以后，当别人在国外再遇见沦为奴隶的鲁国人时，他就会想自己是不是应该去赎人呢？如果赎了人，回国后还去不去找国君要钱呢？不去找国君，自己会损失一大笔钱；如果去找国君，别人又会拿你来讥笑他。这样一来，他们再看到身为奴隶的鲁国人就会装作没有看见，你的行为正好是阻碍解救沦为奴隶的鲁国人的根源！"子贡听完老师的话，顿感羞愧。

还有一次，孔子的另一位学生看到有人掉进河里，于是他把遇难者救上岸来。被救的人为了表示感谢，送给孔子的这位学生一头牛，学生收下了。孔子对这个学生的行为大加赞赏，因为这会激励更多的人去救人。

孔子的行为，暗合了经济学原理，这两件事体现的正是经济学中的帕累托效率准则。意大利经济学家帕累托曾针对资源的最佳配置提出了帕累托效率准则：经济的效率体现于配置社会资源以改善人们的境况，主要看资源是否已经被充分利用，如果资源已经被充分利用，要想再改善就必须损害别人的利益。

帕累托最伟大的成就，就是提出了"帕累托最优"这个理念。所谓帕累托最优，指的是资源分配的一种理想状态。一旦达到了这种理想状态，想要使某些人的处境变好，就必定要使另外某个人的境况变坏。换句话说，就是你的得到是以他人的失去为代价的。在某种意义上，我们可以认为，帕累托最优是一个兼顾公平与效率的"理想王国"。相反，如果还可以在不损害其他人的情况下改善某个人的处境，我们就可以认为资源尚未被充分利用，这时就没有实现帕累托最优。

　　根据帕累托的说法，如果社会资源的配置已经达到任何调整都不可能在不使其他人境况变坏的情况下，使任何一个人情况变得更好，那么，这种资源配置的状况就是最佳的，是最有效率的。如果没有达到这种状态，即任何重新调整而使某人境况变好的，而不使其他任何一个人情况变坏，那么说明这种资源配置的状况不是最佳的，是缺乏效率的。

　　孔子批评子贡的原因正是在于，鲁国原有的制度其实已经发挥出很好的效果，人们开始积极赎回沦为奴隶的同胞，而子贡做出的这些改变，很可能会破坏这种积极性，从而使鲁国已有的制度出现问题。

第二章　跟曼昆学习经济学
——经济学十大原理

我们的晚餐并非来自屠宰商、酿酒师和面包师的恩惠，而是来自他们对自身利益的。
——亚当·斯密

学也者，观察事物而发明其真理也；术也者，取所发明之真理而致诸用者也。
——梁启超

选择：鱼和熊掌之间的权衡取舍

曼昆是美国著名的经济学家，29岁时就成为哈佛大学历史上最年轻的经济学终生教授。他在教科书《经济学原理》中提出了十大经济学原理，知道了这十大原理，就大致了解了经济学研究的出发点和基本框架。

经济学家正在房间里埋头忙于做自己的学问。这时，一个中意他的女子大胆地敲开了他的房门："让我做你的妻子吧，错过我你将再也找不到比我更爱你的女人了。"经济学家虽然也很中意她，但仍回答说："让我考虑考虑！"于是，他陷入长期的苦恼之中，迟迟无法做出决定。最后，他终于得出一个结论："我该答应那个女人的请求。"

于是，经济学家来到女子的家中，对女子的父亲说："你的女儿呢？我已经决定娶她为妻"。老父亲冷漠地回答："你来晚了10年，她现在已经是3个孩子的妈妈了。"经济学家听了，整个人近乎崩溃，他万万没有想到向来自以为傲的经济学头脑，最后换来的竟然是一场悔恨。

权衡取舍是曼昆的经济学原理之一。他认为，人们为了得到一样东西，必须放弃另一样东西。俗话说，"舍得舍得，有所舍，才有所得"，说的就是人生总是处在选择之中。从早上起来要穿哪一套衣服出门开始，你在选择；中午要去哪里吃饭，你又在选择；女孩子有众多的追求者，在考虑结婚对象的时候，到底哪一位男士比较适合自己，要选择；男生找工作时，面对多家企业，要做出选择。虽然以上的选择有大有小，但每日、每月所有的选择累积起来，就影响了你人生的结果。

有的人挣很多的钱，过高品质的生活，有健康的身体和良好的人际关系；而有的人却忙忙碌碌，只能维持生计。是否善于选择是导致差别的主要原因。什么是选择？选择可以看作是一个判断和舍弃的过程，在多种可能性中找到最理想的一个，标准是效用（机会收益减掉机会成本）最大。

明智的选择，需要清楚正确地计算成本和收益，评估风险，更重要的是，明白自己到底想要什么。每个人都希望有选择，而且希望做出正确选择——即使不是最好的，至少也是比较好的。那么有没有一些方法帮助我们呢？以下一些方法值得我们借鉴。

选择的形成共有五个步骤，每个步骤都极其简单：

（1）列出所有可以采取的行动，包括不采用的行动也要列出来，而决策就是从各种可能的行动方案中选出一个来。

（2）尽可能列出每个行动的可见后果。

（3）尽量评估每种结果可能发生的概率，这一点常被忽略，因此得仔细加以讨论。

（4）试着表达你对每种结果的渴望或恐惧程度。

（5）最后把列出来的所有因素全部放在一起考量，做出合理的决策。

如果还没有列出选择方案或可能的结果，那么你一定得先解决这两个问题，毕竟决策的本质就是从众多选择中挑出一个最好的，其目的就是要达到最佳结果；如果你连选择方案都说不出来，更别想做出任何决策了。

机会成本：两堆稻草间饿死的驴子

面对有限的资源，为了能够得到自己想要的，人们必须选择放弃。由此看来，做出选择并不是一件容易的事，其根源在于在资源有限的情况下，有所得必有所失。鱼和熊掌不能兼得时，选择吃鱼，那么就不能吃熊掌，熊掌就是选择吃鱼的机会成本。经济学家常说世界上没有免费的午餐，就是指任何选择行为都有机会成本。

有一头驴子，它非常饿，到处找吃的，终于看到了在它前面的两堆

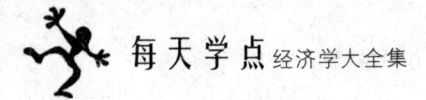

草。它迅速跑过去，却为难了，因为两堆草同样鲜嫩，它不知道应该先吃哪一堆。它犹豫不决，在两堆草之间徘徊，一直在思考先吃哪一堆。因为不知道如何选择，最终这头驴子饿死了。

机会成本又称"选择成本"，是指做一个选择后所丧失的不做该选择而可能获得的最大利益。也就是说，为了得到一种东西而必须放弃另一种东西。要想对备选方案的经济效益做出正确的判断与评价，必须在作决策前进行分析，将已放弃的方案可能获得的潜在收益作为被选取方案的机会成本计算在内。这就是我们说的"有得必有失"。

比如一个农民有一块土地，他可以用来种小麦、种蔬菜、养猪。假设这块地种小麦的成本是100元，种蔬菜的成本是150元，如果养猪的话，将会收益200元。如果农民拿这块地用来种蔬菜了，相应的他就没法去种小麦或养猪，那么他种蔬菜的成本是多少呢？是150元吗？不是，150元只是会计成本，真正的成本是200元，即他舍弃的另外两个项目中价值最大的那一个项目的价值！

机会成本中的机会必须是你可选择的项目。若不是你可选择的项目便不属于你的机会。比如农民只会种小麦、种蔬菜和养猪，搞房地产就不是农民的机会；又比如你只想吃豆沙糕或者巧克力薄饼，那么油条就永远成不了你的机会。

另外，机会成本必须是指放弃的机会中收益最高的项目，而不是放弃项目的收益总和。例如，农民只能在种小麦、种蔬菜和养猪中选择一个，三者的收益关系为养猪>种蔬菜>种小麦，则种小麦和种蔬菜的机会成本都是养猪，而养猪的机会成本仅为种蔬菜。

可见，如果农民把地用来种蔬菜或种小麦，他的经济利润是为负数，只有他把地用来养猪，他才能获得利润。

经济学假设人们在理性的指导下，将有限的资源进行最优化的资源配置，以实现效益的最大化。可以看出，产生机会成本是因为资源稀缺。由于任何一种资源都是有限的，而有限的资源又可以有多种用途。把资源用于某种用途就会在同时放弃其他选择。

机会成本可以分析很多领域，生活中到处存在着机会成本，善于利用机会成本分析利弊，做出效用最大化的选择，是理性人的首选。

边际：理性的人考虑边际量

边际是一个比较学术化的词汇，它是用来描述一个微小增量的术语。曼昆经济学原理之三提出这样的概念——理性的人考虑边际量。

杰米扬准备了一大锅汤,请朋友福卡前来品尝。

杰米扬热情地说:"请啊,老朋友,感谢你的光临!这个菜是特别为你预备的。"

福卡回答:"不,亲爱的朋友,吃不下了!我已经吃得塞到喉咙眼了。"

"没关系,才一小盆,总会吃得下去的。这汤味道多鲜啊!"

"可我已经吃过三盆哩!"

"嗨,何必计数呢?尽量喝吧,只要你喜欢。凭良心说,这汤真香,真稠,看那层浮油在盆子里凝结起来,简直跟琥珀一样。老朋友,替我吃完它!吃了有好处的!喏喏,这是鲈鱼,这是肚片,这是鲟鱼。只吃半盆,吃吧!"杰米扬喊自己的妻子,"亲爱的,你来敬客,客人会领你的情的。"

杰米扬就这样热情地款待福卡,一个劲儿劝他吃,不让他休息,不让他喘气。福卡的脸上大汗如注,勉强又吃了一盆,并装作吃得津津有味的样子,把盆子里的汤吃了个精光。

杰米扬嚷道:"这样的朋友我才喜欢,我最讨厌那些吃东西挑三拣四的人了。看你吃得这么香,我真高兴!好,再来一盆吧!"

可怜的福卡虽然喜欢喝汤,但这样喝却跟受罪一样。他马上站起身来,抓起帽子、腰带和手杖,用足全力跑回家去了,从此再也不来杰米扬的家了。

当福卡喝第一碗汤时,感到无比鲜美,在经济学家看来,就是这碗汤发挥了效用。所谓效用就是指人们消费某种物品时所得到的满足程度。例如,吃一个面包得到物质上的满足,或看一场电影得到精神上的满足。效用完全是消费者的主观感觉,取决于个人的偏好,没有什么客观标准。

尽管效用是主观的,但所有人的消费都遵循一个共同规律,这就是随着所消费同一种物品的增加,给消费者带来的满足程度是递减的。例如,福卡喝杰米扬的第一碗汤时,一定感到味道鲜美(满足程度高),喝第二碗汤的感觉不如第一碗汤那么好(满足程度减少了)。当喝了一碗又一碗时,满足程度越来越低,最后成为痛苦(负效用),以至于不得不逃之夭夭。经济学家把这种普遍现象概括为边际效用递减规律。

在经济学中,边际效用是一个十分重要的概念,边际效用递减也是经济学的基本规律之一。经济学家用边际效用解释价值,引起了经济学上一种革命性变革。所以,边际效用理论的出现被称为经济学中的"边际革命",它成为现代经济理论的基石之一。

现在许多企业都为产品卖不出去发愁。其实产品卖不出去,并不是消费者没有购买能力，而是你的产品不能满足消费者的要求，给消费者带来了边际效用递减，成了"杰米扬的汤"。

中国号称瓷器大国，但市场上却几乎都是图案与造型极为相似的青花瓷。这种同样的瓷器，你顶多需要一套就可以了。相同的瓷器越多其边际效用就递减，多到没地方放，边际效用就为负了。但是不是瓷器市场就这样有限呢？当然不是。相同的瓷器带来边际效用递减，不同的瓷器就不存在边际效用递减——记住，边际效用递减是对同样东西数量增加而言的，不同的东西满足消费者的不同需要，就没有边际效用递减。瓷器可以有不同造型与图案，每种瓷器可以满足不同需求，带来不同的效用。例如，实用性的瓷器可以在生活中用；艺术瓷器可以作为欣赏，给消费者带来精神享受；为儿童喜爱的动画瓷器，可以满足父母爱孩子的需求，则是另一种满足。这样的三套瓷器当然就不存在边际效用递减，因而也就不会没有需求了。

消费者对物品有多大需求取决于它消费这种物品得到了多少边际效用。消费者从一种物品中得到的边际效用大，就愿意出高价买；反之，消费者从一种物品中得到的边际效用小，就只愿出低价。如果边际效用为零，甚至负数，像杰米扬的第三、第四碗汤，消费者绝不会买。经济学家常说，没有卖不出去的产品，只有消费者不需要的产品。只要不是杰米扬的汤，一定可以卖出去。

边际分析法是经济学的基本研究方法之一，不仅在理论上，而且在实际工作中也起着相当大的作用，值得引起我们的重视。

激励：人们会对激励做出反应

经济学的基本前提是承认人的本性是利己的，所以人们在做出选择时，会考虑边际量所处的成本和收益。一旦成本和收益中有任何一方发生变动，或是两方都发生变动的情况下，人们的选择都会随之发生改变。也就是说，成本和收益的变动改变了人们的激励，而同时人们会对激励做出选择——这就是曼昆经济学原理之四。

一条猎狗追逐一只兔子，追了好久也没有追到。

牧羊看到了，讥笑猎狗。猎狗回答说："我仅仅为了一顿饭而跑，它却是为了性命而跑呀！"话被猎人听到了，猎人想：猎狗说得对啊，那我若要想得到更多的猎物，得想个好法子。

猎人又买来几条猎狗，凡是能够在打猎中捉到兔子的，就可以得到几根骨头，捉不到的就没有饭吃。这个办法果然奏效，猎狗们纷纷去追兔子，因为谁都想捕到更多猎物。这样过了一段时间，问题又出现了。大兔子难捉，小兔子好捉，而得到的骨头都差不多，猎狗们发现了这个窍门，专门去捉小兔子。猎人对猎狗说："最近你们捉的兔子越来越小了，为什么？"猎狗们说："反正没有什么区别，为什么费那么大的劲去捉那些大兔子呢？"

猎人思考后，决定不将分得骨头的数量与是否捉到兔子挂钩，而是采用每过一段时间就统计一次猎狗捉到兔子的总重量的方法，按照重量来决定其在一段时间内的待遇。这样，猎狗们捉到兔子的数量和重量都增加了。

猎人很开心。但这以后，新问题又出现了，猎狗抓的兔子又少了很多，而且越有经验的猎狗，捉兔子的数量下降得就越厉害。于是猎人又去问猎狗们。

猎狗们说："我们把最好的时间都奉献给了您，但是我们会变老，当我们捉不到兔子的时候，您还会给我们骨头吃吗？"

猎人经过一番思考后，分析与汇总了所有猎狗捉到兔子的数量与重量，规定如果捉到的兔子超过了一定的数量后，即使捉不到兔子，每顿饭也可以得到一定数量的骨头。猎狗们都很高兴，大家都努力去做，以完成猎人规定的数量。一段时间过后，终于有一些猎狗做到了。这时，其中有一只猎狗说："我们这么努力，只得到几根骨头，而我们捉的猎物远远超过了这几根骨头，我们为什么不能给自己捉兔子呢？"于是，有些猎狗离开了猎人，自己捉兔子去了。猎人意识到猎狗正在流失，于是猎人又进行了改革，使得每条猎狗除基本骨头外，可获得其所猎兔肉总量的n%，而且随着服务时间加长，贡献变大，该比例还可递增，并有权分享猎人总兔肉的m%。这样，出走的猎狗们纷纷强烈要求重归猎狗队伍。

从上文的例子中，我们可以得出这样的结论：一个好的激励制度可以有效满足个人利益需求，激发团体组织成员的无限工作动力。猎人对猎狗的有效管理就在于猎人对激励效应的有效运用上。

在能力一定的情况下，激励水平的高低将决定其工作成绩的大小。综合运用多种激励方法是有效提高激励水平的一大法宝。激励机制是否产生了影响，取决于激励方法是否能满足个人的需要。主要的激励包括如下几种：

一是物质激励。通过满足个人利益的需求来激发人们的积极性与创造性。只对成绩突出者予以奖赏，如果见者有份，既助长了落后者的懒惰，又伤害了优秀者的努力动机，从而失去了激励意义。

二是精神激励。通过满足个人的自尊、自我发展和自我实现的需要，在较高层次上调动个人的工作积极性。精神激励主要有目标激励、荣誉激励、感情激励、信任激励、尊重激励。

三是任务激励。让个人肩负起与其才能相适应的重任，由社会提供个人获得成就和发展的机会，满足其事业心与成就感。

四是数据激励。明显的数据对人产生明显的印象，激发强烈的干劲。数据激励，就是把各人的行为结果用数字对比的形式反映出来，以激励上进，鞭策后进。

五是强化激励。对良好行为给予肯定，即正强化，使之能继续保持；对不良行为给予否定与惩罚，即负强化，使之能记住教训，不再犯同样的错误。

在一个组织中，引入激励机制都是必不可少的。激励机制一方面可以调动大家工作的积极性，另一方面还可以增加团队业绩，达到"双赢"的目的。激励机制可以有效控制做一天和尚撞一天钟的行为出现，可以使得在工作中更有生机和效率。有句名言说得好："人们只有在被追赶和被督促中才能进步"，也正是说的激励机制的重要性。

比较优势：贸易使每个人状况更好

曼昆十大经济学原理的前面四个都是涉及个人或个体的选择，它们说明了个人是如何做出自己的决策的。接下来的三个原理讲述的是人们如何进行交易。首先是第五个经济学原理，贸易能使每个人的状况变得更好。

在今天这个世界上，贸易已经成为司空见惯的事情。小到个体，大到国家，贸易往来随处可见。而且，现在随着计算机网络的普及，电子商务也日益兴起，人们的贸易活动也更加快捷、频繁。可以说，在今天这个地球村里，几乎所有人都在和贸易发生着直接或者间接的关系。

通过与其他人的贸易，人们可以以较低的成本获得各种各样的物品与劳务。无论是在耕种、做衣服或盖房子方面，贸易使每个人可以专门从事自己擅长的活动。

我们来看看讲述分工和贸易的一个古老而有趣的例子，英国和葡萄牙生产毛绒和葡萄酒的例子。

在分工之前，英国和葡萄牙都有相同的劳动力资源，比如说都有200个人来进行生产，但是两个国家的生产技术不同。请注意，表1-1说的不是英国可以同时生产200单位的毛绒和180单位的葡萄酒，而是说英国200个劳动力可以生产200单位的毛绒，或者180单位的葡萄酒，只能选择一个，而不能同时选择两个。如果一个国家同时选择生产两种产品，例如英国同时生产毛绒和葡萄酒，由于劳动力资源是有限的，在这里只有200个人的劳动力，所以就不可能同时生产出200单位的毛绒和180单位的葡萄酒。葡萄牙的情况也是类似的,葡萄牙200个人的劳动力可以生产160单位的毛绒,或者200单位的葡萄酒。

表 1-1

	毛绒	葡萄酒
英国	200	180
葡萄牙	160	200

从表1-1中可以看出,英国生产毛绒具有绝对优势,因而英国应该选择专业化生产和出口毛绒;而葡萄牙由于在生产葡萄酒方面具有绝对优势,它应该专业化生产并出口葡萄酒。这样,假设世界上就只有这两个国家,这可是简单的算术题,我们可以计算出世界上两种产品的产量,毛绒200单位,葡萄酒200单位。这是经济学的鼻祖亚当·斯密提出来的绝对成本优势的贸易情况。

再来看看大卫·李嘉图的比较优势的贸易情况。李嘉图认为,一个国家应该完全生产并且出口具有比较优势的产品,不生产但进口那些它拥有比较劣势的产品。比较优势实际上是很好理解的,来看下面新的生产与贸易情况(见表1-2)。

表 1-2

	毛绒	葡萄酒
英国	200	180
葡萄牙	240	200

表1-2同表1-1反映的情况稍有差别。现在葡萄牙在200个劳动力的情况下可以生产240单位的毛绒,而原来则是160单位。这样,葡萄牙不仅在生产葡萄酒上有绝对优势,而且在生产毛绒上也具有绝对优势,英国在生产两种商品上都处于绝对劣势。如果按照斯密的观点,他们之间还会发生贸易吗?不会。但是按照李嘉图的观点,他们会发生贸易。因为英国在专业化生产葡萄酒上拥有比较优势,而葡萄牙在专业化生产毛绒上同样拥有比较优势,这样双方发生贸易后各自的状况仍然会改善。这就是比较优势的"两劣相比取其轻",就是说如果一个国家在两种产品的生产上都处于劣势,但它只要选择专业化生产那些劣势相对较小的产品,并通过出口贸易,就能够改善本国的福利状况。

上面说的是传统的国际贸易,而随着生产力水平的不断提高,世界经济水平水涨船高,成功的国际贸易,可以使得每个国家的经济状况变得更好。比如,东南亚的某个农业国盛产大米,而远在欧洲的某个工业国则有着发达的精密机床工业。两个国家坐在一起商谈,最后,前者向后者出口大米,并进口后者的精密机床,其结果是双方的国家都能享用大米和机床带来的好处——这就是国际贸易的好处所在。

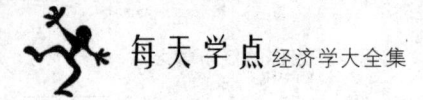

看不见的手：市场是组织经济活动的好方法

据圣经《伯理以书》记载：巴比伦王伯沙撒在宫中设盛宴，正饮起见，忽然显出一只手，在宫墙上写下三个神秘的词：弥尼、提克勒、毗勒斯。众人不解其意。先知但以理说："你冒渎天神，为次，神放出一只手，写下这些字。意思是：'弥尼'——你的国位已告结束，'提客勒'——你在天秤里的分量无足轻重，'毗勒斯'——你的国度即将分裂。"

受此启发，斯密提出了"看不见的手"的原理。这一命题的含义：社会中的每个人都在力图追求个人满足，一般说来，他并不企图增进公共福利，也不知道他所增进的公共福利为多少，但在这样做时，有一只"看不见的"手引导他去促进社会利益，并且其效果要比他真正想促进社会利益时更大。这只"看不见的手"实际上就是人们自觉地按照市场机制的作用自发调节着自己的行为，并实现消费效用最大化和利润最大化。

1787年，亚当·斯密到伦敦与他的忠实信徒、英国历史上著名的首相皮特见面。斯密是最后一个到达会面地点，当他一进屋时，所有人都起立欢迎他。斯密说："诸位请坐"。皮特回答说："不，你坐下，我们再坐，我们都是您的学生。"皮特对斯密如此恭敬，原因在于斯密提出的"看不见的手"的原理为当时各界名流奉为经典。即使到现在，斯密的观点仍然是现代经济学的中心。

对于每个人而言，市场是再熟悉不过的地方。当一个人进入超市买东西，可以说，他进入了一个市场。从某种程度上说，经济学就是伴随着市场的发展而发展起来的。

想象一下，如果没有市场，我们的生活将会怎样？我们该如何获得我们想要的东西，如食物、衣服、日常生活用品等。有人可能会问："我天天去市场，包括菜市场、服装市场等，但我不大明白为什么是市场，而不是其他什么类似的方式来组织经济活动，市场它到底好在哪里？"

市场的重要性在于，它提供了一种机制，使得人们相互进行交易，无论是企业还是个人，价格和利益的激励引导着他们各自的选择，这就是我们一般说的市场调节。

市场调节就好比一只无形的手，而价格就是无形的手用来指引经济活动的工具。

例如，市场上的白菜卖两元一斤，而萝卜只卖五角一斤，那么农民们就会纷纷决定要种更多的白菜，原来用来种萝卜的地也改来种白菜了。三个月后大量的白菜流入了市场，而萝卜却无人供应了。过量的白菜供给导致其价格一下狂跌到了两角钱一斤，而萝卜却因为供给不足大幅涨价。这下子农民便会想，再种白菜不但已经无利可图，甚至可能亏本，而种萝卜可以给我带来更多的收入。于是农民们开始拔了白菜改种萝卜，当大量的萝卜涌入市场的时候，他们也会遇到像种白菜一样的市场结果。如此反复，市场上会出现供需趋于平衡的状态。

表面上看，上面的故事只是农民在萝卜与白菜中的选择，而事实上，这是一种市场调节。亚当·斯密在书中写道："他通常既不打算促进公共的利益，也不知道他自己是在什么程度上促进那种利益。由于宁愿投资支持国内产业而不支持国外产业，他只是盘算他自己的安全；由于他管理产业的方式目的在于使其生产物的价值能达到最大限度，他所盘算的也只是他自己的利益。在这种场合，像在其他许多场合一样，他受着一只看不见的手的指导，去尽力达到一个并非他本意想要达到的目的。也并不因为事非出于本意，就对社会有害。他追求自己的利益，往往使他能比在真正出于本意的情况下更有效地促进社会的利益。"

亚当·斯密用这只"无形的手"介绍市场经济对于经济活动的重要性，通过分散的、无数的个人的决策在市场上进行相互交易，这样就能够促进社会的利益。市场经济的核心优势便是竞争机制，竞争机制带来"优胜劣汰"，而优胜劣汰的压力驱使人人都会更加努力，从而整个社会的效率就会提高，也就创造更多的财富。

当然，尽管市场调节对于经济活动十分重要，但是市场也绝非万能，"市场失灵"的情况屡见不鲜，这正说明市场调节本身不能有效配置资源。曼昆在书中问道：市场这只"看不见的手"可以阻止造纸企业污染环境吗？对于这个问题的解答，我们接下来要讲讲曼昆的第七条经济学原理：政府有时可以改善市场结果。

政府干预：政府有时可以改善市场结果

乌托邦国处于一片混乱中，整个社会的经济处于完全瘫痪的境地，工厂倒闭，工人失业，人们束手无策。这个时候，政府决定兴建公共工程，雇佣200人挖了很大的坑。雇200人挖坑时，需要发200个铁锹；发铁锹时，生产铁锹的企业开工了，生产钢铁的企业也开始工作了；发铁锹时还得给工人发工资，这时食品消费行业也发展起来了。通过挖坑，带动了整个国民经济的消费。大坑终于挖好了，政府再雇200人把这个大坑填好，这样又需要200把铁锹……这样，萧条的市场终于一点点复苏了。经济恢复后，政府通过税收，偿还了挖坑时发行的债券，一切又恢复如常了。

这则著名的经济学寓言"挖坑"，来源于英国经济学家凯恩斯的一本著作《就业、利息和货币通论》，凯恩斯通过这则寓言引申出了政府干预理论。

众所周知，在凯恩斯之前的西方经济学界，人们普遍接受以亚当·斯密为代表的古典学派的观点，即在自由竞争的市场经济中，政府只扮演一个极其简单的被动的角色——"守夜人"。凡是在市场经济机制作用下，依靠市场能够达到更高效率的事，都不应该让政府来做。国家机构仅仅执行一些必不可少的重要任务，如保护私人财产不被侵犯，但从不直接插手经济运行。

然而，日益庞大的经济体系难免会出现一些运转不正常的现象，当这种不正常现象被扩大化，就会影响到人们的生活，影响到整个经济体系的快速发展。这时，政府将会站在大众的利益和整个国家经济发展的高度出面协调。经济学家曼昆将之总结为：政府在一定时候可以改善市场结果。

事实证明，自由竞争的市场经济导致了严重的财富不均，从而造成经济周期性巨大震荡，社会矛盾尖锐。1929~1933年期间爆发的全球性经济危机就是自由经济主义弊端爆发的结果。因此，以凯恩斯为代表的政府干预主义者浮出水面。他们提出，现代市场经济的一个突出特征，就是政府不再仅仅扮演"守夜人"的角色，而是要充当一只"看得见的手"。政府必须平衡以及调节经济运行中出现的重大结构性问题，这就是政府干预理论。

政府干预经济的主要任务是：保持经济总量平衡，抑制通货膨胀，促进重大经济结构优化，实现经济稳定增长。调控的主要手段有价格、税收、信贷、汇率等。

从经济学角度讲，宏观调控就是宏观经济政策，也就是说政府在一定时候可以改善市场结果。人们说，市场本身就是一只看不见的手，那么为什么经济还需要政府的调控呢？因为市场这只手再伟大，也始终不能离开政府的保护。有了政府宏观经济政策的保障，市场才能有效运行。从另一方面讲，市场虽然是经济活动的主要组织方式，但是也会出现一些市场本身不能有效配置资源的情况，经济学家将其称为"市场失灵"。当然，政府有时可以改善市场结果并不是说它总是能够调控市场。那什么时候能够调控，什么时候不能呢？这就需要人们利用宏观调控的经济学原理来判断什么样的政府政策在什么情况下能够促进经济的良性循环，形成有效公正的经济体系，而什么时候宏观调控又无法实现既定目标。

生产率：一国的生活水平取决于其生产的能力

根据国际货币基金组织（IMF）在 2007 年发布的世界 GDP 排名，中国 GDP 总量处于第 4 位，为 32 500.83 亿美元，但人均 GDP 为 2 460.79 美元，排名第 106 位。美国 2007 年 GDP 总量为 138 430.83 亿美元，人均 GDP 为 45 845.48 美元，排名第 11 位。

中国 GDP 总量不到美国 GDP 总量的 25%，人均 GDP 只有美国的 5%左右。

从上面的数据可以看到，我们和美国的生活水平差距仍然非常大，但差距为什么会如此之大？我们应该用什么来解释各国之间和不同时期中生活水平的巨大差别？这就引出了曼昆经济学原理之八：一国的生活水平取决于它生产物品与劳务的能力。曼昆对此差别的解释是："几乎所有生活水平的变动都可以归因于各国生产率的差别——这就是一个工人在一小时所生产的物品与劳务的差别。"

生产率，是用来表示产出与投入比率的术语。如果相同数量的投入生产了更多的产出，则表示生产率增长了，相反，如果相同数量的投入所带来的产出下降了，则表示生产率下降了。对于劳动者而言，其劳动生产率水平可以用单位时间内所生产的产品的数量来表示，也可以用生产单位产品所耗费的劳动时间来表示。单位时间内生产的产品数量越多，劳动生产率就越高，反之，则越低；生产单位产品所需要的劳动时间越少，劳动生产率就越高，反之，则越低。由此可见，劳动生产率的状况是由社会生产力的发展水平决定的。

曼昆引用著名小说《鲁滨孙漂流记》的例子来说明生产率的概念，如果克鲁索能够捕到更多的鱼，那么他的生活水平就会提高。这对于一个国家也是一样，一个国家只有能生产大量物品与劳务，它的成员才能享受更高的生活水平和质量。在那些单位时间内工人能生产大量物品与劳务的国家，大多数人能够享有较高的生活水平；而在那些生产率水平较低的国家，大多数人却必须忍受贫困的生活。因此，一国生产率的增长率决定了它的人均收入的增长率。

我们和美国的生活水平之所以差距这么大，尤其是人均 GDP 水平差距如此之大，主要原因是我们的生产率低下，尤其是劳动生产率非常低。所以，要提高我们的人均收入水平，就必须提高我们的生产率。具体来说，决定劳动生产率高低的因素主要有以下五种：

(1) 劳动者的平均熟练程度。

劳动者的平均熟练程度越高，劳动生产率就越高。它包括劳动实际操作技术以及劳动者接受新技术的能力。

(2) 科学技术的发展水平。

科学技术发展得越快，在生产中运用得越广泛，劳动生产率也就越高。

(3) 生产过程的组织和管理。

主要包括劳动者的分工协作，以及工艺和经济管理方式。

(4) 生产资料的规模和效率。

主要包括劳动工具的使用效率，原材料和动力燃料等的利用程度。

(5) 自然条件。

这是一个天然条件，主要包括与生产有关的地质状态、资源分布、气候条件等。

将上面说的影响生产力水平的五要素综合起来，可以帮助我们理解不同国家之间的生产率状况，并进而对当今世界不同国家之间的生活水平产生进一步的认识。

在考虑生产率的提高时，必然要涉及影响生产率的诸要素，这在上文已经提到。但是，需要注意的是，生产率的提高，一定要在诸要素的共同作用下才能实现，而不能仅仅偏重其中一项。以 IT 技术为例，在今天，"科技是第一生产力"这一观念正在被广泛接受，IT 技术的运用对于社会生产有着相当大的甚至是变革性的推动作用。但是，只有当商业实践、竞争以及制度发生更大的变化并与 IT 结合后，这种作用才会发生。

20 世纪 90 年代，美国经济自 1991 年 3 月起持续增长 112 个月，创造了第二次大战后经济史上的奇迹。1996 年 12 月 30 日，美国《商业周刊》率先提出了"新经济"的概念，认为其主要动力是信息技术革命和经济全球化浪潮。但是在这之前的 80 年代，人们对于 IT 技术对于经济的促进，是持怀疑态度的。特别是 1987 年获诺贝尔奖的经济学家罗伯特·索洛提出了生产率悖论，他说："到处都可以看到计算机时代，只有生产率统计除外。"在他看来，信息技术革命似乎只是在投入上轰轰烈烈，在产出绩效上并不显著。另据两位美国经济学家欧莱纳和西彻尔在 2000 年 2 月的报告中，计算机在 90 年代早期"只做出了相对较小的贡献"，"但是，这种贡献在 90 年代的后五年里突然一下就提升了"。据麦肯锡公司对 20 世纪 90 年代十年间生产率增长情况的研究发现，在生产率增长的行业中，尽管 IT 技术的应用起到了不小的作用，但是"竞争的不断加剧"才是"最关键的催化剂"。换言之，商业竞争机制的改进，才使得 IT 技术发挥了更大的作用。研究表明，对于一个企业而言，IT 在大幅度提升企业的生产率方面需要花费多年时间，而企业的收益不仅取决于技术本身，还取决于相关的企业流程和组织创新。

通过上面的例子，生产率与生产要素之间的关系显而易见：只有当商业实践、竞争以及制度发生更大的变化并与IT结合后，生产率的显著提高才会发生，单纯依赖IT技术，对于企业生产率的提高，并不能起到立竿见影的效果。

通货膨胀：当政府发行过多货币时物价上涨

只有当政府发行过多货币时，物价上涨才成为普遍的，这就是曼昆经济学原理之九，关于货币供给与物价、通货膨胀关系的重要原理。这一原理指出，货币供给变动会影响经济体中的物价水平，所以中央银行在实施货币政策时一定要考虑通货膨胀的影响。

目前各国都是用纸币来执行贵金属黄金作为一般等价物的功能。纸币是一国法定的货币流通符号，是由一国的中央银行发行。如果流通中需要的货币量超过了发行的纸币所标明的价值量，纸币的价值就要贬值，物价就要上涨。

1948年冬天，上海街头的流浪汉们居然是用钱做墙来抵挡寒风，家家都堆满了钱，要买一张纸，得用一车的钱。这正是国民党政权崩溃前造成的恶性通货膨胀。

上面的例子绝非危言耸听，这是在解放前国民党统治区发生的真实故事，起因就是国民党政府发行了过多货币，导致物价飞速上涨。著名经济学家曼昆关于国家货币供给的问题有这样一个假设，以帮助人们了解通货膨胀的起因。

假设在货币供应量增加之前，社会已经实现充分就业，也就意味着所有人都有工作，此时货币供应量增加，在现行的物价水平下，由于货币的供给量超过了需求量，人们会想方设法花掉这些多余的货币，但是，因为所有人都有工作了，没有闲置的生产能力了，经济中生产物品与劳务的能力无法再增加，此时多余的货币试图追逐更多的物品和劳务需求，必然引起物品和劳务的价格上升，导致物价水平整体上升，如果继续增加货币供应量，唯一的后果就是物价水平继续上升，通货膨胀也就产生了。

经济学家米尔顿·弗里德曼说："通货膨胀归根到底是个货币现象。"其实，如果通货膨胀不那么严重，或者在预期内，就未必是什么坏事，甚至是好事。但是，当通货膨胀的程度超过了人们的预料时，就会如猛兽出笼，破坏社会的信用基础，造成财富的转移，让人们对未来失去耐心。所以，对于通货膨胀，政策不能听之任之，而要出手治理。

从历史经验看，治理通货膨胀政府的手段有很多。

1. 减少货币供给

米尔顿·弗里德曼就说，通货膨胀在任何时间、任何地点，都必然是而且仅仅是一种货币现象。也就是说，是中央银行没有把住货币投放这道闸门，让过多的货币进入到了市场。弗里德曼的话直指通货膨胀的症结所在，要制止通货膨胀就要迅速采取果断措施，必须先堵住货币发行这道关口。

2. 压缩总需求

可以用财政政策，如提高税收，减少个人的可支配收入，从而降低消费需求；同时减少企业的税后利润，减少企业的投资需求；还可以减少财政的购买支出；或者提高汇率，压缩国外需求。也可以用紧缩性的货币政策，如提高利率，把部分需求转化为存款，同时压缩企业的投资；还可以提高准备金率，提高贴现率，在公开市场上卖出政府债券；等等。这些手段都可以减少商业银行的贷款规模。

菲利普斯曲线：通货膨胀与失业之间的权衡取舍

1958 年，菲利普斯根据英国 1867~1957 年间失业率和货币工资变动率的经验统计资料，提出了一条用以表示失业率和货币工资变动率之间交替关系的曲线。这条曲线表明：当失业率较低时，货币工资增长率较高；反之，当失业率较高时，货币工资增长率较低，甚至是负数。根据成本推动的通货膨胀理论，货币工资可以表示通货膨胀率。因此，这条曲线就可以表示失业率与通货膨胀率之间的交替关系，即失业率高表明经济处于萧条阶段，这时工资与物价水平都较低，从而通货膨胀率也就低；反之，失业率低，表明经济处于繁荣阶段，这时工资与物价水平都较高，从而通货膨胀率也就高。失业率和通货膨胀率之间存在着反方向变动的关系。

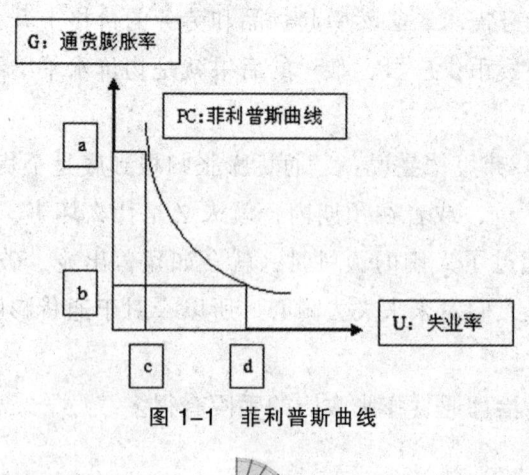

图 1-1　菲利普斯曲线

图 1-1 中，横轴 U 代表失业率，纵轴 G 代表通货膨胀率，向右下方倾斜的 PC 即为菲利普斯曲线。这条曲线表明，当失业率高（d）时通货膨胀率就低（b），当失业率低（c）时通货膨胀率就高（a）。

曼昆在他的书中详细讨论了通货膨胀和失业之间的关系，菲利普斯曲线很好地说明了两者之间的短期权衡取舍。西方经济学家认为，货币工资率的提高是引起通货膨胀的原因，即货币工资率的增加超过劳动生产率的增加，引起物价上涨，从而导致通货膨胀。所以，菲利普斯曲线又成为当代经济学家用以表示失业率和通货膨胀之间此消彼长、相互交替关系的曲线。回顾一下，前面经济学原理之一，人们面临权衡取舍。在这里，人们面临着通货膨胀和失业之间的短期权衡取舍。也就是说，如果人们希望降低失业率，比如将失业率降低到一个自然失业率的水平之下，那么人们就必须接受通货膨胀水平的上升。这就是"鱼和熊掌不可兼得"的延伸，当然这样的取舍只在短期内成立，也就是说，通货膨胀和失业之间不存在长期的权衡取舍。

在历史上，20 世纪 70 年代的石油危机导致的经济滞涨，带来了高通货膨胀和高失业率并存的一种局面，并打破了短期内通货膨胀和失业之间的权衡取舍关系。

附录　曼昆简介

N·格里高利·曼昆（N. Gregory Mankiw, 1958—　），29 岁时成为哈佛大学历史上最年轻的终身教授。现为哈佛大学经济学教授，曾在普林斯顿大学和麻省理工学院学习经济学；当教员时，讲授过宏观经济学、微观经济学、统计学和经济学原理。还曾做过帆船运动教练。

曼昆是一位高产学者。他的著作发表在许多学术杂志上，如《美国经济评论》、《政治经济学杂志》和《经济学季刊》。还发表在更普及的报刊上，如《纽约时报》、《金融时报》、《华尔街日报》和《财富》。在 1992 年出版的《宏观经济学》使他名气大振，连素以尖刻闻名的克鲁格曼也对此书高度评价。他也是最畅销的经济学教科书《Principles Of Economics》（经济学原理）的作者。其所编著的经济学教材《经济学原理》是目前公认的最好的经济学初级教材。

除了教学、研究和写作之外，曼昆教授还是马萨诸塞州剑桥的一个非营利性智囊团——国家经济研究局所属的货币经济计划部主任，波士顿联邦储备银行和国会预算办公室的顾问；他还供职于 ETS 考试研发委员会下设的经济学高阶水平考试委员会和 NBER 商业周期委员会；在 2003 年至 2005 年期间，他担任小布什政府的总统经济顾问委员会主席。

基础篇
像经济学家一样思考

　　经济学不可能为所有问题都提供现成的答案，但能教会我们分析这些问题的方法。如果我们能像经济学家一样思考，学会用经济学提供的方法、工具、概念和理论来分析现实问题，并做出正确的决策，那么学习经济学的目的就达到了。

第三章　思维决定成败
——每天学点经济学思维

一个民族的精神风貌、文明程度、社会结构以及政策可能酿成的行为方式，所有这些甚至更多，都记录在它的财政史上。那些明白怎样读懂这个历史所蕴涵的信息的人们，在这里比其他任何地方都更能清醒地预感到震撼世界的惊雷。

——约瑟夫·熊彼特

市场经济是唯一自然、合理和能够带来繁荣的经济，因为它是唯一能反映生活本质的经济。生活的精髓就在于它无穷无尽和神秘多样，因而，就生活的完美性和变幻性而言，任何中心人物的智慧都无法加以涵盖和设计。

——维克拉夫·哈韦尔

蝴蝶效应：小过错可能扩散成弥天大祸

南美洲亚马逊河流域一只蝴蝶偶尔扇动几次翅膀，两周后美国得克萨斯州就会起一场龙卷风，这就是气象学家洛伦兹1963年提出的"蝴蝶效应"。

1963年，美国麻省理工学院气象学家洛伦兹用计算机求解仿真地球大气的13个方程式，旨在提高长期天气预报的准确性。在一次试验中，为了更细致地考察结果，他把一个中间解0.506取出，提高精度到0.506127再送回。

可当他喝了杯咖啡后再看结果，不由大吃一惊：差距很小的数据，运算结果却偏离十万八千里！再次验算后，他发现计算机并没算错——这，到底是怎么回事呢？

经过研究后，洛伦兹发现：误差会以指数形式增长，即使是非常微小的一个误差，随着不断推移也会造成巨大的后果。于是他得出结论：事物发展的结果，对初始条件具有极为敏感的依赖性——初始条件的极小偏差，将会引起结果的极大差异。

这个发现很多科学家都不理解，几家科学杂志都拒绝刊登他的文章，认为"违背常理"：相近的初值代入确定的方程，结果也应相近才对，怎么能大大远离呢！

1979年12月，洛伦兹在美国科学促进会的一次讲演中提出：一只蝴蝶在巴西煽动翅膀，有可能会在美国的得克萨斯引起一场龙卷风。其原因在于：蝴蝶翅膀的运动，使身边的空气系统发生变化，引起微弱气流的产生，而微弱气流的产生又会使四周空气或其他系统产生相应变化，由此引起连锁反应，最终导致其他系统的极大变化。

他的演讲和结论给人们留下了深刻的印象。从此以后，"蝴蝶效应"一词开始为世界关注。

如今，蝴蝶效应被广泛应用在天气、股票市场等一定时段内难于预测的复杂系统中。

2007年，次贷危机在美国爆发。到2008年9月，金融危机已在全球范围内掀起波澜。在美国次贷危机刚刚发生的时候，相当长的时间里，并没有多少人相信美国金融动荡会对亚洲经济产生如此重大的影响。然而，事实证明，美国次贷危机就像那只煽动翅膀的蝴蝶，它带来的恶劣影响被不断地、迅速地放大，时隔不久，便对亚洲经济产生了巨大冲击。

其实，简要梳理一下金融危机的内在关联，我们就会对蝴蝶效应的本质有一个更深刻的认识。在金融、贸易日益全球化的今天，世界各国都存在着千丝万缕的经济联系，处于一个相互关联的极其复杂的系统中。一个微小的初始事件，就很有可能引起系统性的整体灾难。作为世界金融中心的美国，当其内部发生次贷危机时，这种影响便不断地借助蝴蝶效应加以放大，通过与世界的种种复杂经济关系传递给各个国家，最后，亚洲经济也不可避免地遭受了重大损失。亚洲地区一些典型的外贸出口企业对此有着切肤之痛。原有的外贸出口订单在极短的时间内就消失了。仅以2009年1月份为例，中国台湾出口下滑超过了40%。韩国与日本出口下滑达到了30%，而情况相对较好的中国内地出口情况，也下滑了17%。在这场金融危机中，蝴蝶效应的巨大影响显现无遗。

蝴蝶效应同样会作用于一个企业，以及单独的个人。在现代企业管理中，"蝴蝶效应"需要格外注意。一个企业的发展是复杂的，受到方方面面因素的作用，可以视作一个复杂的系统。要注意每一个微小事件的影响，消除不利的因素，避免它们对企业的未来产生恶劣的冲击；强化有利的因素，使它们对企业未来起到重要的推动作用。

三株集团曾在短短的3年内使销售额提高了64倍。高达80亿元人民币,打造了辉煌耀眼的保健品帝国。但是,一个"常德事件",一篇"八瓶三株口服液喝死一个老汉"的报道,便使拥有15万员工的"三株大厦"在顷刻间轰然倒下。

事发1996年的陈伯顺老汉死亡案,起诉后,法院本判定三株胜诉。但这条新闻竟被20多家媒体报道,在社会上造成了极大的负面影响,致使三株的悲剧无可挽回:锐减员工13万,直接损失达40多亿元。

一个小问题,竟然击垮了偌大的一个企业!"三株"倒下的根由是一篇文章的发表,引起大量媒体的炒作,最后让全国老百姓形成"人人喊打"之势,而不管那篇报道的真假、三株集团是否冤枉,这难道不是"蝴蝶效应"的一个典型表现吗?

横扫城镇的龙卷风,常从蝴蝶扇动翅膀开始;横过深谷的吊桥,也常从用一根细线拴住小石头开始。事物彼此之间都有联系,注意小事,别让细节成为你的绊脚石;关注细节,让这些偶然的机会成为助你成功的良机。

马太效应:穷人更穷,富人更富

在美国乡村住着一个老头,和他住在一起的是相依为命的儿子。

有一天,他的老同学基辛格路过此地,前来拜访他。基辛格看到朋友的儿子已经长大成人,于是就对他说:"亲爱的朋友,我想把你的儿子带到城里去工作。"

没想到这位农民朋友连连摇头:"不行,绝对不行!"

基辛格笑了笑说:"如果我在城里给你的儿子找个对象,可以吗?"

他的朋友还是摇头:"不行!我从来不干涉我儿子的事。"

基辛格又说:"可这姑娘是罗斯切尔德伯爵的女儿(罗斯切尔德是欧洲最有名望的银行家)。"

老农说:"嗯,如果是这样的话……"

基辛格找到罗斯切尔德伯爵说:"尊敬的伯爵先生,我为你女儿找了一个万里挑一的好丈夫。"

罗斯切尔德伯爵忙婉拒道:"可我女儿太年轻。"

基辛格说:"可这位年轻小伙子是世界银行的副总裁。"

"嗯,如果是这样的话……"

又过了几天,基辛格又找到了世界银行总裁对他说:"尊敬的总裁先生,你应该马上任命一个副总裁!"

总裁先生摇着头说:"不可能,这里这么多副总裁,我为什么还要任命一个副总裁呢,而且必须马上?"

这个人说:"如果你任命的这个副总裁是罗斯切尔德伯爵的女婿,可以吗?"

总裁先生当然同意:"嗯……如果是这样的话,我绝对欢迎。"

基辛格之所以能够让农夫的穷儿子摇身一变,成了金融寡头的乘龙快婿和世界银行的副总裁,根本的原因就在于他充分利用人们的一种心理:宁可锦上添花,也不雪中送炭。这是中国的传统说法,对这种现象,西方经济学家有另外一种更为哲理化的定义:马太效应。

马太效应出自《圣经》新约全书中"马太福音"这样一个故事:一个国王远行前,交给三个仆人每人一锭银子,吩咐他们:"你们去做生意,等我回来时,再来见我。"

国王回来时,第一个仆人说:"主人,你交给我的一锭银子,我已赚了十锭。"于是国王奖励他十座城邑。第二个仆人报告说:"主人,你给我的一锭银子,我已赚了五锭。"于是国王奖励了他五座城邑。第三个仆人报告说:"主人,你给我的一锭银子,我一直包在手巾里存着,我怕丢失,一直没有拿出来。"于是国王命令将第三个仆人的一锭银子也赏给第一个仆人,并且说:"凡是少的,就连他所有的也要夺过来。凡是多的,还要给他,叫他多多益善。"

首先,应该承认,领先者已经取得过一定的成功,并能够把成功的经验累积起来,形成优势。优势积累得越多,就会有越多的机会取得更大的成功和进步,这就是强者更强。对于弱者,如果想要超越强者,就必须要付出比强者以往多出几倍的努力,一旦弱者成功变成了强者,他也就拥有了和强者一样的优势。

"马太效应"在各行各业中都有着重要的作用,无论你是企业的领导,还是企业的员工,如果你想成为强者,通过努力取得成功,那么你就将是"马太效应"的受益者。如果你没有努力,可能你就是故事中那个越来越穷的仆人。

市场经济中弱肉强食、优胜劣汰是自然法则,贫困的一个重要根源就是穷人自身素质的相对低下,包括知识水平、努力程度,等等。而自身的贫困反过来又让穷人缺少提高自身素质的能力,这其中的潜在逻辑就是穷人因为穷所以穷,陷入了纳克斯所言的"贫困的恶性循环"。

但这种贫困循环很容易给人一种假象,即认为是市场竞争引致了贫困,贫困的形成是经济学中"看不见的手"造就的。然而事实并非如此。经济学中所言的市场是一个自由市场、公平市场,没有"看得见的手"来潜在的控制生产和分配。但现

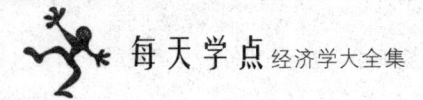

实就是，穷人生来并不平等，而且在市场竞争中也不能拥有平等的权利。于是，《新约全书·马太福音》中发出了这样一句感叹："对已经富有的人还要给予，使之锦上添花；而对一文不名的人，即使有了一文，也要强行夺走。"

经济学的灵魂是自由和公平，这也是市场经济蓬勃发展的内在动力。因此，只有去洞察穷人经济学的本质，还穷人以"起点公平"，才是经济学家履行社会职责的方向。正如1998年诺贝尔经济学奖获得者、有"经济学良心"之美誉的印度发展经济学家阿马蒂亚·森在《作为能力剥夺的贫困》开篇说的那样，"贫困必须被视为是一种对基本能力的剥夺，而不仅仅是收入低下"。他的这一思想已经被联合国机构接受并发展为人类贫困指数概念。所以，"劫富济贫"的政策建议是对本不平等的穷人权利的再剥夺，这不仅有违人道主义的经济学良心，也偏离了自由平等的经济学主旨。

所以说，贫困不是市场的产物，而是不公平的后果，富人对经济资源配置的控制力是贫困的重要来源。就像阿马蒂亚·森在《贫困与饥荒——论权力与剥夺》中所言："繁荣过程自身就有可能成为饥荒的诱因"。

羊群效应：随大流是明智还是愚蠢

在一群羊前面横放一根木棍，第一只羊跳了过去，第二只、第三只也会跟着跳过去。这时，把那根棍子撤走，后面的羊走到这里，尽管拦路的棍子已经不在了，它们却仍然像前面的羊一样，向上跳一下才通过，这就是所谓的"羊群效应"。

"羊群效应"比喻人都有一种从众心理，从众心理很容易导致盲从，而盲从往往会陷入骗局或遭到失败。一个有名的笑话就是说的这种跟风现象：

一位石油大亨到天堂去参加会议，一进会议室发现已经座无虚席，没有地方落座，圣彼得说：实在抱歉，没有你的位子了。这个石油商说，不要紧，我有办法，他对天堂的大门大喊一声："地狱里发现石油了！"这一喊不要紧，天堂里的石油大亨们纷纷向地狱跑去，很快，天堂里就只剩下他自己了。圣彼得吃惊地看着这一切，说：现在你可以进去了。此时，这位大亨心想，大家都跑了过去，莫非地狱里真的发现石油了？于是，他也急匆匆地向地狱跑去。

在经济学上，羊群效应主要指由于信息不充分，投资者很难对市场做出准确的预期，在这种情况下，投资者往往是通过观察周围人群的行为而获取信息，在这种信息的不断传递中，许多人的信息将趋于相同并且彼此强化，从而产生从众行为。在这种羊群效应里，也许个体采取的是理性行为，然而，却导致了集体的非理性行为。

一般来说，羊群效应主要出现在一个竞争非常激烈的行业。在这个行业里，如果有一个领先者（姑且称之为领头羊）占据了主要的注意力，那么，他所取得的利益以及他的行为方式就会被整个羊群不断模仿。领头羊到哪里去"吃草"，其他的羊也争先恐后地去哪里"淘金"。

社会心理学家的研究还发现，影响从众心理最重要的一个因素是持某种意见的人数有多少，而不是这个意见本身是否正确。"人多力量大"在此起到了相反的作用，在许多人都坚持同一个意见的情况下，往往很少有人会在众口一词时还坚持自己的不同意见。"群众的眼睛是雪亮的"、"木秀于林，风必摧之"、"出头的椽子先烂" 这些教条经常会紧紧束缚人们的行动，从而产生羊群效应。很多时候，人们不得不放弃自己的个性去"随大流"，因为我们每个人不可能对任何事情都了解得一清二楚，对于那些不太了解，没把握的事情，往往会产生从众心理。在一个团体内，谁做出与众不同的行为，往往招致"异类"甚至"背叛"的嫌疑，会被孤立，甚至受到惩罚。但是羊群效应告诉我们，许多时候，并不是谚语说的那样"群众的眼睛是雪亮的"。在市场中的普通大众，往往容易丧失基本判断力。这就需要我们不要失去辨别能力，要收集信息并敏锐地加以判断，从而减少盲从行为，更多地运用自己的理性。

在20世纪末期，网络经济一路飙升，".com"公司遍地开花，所有的投资家都在跑马圈地卖概念。在人们看来，IT业的CEO们像是在比赛烧钱，而且烧多少，股票就能涨多少。羊群效应越发强烈，越来越多的人义无反顾地往前冲。与此同时，传媒也充当了煽动者的角色，一条传闻经过报纸就会成为公认的事实，一个观点借助电视就能变成民意，从而为"羊群效应"推波助澜。然而，到了2001年，网络泡沫迅速破灭。一夜之间，浮华尽散，大家这才发现在狂热的市场气氛下，获利的只是领头羊，而其余跟风的羊群都成了牺牲品。

正如上面例子所说，"羊群效应"在股市中酿成了无数悲情故事，因此，人们要切记，在任何市场条件下，无论投资的是不是热点，都要尽力避免羊群效应，避免陷入人性贪婪的弱点，不做盲目的从众投资。

"羊群效应"告诉我们，许多时候，并不是谚语说的那样——"群众的眼睛是雪亮的"。在市场中的普通大众，往往容易丧失基本判断力，人们喜欢凑热闹、人云亦云。有时候，群众的目光还投向资讯媒体，希望从中得到判断的依据。但是，媒体人也是普通群众，不是你的眼睛，你不会辨别垃圾信息就会失去方向。所以，

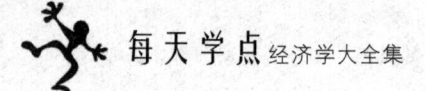

收集信息并敏锐地加以判断,是让人们减少盲从行为,更多地运用自己理性的最好方法。

鲶鱼效应:竞争让市场更高效

西班牙人特别喜欢吃沙丁鱼,但沙丁鱼非常娇贵,对离开大海后的环境极不适应。当渔民们把刚捕捞上来的沙丁鱼放入鱼槽运回码头后,过不了多久沙丁鱼就会死去。而死掉的沙丁鱼口感很差,价格就会便宜很多——倘若抵港时沙丁鱼还存活着,鱼的卖价就要比死鱼高出很多倍。

为了延长沙丁鱼的活命期,渔民们想尽了办法。后来一位渔民无意中发现了一种方法:将几条沙丁鱼的天敌鲶鱼放在鱼槽中。因为鲶鱼是食肉鱼,放进鱼槽后,鲶鱼便会四处游动寻找小鱼吃。为了躲避天敌的吞食,沙丁鱼自然加速游动,从而保持了旺盛的生命力。如此一来,沙丁鱼就一条条活蹦乱跳地回到港口。这在经济学上被称作"鲶鱼效应"。

鲶鱼效应对于市场经济以及现代企业管理都有着重要的警示作用。它指出,一个市场如果能采取一种手段或措施,刺激该行业的企业活跃起来,就能使企业获得足够的活力,在市场中积极参与竞争,从而使得市场更为高效。从本质上说,"鲶鱼效应"使得企业产生一种危机感,对于企业而言是一种负激励,但它的确是激活员工队伍的一个有效方法。另外,在中国古代典故中,"置之死地而后生"、"卧薪尝胆"这些成语讲的都是生于忧患、死于安乐的道理,也都符合鲶鱼效应的本质。

《福布斯》总编辑大卫·梅克是一位才华横溢的编辑,可是他当总编时的管理方式却叫人难以接受。他对待下属从不留情面,而且总是一副冷冰冰的模样。尤其是他总是让团队成员感觉不安,总是会时不时地解雇一些表现不好的员工,逼得每一个编辑不得不为了饭碗竭尽全力地追求工作的完美。

正是由于大卫·梅克独特的鲶鱼式管理方法,《福布斯》的销售量和知名度才会节节上升。1964年,《福布斯》的销售量已达到40万份,这个成绩让它与老牌杂志《财富》、《商业周刊》并驾齐驱。

如果一个企业内部人员长期固定,就会缺乏活力与新鲜感,容易产生惰性。对于企业而言,将"鲶鱼"加入进来,就会制造一些紧张气氛。当员工们看见自己的位置多了些"职业杀手"时,便会有种紧迫感,知道该加快步伐了,否则就会被挤掉。这样一来,企业就能焕发出旺盛活力。

同样，如果一个人长期待在一种工作环境中从事同样的工作，就容易厌倦、疲惰，就会产生职业倦怠。对个人的成长而言，将"鲶鱼"加入进来，就会使自己产生竞争感，从而促进自己的职业能力成长和保持对工作的热情，就容易获得职业发展的成功。

为自己引入鲶鱼的方法就是：建立自己的职业理想，找到自己的职业发展目标，为自己树立职业学习榜样，在工作环境中认识到竞争对手的存在，适度保持职场压力。

"鲶鱼效应"其实就是一种压力效应。很多研究发现，适度的压力有利于我们保持良好的状态，更加有助于挖掘我们的潜能，从而提高个人的工作效率。比如运动员每到参加比赛，一定要将自己调整到感到适度的压力，让自己兴奋，进入最佳的竞技状态，如果他不紧张、没压力感，则不利于出成绩。适度的压力对挖掘自身的内在潜力资源，是有正面意义的。

木桶效应："短板"决定最终的结果

在德国史诗小说《尼伯龙根的宝藏》中，有一位屠龙英雄齐格飞，他英勇无比，力量过人，经过激烈搏斗，杀死了尼伯龙根岛的恐龙，用龙血沐浴全身后，成了刀枪不入的金刚之身，可是因为当时他的后背粘了一片菩提叶，没有沐浴到龙血，就成了他身上唯一的致命之处。

后来，敌人想尽一切办法，终于从他的妻子葛琳诗那里得到了这一秘密，在交战中用长矛刺入齐格飞的致命之处，终于夺去了英雄的性命。

无独有偶，在希腊神话中，也有一位著名英雄——战神阿喀琉斯。阿喀琉斯是希腊神话中的头号英雄，他的母亲是海神的女儿忒提斯。传说他出生后，母亲白天用神酒搽他的身体，夜里在神火中煅烧，并且提着他的脚跟把他浸泡在冥界的斯得克斯河中，使他获得了刀枪不入之身。

但是因为在河水中浸泡时他的脚跟被母亲握着，没有被冥河水浸过，所以留下全身唯一可能致命的弱点。阿喀琉斯长大后，在特洛伊战争中屡建功勋，所向无敌。后来特洛伊王子帕里斯知道了阿喀琉斯这个弱点，就从远处向他发射暗箭。帕里斯是位神射手，很多希腊英雄如克勒俄多洛斯等都死于他的箭下，因此这一箭正好射中阿喀琉斯的脚跟，这位大英雄瞬间毙命。

上面两位大英雄的死，都是缘于自身的唯一一点不足，正是这一点点的不足成为导致悲剧的关键因素，这就是"木桶效应"。

木桶效应又称水桶原理或短板理论，其内容是：一只水桶盛水的多少，并不取决于桶壁上最高的那块木块，而恰恰取决于桶壁上最短的那块。根据这一内容，有两个推论：其一，只有桶壁上的所有木板都足够高，那水桶才能盛满水。其二，只要这个水桶里有一块不够高度，水桶里的水就不可能是满的。

经济学家经常使用"木桶效应"来说明在经济活动中，往往是最薄弱的环节影响整体的绩效，甚至会导致全面溃败。所以在资源配置的过程中，要实现配置的最优化，往往要在薄弱环节上下工夫。

木桶效应鲜明地指出了"劣势决定优势，劣势决定生死"的这一道理。它要求一个人或者一个企业必须对自己的短板有着足够的忧患意识。如果你是管理者，那么你就要注意，个人有哪些方面是"最短的一块"，你应该考虑尽快把它补起来；如果你所领导的集体中存在着"一块最短的木板"，你一定要迅速将它做长补齐，否则它给你的损失可能是毁灭性的。

更进一步，我们就可以发现，相对于短板而言，其他高出的木板是没有意义的，甚至高出越多，材料的浪费就会越大。因此，要想提高木桶的容量，就应该设法加高最短的那块木板的高度，这是唯一的途径。

木桶效应还可做进一步的引申。从经济学中的资源配置的角度来讲，把长木板和短木板放在一起做成一只木桶，也会造成资源的极大浪费，在这里，长木板起到的作用等同于那只最短的木板，长木板比短木板长出的那部分资源没有发挥任何效益。相反，如果把长木板放在一起，把短木板放在一起，做成两只木桶，那么资源将得到最大限度的利用。这一点也就是著名的"鞋底鞋帮同时坏"的道理：假设鞋底是用"短木板"做的，穿不了多久就坏了，那么用"长木板"做的鞋帮也同时失去了作用，就造成了资源的浪费和低效率。如果鞋底和鞋帮都用长木板，那么经久耐用，可以卖出一个好的价钱；如果两者都用短木板做，那么就卖一个低一些的价钱。从整体上来看，社会资源则得到了最优的配置。

在我们的职业生涯中，木桶效应的原理照样适用。通常大多数人认为，一个人的成功取决于他的优势，他的专长。比如一个歌唱家的成功，取决于他天生就有一副好嗓子，一个画家的成功，取决于他对造型和色彩的敏感，一个作家的成功，取决于他对生活的洞察力和对文字的感受力，一个企业家的成功，取决于他有过人的才智和胆略……这无可厚非。从另外一个方面来说，一个人成就的大小，就像木桶盛水的多少一样，往往不是取决于他的长处有多长，而是取决于他的短处有多短，他的短处往往决定他在这方面成就的大小。有一副好嗓子而且想成为歌唱家的人很多，可为什么许多人却成不了呢，就是已经成了歌唱家的人，为什么成就与名气的大小也不一样呢？就是由于受到了自身短板的制约。

看来一个人要有所作为，不光要看自己的长处，更要正视自己的短处。木桶效应告诉我们，只有把自身的短板补齐了，长板的作用才能得到发挥，我们人生的木桶才能清澈盈满。

棘轮效应：消费习惯具有不可逆性

"棘轮效应"是经济学家杜森贝首先提出来的。经济学家凯恩斯则认为，消费是可逆的，即一个人绝对收入水平变动必然会立即引起消费水平的变化。杜森贝经过研究发现：事实上不是这样，因为消费决策并非是一种理性的计划，它还取决于消费习惯。这种消费习惯受很多因素的影响，比如人的生理与社会需要、个人的经历等。尤其是个人收入在最高期时所达到的消费标准，其对消费习惯的形成起着非常重要的作用。

宋代大政治家司马光在写给儿子司马康的一封家书《训俭示康》中有一句话："由俭入奢易，由奢入俭难。"他写这句是要告诫儿子不要沾染纨绔习气，要保持俭朴清廉的传统美德。司马光一千多年的一句家训，正道出了"棘轮效应"——人一旦形成某种消费习惯后，就很难向下调整。特别是在短时间内，消费习惯是不可逆的，其习惯效应非常大，就像有棘爪防止倒转的棘轮一样。这种习惯效应让消费取决于相对收入，也就是相对于自己以前的最高收入额，即使收入水平下降，个人的消费习惯也不会随之下降。

商朝时，纣王登位之初，天下人都认为在这位精明的国君治理下，商朝的江山一定会坚如磐石。

一天，纣王命人用象牙做了一双筷子，十分高兴地使用这双象牙筷子就餐。他的叔父箕子见了，劝他收藏起来，而纣王却满不在乎，满朝文武大臣也不以为然，认为这本来是一件很平常的小事。

箕子为此忧心忡忡，有的大臣莫名其妙地问他原因，箕子回答说："纣王用象牙做筷子，必定再不会用土制的瓦罐盛汤装饭，肯定要改用犀牛角做成的杯子和美玉制成的饭碗；有了象牙筷、犀牛角杯和美玉碗，难道还会用它来吃粗茶淡饭和豆子煮的汤吗？大王的餐桌从此顿顿都要摆上美酒佳肴、山珍海味了；吃的是奇珍异品，难道还会穿粗布麻衣吗？当然不会，大王以后自然要穿绫罗绸缎了，以此类推，大王同样也要住在富丽堂皇、歌舞升平的宫殿里，因此还要大兴土木筑起楼台亭阁以便取乐。如此一来，黎民百姓可就要遭殃了，一想到这些，我就不寒而栗。"

当时，很多人都觉得是箕子多虑了，并未将他的话放在心上，然而仅仅过了5年，箕子的预言就应验了，商纣王骄奢淫逸、贪图享乐，最终断送了商汤绵延了500年的江山。

箕子之所以能从一副象牙筷子看到亡国之兆，就是因为他认识到人的消费习惯，简单说就是好了还更好，舒服了还要更舒服。要更高的享受，必然就要更多压榨百姓，亡国当然是不可避免了。

在生活中，我们时时能碰到"棘轮效应"。一个人如果不注意节俭，在花钱上大手大脚、挥霍无度，攀比心态严重、喜欢过度消费，会产生"棘轮效应"，让家庭理财陷入困境。因此，我们要克制自己的坏毛病和不良的理财消费习惯，养成好的理财消费习惯，在家庭理财规划中尽量做到未雨绸缪、防患于未然。

多米诺骨牌效应：经济雪崩的秘密

多米诺骨牌是一种非常精彩的游戏，它用木制、骨制或塑料制成长方形骨牌，在游戏时将骨牌按一定间距排列成行。只要轻轻碰倒第一枚骨牌，其余的骨牌就会在第一块倒下的骨牌的带动下产生连锁反应，依次倒下。这一游戏从其诞生之日起，就令人着迷。目前，多米诺骨牌的世界纪录是从轻轻推倒第一张牌开始，依次传递，结果成功推倒了340万张骨牌。从所拍的视频可以看出，骨牌依次倒下的场面蔚为壮观，其间显示的图案丰富多彩，令人叹为观止。多米诺骨牌蕴涵着一定的科学道理，其原理是，当骨牌竖着时，重心较高，倒下时重心下降，倒下过程中，其重力势能便转化为动能，当它倒在第二张牌上，这个动能就转移到第二张牌上，第二张牌将第一张牌转移来的动能和自己倒下过程中由本身具有的重力势能转化来的动能之和，再传到第三张牌上。所以每张牌倒下的时候，具有的动能都比前一块牌大，因此它们的速度一个比一个快，也就是说，它们依次推倒的能量一个比一个大。这样，就产生了"多米诺骨牌效应"。

"多米诺骨牌效应"产生的能量是十分巨大的。它告诉我们，在一个相互联系的系统中，一个很小的初始能量就可能产生一连串的连锁反应，从而产生巨大的能量。

在生活当中，"多米诺骨牌效应"是比较常见的。例如，在你家门前的路两旁摆满了很多鲜花，很长一段时间都很整齐，花也开得很鲜艳。可是有一天，一个过路的女孩看见花好看，就顺手摘了一朵。渐渐地，摘花的人就越来越多了，后来干脆有人把花盆一起搬走了……

早晨上班时分，路口人流如织，等红灯的人们焦急地望着交通信号灯，终于有一个性急的小伙子等不及了，开始横穿马路。在这种情况下，如果交警或交协不制止这个愣头青，其他人就会像潮水一样紧跟其后，视红灯若无物。

在干净整洁的广场上，你不好意思随手丢弃纸屑或烟头，而是四处寻找垃圾箱。但如果是一地污物，满阶尘土，你会毫不犹豫地将烟头弹出一个漂亮的抛物线，任其跌落。

一面洁白的墙上，如果出现了第一个"办证"的涂鸦，在不能及时清除的情况下，这面墙很快就会长满"牛皮癣"。

第一棵树的砍伐，最后导致了森林的消失；一日的荒废，可能是一生荒废的开始；第一场强权战争的出现，可能是使整个世界文明化为灰烬的力量。这些预言或许有些危言耸听，但是在未来我们可能不得不承认它们的准确性，或许我们唯一难以预见的是从第一块骨牌到最后一块骨牌的传递过程会有多久。有些可预见的事件最终出现要经历一个世纪或者两个世纪的漫长时间，但它的变化已经从我们没有注意到的地方开始了。多米诺骨牌效应表明，一个很微小的力量能够引起的或许只是察觉不到的渐变，但是它所引发的却可能是翻天覆地的变化。

2008年席卷全球的金融危机，几乎给全球带来了一次经济雪崩。其中，"多米诺骨牌"效应的作用显露无遗。这场源自美国次贷危机的全球金融海啸，波及发达国家几乎所有的金融产品、金融机构和金融市场，发达国家以及不少发展中国家实体经济陷入衰退。这场导致全球经济下滑的美国金融危机的始作俑者是金融机构，其无节制的信贷增长和资产价格泡沫急剧膨胀是危机爆发的直接原因。细看这一过程，应从2001年"9·11"事件开始。当时，美联储为了刺激经济，连续降息，低利率加上流动性过剩，直接推动了全球性房地产等资产价格的过热，导致住房贷款需求的增加。由于优质按揭市场已经趋于饱和，发放次级按揭机构就开始转向低等级客户，次级抵押贷款市场因而迅速发展，房屋价格和房屋信用泡沫逐渐变大，直至美国住房供应市场很快饱和。而当美国货币政策发生变动后，利率上调，房价下跌，原本信用等级低的借款人无力还贷，而抵押贷款公司手中的住房抵押品难以出手，也不足以弥补亏空，资金链条由此断裂。抵押贷款市场的危机直接影响了衍生的房产贷款支撑证券、债券以及担保债务凭证（CDO），继而发生CDO大幅贬值，整个信用衍生品市场产生动荡。紧接着，发行衍生品和管理衍生品的公司股价开始下跌，又引发投资者对金融类公司的普遍忧虑，危机进一步向金融市场传导，造成世界范围内的股价震荡。多米诺骨牌效应日趋明显，不仅对其发源地美国经济予以致命打击，同时也对世界他国经济产生了深远的恶劣的影响。就这样，次贷危机借助多米诺骨牌效应，不断地推倒一块块骨牌，其破坏

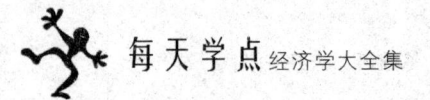

能量越来越强大，最终，演变为肆虐全球的金融风暴。多米诺骨牌效应在此给世界上了惊心动魄的一课。

青蛙效应：学会适应未必是好事情

"青蛙效应"源自19世纪末，美国康奈尔大学曾进行过一次著名的"青蛙试验"：他们将一只青蛙放在煮沸的大锅里，青蛙触电般地立即窜了出去。后来，人们又把它放在一个装满凉水的大锅里，任其自由游动。然后用小火慢慢加热，青蛙虽然可以感觉到外界温度的变化，却因惰性而没有立即往外跳，直到后来热度难忍，失去逃生能力而被煮熟。

科学家经过分析认为，这只青蛙第一次之所以能"逃离险境"，是因为它受到了沸水的剧烈刺激，于是便使出全部的力量跳了出来，第二次由于没有明显感觉到刺激，因此，这只青蛙便失去了警惕，没有了危机意识，它觉得这一温度正适合，然而当它感觉到危机时，已经没有能力从水里逃出来了。

青蛙效应强调的便是"生于忧患，死于安乐"的道理。人性中天生具有一种惰性，一种安于现状的趋向。许多人往往不到迫不得已，不愿意去改变已适应了的生活。但是，如果一个人久久沉迷于这种所适应的、缺少变化的安逸生活当中时，往往会忽略周围环境的种种变化，以至于当危机真的到来时，就像那只青蛙一样只能坐以待毙。

比尔·盖茨有一句名言："微软离破产永远只有18个月。"为什么这样说呢？因为他明白，造成危机的许多诱因早已潜伏在企业日常的经营管理之中，一旦管理者麻痹大意，缺乏危机意识，没有足够的重视。有时，看起来很不起眼的小事，经过"连锁反应"、"滚雪球效应"、"恶性循环"，都有可能演变成摧毁企业的危机。

"青蛙效应"告诉人们，企业竞争环境的改变大多是渐热式的，如果管理者与员工对环境之变化没有疼痛的感觉，最后就会像这只青蛙一样，被煮熟、淘汰了仍不知道。一个企业不要满足于眼前的既得利益，不要沉湎于过去的胜利和美好愿望之中，而忘掉危机的逐渐形成和看不到失败一步步地逼近，最后像青蛙一般在安逸中死去。而一个人或企业应居安思危，适时宣扬危机，适度加压，使处危境而不知危境的人猛醒，使放慢脚步的人加快脚步，不断超越自己，超越过去。

企业要避免"温水煮蛙"现象，首先要求其最高管理层具备危机意识，企业才不致在战略上迷失方向，不经意之间滑入危机的泥潭之中。值得重视的是，危机管理并非是企业最高管理层或某些职能部门，如安全部门、公关部门的事情，而应成为每个职能部门和每位员工共同面临的课题。在最高管理层具备危机意识的基础上，企业要善于将这种危机意识向所有的员工灌输，使每位员工都具备居安思危的思想，提高员工对危机发生的警惕性，使危机管理能够落实到每位员工的实际行动中，做到防微杜渐、临危不乱。

未雨绸缪、居安思危、有危机意识是我们应该从"青蛙效应"中领悟的。在职业和生活上都是如此，逆水行舟，不进则退。回顾一下过去，当我们遇上猛烈的挫折和困难时，常常激发了自己的潜能；可一旦趋向平静，便耽于安逸、享乐、奢靡、挥霍的生活，而不断遭遇失败。一个人就像一个公司，如果陶醉现在已有的"卓越"中，那么就只会走下坡路。

不论是公司，还是个人，都应该时刻充满危机感和不满足感。今天的成功并不意味着明天的成功。你只有不断地保持自己的饥饿意识，设定远大的目标，才不会在生活的各方各面的竞争中被打败；你只有时刻保持面临危机的心态，才能在真正危机到来时，临危不乱。幸运的是，说到底，与青蛙相比，人毕竟有着高级的思维。青蛙在逐渐加温的水中是无知的，而人却有能力及时辨别自己的行为，这一点非常重要。如果社会、企业和个人能够及时警醒，居安思危，并采取种种积极的措施，就一定能够取得长远的、可持续的发展。

挤出效应：政府投资多，私人投资就少

简单地说，挤出效应是指在一个市场里，由于供应、需求有新的变化，导致部分资金从原来的预支中挤出，而流入到新的商品中。挤出效应在宏观经济中的作用非常明显，突出表现在政府支出对减少私人支出，尤其是减少私人投资支出的影响。

例如，政府经常会遇到需要筹资的情况，这时会采取通过在公开市场上出售国债的方法。在政府发行国债时，由于货币供给量没有增加，政府债券的出售便会导致债券价格下降，利率上升。接着，利率上升减少了私人投资，形象地说，就像是私人投资被"挤"出了公开市场。这就是挤出效应。挤出效应的大小取决于投资的利率弹性，投资的利率弹性越大，则挤出效应越发明显。

政府引发挤出效应的途径自然并不仅仅局限于国债。当政府通过增加税收来筹资时，由于增税减少了私人收入，使私人消费与投资减少，同样会引起挤出效应。另外，如果政府实现了比较充分的就业时，政府支出增加便会引起价格水平的上升，它也会减少私人消费与投资，产生挤出效应。

以上所涉及的国债、税收、充分就业等与挤出效应有关的内容，由于涉及复杂的宏观经济学知识，经济学家对其理解也可谓"仁者见仁，智者见智"，有着各种复杂的数学模型。不过，它们都可以从经济学最基本的市场供需理论加以理解。再以国债为例。大家都知道，国债的信用风险很小，在市场上很受欢迎，它能吸引很多投资者，因而国债被大量购买。不过需要注意的是，投资国债，实际上是投资于非生产领域，国债买得越多，就会导致用于企业生产的资金越少，因为大批投资人出于低风险获利的目的，不向企业投资了，生产所需的投资因此大为减少。如果政府将国债所筹资金用于弥补财政赤字，那么这种国债的挤出效应将更加明显，对企业生产产生害处。不过，如果国债所筹集的资金完全是游余资金，即处于游离状态的资金，它们将用于国家项目投资（即用于社会生产）而不是用于弥补财政赤字，这种挤出效应的不利之处便被减到最小。

一般来说，政府支出增加会对私人预期产生不利的影响，也就是说私人会对未来投资的收益率产生一种悲观看法，认为收益将会减少，很明显，这时私人便会减少投资。

第四章　博弈不是教你诈
——每天学点博弈论常识

必须把可持续性强调为发展的指导原则。

——布特罗斯·加利

我拥有六个忠诚的仆人，他们教会我一切。他们是：何人、何时、在何处、做什么、为什么要这样做，又如何去做。

——拉迪亚德·基普林

囚徒困境：出卖，还是合作

1950年，数学家塔克任斯坦福大学客座教授，在给一些心理学家作讲演时，他用两个囚犯的故事，将当时专家们正研究的一类博弈论问题，作了形象化的解释。从此以后，类似的博弈问题便有了一个专门名称——"囚徒困境"。借着这个故事和名称，"囚徒困境"广为人知，在哲学、伦理学、社会学、政治学、经济学乃至生物学等学科中，获得了极为广泛的应用。"囚徒困境"的大意是：

甲、乙两个人一起携枪准备作案，被警察发现抓了起来。警方怀疑，这两个人可能还犯有其他重罪，但没有证据。于是分别进行审讯，为了分化瓦解对方，警方告诉他们，如果主动坦白，可以减轻处罚；顽抗到底，一旦同伙招供，你就要受到严惩。当然，如果两人都坦白，那么所谓"主动交代"也就不那么值钱了，在这种情况下，两人还是要受到严惩，只不过比一人顽抗到底要轻一些。在这种情形下，两个囚犯都可以做出自己的选择：或者供出他的同伙，即与警察合作，从而背叛他的同伙；或者保持沉默，也就是与他的同伙合作，而不是与警察合作。这样就会出现以下几种情况（为了更清楚地说明问题，我们给每种情况设定具体刑期）：

如果两人都不坦白，警察会以非法携带枪支罪将两人各判刑1年；

如果其中一人招供而另一人不招，坦白者作为证人将不会被起诉，另一人将会被重判15年；

如果两人都招供，则两人都会因罪名各判10年。

这两个囚犯该怎么办呢？是选择互相合作还是互相背叛？从表面上看，他们应该互相合作，保持沉默，因为这样他们俩都能得到最好的结果——只判刑1年。但他们不得不仔细考虑对方可能采取什么选择。问题就这样开始了，甲、乙两个人都十分精明，而且都只关心减少自己的刑期，并不在乎对方被判多少年（人都是有私心的嘛）。

甲会这样推理：假如乙不招，我只要一招供，马上可以获得自由，而不招却要坐牢1年，显然招比不招好；假如乙招了，我若不招，则要坐牢15年，招了只坐10年，显然还是以招为好。无论乙招与不招，我的最佳选择都是招认。还是招了吧。

自然，乙也同样精明，也会如此推理。

于是两人都做出招供的选择，这对他们个人来说都是最佳的，即最符合他们个体理性的选择。照博弈论的说法，这是本问题的唯一平衡点。只有在这一点上，任何一人单方面改变选择，他只会得到较差的结果。而在别的点，比如两人都拒认的场合，都有一人可以通过单方面改变选择，来减少自己的刑期。

也就是说，对方背叛，你也背叛将会更好些。这意味着，无论对方如何行动，如果你认为对方将合作，你背叛能得到更多；如果你认为对方将背叛，你背叛也能得到更多。你背叛总是好的。这是一个有些让人寒心的结论。

为什么聪明的囚犯，却无法得到最好的结果？两个人都招供，对两个人而言并不是集体最优的选择。无论对哪个人来说，两个人都不招供，要比两个人都招供好得多。

"囚徒困境"这个问题为我们探讨合作是怎样形成的，提供了极为形象的解说方式，产生不良结局的原因是因为囚犯两人都基于自私的角度开始考虑，这最终导致合作没有产生。陷入囚徒困境的两个人，忠于协议和相互背叛哪个更为优势策略？面对困境，如何共同努力实现双赢？如何巧妙利用困境，解决棘手的难题？如何制造困境，降低商业的成本？在面对困境时，你应该注意哪些问题呢？

其实，囚徒困境给我们提出了两个问题：第一是人的自私问题，第二是对别人的信心问题。在生活中，囚徒困境可能会随时发生在我们身上，所以，一个很现实的问题，就是如何走出囚徒困境。由于博弈的双方都是想取得一个令自己满意的结果，所以，首先应该保证自己对对方充满信任是非常重要的。摒除猜疑的想法，建立起一种相互信任的气氛，可以极大地帮助人们走出困境。

1944年的圣诞夜，两个迷了路的美国大兵拖着一个受了伤的兄弟在风雪中敲响了德国西南边境亚尔丁森林中的一栋小木屋的门，他的主人，一个善良的德国女人，轻轻地拉开了门上的插销。

家的温暖在一瞬间拥抱了三个又冷又饿的美国大兵。女主人开始有条不紊地准备着圣诞晚餐，没有丝毫的慌乱与不安，没有丝毫的警惕与敌意。因为她相信自己的直觉：他们只是战场上的敌人，而不是生活中的坏人。美国大兵们静静地坐在炉边烤火，除了燃烧的木柴偶尔发出一两声脆响外，静的几乎可以听见雪花落地的声音。

正在这时候，门又一次被敲响了。站在满心欢喜的女主人面前的，不是来送礼物和祝福的圣诞老人，而是四个同样疲惫不堪的德国士兵。女主人同样用西方人特有的方式告诉她的同胞，这里有几个特殊的客人。今夜，在这栋弥漫着圣诞气息的小木屋里，要么发生一场屠杀，要么一起享用一顿可口的晚餐。在女主人的授意下，德国士兵们垂下枪口，鱼贯进入小木屋，并且顺从地把枪放在墙角。

于是，1944年的圣诞烛火见证了或许是"二战"史上最为奇特的一幕：一名德国士兵慢慢蹲下身去，开始为一名年轻的美国士兵检查腿上的伤口，尔后扭过去向自己的上司急速地诉说着什么。人性中善良的温情的一面决定了他们的感觉是奇妙而美好的，没有人担心对方会把自己变成邀功请赏的俘虏。第二天，睡梦中醒来的士兵们在同一张地图上指点着，寻找着回到己方阵地的最佳路线，然后握手告别，沿着相反的方向，消失在白茫茫的林海雪原中。

在上面这个故事中，美国士兵和德国士兵可以说是战争的死敌，但是由于受到客观条件的影响，共同陷入了困境。庆幸的是，他们和女主人一起建立了一种和谐的相处关系，并最终一同走出了困境，令人称奇。

试想一下，如果在这个困境中，双方有一方产生了不和谐的想法，势必会引发杀戮，结果必然是两败俱伤。所以，保持这种和谐信任的关系，是双方的明智之举，而这种关系必须依赖相互信任的态度。

囚徒困境的核心问题在于，一方由于担心对方会出卖自己、不跟自己合作，所以便会为了维护自己的利益而先采取有利于自己的措施。产生这种现象的根源在于，两方当事人事先不能通气，互相不知道对方会做出什么样的选择，完全在猜测中进行决策，自然也就缺乏对对方准确的判断。那么在生活中，如果能够避开这种信息的沟通不畅，就可以很好地合作，得到意想不到的效果。

加利福尼亚州有两个互为敌手的商店——美西日用品商店和莱特廉价品商店。他们正好紧挨着，两店的老板是死敌，他们一直进行着没完没了的价格战。

"出售爱尔兰亚麻床单，甚至连有鹰一般眼睛的贝蒂·瑞珀女士都不能找出任何疵点，不信请问她；而这床单的价格又低得可笑，只需6美元50美分"。

当一个店的橱窗里出现这样的手写告示时每位顾客都会习惯地等另一家廉价品商店的回音。

果然，大约过了两小时，另一家商店的橱窗里出现了这样的告示："瑞珀女士该配副近视眼镜了，我的床单质量一流，只需5美元95美分"。

价格大战的一天就这样开始了。除了贴告示以外，两店的老板还经常站在店外尖声对骂，经常发展到拳脚相加，最后总有一方的老板在这场价格战中停止争斗，价格不再下降。骂那个人是疯子，这就意味着那方胜利了。

这时，围观的、路过的、还有附近每一个人都会拥入获胜的廉价品商店，将床单和其他物品抢购一空。在这个地区，这两个店的争吵是最激烈的，也是持续时间最长的，因此竟很有名声，住在附近的每个人都从他们的争斗中获益不少，买到了各式各样的"精美"商品。

突然有一天，一个店的老板死了，几天以后，另一个店的老板声称去外地办货，这两家商店都停业了。过了几个星期，两个商店分别来了新老板。他们各自对两个商店前任老板的财产进行了详细的调查。一天检查时，他们发现两店之间有条秘密通道，并且在两商店的楼上两老板住过的套房里发现了一扇连接两套房子的门。新老板很奇怪，后来一了解才知道，这两个死对头竟是兄弟俩。

原来，所有的诅咒、谩骂、威胁以及一切相互间的人身攻击全是在演戏，每场价格战都是装出来的，不管谁战胜谁，最后还是把另一位的一切库存商品与自己的一起卖给顾客。真是绝妙的骗局。

在现实生活中，只要摒除了囚徒困境的不通信息的弊端，就可以在知情的情况下做出有利于两方的选择，这也就是所谓的"串谋"。

智猪博弈：搭个便车最省力

"搭便车"是经济学中很普遍的名词，它的意思就是不付成本而坐享他人之利。所谓不费力气就能有所收获，这样的便宜事谁不想要呢？博弈论中有个著名的模型叫"智猪博弈"，能够帮助我们理解搭便车行为，这个模型的主角便是我们熟悉的猪：

假设猪圈里有一头大猪、一头小猪。猪圈的一头有猪食槽，另一头安装着控制猪食供应的按钮，按一下按钮会有一定单位的猪食进槽，两头隔得很远。假设两头猪都是理性的猪，也就是说他们都有着认识和实现自身利益的猪。再假设猪每次按动按钮都会有10个单位的饲料进入猪槽，但是并不是白白得到饲料的，猪在按按钮以及跑到食槽要付出的劳动会消耗相当于2个单位饲料的能量。此外，当一头猪按了按钮之后再跑回食槽的时候，它吃到的东西比另一头猪要少。也就是说，按按钮的猪不但要消耗2单位饲料的能量，还比等待的那个猪吃得少。

再来看具体的情况，如果大猪去按按钮，小猪等待，大猪能吃到6份饲料，小猪4份，那么大猪消耗掉2份，最后大猪和小猪的收益为4∶4；如果小猪去按按钮，大猪等待，大猪能吃到9份饲料，小猪1份，那么小猪消耗掉2份，最后大猪和小猪的收益为9∶-1；若两头猪同时跑向按钮，那么大猪可以吃到7份饲料，而小猪可以吃到3份饲料，最后大猪和小猪收益为5∶1；最后一种情况就是两头猪都不动，那他们当然都吃不到东西，两头猪的收益就为0。

这些文字的表达比较繁杂，我们用表来表示。数字就表示不同选择下每头猪能吃到的饲料减去消耗量后的纯收益量。

智猪博弈的收益表

大猪/小猪	按按钮	等待
按按钮	5/1	4/4
等待	9/-1	0/0

从这个表中我们可以看到一个均衡点，那就是大猪按按钮，小猪等待的策略，这个时候，大猪和小猪的净收益都是4个单位的饲料。

而且我们还可以看到的一个奇怪现象就是，如果小猪主动劳动，那么小猪的收益居然是-1，对于小猪来说，这比躺在那儿还要吃亏，当然小猪是不会干的。也就是说，如果是小猪按动按钮，则大猪会在小猪到达食槽前把食物全部吃光，如果是大猪按动按钮，则大猪到达食槽时只能和小猪抢食剩下的一些残羹冷炙。既然小猪劳动不得食，则小猪不会主动按钮，而大猪为了生存，尽管只能吃到一部分，还是会选择劳动（按钮）。那么，在两头猪都有智慧的前提下，最终结果是小猪选择等待，只要搭顺风车就可以了。

　　对于大猪来说，既然小猪有了这个选择，那么大猪就只有两种结果了，要么也不动，那么两头猪就等死了，要是自己去按按钮的话还有4份饲料可以吃。所以，对大猪来说，等待是一种劣势的策略。我们已经说过了，假设了大猪和小猪都是理性的智猪，那么当大猪知道小猪不会主动去按按钮的时候，它亲自去动手总比不动要强，因此他会为了自己的利益而主动地奔走于踏板和食槽之间。

　　结论就是，不管大猪采取什么样的策略，对于小猪来说劳动都是一个劣势策略，因此最开始就可以除掉这种可能。在别除了小猪的按按钮这种方案以后，大猪就只有两种方按可供选择。在这两种策略里面，等待是一种绝对的劣势策略，也被别除掉。所以在剩下的策略里面就只剩下小猪等待、大猪按按钮这个可以供选择的策略了，这就是智猪博弈的最后均衡。

智猪博弈给我们的启示就是：生活中有些事情其实用不着自己费力，不妨找机会搭个便车，又省力又有实惠，这样的美事谁不希望呢？历史上有名的草船借箭的故事，其实讲得就是如何搭便车、吃免费午餐的诀窍：

　　周瑜看到诸葛亮挺有才干，心里很妒忌。有一天，周瑜请诸葛亮商议军事，说："我们就要跟曹军交战。水上交战，用什么兵器最好？"诸葛亮说："用弓箭最好。"周瑜说："对，先生跟我想的一样。现在军中缺箭，想请先生负责赶造十万支。这是公事，希望先生不要推却。"诸葛亮说："都督委托，当然照办。不知道这十万支箭什么时候用？"周瑜问："十天造得好吗？"诸葛亮说："既然就要交战，十天造好，必然误了大事。"周瑜问："先生预计几天可以造好？"诸葛亮说："只要三天。"周瑜说："军情紧急，可不能开玩笑。"诸葛亮说："怎么敢跟都督开玩笑。我愿意立下军令状，三天造不好，甘受惩罚。"周瑜很高兴，叫诸葛亮当面立下军令状，又摆了酒席招待他。诸葛亮说："今天来不及了。从明天起，到第三天，请派五百个军士到江边来般箭。"诸葛亮喝了几杯酒就走了。

　　鲁肃对周瑜说："十万支箭，三天怎么造得成呢？诸葛亮说的是假话吧？"周瑜说："是他自己说的，我可没逼他。我得吩咐军匠们，叫他们故意迟延，造箭用的材料，不给他准备齐全。到时候造不成，定他的罪，他就没话可说了。你去探听探听，看他怎么打算，回来报告我。"

鲁肃见了诸葛亮。诸葛亮说："三天之内要造十万支箭，得请你帮帮我的忙。"鲁肃说："都是你自己找的，我怎么帮得了你的忙？"诸葛亮说："你借给我二十条船，每条船上要三十名军士。船用青布幔子遮起来，还要一千多个草把子，排在船的两边。我自有妙用。第三天管保有十万支箭。不过不能让都督知道。他要是知道了，我的计划就完了。"

鲁肃答应了。他不知道诸葛亮借了船有什么用，回来报告周瑜，果然不提借船的事，只说诸葛亮不用竹子、翎毛、胶漆这些材料。周瑜疑惑起来，说："到了第三天，看他怎么办！"

鲁肃私自拨了二十条快船，每条船上配三十名军士，照诸葛亮说的，布置好青布幔子和草把子，等诸葛亮调度。第一天，不见诸葛亮有什么动静；第二天，仍然不见诸葛亮有什么动静；直到第三天四更时候，诸葛亮秘密地把鲁肃请到船里。鲁肃问他："你叫我来做什么？"诸葛亮说："请你一起去取箭。"鲁肃问："哪里去取？"诸葛亮说："不用问，去了就知道。"诸葛亮吩咐把二十条船用绳索连接起来，朝北岸开去。

这时候大雾漫天，江上连面对面都看不清。天还没亮，船已经靠近曹军的水寨。诸葛亮下令把船尾朝东，一字儿摆开，又叫船上的军士一边擂鼓，一边大声呐喊。鲁肃吃惊地说："如果曹兵出来，怎么办？"诸葛亮笑着说："雾这样大，曹操一定不敢派兵出来。我们只管饮酒取乐，天亮了就回去。"

曹操听到鼓声和呐喊声，就下令说："江上雾很大，敌人忽然来攻，我们看不清虚实，不要轻易出动。只叫弓弩手朝他们射箭，不让他们近前。"他派人去旱寨调来六千名弓弩手，到江边支援水军。一万多名弓弩手一齐朝江中放箭，箭好像下雨一样。诸葛亮又下令把船掉过来，船头朝东，船尾朝西，仍旧擂鼓呐喊，逼近曹军水寨去受箭。

天渐渐亮了，雾还没有散。这时候，船两边的草把子上都插满了箭。诸葛亮吩咐军士们齐声高喊："谢谢曹丞相的箭！"接着叫二十条船驶回南岸。曹操知道上了当，可是这边的船顺风顺水，已经飞一样地驶出二十多里，要追也来不及了。

二十条船靠岸的时候，周瑜派来的五百个军士正好来到江边搬箭。每条船大约有五六千支箭，二十条船总共有十万多支。鲁肃见了周瑜，告诉他借箭的经过。周瑜长叹一声，说："诸葛亮神机妙算，我真比不上他！"

诸葛亮真是一只贪心的"小猪",让大猪即曹军白费力气却毫无收获,一半的箭沉入了江水,一半的箭白白送给了东吴,而东吴丝毫没有费力气便得了一个大便宜,无疑于天上掉下大馅饼,还有比这更好的顺风车吗!他们做"小猪"还真是有智谋、有胃口。

生活中还有很多这样的例子,比如我们所熟知的名人效应,其实都是搭便车的"小猪"在借"大猪"的力量为自己谋取收益。

TCL为了打造"国产手机第一品牌"的国际化形象,斥巨资1 000万元聘请"韩国第一美女"金喜善,并力邀国际级导演张艺谋担纲广告片的拍摄。金喜善美丽、高贵、大方,符合产品本身的特质,同时她的国际化背景和对中国年轻时尚群体的巨大感召力也是TCL品牌可以搭便车的重要因素。在金喜善出演的TCL手机品牌形象的广告中没有一句台词,金喜善只是利用自己的肢体语言和表情表达出她对TCL手机的喜爱和信赖。这部广告片在中央电视台的黄金时段进行了投放,取得了很好的传播效果,TCL手机"中国手机新形象"的传播语传遍全国。应该说,邀请金喜善的策略对于迅速打响TCL手机品牌是正确而有效的。

还有许多企业,看到市场上的龙头企业推出了新的产品而风靡一时,便立刻模仿跟进,也是一种搭便车的小猪策略,让大猪花费前期的研究开发、市场推广等费用,等市场前景明朗了,自己再跟进就有稳定的收益了。

斗鸡博弈:狭路相逢勇者胜

我们都知道狭路相逢勇者胜的古语,事实上,不管是不是勇者,只要身处这种针锋相对的情况,就应该好好研究一下斗鸡博弈的理论,这对于不费力气地击败对手很有借鉴意义。

在斗鸡场上有两只好战的公鸡发生遭遇战,公鸡有两个行动选择:一是退下来,一是进攻。

如果一方退下来,而对方没有退下来,对方获得胜利,这只公鸡则很丢面子;如果对方也退下来双方则打个平手;如果自己没退下来,而对方退下来,自己则胜利,对方则失败;如果两只公鸡都前进,那么则两败俱伤。因此,对每只公鸡来说,最好的结果是,对方退下来,而自己不退。

从量化的角度来看,不妨假设两只公鸡如果均选择"前进",结果是两败俱伤,两者的收益是-2个单位,也就是损失为2个单位;如果一方

"前进"，另外一方"后退"，前进的公鸡获得1个单位的收益，赢得了面子，而后退的公鸡获得-1的收益或损失1个单位，输掉了面子，但没有两者均"前进"受到的损失大；两者均"后退"，两者均输掉了面子获得-1的收益或1个单位的损失。当然这些数字只是相对的值。

如果博弈有唯一的均衡点，那么这个博弈是可预测的，即这个均衡点就是事先知道的唯一的博弈结果。但是如果一博弈有两个或两个以上的均衡点，则无法预测出一个结果来。斗鸡博弈则有两个均衡：一方进另一方退。因此，我们无法预测斗鸡博弈的结果，即不能知道谁进谁退，谁输谁赢。

由此看来，斗鸡博弈描述的是两个强者在对抗冲突的时候，如何能让自己占据优势，力争得到最大收益，确保损失最小。斗鸡博弈中的参与者都是处于势均力敌、剑拔弩张的紧张局势。这就像武侠小说中描写的一样，两个武林顶尖高手在华山之上比拼内力，斗得是难分难解，一旦一方稍有分心，内力衰竭，就要被对方一举击溃。

斗鸡博弈最直接的意义在于揭示了这样一个道理，既然对每只公鸡来说，最好的结果是对方退下来而自己不退，那么如何才能够达到这种"不战而屈人之兵"的效果呢？不战不是不采取措施，而是说应该巧妙营造声势，让对手处于不利的地位，那么自然你就是胜者。在生活和工作中，难免会出现你争我夺的情况，这个时候就体现出斗鸡博弈的影响了。谁能够在你进我退之中占领上风，谁将会取得最终的胜利，成为那只赢的斗鸡。

1980年，美国总统竞选的决战是在共和党候选人里根与民主党候选人卡特之间进行，由于两人当时的实力旗鼓相当，因此他们两人展开了美国竞选史上最激烈的争夺战。

当时的卡特是已经当政4年的在职总统，但政绩并不突出，而且内政方面不能令人满意，国内通货膨胀加剧，失业人数猛增。人们对这些有关国计民生的问题十分不满，怨声载道。而这些正好成了里根手中的王牌，他集中火力攻击卡特经济政策失误，并耸人听闻地宣称他要消除"卡特大萧条"。而这时的卡特也抓住广大民众关心的战争与和平问题，指责里根增加防务开支的主张是好战之举。里根与卡特就是这样唇枪舌剑，拳来脚往，双方一时难决雌雄。

20世纪80年代的美国，广播、电视、报纸等大众传播媒介对人们的影响极为广泛。一个人的形象，在美国民众的心中往往占有重要位置，有时甚至直接决定了选民投谁一票。所以，总统选举，与其说是选民在选择候选人的政策纲领，不如说是在品味候选人的性格、智慧、精力、风度。

在这方面,里根可以说是占据了得天独厚的优势。

在里根当选共和党总统候选人之后,他当年在好莱坞演过的电影,一下子成了热门,全国各地影剧院、电视台争相放映。这股里根影视热风,无疑替里根做了一次绝好的宣传。人们从影视中看到,当年的里根英俊潇洒、精明强干,而现在仍然生机勃勃、干劲十足,风度不减当年。这给人们留下了一个很好的印象。

在里根影视风兴起的同时,里根还借电视媒体极力展示自己的风采。在与卡特的电视辩论中,里根表现得能言善辩、妙语连珠,而卡特则相形见绌、呆板迟钝、结结巴巴。因此在投票之前关键性的一场电视辩论后,民意测验的结果,支持里根的人上升到67%,支持卡特的人下降为30%。1980年11月4日大选结果,里根以绝对优势大获全胜。

里根的胜利,要归功于在他巧妙地利用了大众传播媒介,通过电影、电视、广播等手段,让自己的形象深入民众。在这场斗鸡博弈中,里根成功地把握了进攻的主动,成为了胜利的斗鸡。而卡特则显得捉襟见肘,被里根牵着鼻子走,最终走向失败。

设想一下斗鸡场上有两只公鸡,其中一只雄赳赳、气昂昂,摆出一副久经沙场、无所畏惧的样子,如果另一只公鸡在气焰上短了一筹,自然就被对手的声势给震慑住了,自然节节败退,这就是斗鸡博弈告诉我们的道理:不必针锋相对,大可做一些虚张声势的表面功夫,让对手自己软下去,这才是斗争的最高境界。

有时候,你的对手也不是那么好惹的,万一他是一个"不蒸馒头争口气"的呆子,那么你怎么营造声势都没有用,他不吃这一套,还是会琢磨着怎么拼个鱼死网破,这时候你不妨主动进攻,给他一点颜色看看,让他知道你的厉害不是纸面上的,也不是口头上的,他自然就乖乖地后退了。

一个面带菜色、衣着简朴的小伙子乘坐长途汽车,因为带的杂物太多,被司机训斥后蜷缩在车尾角落里。

车行半路,忽然冒出来一个歹徒持械抢劫,原来他混在旅客堆里,逃避了司机的注意。这时候,司机已经被凶狠的歹徒用刀顶住脖子,眼见一场面对全体乘客的抢劫就要发生。那个小伙子突然站了起来,大叫一声:"给我住手!"然后写了一张纸条递了过去。几个歹徒读罢字条,互相对视片刻,竟然迅速下车逃跑了。

一场风波化险为夷,大家诧异地问小伙子:"你是警察?"

"不是。"

"你是军人?"

"也不是。"

"那你怎么这么厉害?"

"老实说,我今天正好带着借来的大笔钱,被他们抢走的话我也只有死路一条,所以只得铤而走险了。我在纸条上写的是:快滚蛋!我是一个持枪在逃犯,惹火了我就杀了你们。"

"横的还是怕不要命的","威慑战略"在某些时候还真管用。你给别人的威慑不一定代表你真会那么去做,只是给别人一种震慑力或假象,在生活中采用一些假的威慑,或许可以解决一些难题。恰如在斗鸡博弈中,有一只公鸡气势汹汹地向前迈一步,意味着"小样,你胆子还真不小,等我给你点眼色看看!"这样对手就被吓得屁滚尿流啦!

从科学的角度上来说,斗鸡博弈对人的作用,和达尔文生物进化论的观点相一致:在自然界中,到处都存在着一种竞争的法则,在这种竞争法则的作用下,这个世界才显得生机勃勃。如果一个物种失去了竞争,这一物种就会失去活力,死气沉沉而陷入灭种的边缘。如果一只斗鸡永远都不战斗,那么它只会变成一只普通的公鸡,整日在沙地上溜达觅食。所以,如果要成为一只战无不胜的常胜将军,你必须学会让你的对手成为你前进的动力,让你变得越来越强壮。

猎鹿博弈:从合作走向共赢

社会学告诉我们,在人类文明之初的原始社会,人们维生的方式主要是狩猎。博弈论中有一个著名的"猎鹿模型"讲述了两个猎人共同猎鹿的故事。

某一天他们狩猎的时候,看到一头梅花鹿。于是两人商量,只有这两个人齐心协力,都去猎鹿时,才会得到那只鹿。如果猎鹿的时候一只兔子突然在其中一人身边经过,而这个人转而抓兔子,这人会得到兔子,但鹿就跑掉了。两人得到一只鹿的效用远比分别得到一只兔子大。

因此我们可以看到一共有四种方案供选择,每一行都代表一种博弈的结果。具体说来:

X, X
X, 0
0, X
1, 1

1. 第一行表示,猎人 A 和 B 都抓兔子,结果是猎人 A 和 B 都能吃饱 4 天;

2. 第二行，猎人 A 抓兔子，猎人 B 打梅花鹿，结果是猎人 A 可以吃饱 4 天，B 则一无所获；

3. 第三行，猎人 A 打梅花鹿，猎人 B 抓兔子，结果是猎人 A 一无所获，猎人 B 可以吃饱 4 天；

4. 第四行，猎人 A 和 B 合作抓捕梅花鹿，结果是两人平分猎物，都可以吃饱 10 天。

（1）如果双方都选择了猎鹿，效用为 1，（猎鹿，猎鹿）具有帕累托最优(Pareto Optimality)，为深入合作的最佳结果；

（2）如果双方都选择了猎兔，即双方没有合作，（猎兔，猎兔）称为风险上策（Risk dominant）均衡。

（3）如果一人选择了猎鹿，而对方选择了猎兔，即对方没有诚信，背叛了原来的协议，则选择猎鹿者将一无所获，选择猎兔者将保证得到一定效用 X（0<X<1）。

我们可以看到，在这个博弈中，根据纳什的均衡原理，应用博弈论中的"严格劣势删除法"，可以得到两个比较好的结果，那就是：要么分别打兔子，每人吃饱 4 天；要么合作，每人吃饱 10 天。

当然人心是不一定的，最终会采取哪一种策略就不是纳什均衡所能决定的，比较 [1, 1] 和 [X, X] 两个纳什均衡，明显的事实是，两人一起去猎梅花鹿比各自去抓兔子可以让每个人多吃 6 天。按照经济学的说法，合作猎鹿的纳什均衡，分头抓打兔子的纳什均衡，具有帕累托优势。与 [X, X] 相比，[1, 1] 不仅有整体福利改进，而且每个人都得到福利改进。

可以看得出来，两个猎人自己单独行动的话是最不利的，得到的结果只能让大家吃 2 天，那么我们从这里就得到这么一个原理，我们不要单独战斗，要学会与他人的合作，一个人的力量不足以让团队都好。

在现代的社会里，一个人做事情能影响的范围十分有限，一个人能调动的资源也屈指可数。想要做出一番大事，必须学会与别人合作。

对于普通人，学会与别人合作，可以相互取长补短，相互协助共同达到目标，实现大家价值的最大化。

对于领导人，与下属不仅是领导关系，更是合作关系，在下属的配合下完成重大任务，协助下属指导下属完成其力所不及的事情，合做出金，何愁企业不欣欣向荣？

对于企业，与别的企业合作经营，形成资源共享的机制，才能在激烈的竞争中立于不败之地。

对于国家，形成战略合作伙伴关系，才能时刻洞悉世界的变化，实现民族的崛起和国家的富强。

……

合作的重要性不胜枚举，然而可惜的是还是有很多人认识不到这一点，仍然将"自立自强"的品质形而上学起来，固执地认为凡事必须自己来，结果往往在孤军奋战中功亏一篑。

就像我们熟悉的球队火箭，里面有的是我们佩服的明星，例如麦蒂，2007年的时候，季后赛首轮迎战爵士之前，麦蒂曾发表过著名宣言——"一切看我的！"不过最后却是爵士赢得了7场系列赛。2008年，常规赛只剩下最后一场对阵洛杉矶快船，也就是说，火箭又将面对他们不甚光彩的季后赛历史了。

当然，对于2007年的失误，麦蒂要承受很多的冷言冷语。

不过对于球迷的嘲讽，麦蒂却显得非常冷静，他说："我无法控制它，我只能用行动来回答那些问题，我会做我该做的，球迷的嘲讽不会影响我，当我年轻时或许会有点恼火，但是现在我已经在江湖里闯荡许久了。"

2008年开赛前，麦蒂改变了自己的言行，他这次真正意识到了团体，"这是一项团体运动，"麦蒂说，"我们要像一支球队那样去比赛、去竞争。我不是一个人，这就是我要和大家说的，不要让我一个人战斗。"

麦迪的球技不好吗，不是，谁都不会觉得他的球打得不好，但是个人英雄的形势似乎没有什么作用啊。有些人也许会说个人英雄也是存在的，例如电视里常有的那些超人、蜘蛛侠之类的，首先来说，这是一个假设存在的人物，第二就是他们也不是单独战斗的，每次总是有人给他们做好准备。

一个人的战斗是打不好的，抗战的时候我们还需要有后勤的支援，还需要有人提供各种设备，等等。生活中，我们都离不开朋友、家人甚至是陌生人，有时候别人的一个眼神都可以给予你极大的鼓励。人是社会的人，单独的存在是没有意义的，千万不要觉得自己什么都行，想着一个人能解决所有的问题，每个人都不是万能的神。有个笑话说得好，每天这么多人在祈祷，而且祈祷的内容也许刚好相反，万能的上帝也忙不过来了。

每个人都是社会的成员，社会的发展需要我们大伙团结努力，共同推进社会的进步。没有人能主宰世界，我们只有团结起来才能发挥整体的功能，共同创造世界的辉煌。就好比，一个公司要在市场中立于不败之地，就必须团结公司成员的力量，开拓创新，与时俱进，那么这个公司才会不断地发展，不断的壮大。团结的力量就显而易见了。

今天的时代是市场经济时代，市场经济是广泛的交往经济，离不开与各种类型

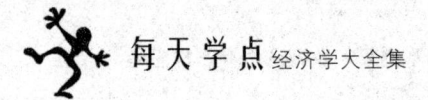

的人合作；今天的时代是竞争的时代，只有选择合作，才能成为最具竞争力的一族；今天的时代是全球一体化的时代，要成为国际人，更需要高超的合作能力。没有合作能力，就不可能适应我们这个时代。成功者善于与别人合作，也乐于与别人合作，这样才使得他们发挥出千百倍于自己的能量，成就不一样的伟业。

1904年夏天，美国即将举行世界博览会，有一个制作糕点的小商贩把自己的糕点工具搬到了会展地点路易斯安那州。庆幸的是，他被政府允许在会场的外面出售他的薄饼。

他的薄饼生意实在糟糕，而和他相邻的一位卖冰淇淋的商贩的生意却好得不得了，一会儿工夫就售出了许多冰淇淋，很快他把带来的用来装冰淇淋的小碟子用完了。

心胸宽广的糕饼商贩见状，就把自己的薄饼卷成锥形，让它来盛放冰淇淋。卖冰淇淋的商贩见这个方法可行，便要了大量的薄饼，大量的锥形冰淇淋便进入客商们的手中。令他们意料不到的是，这种锥形的冰淇淋被客商们看好，而且被评为"世界博览会的真正明星"。

从此，这种锥形冰淇淋开始大行其道，这就是现在的蛋卷冰淇淋。它的发明被人们称为"神来之笔"，有人这样假设，如果两个商铺不靠在一起，那么今天我们能不能吃上蛋卷冰淇淋也很难说。

两个小商贩简单的合作竟然为世界创造了如此美味的经典，我们是不是也应当反思一下，自己是否也曾错过了很多只要合作就可以创造奇迹的机会呢？

每个人的能力和时间都是有限的，凡事自己来、完全不靠别人帮助的人是走不了多远的。一根筷子容易被折断，一棵独木树也构不成森林。兄弟一心，齐力断金。只有学会与他人合作，才能将自己的力量放大千百倍，就像杠杆一样，撬动磐石。

今天的时代要求我们广泛的合作，我们也只能适应时代的要求，没有人能够独自成功；唱独角戏，当独行侠，的确不能成大事的。俗话说得好："双拳难敌四手"，"三个臭皮匠，顶个诸葛亮"。只有运用合力，善于合作，才有强大的力量，才能把蛋糕做大，把事业做大、做强。这就迫切要求我们每个人都应具有合作能力。合作能力，指在工作、事业中所需要的协调、协作能力。其突出的特点是指向工作和事业，这正是许多企业、组织极端重视员工的合作能力的原因所在。

协和谬误：放弃沉没的成本

假设你是一家科学仪器公司的总裁，正在进行一个新的仪器开发项目。据你所知，另外一家科学仪器公司已经开发出了类似的仪器。通过那家公司的仪器在市场上的销售情况可以预计，如果继续进行这个项目，公司有将近90%的可能性损失500万元，有将近10%的可能性盈利2 500万元。到目前为止，项目刚刚启动，还没花费什么钱。从现阶段到产品真正研制成功能够投放市场还需耗资50万元。你会把这个项目坚持下去还是现在放弃？

10%的可能性会盈利2 500万元，90%的可能会损失500万元，而且该项目还没有任何投资。正常人会选择放弃。

让我们再来看下面这道题：你同样是这家科学仪器公司的总裁，对于这个新的仪器开发项目，你们已经投入了500万元，只要再投50万元，产品就可以研制成功、正式上市了。成败的概率与上述案例相同，你会把这个项目坚持下去还是放弃？

除了你已经投入500万元之外，第2个问题与前1个问题是完全一样的。既然已经懂得了沉没成本误区，我想你对以上的2道题应该会做出一致的决定。

但是把这2道题分别给老板们做，那些企业老总们绝大多数对第2题的回答是"坚持继续投资"。他们认为已经投了500万元，再怎么样也要继续试试看，说不定运气好可以收回这个成本。殊不知，为了这已经沉没的500万元，他们将有90%的可能非但收不回原有投资，还会再赔上50万元啊。

在经济学上，我们把那些已经发生、不可回收的支出，如时间、金钱、精力，称为"沉没成本"。这个意思就是说，你在正式完成交易之前投入的成本，一旦交易不成，就会白白损失掉。从理性的角度来说，沉没成本不应该影响我们的决策，然而，挽回成本的心理作用往往在博弈中让人做出非理性的决策，从而导致更大损失。博弈论专家经常将这种困境中的博弈称之为协和谬误。

举个简单的例子就可以看出协和谬误的危害有多么大：假设你买进一只股票，股价下跌；于是你又在这个价位买进（股民称此为"摊平"），可是它又下跌……你再次购买的本意是减少损失，可是却越陷越深！

对于协和谬误的博弈来说，在没有100%胜算的把握下，及早退出是明智的选择。如果你不及时收脚回来，那你可能血本无归！

20世纪60年代，英国和法国政府联合投资开发大型超音速客机，即协和飞机。开发一种新型商用飞机简直可以说是一场豪赌。单是设计一个新引擎的成本就可能高达数亿美元，想开发更新更好的飞机，实际上等于把公司作为赌注押上去。难怪政府会被牵涉进去，竭力要为本国企业谋求更大的市场。

该种飞机机身大,设计豪华,并且速度快。但是,英法政府发现:继续投资开发这样的机型,花费会急剧增加,但这样的设计定位能否适应市场还不知道;而停止研制将使以前的投资付诸东流。随着研制工作的深入,他们更是无法做出停止研制工作的决定。协和飞机最终研制成功,但因飞机的缺陷(如耗油大、噪音大、污染严重,等等),成本太高,不适合市场竞争,最终被市场淘汰,英法政府为此蒙受很大的损失。在这个研制过程中,如果英法政府能及早放弃飞机的开发工作,会使损失减少,但他们没能做到。

不久前,英国和法国航空公司宣布协和飞机退出民航市场,才算是从这个无底洞中脱身。这也是"壮士断腕"的无奈之举。

无独有偶,在中国的航空工业历史上,也发生过类似的例子。

中国航空工业第一集团公司在2000年8月决定今后民用飞机不再发展干线飞机,而转向发展支线飞机。这一决策立时引起广泛争议。

该公司与美国麦道公司于1992年签订合同合作生产MD90干线飞机。1997年项目全面展开,1999年双方合作制造的首架飞机成功试飞,2000年第二架飞机再次成功试飞。

就在此时,MD90项目下马了。在各种支持或反对的声浪中,讨论的角度不外乎两大方面:一是基于中国航空工业的战略发展,二是基于项目的经济因素考虑。在这里不想就前一角度展开讨论,只有航空专家才在这方面最有发言权。单从经济角度看,干线项目上马、下马之争可以说为"沉没成本"提供了最好的案例。

许多人反对干线飞机项目下马的一个重要理由就是,该项目已经投入数十亿元巨资,上万人倾力奉献,耗时六载,在终尝胜果之际下马造成的损失实在太大了。这种痛苦的心情可以理解,但丝毫不构成该项目应该上马的理由,因为不管该项目已经投入了多少人力、物力、财力,对于上下马的决策而言,其实都是无法挽回的沉没成本。

事实上,干线项目下马完全是"前景堪忧"使然。从销路看,原打算生产150架飞机,到1992年首次签约时定为40架,后又于1994年降至20架,并约定由中方认购。但民航只同意购买5架,其余15架没有着落。可想而知,在没有市场的情况下,继续进行该项目会有怎样的未来收益?

然而就是这个已经沉没了的成本,却还让许多不明就里的人难以割舍。他们把它当作"鸡肋",食之无味而又弃之可惜。实际上这些人不明白:沉没成本永远是决策的非相关成本,与其相伴随的机会成本才是决策相关成本,需要在决策时予以考虑。

沉没成本和机会成本之所以会对决策产生这样微妙的作用，原因就在于机会成本不是现实的成本，是隐性的，而沉没成本却是实实在在的，让人有一种"割肉"的痛楚。成本沉没在水里着实令人感到可惜，然而伤心懊悔不是于事无补吗？还不如适时放弃，抓紧时间，创造更多的价值出来。

协和谬误给我们的直接警示就是，在投资时应该注意：如果发现是一项错误的投资，就应该立刻悬崖勒马，尽早回头，切不可因为顾及沉没成本，错上加错。事实上，这种为了追回沉没成本而继续追加投资导致最终损失更多的例子比比皆是。许多公司在明知项目前景暗淡的情况下，依然苦苦维持该项目，原因仅仅是因为他们在该项目上已经投入了大量的资金（沉没成本）。

摩托罗拉的铱星项目就是沉没成本谬误的一个典型例子。摩托罗拉为这个项目投入了大量的成本，后来发现这个项目并不像当初想象的那样乐观。可是，公司的决策者一直觉得已经在这个项目上投入了那么多，不能半途而废，所以仍苦苦支撑。但是后来事实证明这个项目是没有前途的，所以最后摩托罗拉只能忍痛接受了这个事实，彻底结束了铱星项目，并为此损失了大量的人力、财力和物力。

现实经济中，陷入协和谬误困境的投资项目比比皆是，投资过半，行情却急转直下。到底是继续投资还是决然退出，总是令投资决策者左右为难。实际上，一个理性的经济人在做出决策的时候，总是要涉及"沉没成本"和"机会成本"。然而现实中往往由于决策者思维的错位，将这两种成本相混淆，反而做出了不利的选择。

走出协和谬误的怪圈其实并不难，只要你敢于放弃，有胆量、有勇气经历失败，不要为打翻的牛奶哭泣，对不可追求的东西要及时放手，做一个敢于放弃的聪明人。

在一次关于生活艺术的演讲中，教授拿起一个装着水的杯子，问在座的听众："猜猜看，这个杯子有多重？"

"50克"、"100克"、"125克"……大家纷纷回答。

"我也不知有多重，但可以肯定人拿着它一点不会觉得累。"教授说，"现在，我的问题是：如果我这样拿着几分钟，结果会怎样？"

"不会有什么。"大家回答。

"那好。如果像这样拿着，持续一个小时。那又会怎样？"教授再次发问。

"胳膊会有点酸痛。"一名听众回答。

"说得对。如果我这样拿着一整天呢？"

"那胳膊肯定变得麻木，说不定肌肉会痉挛，到时免不了要到医院跑一趟。"另外一名听众大胆说道。

"很好。在我手拿杯子期间，不论时间长短，杯子的重量会发生变化吗？"

"没有。"

"那么拿杯子的胳膊为什么会酸痛呢?肌肉为什么可能痉挛呢?"教授顿了顿又问道:"我不想让胳膊发酸、肌肉痉挛,那该怎么做?"

"很简单呀。您应该把杯子放下。"一名听众回答。

"正是。"教授说道,"其实,生活中的问题有时就像我手里的杯子。我们握在心里几分钟没有关系。如果长时间地想着它不放,它就可能侵蚀你的心力。日积月累,你的精神可能会濒于崩溃。那时你就什么事也干不了了。"

教授这番话的另一层含义是,如果你手中的成本正在逐渐增加,你越来越感到吃力的话,你应该及时放弃。否则,你的身心将被拖垮。选择放弃很难受,但是不放弃,则更加痛苦。

蛋糕博弈:讨价还价智慧大

有一家外企招聘员工面试时出了这样一道题:要求应聘者把一盒蛋糕切成八份,分给八个人,但蛋糕盒里还必须留有一份。

面对这样的怪题,有些应聘者绞尽脑汁也无法完成;而有些应聘者却感到此题很简单,把切成的八份蛋糕先拿出七份分给七个人,剩下的一份连蛋糕盒一起分给第八个人。应聘者的创造性思维能力从这道题中就显而易见了。

这个问题就是著名的蛋糕博弈,也就是分配问题。分蛋糕的故事在很多领域都有应用。无论在日常生活、商界还是在国际政坛,有关各方经常需要讨价还价或者评判对总收益如何分配,这个总收益其实就是一块大"蛋糕"。

这块大"蛋糕"如何分配呢?我们知道最可能实现一半对一半的公平分配的方案,是让一方把蛋糕切成两份,而让另一方先挑选。在这种制度设置之下,如果切得不公平,得益的必定是先挑选的一方。所以负责切蛋糕的一方就得把蛋糕切得公平,才能让博弈的双方都满意。

但是,这个方案极有可能是无法保证公平的,因为人们容易想象切蛋糕的一方可能技术不老到或不小心切得不一样大,从而不切蛋糕的一方得到比较大的一半的机会增加。按照这样的想象,谁都不愿意做切蛋糕的一方。虽然双方都希望对方切、自己先挑,但是真正僵持的时间不会太长,因为僵持时间的损失很快就会比坚持不切而挑可能得到的好处大。也就是说,僵持的结果会得不偿失,会出现收益缩水的现象。

对于处于蛋糕博弈局面的人来说，无非就两种选择：第一是将现有的蛋糕分配得尽量公平，让大家满意；第二就是想办法将蛋糕"做大"，让每个人都能分到更多的蛋糕，大家就都满意了。

在分蛋糕的过程中，一定要注意讨价还价，千万不要让自己应得的利益白白被别人侵占。这就需要动用智慧，维护自己的权利和利益。台湾著名作家刘墉在《我不是教你诈》中讲了这样一个故事：

从乡下的老房，搬进台北的高楼，小李真是兴奋极了。楼高十八层，小李住十七楼，站在阳台上，正好远眺市中心的十里红尘。唯一美中不足的是小李那十几盆花。阳台朝北，不适合种。适合种的是东侧，却只有窗，没阳台。

"何不钉个花架呢？什么都解决了！"有朋友建议，并介绍了专门制作花架的张老板给小李。

只是自从钉了花架，虽然还没有钉上去，小李却一直做噩梦。梦见花架钉得不牢，花盆又重，突然垮了下去，直落十七层楼，正好落到路人的头上，当场脑浆四溅……

小李满身冷汗的惊醒，走到窗前，把头伸出去往下看。深夜两点了，居然还人来人往，热闹非常。想想！这时候花絮掉下去，都得砸死人。要是大白天出了事，还不得死一堆？

想到这儿，小李打了个寒战。可是花架已经钉上去了，花盆又没处放，看样子，是非钉不可了。

钉花架的那天，小李特别请假，在家监工。

张老板果然是老手，十七层的高楼，他一脚就伸出窗外，四平八稳的骑在窗口。再叫徒弟把花架伸出去，从嘴里吐出钢钉往墙上钉。

张老板活像变魔术似的，不知道嘴里事先含了多少钉子，只见他一伸手就是一支，也不晓得钉了多少。突然跳进窗内：

"成了，你可以放花盆了。"

"这么快！够结实吗？花盆很重的！"小李不放心地问。

"笑话！我们三个人站上去跳，都撑得住，保证20年不是问题，出了问题找我。"张老板豪爽地拍拍胸口。

"这可是你说的。"小李马上找了张纸，又递了纸笔给张老板，"麻烦你写下来，签个名。"

"什么？你要……"张老板好像不相信自己的耳朵。可是，看小李一脸严肃的样子，又不好不写，正犹豫，小李说话了：

"如果你不敢写，就表示不结实。这样掉下去，可是人命关天，不结

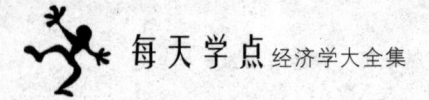

实的东西,我是不敢收的。"

"好!我写,我写。"张老板勉强的写了保证书,搁下笔,对徒弟一瞪眼,"把家伙拿出来,出去!再多钉几根长钉子,出了事,咱可要吃不了兜着走了。"

说完,师徒两人又足足忙活了半个多钟头,检查再检查,才气喘吁吁地离去。

故事中的小李考虑到了一点,就是未来很可能出现花架不结实的问题,于是他抓住了张老板的一句话,在自己还能和他讨价还价的时候,达成了协议,从而保护了自己的利益,避免未来可能存在的质量问题。保护自己讨价还价的能力,就是保护自己的利益。在生活中,这一点尤为重要。如果你是买家,你的优势策略就是等验完商品再付款;如果你是卖家,就应该争取对方先支付部分货款再交货。总之,一定要牢牢保护好自己的利益,千万不能让属于自己的蛋糕被别人分走!

从另一个角度来看,社会总是在变化的,如果你总是固守着属于自己的蛋糕,那么可能等着等着你的蛋糕就变馊了;或者你待在原地不动以为自己拿了铁饭碗,可能到头来你只能拿着可怜的口粮,眼巴巴地看着别人获得更好的收益。如果你想与时俱进,就得学会将自己的蛋糕做大。

娃哈哈品牌多年来产销量一直位居全国第一,其总产量约占全国同行业总份额的18%,从国际通行标准来说,这样的份额基本上是属于"垄断性占有率"。市场人士称之为娃哈哈的"赢家通吃"现象。

娃哈哈最初进入市场时,面临着大量的竞争对手,但是娃哈哈并没有被这些已有的对手击垮,反而后来者居上。在残酷尖锐的竞争中,娃哈哈凭借其精确的产品定位、有效的品牌延伸,终于从根本上提高了自己的现代化生产能力和生产水平,使娃哈哈具有了和国内外企业全面抗衡的强大实力。

做大以后,娃哈哈时刻不忘巩固自己的优势地位,不失时机进行了品牌延伸,使产品品牌上升为企业品牌。通过品牌延伸,娃哈哈已经推出了三十多个系列产品,它们都已成为拳头产品,极大地提高了娃哈哈的市场占有率。

对于企业来说,如果不想在激烈的市场竞争中被淘汰,如果想在市场蛋糕的分配中占据最有发言权的一席之地,只有通过做大做强,才能获得更多的资源与优势,进而形成规模优势,为进一步发展壮大奠定坚实的基础。只有将自己的蛋糕做大,才能避免僧多粥少的尴尬局面。

对于很多小企业来说,一开始根本就不是分蛋糕的问题,而是没有蛋糕可以分,所以需要尽快做出属于自己的蛋糕来,然后再下工夫将蛋糕做大,这样才能实现一个企业的成长、强大之路。

如今"美特斯·邦威"已经成为了年轻一代的时尚品牌，它的拥有者周成建在一开始的时候花费了很多的精力考虑它的名字，起初只是想借一个时尚的名字吸引年轻人的眼球，现在"美特斯·邦威"确实成功了。如今的"美特斯·邦威"已经成为了全国大型服装业中的一员。

在"美特斯·邦威"的成长历程中，周成建为了专卖店的跨越式发展，考虑了很多策略，如，率先采取了将经营品牌与销售分开、采取特许连锁经营策略、共担风险、实现双赢，使"美特斯·邦威"这个品牌在广东、上海等大城市中占据了一席之地。"借鸡下蛋"和"借网捕鱼"的服装产业供应链就这么搭建起来了。周成建说他在创业初期，也没有制定过特别的营销策略，不过是想尽方法实干一番。也许正是他这种先做的策略，让他在不断的摸索中找到了适合自己企业生存的方式。

提及"美特斯·邦威"的成功，很多人认为是他赶上了市场经济的好的发展时期。周成建对此没有做过多的反驳，他认为：美特斯·邦威发展到如今，不能单纯地归为偶然或者必然。只要你敢做自己敢想的事情，并努力去实现，你就一定可以成功。很多人也认为他的品牌的名字起得好，属于天时地利人和。因为"美特斯·邦威"的含义是创造美丽独特的产品、品牌、企业文化，扬国邦之威。可是周成建的回答是：这个含义也是当"美特斯·邦威"的成绩取得以后才对媒体发布的。

"美特斯·邦威"正是凭借自己的实力才在服装界打出一番自己的天地，而不是凭借大张旗鼓的宣传，或者依靠亮丽抢眼的名字去市场中浑水摸鱼。不管未来的不确定性有多大，有想法就要立刻付诸行动，而不要立刻付诸于语言。这样才能打下坚实的基础，铸就事业的平台。美特斯·邦威正是经历了从无到有、从小到大的发展历程，这种奋斗的精神，也是值得很多小企业学习的地方。

信息博弈：买的不如卖的精

一个古董商发现一个人用珍贵的茶碟做猫食碗，于是假装对这只猫十分喜爱，要从主人手里买下。猫主人不卖，为此古董商出了大价钱。成交之后，古董商装作不在意地说："这个碟子它已经用惯了，就一块送给我吧。"猫主人不干了："你知道用这个碟子，我已经卖出多少只猫了？"这就是一个"信息博弈"的例子。古董商掌握"碟子是古董"这个信息，他认为猫主人不知道，这种"信息不对称"对他有利；可他万万没想到，猫主人不但知道，而且利用了他"认为对方不知道"的错误大赚了一笔。

信息是博弈论中重要的内容。从知识的拥有程度来看，博弈分为完全信息博弈和不完全信息博弈。完全信息博弈是指参与者对所有参与者的策略空间及策略组合下的支付有"完全的了解"，否则是不完全信息博弈。严格地讲，完全信息博弈是指参与者的策略空间及策略组合下的支付，是博弈中所有参与者的"公共知识"的博弈。对于不完全信息博弈，参与者所做的是努力使自己利益最大化。

和上文中买猫的古董商一样，信息不对称造成的劣势，几乎是每个人都要面临的困境。谁都不是全知全觉，那么怎么办？首先，为了避免这样的困境，我们应该在行动之前，尽可能掌握有关信息。人类的知识、经验等，都是这样的"信息库"。古诗有云："不识庐山真面目，只缘身在此山中。"这句诗，映射出信息博弈中的一种常见情况，就是在博弈中，往往会出现某一方所知道的信息而对方不知道的情况，这种信息就是拥有信息一方的私有信息。正是有这种私有信息的存在，才会出现信息不对称的现象，从而导致博弈双方一个占优，一个占劣。

阿尔及利亚位于非洲和撒哈拉大沙漠的西部，北临地中海，与西班牙和法国隔海相望，是非洲第二个面积最大的国家。1830年，法国侵略阿尔及利亚。经过多年战争，法国于1905年占领阿尔及利亚全境。在后来的五六十年间，阿尔及利亚人民奋起反抗，要求独立。法国政府为了镇压阿尔及利亚人民的反抗，派去了不少军队，动用了不少财力和物力。

20世纪60年代初，法国在阿尔及利亚的战争泥潭中越陷越深，总统戴高乐决定同阿尔及利亚人谈判，以便尽快结束战争。然而，驻守在阿尔及利亚的殖民军军官们却密谋发动政变，以阻止戴高乐的和平计划。为瓦解兵变，戴高乐以慰问为名义，向驻守在阿尔及利亚的军人发了几千架晶体管收音机，供士兵收听。这个做法得到了军官们的肯定，他们认为这并非是件坏事。

然而，就在正式会谈开始的那天夜里，收音机里传来了戴高乐总统的声音："士兵们，你们面临着忠于谁的抉择。我就是法兰西，就是它命运的工具，跟我走，服从我的命令……"这声音，这语气，跟当年戴高乐流亡国外，号召法国人民反击德国法西斯时的声音一样。过去他们跟着戴高乐，取得了反法西斯战争的胜利，今天还能有别的选择吗？于是，大部分士兵已经发现事态的真相，都开了小差，整个兵营变得空空荡荡。军官们只好放弃兵变的图谋。

由于博弈双方对信息的掌握通常是不对称的，获得信息优势的人会占据上风，他可以通过披露信息的方式来改变双方的资源配置情况，从而实现影响博弈的结果。戴高乐正是通过披露信息，不费一枪一弹便成功地控制了局面，赢得了政治上的一大胜利。

　　信息传递不光是一门科学，甚至已经成为了一种博弈智慧。如何获得信息、利用信息，是决策者进行博弈决策的一个关键。如果能把信息准确快速地传递出去，就可能为自己赢得成功的机会；反之，如果传递的是错误信息，就会导致失败。

　　有这样一个故事，据说美军在1910年一次部队的命令传递中闹了很大的笑话。

　　一天，营长对值班军官说："明晚大约八点钟左右，哈雷彗星将可能在这个地区看到，这颗彗星每隔七十六年才能看见一次。命令所有士兵着野战服在操场上集合，我将向他们解释这一罕见的现象；如果下雨的话，就在礼堂集合，我为他们放一部有关彗星的影片。"

　　值班军官对连长说："根据营长的命令，明晚八点哈雷彗星将在操场上空出现。如果下雨的话，就让士兵穿着野战服列队前往礼堂，这一罕见的现象将在那里出现。"

　　连长对排长说："根据营长的命令，明晚八点，非凡的哈雷彗星将身穿野战服在礼堂中出现。如果操场上下雨，营长将下达另一个命令，这种命令每隔七十六年才会出现一次。"

　　排长对班长说："明晚八点，营长将带着哈雷彗星在礼堂中出现，这是每隔七十六年才有的事。如果下雨的话，营长将命令彗星穿上野战服到操场上去。"

　　班长对士兵说："在明晚八点下雨的时候，著名的七十六岁的哈雷将军将在营长的陪同下身着野战服，开着他那辆彗星牌汽车，经过操场前往礼堂。"

　　这是一个很好笑的笑话，信息在传递的过程中，从上到下不断发生变化，最后传到底层士兵耳朵里的，是令人啼笑皆非的信息。在现实生活中，也有同样的例子，信息在"上传"与"下达"的过程中必然会出现误差，常常因为这样的差异导致很大的损失。因此，为了避免这样的事情发生，一定要制定有效的信息传递方式，确保信息在传递过程中不会被误解、被误传，引致更大的损失。

　　我们并不一定知道未来将会面对什么问题，但是你掌握的信息越多，正确决策的可能就越大。再来看一个故事：

　　有一天，一个卖草帽的人叫卖归来，到路边的一棵大树旁打起瞌睡。等他醒来的时候，发现身边的帽子都不见了。抬头一看，树上有很多猴子，而且每一只猴子的头上都有顶草帽。他想到猴子喜欢模仿人的动作，于是就把自己头上的帽子拿下来，扔到地上；猴子也学着他，将帽子纷纷扔到地上。于是卖帽子的人捡起地上的帽子，回家去了。后来，他将此事告诉了他的儿子和孙子。

很多年之后，他的孙子继承了卖帽子的家业。有一天，他也在大树旁睡着了，而帽子也同样被猴子拿走了。孙子想到爷爷告诉自己的办法，他拿下帽子扔到地上。可是猴子非但没照着做，还把他扔下的帽子也捡走了，临走时还说：我爷爷早告诉我了，你这个老骗子会玩什么把戏。

信息的不对称，决定了掌握信息的人比没有掌握信息的人更具有优势，在经济领域，这种利用信息不对称而赚取丰厚回报的做法比比皆是。例如在股市中，有可靠信息来源的人，就比无信息来源的人更容易赚到钱。既然信息对博弈决策至关重要，那么，对于每个人来说，掌握信息是一种必不可少的人生智慧。而财富就隐藏在信息中，看你能不能把握它，能不能应用它做出正确的判断。

宋国有一户人家，世代以漂染丝绸为业，他家有一种祖传秘方，能调制防治手脚龟裂的药膏。有位游客听说后，出价百两银子收买这种药方。

漂丝人全家商量，认为一家人辛辛苦苦漂染丝绸一年，只不过能赚几两银子，现在一以下子可以得到上百两银子，于是一致决定把药方卖给了那位游客。

游客买下药方，来到吴国。吴国正与越国交战，时值隆冬腊月，北风刺骨，吴国水军士兵的手脚都开裂了，无法持戈作战，吴王为此很着急。这时，游客献上药方，吴王封他为将，调制药膏治愈了士兵的手脚上的龟裂，一蹴而就，打败了越军。

吴王很高兴，赐封给游客大片土地作为奖赏，并封他为侯。

同样是治龟裂的药膏，漂丝者只为一家人在冬天漂丝用，游客用于两国交战，结果得到了大片的封地。游客聪明就聪明在他利用信息的智慧，一方面，他掌握了"吴王为士兵在冬天出现手脚龟裂而担心"的信息，另一方面，他掌握了"宋国人能够调制预防手脚龟裂药膏"的信息。这个信息的利用，让他起到了雪中送炭的效果，因此大赚了一笔。

羊皮卷上有一句很著名的话，可以用来说明财富就隐藏在信息中："即使是风，也要嗅一嗅它的味道，你就可以知道它的来历"。在当今这个信息瞬息万变的时代，关注信息就是关注金钱，任何的风吹草动都有可能包含着让我们成功的信息。信息已经成为这个时代的决定性力量，及时拥有信息的人，才能拥有财富。在当今社会里，什么都是用信息来衡量的，信息已经成为了这个时代的象征。

搏傻理论：别做最大的笨蛋

著名的经济学家凯恩斯，为了能够专注地从事学术研究，免受金钱的困扰，曾出外讲课以赚取课时费，但课时费的收入毕竟是有限的。于是他在1919年8月，借了几千英镑去做远期外汇这种投机生意。

仅仅4个月的时间，凯恩斯净赚1万多英镑，这相当于他讲课10年的收入。但3个月之后，凯恩斯把赚到的利润和借来的本金输了个精光。7个月后，凯恩斯又涉足棉花期货交易，又大获成功。

凯恩斯把期货品种几乎做了个遍，而且还涉足股票。到1937年他因病而"金盆洗手"的时候，已经积攒起一生享用不完的巨额财富。

与一般赌徒不同，作为经济学家的凯恩斯在这场投机的生意中，除了赚取可观的利润之外，最大也是最有益的收获是发现了"笨蛋理论"，也有人将其称为"博傻理论"。凯恩斯曾举过这样一个例子来说明这一理论：

从100张照片中选出你认为最漂亮的脸，选中的有奖。但确定哪一张脸是最漂亮的脸是要由大家投票来决定的。

试想，如果是你，你会怎样投票呢？此时，因为有大家的参与，所以你的正确策略并不是选自己认为的最漂亮的那张脸，而是猜多数人会选谁就投谁一票，哪怕丑得不堪入目。在这里，你的行为是建立在对大众心理猜测的基础上而并非是你的真实想法。

凯恩斯说，专业投资大约可以比作报纸举办的比赛，这些比赛由读者从100张照片中选出6张最漂亮的面孔，谁的答案最接近全体读者作为一个整体得出的平均答案，谁就能获奖；因此，每个参加者必须挑选的并非他自己认为最漂亮的面孔，而是他认为最能吸引其他参加者注意力的面孔，这些其他参加者也正以同样的方式考虑这个问题。现在要选的不是根据个人最佳判断确定的真正最漂亮的面孔，甚至也不是一般人的意见认为的真正最漂亮的面孔。我们必须做出第三种选择，即运用我们的智慧预计一般人的意见，认为一般人的意见应该是什么……这与谁是最漂亮的女人无关，你关心的是怎样预测其他人认为谁最漂亮，又或是其他人认为谁最漂亮……

人们都会跟随别人的选择、猜测别人的选择，进而依据这些信息来做出自己的判断，而不是依据自己的理性推断。这就是博傻理论产生的根源，敢于博傻的人，都是在利用人们内心中存在的"从众心理"，找到更大的笨蛋，那么你就是胜者。

最简单的例子莫过于股票市场，股指越高的时候，人们越敢进入，也是这个道理。人们之所以完全不管某个东西的真实价值，而愿意花高价购买，是因为他们预期有一个"更大的笨蛋"，会花更高的价格，从他们那儿把它买走。比如说，你不知道某个股票的真实价值，但为什么你会花20块钱去买一股呢？因为你预期当你抛出时会有人花更高的价钱来买它。

博傻理论所要揭示的就是投机行为背后的动机，投机行为的关键是判断"有没有比自己更大的笨蛋"，只要自己不是最大的笨蛋，那么自己就一定是赢家，只是赢多赢少的问题。如果再没有一个愿意出更高价格的更大笨蛋来做你的"下家"，那么你就成了最大的笨蛋。可以这样说，任何一个投机者信奉的无非是"最大的笨蛋"理论。

这一理论的直接恶果，就是促成了投机的氛围，使得人们偏离理性的行为决策范畴，成为跟风、投机的大笨蛋，最终都损失惨重。人们绝难想到世界经济发展史上第一起重大投机狂潮，是由一种小小的植物引发的。这一投机事件是荷兰由一个强盛的殖民帝国走向衰落而被载入史册的，它也是迄今为止证券交易中极为罕见的一例。经济学上的特有名词"郁金香现象"便由此而出！

郁金香是一种百合科多年生草本植物，原产于小亚细亚，在当地极为普通。一般仅长出三四枚粉白色的广披针形叶子，根部长有鳞状球茎。每逢初春乍暖还寒时，郁金香就含苞待放，花开呈杯状，非常漂亮。郁金香品种很多，其中黑色花很少见，也最珍贵。郁金香的花瓣上，多有条纹或斑点，容易受病毒的侵袭。

17世纪的荷兰社会是培育投机者的温床。人们的赌博和投机欲望是如此的强烈，美丽迷人而又稀有的郁金香难免不成为他们猎取的对象，机敏的投机商开始大量囤积郁金香球茎以待价格上涨。在舆论鼓吹之下，人们对郁金香的倾慕之情愈来愈浓，最后对其表现出一种病态的倾慕与热忱，以致拥有和种植这种花卉逐渐成为享有极高声誉的象征。人们开始竞相效仿疯狂地抢购郁金香球茎。起初，球茎商人只是大量囤积以期价格上涨抛出，随着投机行为的发展，一大批投机者趁机大炒郁金香。一时间，郁金香迅速膨胀为虚幻的价值符号，令千万人为之疯狂。

郁金香在培植过程中常受到一种"花叶病"的非致命病毒的侵袭。病毒使郁金香花瓣产生了一些色彩对比非常鲜明的彩色条或"火焰"，荷兰人极其珍视这些被称之为"稀奇古怪"的受感染的球茎。

"花叶病"促使人们更疯狂的投机。不久，公众一致的鉴别标准就成为："一个球茎越古怪其价格就越高！"郁金香球茎的价格开始猛涨，价格越高，购买者越多。欧洲各国的投机商纷纷拥集荷兰，加入了这一投机狂潮。

1636年，以往表面上看起来不值一钱的郁金香，竟然达到了与一辆马车、几匹马等值的地步。就连长在地里肉眼看不见的球茎都几经转手交易。

1637年，一种叫Switser的郁金香球茎价格在一个月里上涨了485%！

一年时间里，郁金香总涨幅高达5 900%！

所有的投机狂热行为有着一样的规律，价格的上扬促使众多的投机者介入，长时间的居高不下又促使众多的投机者谨慎从事。此时，任何风吹草动都可能导致整个市场的崩溃。一时间，郁金香成了烫手山芋，无人再敢接手。郁金香球茎的价格宛如断崖上滑落的枯枝，一泻千里，暴跌不止。荷兰政府发出声明，认为郁金香球茎价格无理由下跌，让市民停止抛售，并试图以合同价格的10%来了结所有的合同，但这些努力毫无用处。一星期后，一根郁金香的价格几乎一文不值，其售价不过是一只普通洋葱的售价。千万人为之悲泣。一夜之间多少人成为不名分文的穷光蛋，富有的商人变成了乞丐，一些大贵族也陷入无法挽救的破产境地。

暴涨必有暴跌，客观经济规律的作用是任何人都无法阻挡的。下跌狂潮刚过，市民们怨声载道，极力搜寻替罪羊，却极力回避全国上下群体无理智的投机这一事实。他们把原因归结为政府调控手段不力，恳请政府将球茎的价格恢复到暴跌以前的水平，这显然是自欺欺人。

人们紧接着把求援之手伸向法院。恐慌之中，那些原已签订合同要以高价购买的商人全部拒绝履行承诺，只有法律才能督促他们依照合同办事。然而，法律除了能干预某些具体的经济行为外，它是绝不能凌驾于经济规律之上的。法官无可奈何地声称，郁金香投机狂潮实为一次全国性的赌博活动，其行为不受法律保护。

人们彻底绝望了！从前那些因一夜乍富喜极而泣之人，而如今又在为乍然降临的一贫如洗仰天悲哭了。宛如一场噩梦，醒来之时，用手拼命掐自己的脸蛋才发觉现实就在梦中。身心疲乏的荷兰人每天用呆滞的目光盯着手里郁金香球茎，反省着梦里的一切……

世界投机狂潮的始作俑者为自己的狂热付出的代价太大了，荷兰经济的繁荣仅昙花一现，从此走向衰落。郁金香球茎大恐慌给荷兰造成了严重的影响，使之陷入了长期的经济大萧条。17世纪后半期，荷兰在欧洲的地位受到英国有力的挑战，欧洲繁荣的中心随即移向英吉利海峡彼岸。郁金香依然是郁金香，荷兰却从世界头号帝国的宝座上跌落下来，从此一蹶不振。"郁金香现象"也成了经济活动特别是股票市场上投机造成股价暴涨暴跌的代名词，永远载入世界经济发展史。

不是人人都能够保持理性思考的习惯，在诱人的利益面前，谁都心动，明知道泡沫是支持不住的，还存在侥幸心理，希望自己不是最大的笨蛋就好。可是现实永远无情，总会有人成为最后的笨蛋。1720年，英国股票投机狂潮中就有这样一个插曲：一个无名氏创建了一家莫须有的公司。自始至终无人知道这是一家什么公司，但认购时近千名投资者争先恐后把大门挤倒。没有多少人相信他真正获利丰厚，而是预期有更大的笨蛋会出现，价格会上涨，自己能赚钱。饶有意味的是，牛顿参与了这场投机，并且最终成了最大的笨蛋。他因此感叹："我能计算出天体运行，但人们的疯狂实在难以估计。"

微观篇
走近市场经济学

  微观经济学又称为个体经济学，是研究社会中单个经济单位的经济行为，以及相应的经济变量的单项数值如何决定的经济学说。

  无论是作为生产者还是单个消费者，我们都有必要了解一些微观经济学知识，因为它不仅生动有趣，而且对我们的日常生活大有裨益。

第五章　贸易使人变得更好吗
——关注商品市场要学的经济学

生产成本若不影响供给，则不会影响竞争价格。

——约翰·斯图亚特·穆勒

大海的表面很难保持平静，社会价值的均衡更是如此。它由供求决定：人为的或法律的东西，往往因为生产过剩和企业破产而反过来惩罚它们自己。

——拉尔夫·瓦尔多·爱默生

供给与需求：经济学的心脏

1840年鸦片战争，英国用枪炮强行打开了中国的大门，英国商人为能打开中国这个广阔的市场而欣喜若狂。当时英国棉纺织业中心曼彻斯特的商人估计，中国有4亿人，假如有1亿人晚上戴睡帽，每人每年用两顶，整个曼彻斯特的棉纺厂日夜加班也不够，何况还要做衣服呢！于是他们把大量洋布运到中国。

结果与他们的梦想相反，中国当时仍然处于一种自给自足的封建经济，在此基础上形成了保守、封闭甚至排外的社会习俗。鸦片战争打开了中国的大门，但没有改变中国人的消费习惯。当时，上层人士穿丝绸，一般老百姓穿自家织的土布，中国人晚上没有戴睡帽的习惯，洋布根本卖不出去。

如何解决这个问题？在经济学的理论上，可以简单地说就是如何解决供给和需求的矛盾。供给和需求是经济学的最基本问题，弄通了供给和需求也就弄明白了整个经济学。萨缪尔森在他的《经济学》中引用了一句话："你可以使一只鹦鹉成为经济学家，但前提必须是让它明白'供给'和'需求'"。长期以来经济学都致力于供给需求的均衡分析，包括均衡的条件和均衡的稳定性。

众所周知，所谓供给就是提供东西。而经济学教科书上是这样解释的：供给就是指厂商（生产者）在某个特定时期内，在每一价格水平上愿意并且能售出的商品量。那么，怎样来理解呢？

供给指的就是"厂商（生产者）"在"某个特定时期内"，在"每一价格水平上""愿意"并且"能售出"的"商品量"。"厂商"与"某个特定时期"指的是由于研究必要而规定了"什么人"和"什么时间"。"每一价格水平上"是指"具体情况"，"愿意"并且"能售出"指的是限制条件，而"商品量"则是这句话的中心语。将这几层意思连贯起来便是经济学中供给的定义。

该定义和人们日常所理解的供给不同，重点就是"愿意并且能售出"，这是供给的两个基本条件：具备出售欲望并具备供应能力。

比如"非典"时期，口罩的价格上涨为2元一个，生产商甲"想"每天生产5万个口罩，这说明甲"有出售欲望"，但是甲厂的设备陈旧每天最多只能生产3万个，也就是甲厂没有剩下的2万个的生产能力了，更别说出卖了。所以在口罩价格为2元一个的情况下，生产厂商甲的供给量只能为3万个。头脑中"愿意出售"的5万个口罩只有3万个的"供应能力"。

再看需求，经济学中的需求是指消费者在某一特定时期内，在每一价格水平上愿意而且能够购买的商品量。用上面的分析方法不难发现，它包含两层含义：首先，需求来自消费者的嗜好或偏好，是一种纯粹的主观上的需要；其次，需求应该是有支付能力的需求，即能够购买得起。假如一个人很有钱，买得起高档时装，但他对时装不感兴趣，也不打算买，他就构不成对时装的需求；另一个人，很喜欢时装，也想买，但又没有支付能力，他同样构不成对时装的需求。只有主观上有买时装的欲望，客观上又具有支付能力的人，才构成对时装的需求。

明白了供给与需求，生活中的一切经济问题就可以解决了。这是因为，在生活中有两个大家都经常看到的原理，第一个就是供给定理：在一定条件下"商品的价格越高，供给量就越大"；第二个就是需求定理：在一定条件下"商品的价格越低，消费者对商品的需求量就越大"。那么综合这两个定理，在一定的条件下，调节价格就可以解决供给者的供给量和消费者的需求量相等，达到双赢的效果。

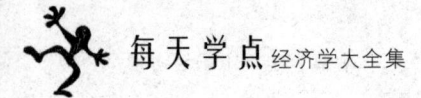

市场：无所不在的经济秩序

市场起源于古时人类对于固定时段或地点进行交易的场所的称呼，当城市成长并且繁荣起来后，住在城市邻近区域的农夫、工匠、技工们就会开始互相交易，并且对城市的经济产生贡献。显而易见的，最好的交易方式就是在城市中有一个集中的地方，像市场，可以让人们在此提供货物以及买卖服务，方便人们寻找货物及接洽生意。当一个城市的市场变得庞大而且更开放时，城市的经济活力也相对会增长起来。

如今说到市场，人们并不陌生。乍看起来，市场里人群汹涌，秩序也很混乱，但令人惊奇的是，市场是如何生产出种类繁多而且数量巨大的物品和劳务呢？

经济学家认为，市场主要解决"生产什么"、"如何生产"、"为谁生产"三大基本问题。

（1）生产什么：在市场上，消费者差不多每天都在做购买决策——货币正是他们手中的选票，投票多的物品和劳务得到生产，投票少的被淘汰。这些货币最终进入企业成为了工资、租金和红利。当然，厂商是决定生产什么的最终决策者，他们受利润最大化的驱使，离开利润低或者亏损的行业，去生产高利润的物品——这些物品都有最大的需求。

（2）如何生产：生产者之间的激烈竞争，迫使他们采用效率最高的生产技术，以便使成本降到最低点。例如，蒸汽机取代马匹，飞机取代火车，电脑取代打字机等都是技术突飞猛进的结果。

（3）为谁生产：生产要素市场上的供给和需求决定了为谁生产。工资、地租、利息和利润的水平决定了要素市场生产的方向，它们被称为要素价格。

由此可知，统治市场经济的实际君主既不是国家总统，也不是跨国企业的CEO，而是消费者的偏好和可供利用的科学技术。消费者根据自己的先天或后天的偏好对物品和劳务进行"货币投票"，但这种投票也是有限制的。因为消费者可以乘飞机去香港，却找不到通往火星的航班。社会资源和科学技术限制了这种消费倾向。但科学技术也不是万能的，如果最先进的科学技术生产的是消费者购买能力之外或者消费者没有消费意愿的物品，那它也不能在市场中站稳脚跟。例如，市场上曾出现的无烟无味的香烟，就因为满足不了人们的味觉要求而归于自动消亡。

均衡价格："看不见的手"的作用

均衡价格是商品的供给价格与需求价格相等时的价格。在市场上，由于供给和需求力量的相互作用，市场价格趋向于均衡价格。如果市场价格高于均衡价格，则市场上出现超额供给，超额供给使市场价格趋于下降；反之，如果市场价格低于均衡价格，则市场上出现超额需求，超额需求使市场价格趋于上升直至均衡价格。因此，市场竞争使市场稳定于均衡价格。

在人们的印象中，小麦属于"细粮"，玉米属于"粗粮"，小麦的价格一直比玉米贵。可是从 2006 年以来，"粗粮"玉米的价格却不断上涨。甚至超过了小麦。到 2007 年时陕西宝鸡地区玉米的工业收购价达到 1.66 元/公斤，而每公斤小麦的市场价格仅为 1.44 元左右。人们不禁感到疑惑：经济困难时期让人们吃得难受的玉米，如今怎么又值钱了呢？而且还都比小麦贵了？

出现这样的现象说明了什么呢？这就说明了供给与需求决定了物品的价格。价格一直比小麦低的玉米为什么突然值钱了，比小麦贵了，这种价格的变化，说明它们的供求关系发生了变化。我们知道市场规律都是由供求关系来决定的，也就是说当供过于求时，市场价格就会下降，当供不应求时，市场价格会上升。可是，反过来呢，当供大于求，价格下降后，需求量就会增加，这时就有可能出现供不应求的现象，从而导致物品的价格上涨；反之亦然。问题是，难道供求关系将永远以这种形式循环下去吗？它们中间就没有一个平衡吗？我们知道，按照事物发展的客观规律，这种平衡是绝对存在的，也就是我们所说的均衡价格。那么，什么是均衡价格呢？

为回答这个问题，我们先看一看经济理论。在微观经济分析中，需求价格是指消费者对一定量商品所愿意支付的价格，供给价格是指生产者为提供一定商品所愿意接受的价格。所谓均衡价格，是指某种商品的需求与供给达到均衡时的价格。均衡价格的形成即是价格决定的过程，它是经过市场供求的自发调节而形成的。市场的供给围绕均衡价格上下振荡调节，使市场的无规律性的自动调节呈现规律性。这就是亚当·斯密所说的"看不见的手"在强迫着价格均衡。

西方经济学认为，在市场经济中，价格机制对资源配置起到了至关重要的作用。市场通过价格调节来协调整个经济中各经济主体的决策，使消费者的购买量与厂商的产量之间保持平衡。在市场经济中，"生产什么"、"如何生产"和"为谁生产"的资源配置问题都由市场价格机制决定。由市场的供求均衡形成的均衡价格，能够引导社会资源的有效配置，实现帕累托最优状态。在这种状态下，生产者利润最大化的产品产量组合，恰好与消费者效用最大化的产品消费量组合相一致，因而使社会福利最大化。那么价格是在经济中起什么样的作用呢？

美国经济学家 M·弗里德曼把价格在经济中的作用归纳为：

第一，传递情报；

第二，提供一种刺激，促使人们采用最节省成本的生产方法，把可得到的资源用于最有价值的目的；

第三，决定谁可以得到多少产品——即收入的分配。

这三种作用是密切关联的。根据弗里德曼的解释，价格起作用的情况也就是价格机制。

然而谁都明白大自然中的一草一木，任何一个东西，在被发现之前一概定价为零。那么，为什么我们总要为不同的商品付出不同的价格呢？因为，商品的价格总是在消费者也就是我们自己的竞争中决定的，而与商品的提供者，也就是造物的人，是否收费无关。一块石头，一块没有经过任何加工的石头，如果我们争相去买，那么它的价格就会很高。这就是说，天上掉下来的馅饼也会在饿汉的争抢下而涨价！

蛛网理论：地瓜农夫的智慧

一位农夫种了很多地瓜，收获时丰收了，赶上地瓜涨价，卖了个好价钱，盖了房子，娶了老婆，就是地瓜婆。地瓜婆和地瓜农夫一起种地瓜，见地瓜好卖，地瓜婆让娘家人也全都种上地瓜。秋天来了，该丰收了，但地瓜农夫和地瓜婆一点也不高兴，因为去年种地瓜的人少，所以涨价了，而今年种的人太多了，全赔了。贫贱夫妻百事哀，地瓜农夫和地瓜婆在争吵中离婚了。一年后，地瓜婆又回来了，因为地瓜农夫又挣钱了，以后他们再也没有分开过，幸福地过着日子。地瓜农夫怎么又赚钱了呢？因为他请教了一位经济学家，经济学家告诉他，市场受一个叫做蛛网理论的东西在控制着，并告诉他什么时候该种地瓜，什么时候不该种地瓜。

农产品频频陷入丰产不增收的怪圈。经济学家们将这种现象称为"丰收悖论"。丰收悖论是指农民在丰收之年所获得的收入却比平年甚至歉收年还低的矛盾现象。丰收悖论出现的根本原因在于农产品的需求弹性低和生产周期长。简而言之，消费需求对农产品的价格变动反应迟钝。这种现象说明市场经济并不是十全十美的，它的调节经济的自发性与滞后性就是其内在缺陷。经济学里的"蛛网理论"就揭示了这一点。

当地瓜涨价的时候，肯定是市场上缺少，这时候必然导致供应增加，由于市场信息不对称，所以供应经常会超过需求，供应增多，需求就会减少，那么地瓜就会降价，接着供应就会减少，需求又会增加，地瓜又会涨价。地瓜农夫正是懂得了利用蛛网的规律，当价格下跌时，必定是供给增加，那么下年就会供给减少、需求增加、价格上涨，所以他在今年开始种植，下年丰收，这样地瓜农夫和地瓜婆每次都能赚不少。蛛网理论因此有"解释市场供需双方轨迹之美丽的蛛网"的美誉。

蛛网理论是西方经济学的内容之一，它是运用弹性理论来考察价格波动对下一个周期产量的影响，和由于对下一周期的产量的影响产生的均衡价格的变动。引入时间这一重要因素，从动态变化的角度来分析考察需求与供给的变动，其变动情况若用平面直角坐标系进行描述，得出的图像就类似蛛网，荷兰的丁伯根把这一理论形象地定名为"蛛网理论"。

蛛网理论认为，当供求决定价格，价格引导生产的时候，经济中便会出现一种周期性波动。比如某一产品在第一期中供小于求时，价格上涨，第二期必然会增加生产，价格下降；因为第二期价格下跌，生产减少，又导致价格上涨；再引起第三期生产增加，价格又下跌。把各个时期的价格与产量波动画出一个图，这个图就类似于一张蜘蛛网，故有"蛛网理论"之称。

这种蛛网型波动在农业中表现最明显。

以大白菜为例，新华网上曾经报道过这样一个事例：大白菜陷恶性循环怪圈，哪里爬起来哪里摔下去——2004年11月，河北固安的白菜丰收，但是价格却经受了"寒流"，收购价低至1分钱一斤，很多白菜烂在了地里无人管，甚至出现了拿白菜喂鹅、喂羊的现象。2004年后，很多农民退出了白菜种植，结果，2005年白菜价格一路高涨。2005年的白菜"大热"又让菜农们在2006年开始大量种植白菜，于是又发生了白菜价格走低的情景，价格不及2005年的1/3。难怪有人评论说："白菜市场简直就是在哪里爬起来再在哪里摔下去！"

这种蛛网型波动告诉我们，不能让农民单独面向市场。农民没有足够的力量像大企业那样做出比较正确的市场预测，能够在某种程度上控制市场，或者承担得起市场风险。"蛛网理论"曾经建立的现实的背景是西方国家农民的一些经历。那么，西方的农民是如何走出这种"网"的呢？

在过去数百年中，美国的柑橘农民也曾有过类似于蛛网的周期性波动的痛苦经历。柑橘生产跟别的粮食一样，具有周期性。每当柑橘歉收时，

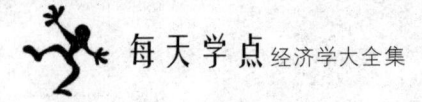

农民很高兴，可是当柑橘丰收时，农民却烦恼了。柑橘农民掌握不了这种生产的变化，被类似山峰一样波动的价格折磨得晕头转向。于是他们苦苦冥想摆脱困境的出路，最终有人想出了高招，组建了一个农民与市场之间的中介组织——新奇士协会。

新奇士协会是农民自己组建的销售组织。农民将柑橘卖给协会，由协会去面对市场。协会控制了供给，在市场上就有了发言权，供大于求时，协会可以控制供给和价格，以减少农民的损失。同时，协会也为农民提供了大量有用的信息以及切实可用的技术等各方面的帮助。作为一个强大的组织，协会还做了许多农民单独做不到的事。例如注册了柑橘的"新奇士"商标，组织产品的出口，进行柑橘储藏、保鲜、加工、调节供给以及大量的宣传，等等。这些做法使农民在供给上稳定了量，从而在与需求发生较量时平衡了市场力量，这样柑橘的价格也就有了保障。农民由于看到了不会赔钱，当然就增加了种植柑橘的积极性，而良好的销售业绩也保障了农民的收入，保住了农民的利益。

由此可见，要让农民走出这种蛛网理论的局限，并不能光靠农民单薄的自身力量，在农民和市场之间建立一个有效的中介组织就是一个非常好的解决办法。

边际效用：第一块三明治和第三块不同

美国总统罗斯福连任三届后，曾有记者问他有何感想，总统一言不发，只是拿出一块三明治面包让记者吃，这位记者不明白总统的用意，又不便问，只好吃了。接着总统拿出第二块，记者还是勉强吃了。紧接着总统拿出第三块，记者为了不撑破肚皮，赶紧婉言谢绝。这时罗斯福总统微微一笑："现在你知道我连任三届总统的滋味了吧！"这个故事揭示了经济学中的一个重要原理：边际效用递减规律。

那么我们先来看看什么是效用，效用是物品满足人欲望的能力，是对消费者在消费商品时所感到的满足程度。说到效用令我们想起了一个著名的幸福方程式。当代美国经济学家萨缪尔森把幸福作为一个经济问题进行研究时，他就提出了一个幸福方程式：

$$幸福=效用/欲望$$

从这个公式来看，幸福取决于两个因素：效用与欲望。当欲望既定时，效用越大，越幸福；当效用既定时，欲望越小越幸福。从经济学的角度讲，效用则指的是人从消费某种物品（或劳动）中得到的满足程度。一般情况下，消费的各种物品越多，所得到的效用也越大。

我们再来看看边际，经济学上认为边际就是最后一个。边际效用是消费某种物品时增加最后一单位消费所增加的满足程度。总效用是消费一定量某物品与劳务所带来的所有的满足程度。

假设一个人吃馒头，吃第1个馒头获得3个单位（满足程度），吃第2个馒头获得2单位（满足程度），吃第3个馒头获得1个单位（满足程度）。假设馒头是免费的，你说他应该吃多少个馒头？他会一直吃下去么？显然不会，如果他是理性的，他一定会选择边际量，即在吃第X个馒头时，已经不能获得任何满足，馒头已经吃腻了，没有任何意义了，这时候，他就停止吃馒头了。假设，他在吃第4个馒头时，获得0单位（满足程度），继续吃下去，可能就是负的满足程度，比如吃到第5个时，觉得恶心，想吐，因此，他还是吃4个或者3个为好。因此，即使是免费的东西，比如这里是馒头，虽然边际成本为零，但是由于边际收益是递减的，随着吃馒头的个数增加，满足程度不断下降，等到边际收益等于边际成本处时，理性的人在这个边际量的地方实现了均衡。

中国人大多都知道朱元璋"珍珠翡翠白玉汤"的故事。年轻时落魄的朱元璋曾受乞丐的"百家饭"接济而得以活命，他觉得那顿饭是他吃过的世间最好的美味。在其富贵天下吃尽世间美味后仍对那碗所谓的"珍珠翡翠白玉汤"念念不忘，甚至找来当年做饭之人为其烹制，但已找不出来当年的滋味了。一样的东西为何对朱元璋有不同的效果呢？最后，朱元璋感叹道："肚饥了糠也甜，肚饱了肉也咸。"不同阶段的朱元璋由于环境和社会地位的不同，对物质、精神生活的期待不同，得到的感受也是截然不同的。

现在我们的生活富裕了，我们都有体验"天天吃着山珍海味也吃不出当年饺子的香味"，这就是边际效用递减规律。设想如果不是递减而是递增会是什么结果，吃一万个面包也不饱。所以说，幸亏我们生活在效用递减的世界里，在购买消费达到一定数量后因效用递减就会停止下来。

边际效用理论的应用非常广泛，例如经济学上的需求法则就是以此为依据的，即用户购买或使用商品数量越多，则其愿为单位商品支付的成本越低（因为后购买的商品对其带来的效用降低了）。

了解边际效应的概念，你就可以尝试在实际生活中运用它。

例如，你是公司管理层，要给员工涨工资，给3 000元月薪的人增加1 000元带来的效应一般来说是比6 000元月薪增加1 000元大的，可能和6 000元月薪的人增加2 000元的相当，所以似乎给低收入的人增加月薪对公司更有利；另外，经常靠增加薪水来维持员工的工作热情看来也是不行的，第一次涨薪1 000元后，员工非常激动，大大增加了工作热情；第二次涨薪1 000元，很激动，增加了一些工作热情；第三次涨薪1 000元，有点激动，可能增加工作热情；第四次……直至涨薪已经带来不了任何效果。

如果想避免这种情况，每次涨薪都想达到和第一次涨薪1 000元相同的效果，则第二次涨薪可能需要2 000元，第三次需要3 000元……或者使用其他激励措施，例如第二次可以安排其参加职业发展培训，第三次可以对其在职位上进行提升，虽然花费可能相当，但由于手段不同，达到了更好的效果。

边际效用递减规律也给经营者另一些启示，消费者连续消费一种产品的边际效用是递减的。如果企业连续只生产一种产品，它带给消费者的边际效用就在递减，消费者愿意支付的价格就低了。如何改变这种情况？在经济领域的产品多样化理论可以解决这个问题。因为，企业的产品不断创造出多样化的产品，即使是同类产品，只要不相同，就不会引起边际效用递减。例如，同是笔记本电脑，根据消费者买电脑的需求，可以做成不同型号，有的消费者买电脑是为了玩游戏且追求时尚，就可以对这类消费者侧重内存、显卡和外观；有的消费者是为了可移动性强，那么就要为这类用户节约重量；这样同是笔记本电脑就成为了不同产品，就不会引起边际效用递减。如果是完全相同，则会引起边际效用递减，消费者购买欲就会下降较快。

综上所述，可以看出边际效用递减原理提醒我们，企业要更好的发展，就要不断进行创新，生产不同的产品去满足消费者的需求，减少和阻碍边际效用递减。

经济周期："经济大气候"的变化

经济的周期性波动被称为经济周期，它是指总体经济活动的扩张和收缩交替反复出现的过程。每一个经济周期都可以分为上升和下降两个阶段。经济周期一般是指以实际国民生产总值衡量的经济活动总水平扩张与收缩交替的现象。具体表现为经济扩张因受到资源供给约束或消费约束，而出现经济收缩，经济收缩又因资源供给充裕或者消费需求拉动而重新进入经济扩张，周而复始，不断循环。通常情况下，一个完整的经济周期可以划分为四个阶段：复苏—繁荣—衰退—萧条。其中，经济的复苏和繁荣阶段构成了经济周期中的扩张期，而经济的衰退和萧条阶段则构成了经济周期中的收缩期。在经济周期的上升阶段，即繁荣阶段，最高点称为顶峰。然后物极必反，顶峰也是经济由盛转衰的转折点，此后经济就进入下降阶段，即衰退。衰退严重则经济进入萧条，衰退的最低点称为谷底。当然，谷底也是经济由衰转盛的一个转折点，此后经济进入上升阶段。经济从一个顶峰到另一个顶峰，或者从一个谷底到另一个谷底，就是一次完整的经济周期。

经济周期一般有长短之分，一般而言，有这几种经济周期的学说。

库兹涅茨周期，一种长经济周期。1930年美国经济学家库涅茨提出的一种为期15~25年，平均长度为20年左右的经济周期。由于该周期主要是以建筑业的兴旺和衰落这一周期性波动现象为标志加以划分的，所以也被称为"建筑周期"。

朱格拉周期，是一种中周期。1862年法国医生、经济学家克里门特·朱格拉（C Juglar）在《论法国、英国和美国的商业危机以及发生周期》一书中首次提出。提出了市场经济存在着9~10年的周期波动。这种中等长度的经济周期被后人一般称为"朱格拉周期"，也称"朱格拉"中周期。

基钦周期，是一种短周期，又称"短波理论"。1923年美国的约瑟夫·基钦从厂商生产过多时，就会形成存货，就会减少生产的现象出发，他在《经济因素中的周期与倾向》中把这种2~4年的短期调整称之为"存货"周期，人们亦称之为"基钦周期"。

康德拉季耶夫周期，长周期或长波。1926年俄国经济学家康德拉季耶夫提出的一种为期50~60年的经济周期。该周期理论认为，从18世纪末期以后，经历了三个长周期。第一个长周期从1789年到1849年，上升部分为25年，下降部分35年，共60年。第二个长周期从1849年到1896年，上升部分为24年，下降部分为23年，共47年。第三个长周期从1896年起，上升部分为24年，1920年以后进入下降期。

作为市场经济中的任何一分子，对经济周期波动必须了解、把握，并能制定相应的对策来适应周期的波动，否则将在波动中丧失生机。在市场经济条件下，企业家们越来越多地关心经济形势，也就是"经济大气候"的变化。

而作为政府部门，认识经济周期在市场经济中的运行规律和特征，有助于政府在制定扩张性或收缩性的经济政策以及进行政策转换时，增强预见性，避免滞后性。

经济周期的概念，容易给人们一个错觉，认为既然是周期，应该像元素周期表一样准确无误，是可以预测的，其实不然。我们应当看到，经济周期只不过是一种现象的描述，事实上不管是哪种理论，都只是对经济波动的一种解释，它是一种马后炮，而不是当头炮。因为影响经济波动的因素是极其复杂的，所谓世事如棋——局局新，就是这个道理。我们可以预测出一年四季24节气的准确时间，但是我们却无法预测一年四季各个节气可能发生的风云突变。影响经济波动的因素就好比这天空中突变的风云，每次都是不同的，因而经济波动是无规律的，几乎不能准确地预测。否则，我们就会消灭衰退，实现经济的长期稳定增长了。

现实当中，人们普遍认为经济波动具有破坏作用，而忽略了它的积极影响。其实在市场经济中，经济波动往往会推动公司改革，加快技术改造，提高管理效率。祸兮，福之所倚。老子的话是对的。

第六章　人们的消费总是理性的吗

——关注消费者选择要学的经济学

我们决不应迷失经济发展的最终目的，那就是以人为本，提高他们的生活条件，扩大他们的选择余地……如果在经济增长（通过人均收入来衡量）与人类发展（以人的寿命、文化或者成功比如自尊来反映，但不易度量）之间存在着紧密的联系，那么这两者之间的统一是有益的。但这两种表达方式并不十分相关。

——P.斯特里顿

我相信物质主义。我相信健康的物质主义所带来的一切：可口的食物、干净的房屋、干燥的鞋袜、缝纫器械、排水管道、热水供应、沐浴卫生间、电灯、汽车、良好的道路、明亮的街区、远离本城的休假、新颖的思想、快马良驹、投机的交谈、影院、歌剧、交响乐、流行乐队，等等。我相信这一切每一个人都应当享有。那些还未享用过这些东西便离开了尘世的人们，也许很可能如圣人一般地高雅、如诗人一般地富有，然而那却是由于他们本来就高雅、就丰富，而绝对不是因为他们被剥夺了这些物质享受。

——弗朗西斯·哈克特

消费者选择理论：人们如何选择商品

当人们置身于琳琅满目的商店海洋中，在财力和时间都有限的情况下，他们总能花最适量的钱挑选到自己最需要的物品，原因在哪里呢？

为了解释人们的消费行为，在一个世纪以前，英国的哲学家边沁把效用概念引入了经济学中。之后的经济学家一直采用效用这一概念，来衡量消费者从一组物品和劳务之中获得的幸福或者满足。例如，如果有100元钱，人们可以把它全部用来买面包，也可以用一半买面包一半买啤酒，也可以全部用来买啤酒。觉得第一种选择最好的人可能偏好面包，觉得最后一种选择的人可能偏好啤酒，觉得中间选择最好的人对面包和啤酒可能有同样的偏好。因此，消费者会在不同的物品和劳务之间选择最适合自己偏好的排序，以使自己的效用最大化。

相同单位物品的效用是相同的，但在一起使用时，前一单位物品带给人的效用是否和后一单位物品带给人的效用相同呢？为解决这一问题，经济学家使用了边际效用这一概念表示最后增加的一单位商品所具有的效用。

边际效用是指多消费一单位物品或劳务时带来的新增的或额外的效用。一个简单的例子是，人们口渴时吃西瓜，第一块最清凉可口，后面的味道就较差，这正是经济学中著名的边际效用递减规律的佐证。经济学家反观自己的感觉和情绪，确立边际递减规律为：在其他条件不变的情况下，随着对某种物品或劳务的消费量增加，人们从中得到的新增的或边际的效用量是在不断下降的。

在消费者的选择理论中，我们认为人们都是理性的边际人，总是选择自己最偏好的消费品组合，使他们得到的效用最大化。但消费者并不是精通数学的奇才，能够在很短的时间就把边际效用推算到百分位，不谨慎的消费者在做出决策时还容易受到推销员的欺骗。但总体看来，消费者还是能够使他们的消费行为效用最大化。

预算约束：购买力对消费行为的影响

当人们用同样的钱消费不同的物品时，不同的物品组合反映了人们的权衡取舍。但不管是怎样的消费组合，每1元钱带来的边际效用总是相同的。

就大多数人而言，人们愿意拥有好而且多的物品和劳务——去五星级宾馆休闲和娱乐，驾驶最豪华的轿车，穿戴最考究的服饰。然而在现实中，大多数人只会挑选较少的物品，因为每个人都会受到自己财力的限制。那么消费者的购买力对他的消费行为有什么影响呢？

在现实中，人们购买的物品种类繁多，可供人们消费的组合有无数种。

为了便于研究，我们只就人们每月的早餐——豆奶和比萨饼这两种物品进行分析。假设他每月愿意为早餐付出的支出是1000元，一杯豆奶价格是2元，一个比萨饼卖10元。那么人们为消费这两种物品可以有无数种组合。例如，他可以只吃比萨饼，每月消费 100 个比萨饼，可以只买豆奶，每月消费 500 杯豆奶，也可以买 250 杯豆奶和 50 个比萨饼。表现在曲线上如图 6-1 所示的 A、B、C 三个点。

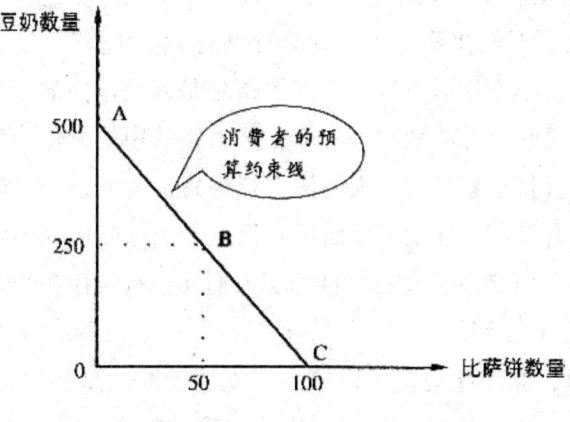

图 6-1　预算约束曲线

在经济学上，这条线被称为消费者预算约束线——消费者可以承受的消费组合的可能性边界，它表明了人们在消费的物品之间面临着的权衡取舍。消费者约束线的斜率为 5，反映了市场提供给消费者的权衡取舍：一个比萨饼可以换取 5 杯豆奶——也就是一种物品与另一种物品相比的价格。

为什么一块比萨饼等于 5 杯豆奶？因为一块比萨饼的边际效用 5 倍于豆奶，所以一块比萨饼等于 5 杯豆奶。

从消费者预算约束线可以看出，A、B、C 三点上两种物品的组合，乃至线上其他的数量组合给消费者带来的总效用都是一样的。也就是说，只有一个比萨饼的边际效用是一杯豆奶的边际效用的 5 倍时，人们才愿意为比萨饼付 5 倍于豆奶的价钱。假如一杯豆奶能够给人们提供更多的边际效应，那么人们就会把用于消费比萨饼的钱转移到豆奶上去，直到豆奶每 1 元钱的边际效用等于比萨饼每 1 元钱的边际效应，这就是经济学上的等边际效应——在消费者的收入固定并且他所消耗的物品的市场价格既定的条件下，他花费在一种物品上的最后 1 元钱所得到的边际效用正好等于花费在其他每种物品上的最后 1 元钱所得到的边际效用的时候，消费者才能得到最大的效用。

非理性因素：人们的消费总是理性的吗

英国心理学家研究发现，年轻女性更容易产生购物冲动。她们超支的可能性很大，在花钱方面不节制的比例很大。

"我被购物冲动抓住，如果不买东西，我就感觉焦虑，如同不能呼吸一般。这听起来荒唐，但这事每个月都在发生。"一位参与这项科学研究的女性都这样说。

经济学理论预先假设了人是极其理性的，然而现实生活中出现的"卡奴"、月光族和购物狂表明，人们在购物中存在非理性行为。

我们知道，经济学理论假设的一个前提条件是人是理性的。作为一名消费者，他应该在成本和收益之间尽可能地精确计算，努力使效用最大化。然而从事经济学和心理学边缘研究的社会科学家发现，人的消费行为是极为复杂的，他们既有经济学中理性消费的一面，也有健忘、冲动、爱面子和目光短浅等非理性消费的一面。现实生活中存在的"卡奴"、月光族和购物狂就证明了人们在消费时存在非理性行为。

为什么会出现月光族呢？

心理学家认为，非理性消费可以分为支配型、冲动型和攀比型这三种。

支配消费型的人中女性居多，她们因为失恋或者工作的不顺心，就会把购物作为一种情感宣泄的方式，因而购物时对商品的价格不关心，只要把钱花光了，把物品摆放在自己家中，就会产生一种安全感。支配型消费者最容易成为购物狂。

冲动消费型也称即兴消费型。他们容易成为月光族，因为他们在事前并没有什么消费计划，直到逛街或者上超市看到物品时才引起临时的消费冲动。这时买回来的东西不一定是他们最想要的。

攀比型消费则根源于攀比心理，这一类的消费者购物不是追求效用，而是用所购得的物品来炫耀其地位和价值。这些物品往往是一些奢侈品，超出这些消费者的生存与发展的需要范围，例如一些名牌箱包、高级成衣和高档汽车等。

非理性消费的危害在于，会把社会财富引导到无用或者效用被夸大，甚至有害的生活方式中去，而人们真正需要的东西却没有足够资源加以生产。

从人类的历史来看，近代以前的人以理性消费为主，崇尚节俭。直到20世纪中期凯恩斯的刺激内需理论出现后，人们才默认甚至鼓励非理性消费，世界奢侈品市场就是在这种鼓励中逐渐壮大的。据报道，2004年中国奢侈品消费额就已达60亿美元（豪华游艇、直升机的消费额还不算在内），占全球奢侈品消费中的12%，和国内的整体富裕程度十分不符。其中国人消耗的奢侈品大多是国际品牌，少有国内品牌，因而挥霍了很大一部分国民财富，加剧了社会的贫富分化。

价格歧视：同物不同价的原因

越剧《何文秀》中有个段子是这样的，算命先生说："大户人家叫算命，命金要收五两银；中等人家叫算命，待茶待饭待点心；贫穷人家叫算命，不要银子半毫分，倘若家中有小儿，先生还要送礼金，倒贴铜钱二十四文，送与小儿买糕饼。"

当然，算命先生的话即使被大户人家听到了，大户人家还是可能找他算命，只要算命先生能提供与价值相符的服务。算命先生对不同人家的不同定价策略，似乎并不影响他的"生意"。

生活中我们经常会遇到这样的现象，大部分超市里，顾客出示会员卡或积分券，就能买到便宜货；乘公交车，使用公交卡的老乘客与偶尔的乘客所花的钱不一样；卖电脑的，卖给大学生就比卖给公司职场的人便宜；用电，工商企业与老百姓的价格不同，白天与深夜的峰谷电价也不同；电影票，一般对少年儿童实行"半票"，看同样的电影，节假日的观众也要比平时的观众多付钱买票；周末和朋友蹦迪跳舞，女士可以免票……按经济学的原理解释这些就是价格歧视行为。

所谓的价格歧视，实质上是一种价格差异，通常是指商品或服务的提供者向不同的接受者提供相同等级、相同质量的商品或服务时，实行不同的销售价格或收费标准。

价格歧视是一种重要的垄断定价行为，是垄断企业透过差别价格来获取超额利润的一种定价策略，它有利于垄断企业获取更多利润。如果以较高的价格能把商品卖出去，生产者就可以多赚一些钱，因此尽量把商品价格定得高些。但如果把商品价格定得太高，又会赶走许多支付能力较低、需求比较弹性化的消费者，从而导致生产者利润的减少。

采取一种两全其美的方法，既以较高的商品价格赚得富人的钱、需求比较高的人的钱，又以较低的价格把穷人的钱、需求不是很高的人的也赚过来，这就是目的，也是"价格歧视"产生的根本动因。最典型的例子是飞机票，商务旅行的票价总要比一般旅行的票价高，因为航空公司对于时间要求比较紧的商务顾客收取100%的票价，而对提前订票时间弹性比较大的顾客采取打折售价的销售方式。"当某人愿付 400 美元时你不会以 69 美元卖给他一个座位。与此同时，航空公司是愿意 69 美元卖掉一个座位而不愿意让它空着的。"美国航空公司的一位副总裁道出了价格歧视策略的意义。

只要有可能，商家就要实行"价格歧视"的定价策略。每一个消费者都有不同的需求价格弹性，只要商家能够在市场上将他们有效地分割开来，实行价格歧视就可以"捕获"更多的顾客，把能够支付高价的顾客与只能支付低价的顾客一网打尽，获取最大可能的利润。

在定价策略上很多大企业做得相当好，我们可以看到一般的大企业都会有多个品牌，形成品牌群，利用不同的品牌的顾客群，针对不同档次的消费者定出不同的价位，从而获得最大利润。实行的多品牌策略是一个典型的多级价格歧视，五粮液公司和宝洁公司经常使用这种策略。

价格歧视策略不止于上面所说的形式，只要符合价格歧视的一般条件即产品个性化、有差异，就可以运用价格歧视策略。差别化是运用歧视策略的主要特征，下面是企业针对差异化运用价格歧视策略的很好的例子。

同样服务的时间段上的价格差异。这是对商品按不同时间段定价。

如某网球馆在周一至周五的上午：8:00—10:00为早练时段，按照5元/小时收费；10:00—19:00为休闲时段，按照8元/小时收费；19:00以后以及周末为娱乐时段，按照15元/小时收费。电影院日电影票和夜场电影票的差别以及供电局的电费在夜晚和白天的差别，冬季和夏季的差别，都是利用时间段差异化定价的典型例子。

利用代金券或者优惠券实现的特殊群体的差异化歧视。优惠券可以人为地制定群体差异化。

例如，一家礼品公司为学生送出优惠券，并规定该优惠券与学生证一起使用才有效，每张优惠券可以提供7折的优惠。这样就把学生群体与其他群体区分开来而实行歧视。又如，一家瓜子公司在媒体广告中宣称，剪下广告中的优惠券，在购买时可以按照2元钱使用。该公司并没有直接降价2块钱，而使用这种策略是为把顾客分成价格敏感型和不敏感型两组不同的消费群体，价格敏感型的顾客一般是学生或者老人群体，会在购物时使用优惠券；而另一些人，如高级白领、私营企业主等对这些优惠不屑一顾，就只原价购买。如此做法，实际上对那些价格敏感型的顾客索取比其他顾客较低的价格。

"价格歧视"的前提是市场分割。如果生产者不能分割市场，就只能实行一个价格。如果生产者能够分割市场，区别顾客，而且分割的不同市场具有明显不同的支付能力和需求度，这样企业就可以对不同的群体实行不同的商品价格，尽最大的可能实现企业较高的商业利润。当然，商家能够这样做的前提是，他能够把顾客加以准确地"识别"。因此，当一个独立行医的医生在家里给病人看病时总要问三问四，例如"你平时是不是经常到饭店吃饭呀？""你经常进行健身活动吗？是不是经常出去旅行？""你平时都喝什么酒呀？"不要以为他只是在关心你的饮食起居，其实他还在"侦察"你的经济实力，以便在报价的时候使他的"价格歧视"有所依据。

由此可见，了解价格歧视会使我们看清许多经济现象的本质，对我们的日常生活会有很大的帮助。

替代效应：猪肉涨价了就多吃牛肉

在一家小型超市里，店老板在教新来的小伙计做买卖的窍门："要知道，不能只是因为店里没有客人需要的商品，就白白地让客人空手而回。了不起的商人就是会用替代品来卖给客人。"

后来，有一次，小伙计在看店时，进来一个客人。"我要买卫生纸。""不好意思，刚刚卖完了。"此时，他想起了老板对他说的话，于是就赶紧说："先生，卫生纸是刚卖完了……可是，上等的砂纸要吗？"

看到这里，你也许会忍不住发笑。但大笑之余，我们可以从中看到一个经济学的术语，即替代品。在商品中，替代品与互补品是具有一定"血缘"关系的商品组合。在经济学上，它们是企业定价的参照法宝。替代品与互补品是由需求交叉弹性理论而引发出来的两类产品，它们与需求交叉弹性共同在企业策略中有着广泛而普遍的应用。

通常，对于消费者而言，如果想满足同种需要，常常不止一种商品可以满足其需求，某种商品价格的变动，不仅仅影响此种商品的需求量，还会影响和它相关的别的商品的需求量与价格。相反，某种商品需求量的变动，不只会影响其自身的价格，还会对和它有关的别的商品的价格与需求量产生影响。即商品间存在一种交叉关系，依据这种关系，消费者可以利用相关商品的不同组合来进行合理的消费，从而达到最大的效用。商品自身的性质不同决定了它们相互之间可以存在替代性、互补性以及无关性。替代性指的是两种商品在效用上相似并可以互相替代，消费者可以通过它们的组合来满足同种需要，而且可以通过增加一种商品的消费而减少另外一种商品的消费来保持商品组合的效用不变。比如肥皂与洗衣粉、牛肉与猪肉等，两者是互相替代的关系。互补指的是两种商品在效用上是相互补充的，它们必须结合起来共同使用才能够满足消费者的需求，这种需求也叫联合需求。比如汽车与汽油、照相机与胶卷等，两者的关系是互相补充，它们必须联合起来使用才能够起作用。

在经济学上，替代品是具有相同或者相近的功用，可以满足消费者的同一种需要的两种商品。在这里，我们要注意的是可以满足消费者的同一种需要。例如因为2008年上半年油价的不断上涨，某些城市就以较低价的乙醇汽油代替了普通汽油，并开发了新的能源汽车，以电动汽车来代替烧油汽车。再如去某地时汽车与飞机就是替代品，如某地到某地的汽车票价为200元，若机票降到了190元，这时本来打算坐汽车的人就很可能会改乘飞机。这些例子都说明在替代品中，一种商品的价格上涨，它的需求量就会减少，其价格不变或者涨价的替代品的需求量便会上升。相反，一种商品的价格下降，它的需求量就会增加，而其价格不变或者降价的替代品的需求量便会下降。

替代效应在生活中非常普遍。我们日常的生活用品，大多是可以相互替代的，我们可以根据其价格的变化情况，从经济实惠的原则出发，安排我们的生活。萝卜贵了多吃白菜，大米贵了多吃面条。买不起真名牌，用仿名牌来替代，也能让我们的心理产生极大满足。如果CD唱盘的价格上涨了，我们可以用磁带、电台的音乐节目，甚至现场的音乐会等这些东西来替代CD唱盘。有时替代效应也与价格无关，比如发生禽流感以后，鸡蛋和鸡肉就很少有人再买，而用猪肉等来替代。一般来说，越是难以替代的物品，价格就越是高昂。产品的技术含量越高价格就越高，因为高技术的产品只有高技术才能完成，就像彩电必须是彩电厂才能生产，而馒头谁家都会做，所以价格极低。艺术品价格高昂，因为艺术品是一种个性化极强的物品，几乎找不到替代品。达·芬奇的名画《蒙娜丽莎》只有一幅，所以珍贵异常，价值连城。

替代品是满足消费者同一种需要而不必同时使用的商品，而互补品是共同满足消费者的需要，并必须同时使用的两种商品，缺一不可。汽车销量的增加造成汽油销量的增加，油价上升造成汽车销量下降，因为它们是互补品。即一种商品价格的上升不但令其需求量减少，也让其互补品的需求量减少；反之，一种商品的价格下降，它的需求量就会增加，从而就会增加其互补品的需求量。

替代效应在人们日常生活中无处不在，无时无刻不在商品的供需和商家竞争中起着巨大的作用。因此，我们在社会生活中就要充分认识这种效应，利用这种效应。

第七章　企业怎样决定雇佣的人数
——关注生产要素市场要学的经济学

将来的经济史学家，会赋予有限责任制度的无名的发明者像与瓦特、斯蒂芬森以及工业革命的其他先驱并驾齐驱的地位。

——弗里德里希·奥古斯特·冯·哈耶克

用户第一，雇员第二，股东第三，社区第四。这便是位于圣保罗（St.Paul）的已有百年历史的胶粘剂生产商H·富勒公司（H.B.Fuller）的信条。

——帕特里夏·塞勒斯

生产要素市场：决定工作报酬的市场

大多数的人都从事着全职的工作，但同样的努力换来的工作收入却不相同。经济学家认为其原因在于人们的收入也是由生产要素市场来决定的。劳动、土地和资本这三种生产要素的供给与需求决定了工人、地主和资本家的价格。

人们的收入一般和他从事的行业有关。例如，一名电脑程序员的收入会比一名种植水稻的工人的收入高得多。大家也许会认为这是理所当然的事情，但从来没有哪一条法律规定电脑程序员的收入一定要比种植水稻的工人高，甚至在道德上也没有这种要求。那么，到底是什么原因在决定不同工作的收入呢？

如果从整个国民经济的层面上看来，2006年中国国内生产总值达209 407亿元左右，每个人的工作收入只是整个经济收入中的大海一滴。人们取得收入的方式多种多样，工人赚取的是工资、福利和津贴，这在国民经济中要占到绝大部分。其余部分的获得者是地主和资本拥有者（资本是以设备和建筑物的形式存在）——以租金、利润和利息的形式获得。那么是什么因素决定工人、地主和资本拥有者会以如此形式划分国民经济收入？又是什么因素使得同样的工薪阶层有不同的收入，资本拥有者阶层也有不同的收入呢？还是回到上面的问题，为什么电脑程序员的工资一定要比水稻工人高呢？

其实经济学中的大部分问题的答案都在供给和需求之中，上面的问题也不例外，其答案是劳动、土地和资本这三种生产要素的供给与需求决定了工人、地主和资本拥有者的价格（也就是收入分配）。就电脑的软件行业来说，它是由程序员的劳动、企业的空间（这是土地要素）和办公楼及电脑设备（资本）共同构成的。同样，水稻生产行业也是由种植水稻的工人的劳动、农场（土地要素）、收割和运输设备（资本）共同组成。

收入和财富的两极分化使得分配问题成为经济学中最具争议性的问题。大多数人认为高收入和巨额财富是由于运气和继承权带来的不平等，贫穷只是因为受到歧视和缺乏机会；也有少数既得利益的人认为，收入应由市场报酬机制决定，政策只应该给社会提供安全网——使那些处于贫困中的人们能得到救济，而不应该干预收入分配市场。

劳动的需求：企业怎样决定雇佣人数

在完全竞争的情况下，怎样知道企业需要雇佣的人数？经济学家找到的答案是：这是受其追求利润最大化的趋势决定的。由于存在着劳动边际递减规律，企业需要的人数总会有限度。

劳动市场和其他的市场一样，也是由供求力量支配的。劳动市场的均衡工资同样也是由劳动市场的供给和需求共同决定的。但劳动市场本身也有自己的特点——它是一种派生需求，并且大部分劳务并不直接作用于消费者，而是以生产成本的方式追加到物品上去。

首先，竞争企业以追求利润最大化为前提。假设有一个典型的葡萄园企业，而市场上有很多这样的企业在卖葡萄。这个企业的决策人每个月都要雇佣一些人手去园中采摘葡萄，雇佣的工人来源于摘葡萄的工人市场，其他企业也从这个市场上雇佣工人。换言之，这个企业是葡萄价格和工人工资的接受者，它能决定的仅仅是雇佣工人的人数以及出售葡萄的数量。同时，假设企业决策人追求利润最大化，工人的数量和葡萄数量将是他考虑达到利润最大化的因素。

其次，核心是劳动边际产量递减。在考虑到雇佣工人的数量之前，企业决策人要首先预算摘葡萄工人的数量对采摘和销售葡萄的影响。也就是说，企业投入的是摘葡萄工人的劳动，产出的是装好的葡萄。其他投入如葡萄生长的土地、运输要用的卡车等都假设是固定的。当企业雇佣一个工人时，他每周将摘100公斤葡萄；当企业雇佣两个工人时，每周共同摘180公斤葡萄。当企业雇佣3个工人时，每周共同摘240公斤葡萄……我们发现，在其他生产因素不变的条件下，存在着劳动边际产量递减规律——即随着工人数量的增加，劳动的边际产量发生递减。第1个工人边际产量是100公斤，第2个工人边际产量是80公斤，以后是60公斤、40公斤递减。

劳动边际产量递减的现实原因可能是最初的工人，可以随意采摘园中挂果率最高的葡萄树。随后雇佣来的工人就只能采摘挂果率相对较低的葡萄树，因而增加的工人对于葡萄产量的贡献呈下降趋势。

需求变化：为何企业会突然增员

要减少社会的失业率，一个可行的办法是在不减少企业的利润的情况下，增加其容纳劳动力的能力。提高产品的市场价格和进行技术创新等措施都能达到这一目的。

在经济学中，边际产量值等于投入的边际产量乘以产品的市场价格。假设橙子的市场价是每公斤10元。在假设竞争市场的橙子价格不变的情况下，那么边际产量值也是随着工人数量的增加而递减的。那么企业决策人到底会考虑雇佣多少工人呢？

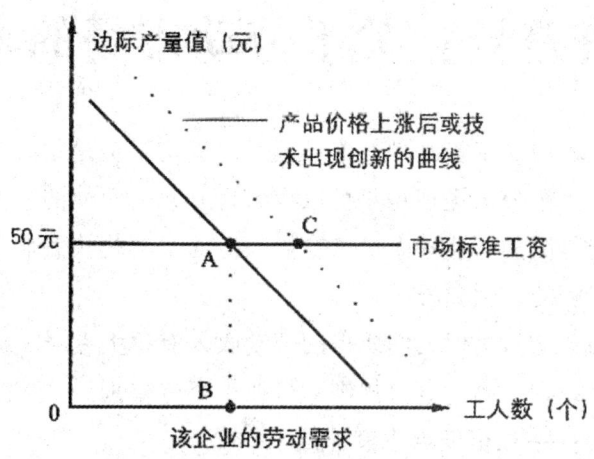

图7-1　边际产量值曲线

用图形直观表示就是图7-1所示的边际产量值曲线。这条曲线向右下方倾斜，并且包含了一条标示着市场工资的水平线。事实证明，只有企业决策人雇佣的工人数在这两条线相交的那一点（也就是劳动的边际产量值等于工资）上，企业才能使利润最大化。但对于利润最大化的企业来说，边际产量值曲线完全可以看成劳动需求曲线。

劳动需求曲线是对劳动的边际产量值的反映。那么，有哪些因素会使企业增加或减少劳动需求量呢？经济学家发现主要有以下三点。

1. 产品价格

由于边际产量值是边际产量乘以产品的价格，因此，边际产量值和产品价格必然同方向发生变动。也就是说，劳动需求曲线会随价格变动而移动：橙子价格上升时，橙子企业的劳动需求也会增加；反之，随着橙子价格的下降，橙子企业的劳动需求也会下降。

2. 技术创新

科学家和工程师是社会技术创新的主角，他们使工人的劳动生产效率成倍地提高，对劳动市场有着深远的影响。技术进步提高了劳动的边际产量，进而提高了劳动需求。这就很好地解释了为什么在许多国家的工资持续上升时，其就业率也能一直增加。

3. 其他因素

但凡能影响边际产量的因素都能构成对劳动需求曲线的影响。例如，摘橙子的工人由于缺乏足够的装橙子的纸袋，使得他们的劳动边际产量减少了，进而使企业减少了对他们的需求。

工资差异：关于劳动市场的均衡

现实生活中，人们的工资水平的差异很大，平均工资是很难计算的。例如，同在汽车行业，一个汽车公司经理每年可以赚数百万元，而他的企业员工只能得到一两万元的工资。同是服务行业的人员，专业医生的工资是快餐店员工的数十倍。那么如何理解人们工资的巨大差异呢？

同样是全职的劳动力，但人们所得的劳动收入有很大差异，原因是存在补偿性工资、劳动质量有差别、胜者全得规则、行业工资有差别。

1. 补偿性工资——工资低点也没什么

工资之间的巨大差别，有些是由工种本身的性质差别引起的。有的工作本身就很吸引人，使人愉快，让人得到较高的心理收益，甚至有些人在得不到工资的情况下也愿意努力从事，如公园的管理人员、游泳场救生员。而有的工作，含有使人们厌恶的因素——沉闷、危险、高强度体力活、社会地位低下，即使出高出平常工资数倍的价钱，也不见得有人愿意去从事，例如煤矿工人、排险工人、交通警察等。

2. 劳动质量

前面的补偿性工资对于解释工作本身的吸引力不同很有用处，但是还有解释不了的地方。例如，从事律师职业的人比清洁工人的工资要高出许多倍，但是律师的社会地位高、工作条件极优越，而清洁工的社会地位低、工作条件也不好，这说明工资差异还有一个关键因素，那就是人们本身的智力、体力、教养、教育、经验等方面都存在先天或后天的巨大差异，这使得他们的劳动质量也有很大差别。

3. 胜者全得市场

社会总会存在极少数的幸运者，他们依靠名气使他们的收入膨胀式增长。最明显的例子是娱乐明星和体育明星，他们的表演可以让全球数十亿人看到，这使得市场存在胜者全得的趋势——也就是冠军和亚军之间的收入差距变得很大。

4. 行业的差异

在全球分工越来越细的今天，行业之间的壁垒越来越高，"隔行如隔山"已成为现实也就是劳工市场被分割，形成了大大小小的非竞争性群体。教育和职业经验极大地增加了人们转行的成本。例如医生和经济学家就算是两个非竞争性群体，从业多年的医生如果要想转行做经济学家，那转行所需要的高昂的成本会使他得不偿失。可以说，人们选择一个行业，也就选择了一个行业的工资。

厂商理论：微观经济学的重要组成

真正研究厂商理论并做出重要贡献的是意大利经济学家斯拉法、英国经济学家琼·罗宾逊夫人、美国经济学家张伯伦。斯拉法于1926年出版《竞争条件下的收益规律》一书是该理论产生的标志，该书对厂商理论的建立有着重要的作用。罗宾逊夫人1933年出版的《不完全竞争经济学》、张伯伦1933年出版的《垄断竞争理论》，可以看做是厂商理论最主要的著作。

在经济学说史中，厂商理论的代表作一般以张伯伦的著作为标志。自此以后，在西方经济学中出现了厂商均衡理论，并以此作为对均衡价格理论的发展，使其得到完善。

"厂商理论"是一种研究厂商行为规律的理论，亦称"市场理论"或"生产理论"。它通过成本—收益分析，说明厂商在不同的市场条件下，其产量和价格如何决定。厂商理论的研究包括四个方面。

（1）成本理论。厂商为进行生产购买生产要素而支付的代价是厂商的成本。成本按投入是否全部可变而分为长期成本和短期成本，或者按是否随产量变化而分为不变成本和可变成本，并再细分为总成本、总平均成本、边际成本、总不变成本、总可变成本、平均不变成本、平均可变成本等。这些成本可用图形表现为相应的成本曲线。

（2）市场或厂商的分类。市场是指从事某一特定商品买卖的场所或接触点。厂商为市场生产产品，不同种类的市场决定了厂商的性质和类型。按竞争程度，根据厂商数目、产品差别程度、进入市场的难易程度以及厂商对产量和价格的控制程度，市场或厂商一般可分为四类：完全竞争、垄断、垄断竞争和寡头。

（3）厂商均衡。以利润最大化为目标，分别分析四种厂商在短期和长期中如何决定价格和产量。分析四种厂商的平均收益曲线、边际收益曲线同需求曲线的关系，从而区别四种厂商均衡的各自特点。并得出结论：完全竞争厂商或市场是经济效率最高的，成本最小、价格最低，各种资源或生产要素的利用达到最优状态。

（4）非利润最大化的厂商理论。研究厂商不以利润最大化为目标时的厂商理论。例如，H·西蒙提出令人满意原则，认为厂商的目标在不确定和不完全竞争条件下，应该追求利润达到令人满意的水平，而不是最大化。

厂商是市场经济中生产组织的基本单位，它主要是指个体工商户、合伙公司、股份公司等。研究影响资源配置和分配的厂商行为的理论，是微观经济学的组成部分。

生产费用论：商品的价值取决于生产费用

生产费用论是认为商品价值的大小取决于生产费用的一种价值理论。

经济学的一种庸俗价值理论认为，价值是由生产费用决定的。它最初源于亚当·斯密价值论中的一种庸俗观点，即认为在土地私有和资本积累时代，商品价值不再由生产者所独有，而是分解为工资、利润和地租等三种收入，于是商品价值也就由这三种收入所构成，这三种收入也是商品的生产费用，它决定商品价值。

萨伊和马尔萨斯把斯密的上述庸俗观点分离出来，明确提出生产费用价值论，但两人的说法又有所不同。萨伊认为劳动、资本、土地这三种生产要素在生产中各自提供了"生产性服务"，分别创造了相应的工资、利息、地租三种收入，作为自身耗费的补偿，这些收入构成生产费用，它决定了商品的价值。马尔萨斯认为，商品价值由购得的劳动量决定，购得的劳动量等于生产商品所耗费的劳动量加预付资本的利润，即生产费用。

西尼尔则把生产费用归结为"劳动和节欲"。劳动的报酬是工资，节欲的报酬是利润，工资加利润构成生产费用，决定商品价值；价值是由工资和利润即生产费用决定的；工资是对劳动的报酬，而利润是对资本家"节欲"的报酬。

以上各种说法都把利润包括在生产费用之内，表明这种理论含有明显地为资本的剥削收入辩解的意图，也有的生产费用论者对此持不同观点。

托伦斯认为生产费用只应指资本支出，而不包含利润。但他把利润归结为流通领域的产物，认为是消费者高于价值（生产费用）支付的结果，这是一种"让渡利润"的观点。

约翰·穆勒则认为生产费用等于工资，而商品价值除工资以外，还应加上平均利润，而利润又被看做是资本家"节欲"的报酬。他的价值论是生产费用加平均利润决定价值论，而就其实际内容来说，仍不外乎是以三种收入来决定价值。

各种生产费用论的共同缺点和错误在于以价值来说明价值的循环论证。各种收入不过是对已经创造出来的价值的分割，而不是价值的创造，收入多少不决定价值，收入的来源及水平反而应以价值的源泉和大小来说明。

第八章　怎样限制成本使企业最有竞争力
——关注商品利润要学的经济学

美国人的事业就是办企业。

——卡尔文·柯立芝

为增长而增长，乃癌细胞生存之道。

——爱德华·艾比

生产成本：为何有的生产不划算

生活中，生产无处不在，与生产形影不离的是成本。所有的企业都得为自己的投入支付租金、空调、打印机、电费、秘书和会计。在制定生产战略时，所有的企业都明白，每多浪费一分，企业的利润就会减少一分。

成本是企业的生产支出，它可分为总成本、固定成本和可变成本、边际成本、平均成本等。所有企业在进行生产之前都会计算其生产的成本和收益。当他们认为生产成本大于总收益时，他们就会认为这样的生产不合算，从而停止生产。

1. 总成本

不同的企业，它使用不同的资本、劳动和原料等支付的货币量是企业的总成本，企业销售其产品得到的货币量是企业的总收益。

2. 固定成本和可变成本

在短期内，企业的总成本又可分为固定成本和可变成本。企业的固定成本又叫做"沉没成本"。它包括厂房租金、办公室租金等设备费，也包括债务的利息、重要员工的年薪等，就算企业的生产量为零，这些费用也是必须支付的固定费用。并且固定成本不受任何产出量的影响。企业的可变成本代表着随产出水平变化而变化的开支，既包括原材料、工资和燃料，也包括不固定的所有成本。长期看来，所有成本都是可变成本，固定成本这时不存在了。

3. 边际成本

边际成本表示由于多生产 1 单位产出而增加的成本。例如，如果生产 100 张年画的总成本是 100 元，那么生产 101 张年画的总成本是 100.3 元，那就可以说生产第 101 张年画的边际成本是 0.3 元。

4. 平均成本

企业中人们经常使用平均成本这个概念，它是总成本除以产品的单位总数。平均成本又分平均固定成本和平均可变成本。平均固定成本是用不变的总固定成本除以不断增加的产量，因而随着时间的推移，平均固定成本越来越小，以致无穷小。

边际产量递减规律：投入和产量的关系

企业增加的投入和得到的产量并不完全是呈正比例的，因为这个过程存在着边际递减规律：也就是随着投入的增加，得到的额外产出逐渐减少。

为了考察生产过程与其总成本之间的联系，我们以大伟的糕点店为例。

先假设我们考察的是短期经营行为，也就是说大伟的糕点店并未取得重大的技术进步，规模是固定的，并且店内生产的糕点量是由工人的数量决定的。

当大伟雇佣 1 个工人时，店内可以生产出 50 块糕点。当有 2 个工人时，可以生产 90 块糕点，当有 3 个工人时，可以生产 120 块糕点……

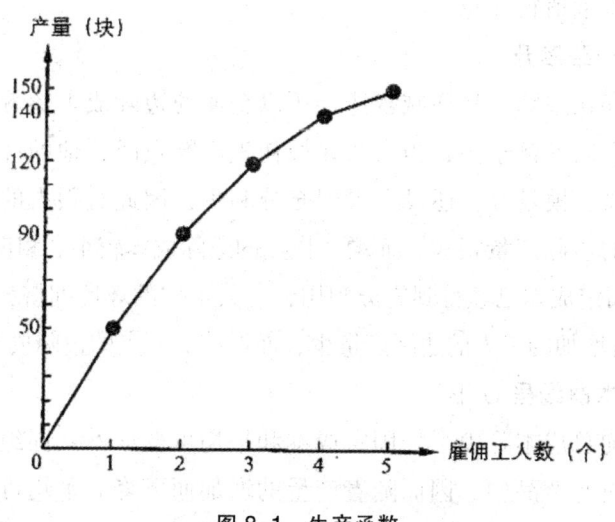

图 8-1　生产函数

如图8-1所示，它表现了投入量（工人数）和产量（糕点量）的关系，被称为生产函数。从图中还可以看出，随着工人数量的增加，糕点的数量也在增加。由此，经济学家提出了边际产量的概念——投入增加1单位时所得到的产量的增加。

值得注意的是，随着工人数量的增加，工人的边际产量在逐渐降低。很容易可以计算出，第一个工人的边际产量是50块，第二个工人的边际产量是40块，第三个工人的边际产量是30块，到第四个工人的边际产量就只有20块了。可能存在的原因是，由于工人的增多，大家只能共用设备，分享的空间也越来越小，使工人效率下降了。边际收益递减规律可以这样表述：在增加一种投入而保持其他条件不变时，所增加投入的边际产量至少自某点开始会逐渐下降。

不过，和其他规律一样，边际产量递减规律也有前提条件——生产技术没有发生重大变化、固定生产要素不变，这两个因素缺一不可。如果在长期中考察，生产技术可能有很大进步，而一切生产要素都变化了，这条规律也就不起作用了。

边际收益递减规律在其他各行各业也是普遍存在的。比如在农业中，农民对肥料的使用在开始时对增产的贡献最大，随着肥料的增加，增加肥料的贡献越来越少，最后呈负值。又比如在人事上，政府和企业的富余人员存在，使机关人浮于事，严重存在边际产量递减规律，这时就有必要"减员增效"。

成本曲线：企业成本的控制程度

在短期内，一个企业的规模处于什么样的状况才有最好的平均收益呢？要回答这个问题，就需要了解企业的成本曲线，其中边际成本曲线、平均总成本曲线以及它们之间的关系特别值得注意。

1. 边际成本一路攀升

由于生产中存在边际产量递减规律，所以企业的边际成本随着产量的增加而上升。在前面的糕点店的例子中，当大伟在最初生产糕点时，他的许多固定成本（如烤箱、温室、烤盘、模具等）还没有得到充分利用，因此有很大的使用潜力，因此增加额外的工人的边际产量很大，而增产糕点的边际成本较小。相反，到了糕点店大量生产糕点时，固定成本已经得到充分利用，工人工作的环境拥挤，设备处于很多人共用的状态，此时增加的工人的边际产量少，而增产的糕点的边际成本开始增大。

2. 平均总成本曲线呈U形

这是由于平均总成本是由平均固定成本和平均可变成本共同组成。而平均固定总成本被分摊在所有产品中，因而随着产量的增加而下降。平均可变总成本则由于边际产量递减，一般会随产量增加而增加。如图 8-1 中的平均点成本曲线，在最初生产时，平均总成本极高，因为固定成本被分摊在少量产品上。随着产量上升，平均总成本呈下降趋势。但是当企业生产超过一定量时，平均总成本又开始攀升了。

3. 奇妙的平均总成本最低点

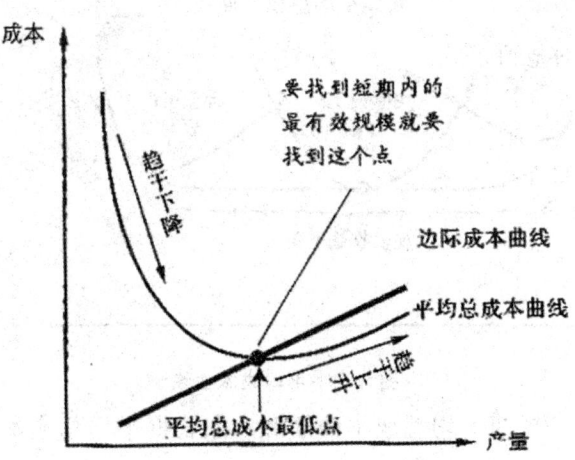

图 8-2 边际成本、平均总成本及其关系

在图 8-2 中，你会发现一个令人惊奇的现象——以边际成本曲线和平均总成本曲线的相交点为界限，平均总成本曲线改变一直下降的趋势而开始上升了。这个交点被经济学家称做平均总成本最低点。换句话说，当企业的平均总成本高于边际成本时，平均总成本呈下降趋势；而当平均总成本等于边际成本时，它处于最低点当平均总成本低于边际成本时，它呈上升趋势。平均总成本的最低点正处于企业的有效规模时。企业只有处于这个规模时，其平均收益才最高。这个规律对于所有企业都适用，因而在分析竞争企业时起着很关键的作用。

短期成本和长期成本：企业"翻身"时间

企业的固定成本在短期内不可变，在长期内可变。现实生活中，很多企业家更愿意在一个行业长期做下去，他有可能想将企业做强做大。那么在长期中选择什么样的经济规模来提高生产效率，来使企业的效益最大化，这是很多人都关心的一个问题。

以长淮汽车公司为例。在短短几个月的时间内，长淮汽车公司是没有能力对汽车工厂的数量和规模进行大幅度调整的。想增加生产的唯一方法是增加汽车工人。因此，其固定成本是一定的。但是经过数年发展，长淮汽车公司积累的资金和技术足以对其规模进行大幅扩张，可以增加生产的车间。因而，工厂的固定成本在长期中是可变的。因此，企业的长期成本曲线和短期成本曲线有所不同。

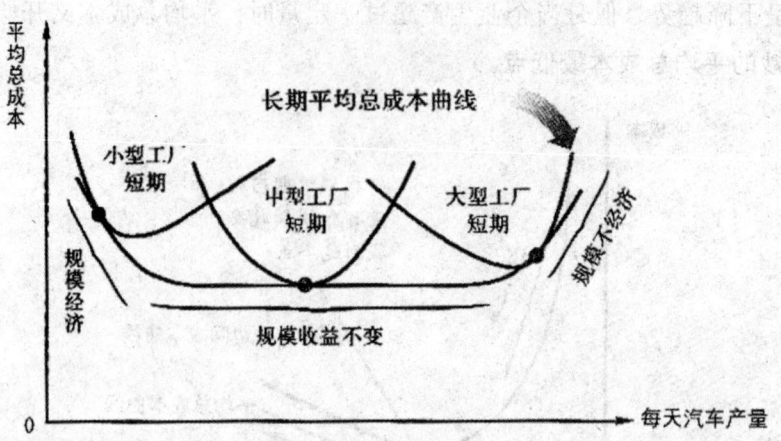

图 8-3　平均成本曲线

图 8-3 中有 3 条短期平均总成本曲线和一条长期平均总成本曲线。由长期企业总成本曲线来看，企业可以根据市场的需求量来调整工厂规模。这一点从图中也可以看到，长期成本曲线要平坦得多，中间一段几乎呈直线。并且，几乎所有短期曲线都在长期成本曲线之上。这说明，企业在长期中，对于选择哪一种规模有更大的自由——它可以选择任何一条短期成本曲线进行生产。相比之下，在短期中，企业几乎没有选择的余地，只能依照开始选定的曲线运行下去。

在图中还可以看到在不同时段生产产量对企业成本的影响。在短期中，长淮汽车公司如果想提高汽车的产量，只能在既定的工厂规模中多雇人手，此外别无办法。这导致其平均总成本激增。但在长期中，由于工厂和车间规模的扩大，使得生产数量大幅上升时成本仍然保持不变。

不过，所谓长期或短期，经济学家并没有给出确切的时间限度。因为它和企业的规模有关。就一些大型的制造业来说，比如造船厂的长期是指一年或一年以上。而对于一些服务业来说，比如理发店，它的长期可能是指 3 个月或者半年。

萨伊定律：供给创造需求

古典学派的代表人物李嘉图如是说："任何人从事生产都是为了消费或销售；销售则是为了购买对他直接有用或是有益于未来生产的某种其他商品。所以一个人从事生产时，他要不是成为自己商品的消费者，就必然会成为他人商品的购买者和消费者。"

对于"萨伊定律"简单的理解就是"供给自己创造自己的需求"。萨伊认为，一种商品要由另一种商品来购买，因为货币只是交换的媒介，那么，一种产品生产出来，与它价值相当的其他产品就有了销路，也就是创造了一定的需求。所以，社会上某些产品供过于求的原因不在于货币不足，也不在于需求不足，而是因为能与之相交换的其他产品太少了，因此应该扩大生产，以实现供需的平衡。

由此，萨伊提出这样的观点：

（1）生产越多，产品越多样化，销售状况会越好，经济状况会越好，经济会越繁荣。

（2）这一道理同样适用于对外贸易，我们在购买国外商品的同时，也促进了本国商品的生产与销售。

（3）国家的政策重点在于如何促进生产的发展，而不是鼓励消费或进行贸易保护。

例如，咖啡厅里必须需要冰糖，因为你觉得他们是互补的，冰糖企业不可能卖不出冰糖去，因为咖啡厅需要，那如果咖啡厅倒闭了，冰糖也就卖不出去了，没人需要了，可能你会想咖啡厅不会倒闭，因为人们永远需要喝咖啡。可是人们失业了，连饭店都不去的时候，怎么去喝咖啡？那人们为什么会失业呢？企业倒闭了，企业是生产工作制服的，而工作制服是供给冰糖企业的，冰糖企业不再需要工作制服了，因为冰糖卖不出去了，原因是咖啡店不要冰糖了，因为咖啡店倒闭了……

就此来看，冰糖是不可能卖不出去的，因为通过上面的循环可以看出，咖啡店倒闭是因为冰糖企业倒闭造成的，而冰糖卖不出去，是因为咖啡店倒闭造成的。这是不符合逻辑的。这就是萨伊定律所要说明的道理。萨伊定律认为供给自身可以创造需求，产品是不可能卖不出去的，因为产品生产的目的是为了消费，生产杯子的企业，是为了利用杯子换回企业所需要的原材料比如塑料，而生产塑料的企业是为了换回自己生产所需要的设备和原材料，如此不断循环便在社会上形成一个圈，所有的产品都可以通过交换换出去。依靠产品本身就可以创造需求，一时的供需失衡只是出现在个别部门，总体来看供给和需要是平衡的。

在生活中萨伊定律经常用于产品自身的营销上，因为产品肯定是卖得出去的，之所以出现产品滞销的情况，是由于产品本身的原因。这一行业，供应的产品太多，需求企业肯定需要选择，这样的话，谁的产品在价格、性能上更具有优势，谁的产品就能卖得好。所以企业所要做的就是改善自己的产品。比如生产手机的企业，有的手机因为能上网，可视频，而且通话质量好，款式新颖而受欢迎。但有的手机却因为产品本身花哨有余，实用不足，结果出现滞销。

"萨伊定律"的伟大之处还在于，根据"供给自己创造自己的需求"这一观点，整个经济中不会存在生产过剩的问题。某种商品的供过于求的根本原因不在于需求,而是相对应的其他产品的生产过少,所以,归根结底是产品结构的问题。结构失衡导致一些产品生产过多,而其他产品生产过少,从而经济中表现出供求之间的不平衡。例如,在谈到如何扩大内需的问题时,其中的一个方面就是扩大农村消费市场。在此,我们不仅要考虑到如何生产出适合农民需要的产品,还要考虑到如何促进农业生产的发展。因为要提高农民的购买力就必须提高收入水平,这在很大程度上取决于能否生产出更多更好的产品。可见,"萨伊定律"并没有过时,它仍然在很多方面指导着我们的经济活动。

规模经济:企业做强的理论支持

20世纪50年代,王永庆在接手台塑的时候,并不被人看好。台塑是生产PVC塑料粉的,当时中国台湾的PVC塑料粉市场主要被日本人占领,因为日本人的生产成本低,价格更低。王永庆仔细分析了当时的PVC生产。PVC的主要原料是氯气,台湾是烧碱生产基地,氯气正是烧碱产生的废品,所以价格极低。当时台湾的劳动力、电力价格都远低于世界水平,并且政府对民营企业采取扶植的政策,有很多优惠。如果台塑能够和日本一样实现平均成本最低,按货币计算还要低于这些国家,那台塑一定能够成功。

在精密的思考下,王永庆卖掉了家族的其他产业,又贷款扩大台塑的产量。到1960年,台塑就成为了当时PVC行业的龙头,月产1 200吨。成本下降以后,价格远远低于世界同类产品。这样,台塑不仅把日本赶出了中国台湾的PVC市场,而且向世界各国出口。台塑获得了巨大的成功。

台塑的成功有各方面的努力,如内部管理、与政府的良好关系等,但最关键的是台塑通过将自己的产量扩大,达到成本最低,这才是台塑制胜的法宝。

要谋求成本的有效降低,必须分析影响成本各种因素中最本质的东西,也就是要做到"单元成本"的分析。降低成本,一直是每个企业所追求的主要目标。

第一种情况是,随着产量的增加,平均成本一直在下降。这种行业的生产技术特点是在开始时需要大量投资,以后产量增加时,每单位产品增加的成本并不多,最初的投资分摊在越来越多的产品上,从而平均成本越来越少。

第二种情况是,无论产量如何变动,平均成本基本不变。这种行业一般在经济中都是一些无足轻重的行业,它的市场需求量不大,产量也不大,所用的生产要素并非经济中较为紧缺的要素,不与其他行业争夺生产要素,因此即使产量增加,要素价格不会上升，成本也不会增加。而且初始的投资也不大，例如钢笔等小物品。

其实，更多的是第三种情况，随着产量的增加，平均成本先下降。当产量增加到一定数量时，平均成本达到最低。如果产量再增加，平均成本就增加了。也就是说，平均成本先随产量增加而递减，后随产量增加而增加。而达到平均成本最低时的产量就是适度规模的产量。

有很多企业，成本降不下来，效率上不去，一个重要的原因就在于没有实现适度规模。实现适度规模的原则适用于所有行业，不过各个行业实现的方式并不一样。像钢铁、家电、汽车这些行业，生产之间的联系强，因此适于集中生产，即工厂的规模要大，而且集中在同一地区，才能发挥规模经济的优势。另外一些行业如零售商业，采取了集中与分散相结合的方式。集中进货，统一的物流配送，统一的管理制度，保证了成本最低。

当企业的运营成本降下来时，消费者才能购买到更便宜的商品。

第九章　欧佩克如何控制世界石油市场

——关注垄断和竞争要学的经济学

> 垄断者将本应归所有人自由享有的东西攫为己有……夺取他人生意的垄断者，夺取了他人的生命……所有涉及商业和交通的垄断都是反自由和反自主的。
>
> ——爱德华·科克爵士

> 平等和效率（的冲突）是最需要加以慎重权衡的社会经济问题，它在很多的社会政策领域一直困扰着我们。我们无法按市场效率生产出馅饼之后又完全平等地进行分享。
>
> ——阿瑟·奥肯

完全竞争：不受干扰的市场机制

在美国的阿拉斯加自然保护区里，人们为了保护鹿，就消灭了狼。鹿没有了天敌，生活很是悠闲，不再四处奔波，便大量繁衍，引起了一系列的生态问题，致使瘟疫在鹿群中蔓延，鹿群大量死亡。

后来，护养人员及时引进了狼，狼和鹿之间又展开了血腥的生死竞争。在狼的追赶捕食下，鹿群只得紧张奔跑以逃命。这样一来，除了那些老弱病残者被狼捕食外，其他鹿的体质日益增强，鹿群显得生机勃勃，恢复了往日的灵秀。

完全竞争又称为自由竞争，是指一个市场完全靠一只看不见的手，即价格来调节供求。完全竞争具备两个不可缺少的因素：所提供销售的物品是完全相同的，不存在产品差别；买者和卖者都很多且规模相当，以至于没有一个买者或卖者可以影响市场价格。

例如，小麦市场就是一个很典型的完全竞争市场，有成千上万出售小麦的农民和千百万使用小麦和小麦产品的消费者。由于没有一个买者或卖者能影响小麦价格，所以，每个人只是价格的接收者，竞争地位平等。

完全竞争具备以下几个特点：
(1) 市场上有无数的买者和卖者；
(2) 同一种产品都是同质的，没有差别；
(3) 市场资源是完全自由流通的；
(4) 所有人都掌握着关于市场的全部信息。

为了便于理解，我们对这四个特征作一些补充说明。既然市场上有大量的需求者和供给者，那么其中任何一个人买与不买，或卖与不卖，都不会对整个商品市场的价格产生影响；既然产品都是一样的，那么对消费者来说，购买任何一家厂商的商品都是一样的；既然信息是非常充分的，那么也就排除了由于信息不畅可能产生的市场同时存在几种价格的情况，价格只能是一种，否则顾客当然会去挑最便宜的商品。

在这样的完全竞争市场里，商品的价格将彻底地由市场供给和需求决定，并且，每一种商品都会在最后形成一种均衡价格，也就是当市场供需相等时的价格。

如果多逛逛农贸市场，你很快就会发现，作为生活必备食品，几乎家家户户都要提个袋子或篮子去买鸡蛋，而且，卖鸡蛋的摊位也实在是很多。如果我们"想象"一下，就可以认为鸡蛋市场上有无数的买者和卖者。每个摊点的鸡蛋都大同小异，只要不是碎的、坏的，一般没有人会去较真，硬要比较不同摊位的鸡蛋有什么区别，否则，那就真成了"鸡蛋里挑骨头"了。所以，可以看做所有的鸡蛋完全同质。至于完全竞争市场的其他两个特征，我们可以看到买方和卖方都能自由选择进入还是退出（也就是鸡蛋买卖完全自由），至于鸡蛋市场的信息，并没有多少值得掌握，所以也可以看做人们全部了解相关信息。在这个鸡蛋市场里，各个摊位的价格都一样，而且是由供需决定的均衡价格。通过鸡蛋市场，我们可以更形象地理解完全竞争市场。实际上，大多数农产品市场基本上都和完全竞争市场近似。

那么，这里还有问题，在完全竞争市场或者近似的市场里，因为同质同价，卖方究竟怎样才能赚取更多的利润呢？难道只能靠运气的青睐吗？的确，在这样的市场里，卖方完全受到市场支配，竞争激烈，在产品完全相同的情况下，卖方就不得不在降低成本上大做文章（比如降低运费、减少商业开支等）。除此，卖主还要进行价格外的营销竞争，比如要热情周到的服务，把鸡蛋装进盒子便于顾客提携，给鸡蛋贴上商标等，都可以吸引更多顾客。

在完全竞争的市场条件下，消费者和生产者都不会有什么不利，因为完全竞争的存在，迫使商品生产者竞相在降低成本、压低售价上做文章，可以使消费者按实际可以达到的最低价格来购买，而生产者按此价格出售也可获得正常利润。从社会角度来看，完全竞争促使社会资源可以有效地分配到每一个部门、每一种商品的生产上，使之得到充分利用。生产效率低的企业在竞争中逐步被打败，就使得它的资金、劳力、设备等社会资源重新组合到生产效率高的企业中，这是社会的一种进步。因为竞争能够促进经济良性循环，刺激生产者的积极性，所以，要大力鼓励竞争，创造公平竞争的环境，这是建设社会主义市场经济体制的重要内容。

我们已经知道，现实中并不存在着真正意义上的完全竞争市场。但是就像伽利略的理想实验室一样，现实中能否实现不重要，重要的是有了这种完全竞争市场的模型，并对之进行分析，我们就有了一把尺子，一面镜子，就可以很好地加深对非完全竞争市场的理解。

垄断：没有选择的可能性

垄断一词最早源于孟子"必求垄断而登之，以左右望而网市利"这句话。原指站在市集的高地上操纵贸易，后来泛指把持和独占。在资本主义经济里，垄断指少数资本主义大企业，为了获得高额利润，通过相互的协议或联合，对一个或几个部门商品的生产、销售和价格进行操纵和控制。

经济学的垄断一般指唯一的卖者在一个或多个市场上，通过一个或多个阶段，面对竞争性的消费者——与买者垄断刚刚相反。垄断者在市场上，能够随意调节价格与产量（不能同时调节）。由于垄断者是其所生产产品的唯一卖者，因此，直接面对整个市场，换句话说，他将面对向下倾斜的市场需求。而买者人数众多，因此是竞争性的，也就是说，买者是价格接受者。因此，卖者可以通过控制产品价格，或者产量来最大化自己的利润。

关于垄断是出现在自由市场之前的说法只要看过亚当·斯密的《国富论》，就可以清楚地看到这一点。在自由市场作为一种制度还没有确立并获得理论支持之前，各国政府都习惯性地创造着形形色色的垄断企业，19世纪初，自由企业伴随着工业革命崛起。然而，到了19世纪末，舆论的潮流又转向了。在自由市场出现后，为了控制企业的垄断对小企业的冲击，政府建立了反垄断制度。不过，一百多年来，该制度对于保护和促进竞争到底起了什么样的作用，经济学家并无定论。

"垄断"可以理解为经济力量过度集中，少数企业市场占有率太高；也可以理解为滥用市场支配地位。市场占有率高并不违法，只有当企业利用在某个市场的支配性地位设置障碍阻止其他竞争者进入，或者以"捆绑销售"等方式在另外的市场进行不平等竞争，才构成需要反对的"垄断"行为。前者是结构规制的思路，注重市场结构的平衡；后者则可以称为行为规制，针对企业的具体办法。

要打破垄断绝非轻而易举。通常，完全垄断市场有三座护卫"碉堡"，其一是垄断企业具有规模经济优势，也就是在生产技术水平不变的情况下，垄断企业之所以能打败其他企业，靠的是生产规模大、产量高，从而总平均成本较低的优势。其二是垄断企业控制某种资源。美国可口可乐公司就是长期控制了制造该饮料的配料而独霸世界的，南非的德比公司也是因为控制了世界约85%的钻石供应而形成垄断的。其三是垄断企业具有法律庇护。例如，许多国家的政府对铁路、邮政、供电、供水等公用事业都实行完全垄断，对某些产品的商标、专利权等也会在一定时期内给予法律保护，从而使之形成完全垄断。

市场类型：在完全竞争和垄断之间

若是以存在垄断因素的多寡为标准，市场可以分为四种类型：垄断、寡头、垄断竞争和完全竞争。

古典经济学家认为完全竞争是最理想化的市场，换句话说，这种田园牧歌式的市场实际上并不存在。现实生活中，我们常见的市场既不是完全竞争，也不是走向极端的垄断（市场上只有一家企业生产的产品），而往往是处在两者之间。那么，市场到底有多少种面目？

例如，由于国内存在许多高氟地区，这些地区人们的牙齿对含氟牙膏过敏。当他们想去商店买不含氟的中药牙膏时，会发现很多好的品牌：田七、黑妹、两面针、冷酸灵等。这几家企业生产的中药牙膏几乎覆盖了全国的大部分市场，也对不含氟的中药牙膏的销售价格有着决定性的影响。那么，这种不含氟的中药牙膏市场究竟属于哪一类市场呢？

虽然完全竞争模型和垄断模型都是市场的理想化模式：提供同一种产品的许多企业构成了完全竞争市场；一家企业占据整个市场就是垄断市场。从它们开始分析对于构建理论是有帮助的。但事实上，和牙膏市场一样，生活中大多数物品的市场都处在完全竞争和极端垄断之间。在这些行业中，有数家有势力的企业相互成为竞争对手，但竞争的激烈程度却不如完全竞争市场那样充分。经济学家把这种市场称为不完全竞争市场。

不完全竞争市场又可以分为寡头和垄断竞争。寡头是指少数几家厂商控制整个市场产品的生产和销售的市场组织。世界石油市场就是一个最好的例子。有消息称，中国经济正在向寡头格局挺进，具有自然垄断性质的通信、电力、金融等行业表现得最明显。垄断竞争是指一个市场中有许多厂商生产和销售有差别的同种商品的一种市场组织。在现实生活中，大多数物品都处于垄断竞争当中，比如影碟、游戏机、饮料等，前面讨论的牙膏也属于这一类。

因此，研究产业组织的经济学家根据企业数量和产品类型把市场分成四类：只有一家企业的市场是垄断市场；有几家有势力的企业的市场是寡头；有许多企业且出售有差别的产品是垄断竞争；有许多企业且出售无差别的产品是完全竞争。

寡头：从欧佩克对世界石油市场的控制说起

欧佩克是世界石油市场的寡头组织，各成员国会以统一的产量和价格为手段获取高额的利润。不过由于世界的反托拉斯法和囚徒困境的存在会破坏他们形成的协议。

中东地区是一个天然的大油库，在它的地底下蕴藏的石油量占到全世界的一半以上。而幸运占有这个地区的是屈指可数的几个石油寡头国家伊朗、伊拉克、科威特、沙特阿拉伯等。这些国家被高额的利润所诱惑，他们组成了一个联盟——世界石油输出国组织，简称欧佩克。他们想通过统一减少产量来提高石油的价格。在1973~1985年，他们曾经成功地把原油价格每桶上涨了10多倍，从而使各国共同取得惊人的利润。不过受竞争因素的影响，这种统一产量和价格的手段并不总是灵的。

那么欧佩克组织为什么有时灵有时不灵呢？

为了便于研究，经济学家把这种企业（石油国也可看成一个大企业）之间进行有关生产与价格的协商称为"勾结"，当他们以商量好的方式统一行事时，这重新形成的企业集团被称做卡特尔。可以说形成了卡特尔的市场也就相当于只有一个垄断者，这完全适用于前一节我们对于垄断的分析。例如当欧佩克组织在达成一致协议后，他们会减少石油产量并提高油价，从而使整个组织获得的利润最大化。

寡头都希望能形成卡特尔组织，但事实上并不总能如愿。原因有两个：世界上多数国家的反垄断法都禁止寡头之间的公开协议；卡特尔个体成员受到利润的诱惑而增加产量，从而使他们的协议成为一纸空文。当欧佩克对各国石油产量和价格统一限定后，各成员国在私下里会多生产一些石油以便占有更大的市场份额和利润，假设伊朗是这样私自计量的，那么伊拉克也会这样私自计量，其他石油寡头国家也会这样计量，这样整体上石油的实际产量会超出共同协议的产量许多，而油价在实际上也会比原定的要低。

这说明寡头们在合作和利己之间有着权衡取舍。他们都希望通过合作达成垄断，以便使利润增加。但他们又受到自己私利——增加生产并占有更大市场的诱惑，从而破坏达成垄断的条件，使他们的总产量增加了，价格下降了，因此共同的利润不能达到最大化。

经济自由主义：提倡市场机制

经济自由主义是指提倡市场机制，反对人为干涉经济的经济理论和政策体系。

最初作为一种口号由法国路易十五的外交大臣达让逊提出，后来魁奈等人确认社会中存在着不以人的意志为转移的自然秩序支配着社会的发展。亚当·斯密宣扬"一只看不见的手"的原理，对经济自由思想做了进一步的发挥。"自由经济"思想是斯密整个经济学说的中心。李嘉图也曾阐明过同样的思想。经济自由主义在资本主义世界是长期发挥重要作用的思想主张。

经济自由主义是一种支持个人财产和契约自由权利的意识形态。经济自由主义主张限制政府在经济事务中的操控，让市场机制发挥调节资源的作用。经济自由主义者并非无政府主义者，并非一概反对政府的作用，然而在绝大多数的案例中，他们的研究结果都表明，政府的干预过度了。

经济自由主义包括斯密的经济自由主义和新自由主义。

亚当·斯密在《国富论》一书中，在继承前人思想的基础上，进一步从经济人这一观念出发，对经济自由放任的理论和政策，第一次做了系统阐述，并使之成为该书的一个重要思想贯穿于始终。他认为在商品经济中，每个人都以追求自己的利益为目的的，在一只"看不见的手"的指导下，即通过市场机制自发作用的调节，各人为追求自己利益所做的选择，自然而然地会使社会资源获得最优配置。他反对限制经济自由的重商主义政策和封建制度，主张自由放任，国家只起"守夜人"的作用。要求取消封建性的手工学徒制和居住法，使劳动力能够自由流动；要求取消妨碍土地遗产分割的法律，使土地能够自由买卖；要求取消政府对工业和国内贸易的干预和管理，如取消保护关税、行会制度和专门公司等，使商品生产、交换在完全自由竞争的条件下进行。这种自由放任的思想和主张，对当时正处于由工场手工业开始向机器大工业过渡的英国资本主义市场经济来说，无疑是一种促进。其后经济自由主义在资本主义世界还继续盛行了100多年。但经济自由主义对促进资本主义经济发展的作用是有限的。

20世纪30年代凯恩斯国家干预主义取代了经济自由主义而占据统治地位。到了70年代，在凯恩斯主义面对"滞涨"局面而束手无策的形势下，资本主义世界又纷纷兴起了新的经济自由主义思潮。这一观点认为：生产资料私有制是一切经济活动的前提，特别是市场经济中一切活动的前提；交换和市场的自发运行有充分的效率；自由贸易是最好的外贸政策。新自由主义是坚决反对政府的过多干预。

新自由主义不同于斯密经济自由主义之处在于，斯密经济自由主义主张实行完全自由放任，而新自由主义则一般都主张在国家干预下强调经济自由。

在很多人看来，经济自由主义意味着不要政府或自由放任，甚至等同于无政府主义。这是对经济自由主义的误读，并且常常在实践上导致对经济自由主义的滥用或否定。

在一些研究西方近现代经济学史的学者那里，整部西方经济学史就是经济自由主义和国家干预主义两种思潮消长、替代的历史。事实上，从自由主义的基本原则和各个经济学流派的哲学基础上，可以看出整个西方经济思潮也是一部自由主义的兴起、发展的历史。即使是国家干预思潮（个别除外），也遵循了自由主义的基本原则，如对坚持私有财产制度，强调经济个人主义和自由企业制度，追求市场与政府之间的均衡或和谐。

我们认为，西方自由主义经济理论基本上可以分为两大类，即两种对立的传统：

一种为建构理性主义传统，认为政府有意识地控制和指导是个人经济自由的保证，自由放任会导致自由的丧失，人类所有的制度都是人们有意识地设计或发明的产物，强调要加强政府对经济生活的干预。

另一种则是演进理性主义，或自发秩序传统，认为在恰当的法律规则约束下，每个人自发的经济活动，追求自身利益，便可促成社会制度和经济秩序的生成以及社会公共利益的增进，强调要限制政府的干预。

这两种传统的差异根源于对理性作用的认识不同。

建构理性主义传统假定，人生来具有知识和道德的禀赋，认为理性具有至上的地位。因此凭借理性，个人足以知道并能根据社会成员的偏好而考虑到型构社会制度所需要的境况的所有细节，这使人能根据审慎思考而型构社会经济制度，在哈耶克看来，这是一种"知识的自命不凡"。

而演进论者对人的理性之局限性有清醒的认识，反对任何形式的对理性的滥用。他们认为，只有在累积性进化的框架内，个人的理性才能得到发展并成功地发挥作用，即个人理性受制于特定的社会生活进程。

在自由主义经济思潮发展的谱系中，前者有李斯特、凯恩斯、托宾和斯蒂格里茨等代表人物。所谓的自发秩序传统，则认为包括惯例、规则和制度在内的人类秩序，都并非是由于人们理性地预见其利益而谨慎设计的，而是不同的行为主体在追求各自的目标时不经意的结果。用18世纪苏格兰哲学家弗格森的话来说，是"人类行为的后果，但不是人类设计的结果"。它在过去的3个世纪里分别有3个重要的代表人物：18世纪的斯密、19世纪的门格尔和20世纪的哈耶克。

垄断优势理论：对传统理论的挑战

可口可乐公司诞生于世界上最开放的美国。可口可乐公司也是世界上最开放的公司之一，合作伙伴遍布天下。但是，可口可乐公司赖以生存的秘方，保存在众所周知的一个安全的地方，公司里只有几个人知道这个秘方，其他人即使是这几个知情者自己最亲近的人也不知晓，更不要说遍布世界的众多合作伙伴了。但他们这种做法不仅没有合作伙伴指责其不义，更无人称其为小人，倒是合作者络绎不绝，日渐倍增。

"保住秘密就保护了市场"，可口可乐公司的神秘配方一直被作为最高机密被保守至今，实际上就是一种保持垄断优势地位的做法。

20世纪50年代以后，美国跨国公司呈现出如火如荼迅速发展势态，利润差异论的局限性暴露无遗，因而迫切需要具有较强解释力的理论出现。1960年，美国学者斯蒂芬·海默在麻省理工学院完成的博士论文《国内企业的国际化经营：对外直接投资的研究》中，率先对传统理论提出了挑战，首次提出了垄断优势理论。麻省理工学院C·P·金德贝格在70年代对海默提出的垄断优势进行了补充和发展。鉴于海默和金德尔伯格对该理论均做出了巨大贡献，该理论有时又被称为"海默—金德伯格传统"。

在2009年全球500强排行榜上，中国石化和中国石油"双雄"领风骚，在榜单上的差距不大，分列第9位和第13位。相比之下，中国三大电信运营企业在榜单上的分布并不太集中，其中，中国移动名列第99位；中国电信位于第263位；中国联通位居第419位。中国移动因为垄断而强大，牢牢掌握着市场竞争的主动权。与中国石化相比，起码还有中国石油这个与之实力相差不大的对手来制衡。而在电信业，中国移动占据绝对垄断地位，其他运营商无论是资本、规模、收入、利润都无法与之抗衡。

斯蒂芬·海默认为跨国公司进行直接投资的动机源自市场缺陷，即市场不完全。首先，不同国家的企业常常彼此竞争，但市场缺陷意味着有些公司居于垄断或寡占地位。因此，这些公司有可能通过同时拥有并控制多家企业而牟利。

其次，在同一产业中，不同企业的经营能力各不相同，当企业拥有生产某种产品优势时，就自然会想方设法将其发挥到极致。

这两方面都说明跨国公司和直接投资出现的可能性。海默还进一步指出，从消除东道国市场障碍的角度来看，跨国公司的优势有一种补偿的作用，亦即它们起码足以抵消东道国当地企业的优势。

海默的导师金德伯格对此进一步引申，列出了各种可能的补偿优势，如商标、营销技巧、专利技术和专有技术、融资渠道、管理技能、规模经济，等等。垄断优势论从理论上开创了以国际直接投资为对象的新研究领域，使国际直接投资的理论研究开始成为独立学科。这一理论既解释了跨国公司为了在更大范围内发挥垄断优势而进行横向投资，也解释了跨国公司为了维护其垄断地位而将部分工序，尤其是劳动密集型工序，转移到国外生产的纵向投资，因而对跨国公司直接对外投资理论的发展产生很大影响。

企业拥有的垄断优势是构成企业对外直接投资的决定因素。金德伯格详细地列举了投资海外企业拥有的各种垄断优势。这些优势可分为四类：

来自产品市场不完全的优势，如产品差别、商标、销售技术与操纵价格等。

来自要素市场不完全的优势，包括专利与工业诀窍、资金获得的优惠条件、管理技能、原材料优势等。专利和专有技术可以使企业的产品区别于同类产品，从而获得对价格和销售量的控制能力，同时还可以限制竞争者进入，维护本公司的垄断地位。

企业拥有的内部规模经济与外部规模经济。跨国企业通过水平的或垂直的一体化经营，可以取得当地企业所不能达到的生产规模，从而降低成本。

由于政府干预特别是对市场进入及产量限制所造成的企业优势。

宏观篇
抓住看得见的手

　　宏观经济学是以国民经济总过程的活动为研究对象，因为主要考察就业总水平、国民总收入等经济总量，因此，宏观经济学也被称作就业理论或收入理论。

　　身处社会大背景下，我们极有必要了解整个社会的经济运行情况，因为宏观经济影响着日常生活的方方面面，例如毕业后找工作，家人的社会保障，等等。对政策制定者来说，掌握宏观经济学是绝对必要的；而作为普通民众来说，掌握宏观经济学有利于我们成为好公民。

第十章 国家发行的货币知多少
——关注通货膨胀要学的经济学

> 历史上，货币一直这样困扰着人们：要么很多却不可靠，要么可靠但又稀缺，二者必居其一。
>
> ——J.K.加尔布雷斯
>
> 进城的途中务必与人为善，因为回家的路上你可能会遇着他们。
>
> ——威尔逊·米茨纳

通货膨胀：钱不值钱的背后

从2007年下半年开始，通货膨胀成了人们最热门的话题之一。"粮价涨了，油价涨了，猪肉价涨了，房价更是在涨……"可以说是涨声一片。这让敏感的老百姓渐渐紧张起来，办公室、菜市场、洗手间、公交车、网络论坛……关于涨价的讨论随处可闻。那么，作为普通老百姓，我们该怎样认识通货膨胀呢？

通货膨胀，就是货币相对贬值的意思。说得通俗一点，就是指在短期内钱不值钱了，一定数额的钱不能再买那么多东西了。假如以前，8元钱能买1斤猪肉，可是现在却需要15元才能买1斤猪肉。而且这种物价上涨，货币贬值的现象还比较普遍，也就是说，不光是猪肉涨价了，当你环顾四周，看到绝大部分商品的价格都上涨了，这就可以断定通货膨胀确实发生了。

通货膨胀，是由于流动性过剩造成的，一般在经济繁荣时期，大量的钱在市场上流动，不管是数量还是流通速度都比平时要快，货币的流动性大大加快。按照通行的经济学规则市场上所需要的货币总额等于市场上所有物品的价格总和除以货币流动速度，当货币总额增多的时候，货币流通速度加快，那么商品的价格就会高涨。这是因为繁荣的经济刺激了居民信心，吸引了资本的介入，使货币增加。通货膨胀一般分为几种类型：

（1）需求拉动型通货膨胀，这是最普遍的一种类型，也是最常见的。大多数通货膨胀是由需求拉动造成的，由于需求过度扩张，导致产品供不应求，物价上涨，货币贬值。比如房地产行业，在经济上升时期，由于自住房和投机房需求加大从而导致房价上涨，房产业需要的资金比较大，属于经济里的龙头产业，房产业的价格上涨往往拉动其他产业，从而导致 GDP 出现过度需求的局面，关于这个类型的通货膨胀，经济学里有一个经典的故事：

  一个人买粮食的时候认为粮食贵了，卖粮食的说，是因为面粉贵了，卖面粉的说，是因为油条和面包贵了，卖油条和面包的说，因为他们要吃猪肉，而猪肉太贵了，他们必须提高价格来增加收入；卖猪肉的说，因为生猪太贵了，所以肉贵。养猪的老大娘说，因为粮食贵了，所以生猪贵了。

这一个过程是循环的，找不到哪个环节是最初的根源，但是肯定是由于需求的过度扩张造成的，一个环节的过度会导致其他环节都提高价格，从而导致整个社会的价格上涨，也许是由于粮食稀缺造成的，也许是由于养猪的少了，但不管怎样，由于需求扩张而产生的物价上升直接带动了相关产业的提价。

（2）成本推动型通货膨胀，这主要是由工资上涨引起的，工资本身具有刚性原则，只上涨不可跌，通常认为工资的降低会挫伤员工的积极性。由于工会力量的强大，工资和福利经常出现被人为拉动到超出社会承担能力的程度，由于发放工资过多导致货币发放超出实际需要，从而造成通货膨胀，这种通货膨胀一般在西方容易出现，因为西方国家的工会属于比较独立的机构，他们只从工人的角度去考虑，不顾提高工资的社会成本，这样容易造成通货膨胀。还有采购成本突然提高，而造成通货膨胀也属于成本推动型，比如 1973 年由于石油输出国联合垄断价格，导致石油价格猛涨，形成了世界性的通货膨胀。

（3）利润拉动型通货膨胀，这主要是由于企业垄断或者是联合定价而导致企业利润增加，货币需求扩大，从而产生通货膨胀。这种通货膨胀是比较少见的，而且也不重要。

三种通货膨胀类型虽然不一样，但是一旦通货膨胀发生，往往是三种因素共同起作用造成的。原来一个产品只需要 1 元钱，现在产品没有变，而货币却增加了，一个产品需要 2 元钱了。所以原来的钱就不值钱了，无形之中，你手头的财富缩水了。市场上的钱太多了，这可能是需求增加后，投资增加造成的货币富裕，也可能是利润增长的太快，马上把利润转化成投资投放到市场上，也可能是银行又多放贷了货币。当通货膨胀发生的时候，你挣的工资就得看它的购买力来核算工资的价值。

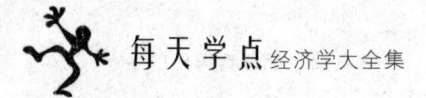

通货膨胀发生的时候,都是不知不觉的,你明显感觉到物价上升了,这就是通货膨胀了。通货膨胀是有周期性的,一般在经济繁荣的时候出现,然后伴随经济的衰退,出现通货紧缩现象,当需求扩张的时候,供不应求,价格上涨,价格上涨接着就又会供应过度,价格降低,需求下降,货币需求也随之减少,物价低迷,通货紧缩到来。与通货膨胀相反,原来一个产品需要1元钱,现在货币量减少了,也可能是货币流通速度变慢了,因为商品价格总额等于货币量乘以货币流通速度。这时候可能一个产品只需要8角了,物价低迷。

本位币和辅币:何谓真正的钱

我们现在见到的钱,基本上是纸币,还有硬币。从专业角度看,纸币和硬币并不是真正的钱,因为它们并不是足值货币。说穿了,它们只是一种符号,一种标明它值多少"钱(面值)"的符号。

这样,就引入了本位币和辅币的概念。所谓本位币也叫主币,是指按照国家规定的货币单位铸造的、国内唯一合法的标准货币,具有无限法偿能力。本位币是国家最基本的流通货币,在中国就是人民币单位"元"。

在金属本位制货币制度下,本位币的面值和实际价值是一致的,即通常所说的足值货币。废除金属本位制货币制度后,由中央银行发行的纸币同样称为本位币。虽然它在流通中完全不能兑换等值黄金,但却代表了标准的、基本的流通货币。例如,在中国,人民币就没有法定含金量,不能自由兑换成黄金,也不与任何外国货币确定正式联系(固定汇率)。

而所谓辅币,即一个国家基本流通货币的辅助货币,主要用途是辅助大面额货币流通,用于零星交易和找零。在中国,辅币就是人民币单位"角"、"分"。

辅币一般用贱金属铸造,其所包含的实际价值低于名义价值,但国家以法令形式规定在一定限额内。辅币仅具有限法偿性,但可以与主币自由兑换。辅币不能自由铸造,只准国家铸造,其铸币收入是国家财政收入的重要来源。在当代纸币条件下,辅币与贱金属铸造的主币经常标示国家名称或者可以体现国家权威,但与历史上金属货币体系中将主币与辅币铸造发行权分别授予不同部门比较,更多的是具有象征意义。

本位币具有无限法偿能力,辅币具有有限法偿能力,那么什么是无限法偿能力和有限法偿能力呢?

无限法偿能力和有限法偿能力,都是货币制度中的概念。一国政府在制定货币制度后就必须保证这种货币在国内经济生活中畅通无阻,而要做到这一点,就必须规定本国货币的本位币和辅币都具有怎样的支付和流通能力,在这其中体现了一个国家政府的信用力。

所谓无限法偿能力也叫无限法偿、无限偿付,是指货币具有的无限法定支付能力。无限法偿能力是本位币的最大特点,无论本位币金额大小、用途如何,收款人都不得拒绝接受。

但本位币的无限法偿能力有时候也是"相对"的。例如,全球不少国家为了防止麻风病传染,专门把麻风病传染区隔离开来使用另一种专用货币。哥伦比亚在1901年至1928年间、菲律宾在1913年至1930年间,就都发行过"麻风区专用硬币"。不过,麻风病在今天已不再是绝症,这些硬币经消毒后纷纷成了钱币爱好者的收藏珍品。

所谓有限法偿能力也叫有限法偿、有限偿付,是指货币具有的有限法定支付能力。当这种货币的支付数量超过一定数额时,收款人有权拒绝接受。一般来说,有限法偿能力是专门针对辅币而言的,不过由于不同国家的辅币支付能力不同,有些国家的辅币是有限法偿,但也有些国家的辅币是无限法偿的。

在我国,人民币元、角、分都具有无限法偿能力。人民币的全称是"中国人民银行币",基本单位是元,1元分为10角,1角分为10分,即1元=10角=100分。目前市场上流通的人民币主要是第五套人民币,包括100元、50元、20元、10元、5元、1元,已经没有了角和分。第四套人民币中的2元、5角、2角、1角已经很少流通,只是还没有宣布停止使用,所以还和有限法偿、无限法偿概念有关。第一、第二、第三套人民币纸币已经停止流通使用了。

无限法偿能力和有限法偿能力在金属本位制货币制度下,比较具有实际意义。因为归根到底,这些辅币是不足值货币,而本位币是足值货币,不足值货币用多了必然会对收入方产生不利影响。可是在纸币本位制货币制度下,由于纸币本身没有价值,并且纸币的发行权又完全由中央银行所控制,本位币和辅币的名义价值都高于实际价值,所以这时候的无限法偿能力和有限法偿能力区分意义已经不大,在它们身上代表的实际上都只是国家信用而已。

货币发行:印得太多必然会贬值

钱为什么会越来越不值钱?因为钞票印得太多了。那么,政府为什么要印那么多钞票、印钞票又以什么为依据呢?

在很久很久以前，人们不需要钞票，因为那时流行的是物物交换，即实物货币。

例如，张三家里的大米吃不完，想改善一下伙食，吃一点肉食；而李四家里有的是牛和羊，却没一粒大米，于是就想用羊来换大米。

在没有货币做交换媒介的情况下，用大米和羊直接进行物物交换，就有了现实需求和可行性。如果双方约定以100公斤大米换1只成年羊，这时候就可以进行直接交换了。

物物交换方式只适用于生产力发展水平很低、富余农副产品很少的背景下。随着富余农副产品数量增多、商品交换次数增加，出现了一种固定充当商品交换媒介的特殊商品，这就是货币。任何人只要拥有这种货币，就可以用它来购买所需要的商品；相反，任何人通过出售商品都可以换取这种货币。

货币的出现使直接的物物交换变成了间接交换。例如，原来需要张三运100公斤大米，李四牵着1只羊，按照双方约定的某个时间、某个地点进行交换，现在不需要这样麻烦了，直接拿着相应货币就可以换取对方的100公斤大米或1只羊了。

在人类发展历史上，贝壳、石头、食盐、牛羊、布匹，等等，都曾经充当过这种货币商品。然而随着时代发展，人们逐渐发现用金银做货币更恰当。因为与上述货币商品相比，金银的体积更小、价值更大、质地更均匀，而且不容易腐烂，更便于携带、保管、分割。就这样，货币的历史重任就慢慢地相对固定在金银身上了。

至此，货币的形式从实物货币发展到了金属货币阶段，这是世界各国的通行做法。直到现在，许多国家的政府仍然把黄金和白银等贵金属作为主币选用材料，并且确定为唯一的、法定的流通手段；同时，把铜、镍等贱金属作为辅币选用材料。

金属货币最初是以块状（如金块、金条、金元宝）形式流通的，每次交易都需要称分量、鉴定成色，按照交易额进行分割，这实在太麻烦了。为了便于交易，一些交易量大、信誉好的商人便在上面打上标记，以自己的信誉来担保这种金属货币的分量、成色有保证。

随着商品交换范围进一步扩大，人们需要有更权威的机构来进行担保，毫无疑问，这其中最权威的机构莫过于一国政府了。于是，就出现了以政府名义铸造的金属块，中央银行的雏形出现了。

由于金属货币铸造费用高，而且容易磨损，尤其是在遇到大宗商品交易时，金属货币的分量重、运输极其困难，途中也不安全，这样，代替金属货币出现的纸币或银行券就出现了。

毫无疑问，这种以纸币或银行券形式出现的代用货币，必须有等价金属货币作保证。只有这样，纸币持有人才能随时随地兑换到等价的金属货币。

最早的纸币是由各家商业银行以自身信用担保发行的，自从中央银行出现后，纸币的发行权力就收归中央银行，成为它的基本职能之一，因为中央银行后面的政府更有信用保证。

事实上，中央银行发行的货币究竟有没有等价金属货币作保证，除了它自己之外，谁也不知道。所以，无论是货币票据（纸币、硬币），还是银行券（银行存单、支票）的发行，实际上都是以一国政府或中央银行的信用在那里做保证。

第一次世界大战后，各国相继停止了金属货币的流通和银行券的自由兑换。尤其是20世纪30年代爆发了全球性的金融危机和经济危机，各主要工业国更是被迫放弃了金本位制和银本位制。从此，票据和银行券与金属货币之间更是没有了对应关系，表现为纯粹的"纸"币，完全依靠政府信用在强制流通，充分表现为一种信用货币。

毫无疑问，这种纸币不但不能直接兑换金属货币，而且其实际价值也必然要低于货币价值。这就是目前各国广泛采用的货币形态。

随着电脑和网络的进一步发展，以各种金融交易卡、电子钱包为代表，原来需要通过纸币、辅币、存单来收收付付，现在只需要通过电脑转账就能实现收付的电子货币出现了，时代进入了电子货币阶段。

显而易见，自从社会发展进入信用货币阶段后，钱是不是"值钱"就主要取决于政府信用了；对于作为世界通用货币如美元、欧元、日元来说，依然主要取决于它们的政府信用。

根据纸币流通规律，纸币的发行量应当以商品流通中所需要的金属货币量为基础。道理很简单，因为只有这样，1元钱面额的纸币，它的名义价值才能与其所代表的1元钱的金属货币价值相符。如果纸币发行量超过金属货币量，这时候就会造成货币（纸币）贬值。

例如，如果某个国家在某个时期所必需的金属货币量为1 000亿元，这时候它所发行的纸币供应量就应该是1 000亿元。如果政府发行了2 000亿元纸币，这时候1元钱纸币所对应的金属货币量就只有0.5元，表明这时候的货币（纸币）贬值了50%。

就某个特定国家而言，政府只要通过大量发行纸币，就能通过货币贬值、物价上涨的方式转嫁经济负担。事实上，确实有许多国家的政府在发生了财政赤字后，是通过直接向中央银行贷款和发行公债的方式弥补赤字的。无论何种方式，都会迫使中央银行增加货币发行，导致货币供应量超过流通中的货币需求量，从而引发通货膨胀。

而对于世界货币如美元、欧元、日元来说，少量地增发纸币，同样可以通过货币贬值的方式在全球范围内聚集财富，把世界各国的财富慢慢聚集到它们国内。当然，这种做法如果不加限制，就会导致政府信用降低、货币制度崩溃，这在世界各国历史上不乏先例。

通货膨胀率：衡量货币贬值的程度

通货膨胀是一种货币现象，指货币发行量超过流通中实际所需要的货币量而引起的货币贬值现象。通货膨胀与物价上涨是不同的经济范畴，但两者又有一定的联系，通货膨胀最为直接的结果就是物价上涨。

通货膨胀率是货币超发部分与实际需要的货币量之比，用以反映通货膨胀、货币贬值的程度。经济学上，通货膨胀率=（现期物价水平–基期物价水平）/基期物价水平。其中基期就是选定某年的物价水平作为一个参照，这样就可以把其他各期的物价水平通过与基期水平做一对比，从而衡量现今的通货膨胀水平。

20世纪70年代后，随着浮动汇率取代了固定汇率，通货膨胀对汇率变动的影响变得更为重要了。通货膨胀意味着国内物价水平的上涨，当一个经济中的大多数商品和劳务的价格连续在一段时间内普遍上涨时，就称这个经济经历着通货膨胀。由于物价是一国商品价值的货币表现，通货膨胀也就意味着该国货币代表的价值量下降。在国内外商品市场相互紧密联系的情况下，一般地，通货膨胀和国内物价上涨，会引起出口商品的减少和进口商品的增加，从而对外汇市场上的供求关系发生影响，导致该国汇率波动。同时，一国货币对内价值的下降必定影响其对外价值，削弱该国货币在国际市场上的信用地位，人们会因通货膨胀而预期该国货币的汇率将趋于疲软，把手中持有该国货币转化为其他货币，从而导致汇价下跌。按照一价定律和购买力平价理论，当一国的通货膨胀率高于另一国的通货膨胀率时，则该国货币实际所代表的价值相对另一国货币在减少，该国货币汇率就会下降；反之，则会上升。例如，20世纪90年代之前，日元和前联邦德国马克汇率十分坚挺的一个重要原因，就在于这两个国家的通货膨胀率一直很低。而英国和意大利的通货膨胀率经常高于其他西方国家的平均水平，故这两国货币的汇率一下处于跌势。

影响通货膨胀率变化的三个重要指标。

1. 生产者价格指数（PPI）

生产者价格指数是衡量制造商和农场主向商店出售商品的价格指数。它主要反映生产资料的价格变化状况，用于衡量各种商品在不同生产阶段的成本价格变化情况。

2. 消费者价格指数（CPI）

消费者价格指数是对一个固定的消费品篮子价格的衡量，主要反映消费者支付商品和劳务的价格变化情况，也是一种度量通货膨胀水平的工具，以百分比变化为表达形式。

3. 零售物价指数（RPI）

零售物价指数是指以现金或信用卡形式支付的零售商品的价格指数。美国商务部每个月对全国范围的零售商品抽样调查，包括家具、电器、超级市场售卖品、医药等，不过各种服务业消费则不包括在内。

许多外汇市场分析人员十分注重考察零售物价指数的变化。社会经济发展迅速，个人消费增加，便会导致零售物价上升，该指标持续地上升，将可能带来通货膨胀上升的压力，令政府收紧货币供应，利率趋升为该国货币带来利好的支持。因此，该指数向好，理论上亦利好于该国货币。

第十一章 政府应该做什么

——关注政府调控要学的经济学

对社会中的每个产业来讲，国家要么是一种可能的资源，要么是一种威胁。国家凭借其权力，收取或给予货币，可以并的确有选择地帮助或伤害了许许多多的产业。

——G·斯蒂格勒

个人主义者的论断的真正基础是，任何个人都不可能知道谁知道得最清楚；并且我们能够找到的唯一途径就是通过一个社会过程使得每个人在其中都能够尝试和发现他能够做的事情。

——弗·冯·哈耶克

货币政策：调控经济的杠杆

据初步统计，全国2008年上半年6.7万家规模以上的中小企业倒闭。作为劳动密集型产业代表的纺织行业中小企业倒闭超过1万家，有2/3的纺织企业面临重整。

在我国经济高速发展的现在，为什么突然出现这么多的企业倒闭？如此众多的中小企业倒闭，其原因是很复杂的，有经济大环境因素，企业自身的结构，市场优胜劣汰等诸多原因。但有一条原因不能否认，那就是我国的货币政策。

金融体系完整的国家都有中央银行，广义上说，中央银行就是政府的银行，在特殊时期采取必要措施，来保证货币政策的贯彻实施。英国的中央银行是英格兰银行，美国的中央银行是联邦储备体系，日本的中央银行是日本银行，而我国的中央银行是中国人民银行。

中央银行在宗旨、职能、业务等方面和一般的商业银行有着很大的差别。可以说，中央银行是银行的银行，中央银行与商业银行之间带有管理和被管理性质的特殊关系。作为政府的银行，中央银行在国家经济中占有举足轻重的地位，对于促进经济的发展起着至关重要的作用。中央银行实施货币政策，有三样制胜"法宝"：存款准备金率、再贴现率和公开市场业务。

1. 存款准备金率

作为追求最大利益的银行家，明白存款是有需即付的，只要顾客来提取自己的存款，银行必须在第一时间支付，这就需要银行有足够的储备，来满足这种需求。银行需要具备的这些储备就叫做存款准备金。那么存款准备金的数额是多大呢？

如果所有的存款在同一时间必须全部付清，那么准备金的数额就要等于存款的总量；但是在现实中这种情况几乎从来没有发生过，而且，在同一天之内，总有一些人存款一些人取款，这两类交易的数额常常互相抵消。对于银行家来说，以准备金形式持有的资金是无利可图的，它们躺在银行的保险柜里连利息都赚不到，于是早期的银行家们就想到，把顾客的存款借贷出去。把大部分货币存款借贷出去赚取利息，而留下小部分货币存款作为现金准备金应付顾客的支取。这样银行家的利润在开始单纯地收取手续费的基础上，又增加了借贷的利息，实现了利润的最大化。

那么商业银行留取准备金的数额应该占存款总额的多大比重呢？这就需要中央银行来制定。

各国的金融法规都有明确规定，商业银行必须把自己吸纳的存款的一部分存到中央银行，而这部分资金与存款总额的比率，就是存款准备金率。中央银行如果提高存款准备金率，那么流通中的货币会成倍缩减，因为商业银行交到中央银行的准备金多了，可供自身支配的资金便少了，因而银行给企业的贷款就会减少，相应地，企业在银行的存款会更少，于是在整个社会上就会出现"存款—贷款"的级级递减，导致社会货币总量的大幅降低。就像我们在调试音响的过程中，如果降低功放机的功率，输出的音量就会减小，中央银行提高存款准备金率就是这个道理；反之，如果中央银行把存款准备金率调低，流通中的货币量就会成倍增加。

2. 再贴现率

企业向商业银行借贷货币时，常常把没有到期的商业票据转让给银行，以取得贷款，这种行为在经济学上称为贴现。

而中央银行作为"银行的银行"，扮演的是最后贷款人的角色。商业银行在囊中羞涩、资金周转困难时，就需要向中央银行求借。这种借贷和企业向商业银行借贷的性质一样，也需要有所付出。于是商业银行就如法炮制，把从企业那里得来的没有到期的商业票据再转让给中央银行，这种行为在经济学上称为再贴现。而中央银行接受商业银行的票据，也是有条件的，要在票据原价的基础上打折，这个折扣率就是再贴现率。很明显，中央银行如果对再贴现率做出改动，就相当于增加或减少商业银行的贷款成本，抑制或鼓励商业银行的信用扩张积极，同时，货币供应量也会相应地收缩或膨胀。

贴现率是一个在现代经济学中占有重要地位的基本概念，它解决了未来的经济活动在今天如何评价的问题。所谓的贴现率，是指未来的款项折合为现值的利率。

我们前面说过，商业银行需要增加贷款或者现金吃紧时，需要一部分货币，这时它们就把自己银行拥有的一部分商业票据交给中央银行，中央银行按照一定的比率扣除一部分钱后兑换为现金。这样商业银行就可以把票据换为现金或者充当存款准备金，扩大自己的放款数量。而这个折扣率就称为再贴现率。

再贴现率是商业银行将自己拥有的未到期票据向中央银行申请再贴现时的预扣利率。再贴现意味着商业银行向中央银行借款，增加了货币投放，也就直接增加货币供应量。再贴现率的高低直接决定着再贴现额的高低，并且间接影响商业银行的再贴现需求，进而影响再贴现的整体规模。一方面，再贴现率的高低直接决定再贴现成本的高低，如果再贴现率提高，那么再贴现成本就随之增加，反过来也是同样的道理，因此影响到再贴现需求；另一方面，再贴现率的变动，是中央银行政策意向的反映。中央银行通过调整贴现率来实现某种货币政策，当经济过热时，中央银行为了控制货币数量和商业银行的放款额度，就会提高再贴现率，以减少商业银行的借贷款数量；而当经济萧条时，中央银行就会降低再贴现率，把商业银行手中的债券吸收过来实行贴现以增加商业银行的准备金，鼓励商业银行发放贷款，刺激社会的消费和投资，实现社会经济的正常运转。

3. 公开市场业务

在平时对货币政策做宏观调控时，中央银行使用最多的是公开市场业务。

公开市场业务是指中央银行在公开的金融市场上购买或售卖政府有价证券，增加或减少商业银行的准备金，从而影响整个经济活动，实现既定目标的行为活动。中央银行买进有价证券时，会向出卖者支付货币，从而增加流通中的货币量。而中央银行在卖出有价证券时，就会使流通中的货币量减少。

公开市场业务最大的优点是对经济的震动小，因而中央银行可以经常运用它对经济进行微调，而且操作过程灵活方便。自20世纪50年代起，美联储90%的货币吞吐就是通过公开市场业务来实现的，其他很多国家也都采用公开市场业务来调节货币供应量。

公开市场业务的操作可以分为两类：能动性的公开市场操作和保卫性的公开市场操作。能动性的公开市场业务以改变准备金水平和基础货币为目的；保卫性的公开市场业务则以抵消影响货币基数的其他因素的变动为目的。比如美联储公开市场操作的对象是美国财政部和政府机构证券,特别是美国国库券。

公开市场操作相对于其他货币政策工具,具有主动性强,灵活性强等明显的优越性。于是各国政府的货币操作手段逐渐出现趋同趋势,都逐渐向依赖中央银行的公开市场业务靠近。但是公开市场业务想要有效地发挥作用,还受一些条件的限制,只有满足了这些重要的前提,公开市场业务才能最大限度地发挥作用。

由上我们可以看出,国家的货币政策就像一只"大手",不断地校正着国家经济的方向,对经济会产生重大的影响。那么,我们就很有必要对货币政策作深入的了解。

通常来说,货币政策是指中央银行为实现既定的经济目标(稳定物价,促进经济增长,实现充分就业和平衡国际收支)运用各种工具调节货币供给和利率,进而影响宏观经济的方针和措施的总和。

货币政策分为紧缩性和扩张性两种。

紧缩性货币政策是通过削减货币供应的增长率来降低总需求水平,在这种政策下,取得信贷较为困难,利息率也随之提高。因此,在通货膨胀较严重时,采用紧缩性的货币政策较合适。

扩张性货币政策是通过提高货币供应增长速度来刺激总需求,在这种政策下,取得信贷更为容易,利息率会降低。因此,当总需求与经济的生产能力相比很低时,使用扩张性的货币政策最合适。

凯恩斯乘数:一家公司的玻璃打破后

一场暴风雨过后,一家百货公司的玻璃被刮破了。

百货公司拿出5 000元将玻璃修好。装修公司把玻璃重新装好后,得到了5 000元,拿出了4 000元为公司添置了一台电脑,其余1 000元作为流动资金存入了银行。电脑公司卖出这台电脑后得到4 000元,他们用3 200元买了一辆摩托车,剩下800元存入银行。摩托车行的老板得到3 200元后,用2 650元买了一套时装,将640元存入银行。最后,各个公司得到的收入之和远远超出5 000元这个数字。百货公司玻璃被刮坏而引发的一系列投资增长就是乘数效应。

在经济学中,乘数效应更完整地说是支出/收入乘数效应,是指一个变量的变化以乘数加速度方式引起最终量的增加。在宏观经济学中,指的是支出的变化导致经济总需求与其不成比例的变化,意指最初投资的增加所引起的一系列连锁反应会带来国民收入的数倍增加。

所谓乘数是指这样一个系数,用这个系数乘以投资的变动量,就可得到此投资变动量所引起的国民收入的变动量。假设投资增加了100亿元,若这个增加导致国民收入增加300亿元,那么乘数就是3,如果所引起的国民收入增加量是400亿元,那么乘数就是4。

为什么乘数会大于1呢?比如某政府增加100亿元用来购买投资品,那么此100亿元就会以工资、利润、利息等形式流入此投资品的生产者手中,国民收入从而增加了100亿元,这100亿元就是投资增加所引起的国民收入的第一轮增加。这100亿元转化为工资、利息、利润、租金的形式,流入了为制造此投资品的所有生产要素所有者的口袋,因此,投资增加100亿元,第一轮就会使国民收入增加100亿元。随着得到这些资本的人将开始第二轮投资、第三轮投资,经济的增长就会以大于1的乘数增长。

"乘数效应"也叫"凯恩斯乘数",事实上,在凯恩斯之前,就有人提出过乘数原理的思想和概念,但是凯恩斯进一步完善了这个理论。凯恩斯的乘数理论为西方国家从"大萧条"中走出来起到了重大的作用,甚至有人将其与爱因斯坦的相对论相提并论,认为20世纪两个最伟大的公式就是爱因斯坦的相对论基本公式和凯恩斯乘数理论的基本公式。凯恩斯乘数理论对于宏观经济的重要作用在1929~1932年的世界经济危机后得到重视,一度成为美国大萧条后"经济拉动"的原动力。

最初被用于宏观经济调控的乘数效应在后来的发展中也不仅仅限于宏观调控中了。在管理中,同样存在着乘数效应。管理者都希望管理能达到乘数效应。比如一个促进销售计划的实施,管理者希望这个计划的效果可以成倍地增加,但是如果没有其他的策略配套实施,乘数效应很难实现。

再如激励政策,管理者采取了诸如结果激励方法,或者过程激励方法,但最好的结果可能只是对某些具体的行为产生效果,而持续的激励或者自发的激励效果却不可能实现。

管理者自然希望每一个决策都能实现乘数效应,即一种措施产生多重效果,但乘数效应不是一劳永逸的,乘数效应是包括一系列的措施在里面,只有这些相应的配套措施发挥了功效,乘数效应才可能发生功效。所谓的配套措施,是使当初措施的效果进一步发挥的配套措施,比如管理中的激励措施,单纯的激励是不可能在没有激励的情况下继续发挥作用的,必须要有相应的比如企业文化等配套才可以,只有做好这些相应的措施,效果才可能发挥。

乘数效应还在不断演化与发展,乘数效应的应用一定不仅仅止于宏观经济与管理中,那么,你是否发现,在我们的日常生活中,也隐藏着乘数效应的神奇魔力呢?

不良需求：经济离不开宏观调控

有这样一个寓言故事，那就是猴子捞月的故事。故事说，树上的猴子们一只只都拉着前面一只的尾巴，形成一条链子，把最后一只送到水面，让它在水中捞月。大家看了觉得好笑，现在看来，这些猴子的探索精神还是很不错的，通过实践，它们自会明白，那水中的月亮不过是天上的月亮的影子，并非实体，从而增长知识。倒是我们人类，往往把投影当做实体，而把实体抛在脑后。例如，宋代理学家朱熹创造的理学，主张"存天理，灭人欲"，而不知道当时的人的贪欲是商品经济发展的折射，是社会不公正的投影。这无异于企图从水面上抹去月亮，又比捞月的猴子高明多少呢？

猴子认为，月亮在水中，可等它们真正去打捞时，月亮却破了、碎了。水中的月亮永远只是一个美丽的影像而已。在经济学里，我们可以这样理解，如今的泡沫经济就如水中的月亮一样，它由投机活动产生，从而造成社会经济的虚假繁荣，最后必定泡沫破灭，导致社会动荡，甚至是经济崩溃。

所谓的"泡沫经济"是指经济过热，虚假膨胀，最后像肥皂泡沫一样破灭的形象化说法。其主要表现是不动产和股票的市价超常规急剧上涨，价格严重背离价值，破坏了市场正常的供求关系，信用混乱，资产骤然收缩，经济陷入危机。

"泡沫"破灭，经济显现后遗症，其主要特征是：股价、地价大幅下落，不动产业萧条，股市长期低迷，证券公司收益剧减；欠息欠账等不良债权膨胀，偿款负担增大，企业对价格风险大的产业投资热情下降，资金转向短期投资和债券；股价下跌损害一般中小企业和家庭消费，资金需求不旺，迫使中央银行贴现率下降。概括地说，"泡沫经济"的后果：一是社会分配不公。有的土地所有者个人资产骤然升值，而另一些高价买入股票、地产者则损失惨重，贫富差距拉大。二是金融信用危机。不动产抵押贬值，债务拖欠破产案件增多。

另外，"泡沫"破灭后，经济恢复滞缓，经济调整难度增大，"泡沫"高潮时企业借贷增多，"泡沫"破灭后企业收益恶化，负债加重。因此，各个国家都会积极防止"泡沫经济"发生。

对资产的狂热需求会引发经济泡沫，泡沫崩溃导致经济萧条，但不良需求还可能造成更大的危害。

在市场上有一种需求，而这种需求又能够给商家带来利润，就一定会有这种供给,即使这种需求未必文明,这种供给未必合法。比如由对毒品的需求导致的对毒品的供给就是较极端的例子。即便是文明社会用尽各种办法,但因为满足对毒品的需求的供给可以导致暴利,毒品供给者就是冒着上绞刑架的危险也要生产并贩卖毒品。惩罚只是抬高了毒品的生产与销售成本,但生产者与贩卖者转而又将这种风险成本以提高价格的方式转嫁给毒品消费者了。这就是需求的力量!

人的欲望是产生各种需求的源泉,而欲望又具有无限性的特点,即人们的欲望永远没有完全得到满足的时候。一个欲望满足了,又会产生新的欲望。"人心不足蛇吞象"这句中国俗语就揭示了这个道理。中国传统道德观把人的欲望看成罪恶之源,主张"存天理,灭人欲"。其实,正是人类欲望的无限性推动了社会不断进步。人的欲望要用各种物质产品或劳务来满足,物质产品或劳务要用各种资源来生产。但是,自然赋予人们的资源是有限的。一个社会无论有多少资源,总是一个有限的量。相对人们的欲望,资源量总是不足的,物质产品或劳务也总是不足的。人类欲望的无限性造成了资源的稀缺性。

稀缺性是人类面临的永恒问题,它与人类社会共存亡。从人类可利用能源的角度看,似乎还没有什么限制。但从另外的角度看,人类为此付出的代价却已经够大的了。

鲸鱼油的使用以及后来的匮乏,没有难倒人类,却使鲸鱼几近灭顶之灾;煤的使用以及匮乏,没有难倒人类,却把一个好端端的地球挖得百孔千疮,地质构造的变形引发了无穷的地质灾害;石油的利用与最终可能的匮乏,也许还难不倒人类,但其后果除了地质灾害外,人类将更贪婪地扑向下一种可能出现的替代品……

同时,我们还必须注意到,所谓没有极限的增长,目前只发生于这个世界上的少数中心国家。而支撑这些国家没有极限的增长的假象,却是大量的其他国家日益面临实质性枯竭的资源。

森林是另外一个例子。1990年到2000年,世界森林的面积平均每年减少940万公顷。

有人还算了这样一笔账:占世界人口1/20的美国,耗费着世界1/3的资源。即使将全世界可能开发的资源都利用起来,并且重新分配资源,全世界人也不能按照美国人的方式生活。

看来,需求的力量是一种伟大的力量,不断创造着供给;但也是一种毁灭性力量,使人类在表面进步的同时正面临因资源的最终匮乏导致的大崩溃。人们不良的过度的需求需要政府加强管理。

经济刺激政策：信心比黄金更重要

一个女儿对父亲抱怨她的生活，抱怨事事总是那么的艰难，她不知道该如何去应付生活，想要自暴自弃。她已经厌倦了抗争和奋斗，好像一个问题刚刚解决，新的问题就又出现了。

她的父亲是位厨师，这位厨师把女儿带进了厨房，父亲先往三只锅里各倒入一些水，然后把它们放在旺火上烧。不久锅里的水开了，他往第一只锅里放了些胡萝卜，第二只锅里放鸡蛋，第三个锅里放入碾成粉末的咖啡豆。他将它们浸入开水中煮，一句话也没说。

女儿咂咂嘴，不耐烦地等待着，纳闷父亲到底在做什么。大约20分钟后，父亲把火关闭了，把胡萝卜捞出来放入一个碗内，把鸡蛋捞出来放入另一个碗内，然后又把咖啡舀到一个杯子里。做完这些之后，他才转过身问女儿："亲爱的，你看见什么了？""胡萝卜、鸡蛋、咖啡。"她回答。

他让女儿靠近些，并用手去摸摸胡萝卜。她摸了摸，注意到它们变软了。父亲又让女儿拿一只鸡蛋并打破它，将壳剥掉后，她看到的是只煮熟的鸡蛋。最后，父亲让她喝了口咖啡，品尝到香浓的咖啡，女儿笑了。她怯生生地问道："爸爸，这意味着什么？"

父亲解释说，这三样东西面临同样的逆境——煮沸的开水，但其反应各不相同：

胡萝卜入锅之前是强壮的、结实的、毫不示弱，但进入开水之后，它变软了、变弱了。

鸡蛋原来是易碎的，它薄薄的外壳保护着它呈液体的内脏，但是经开水一煮，它的内脏变硬了。粉状的咖啡豆则很独特，在进入沸水以后，他们反倒改变了水。

父亲问女儿："哪个是你呢？当逆境找上门来时，你该如何反应？你是胡萝卜？是鸡蛋？还是咖啡？"

当遇到金融危机就畏缩吗？变得软弱似失去了力量的胡萝卜？还是内心原本可塑的鸡蛋？或者你像是咖啡豆呢？豆子改变了给它带来痛苦的开水，并在它达到212度的高温时让它散发出最佳的香味，水最烫时，它的味道更好了。

当金融危机来袭，走出金融危机的阴影，困难重重、压力巨大。这在于我们的选择，更在于我们克服困难的信心。

2008年9月24日下午,在纽约华尔道夫饭店,中国国务院总理温家宝,面对美国经济金融界知名人士,用斩钉截铁的声音说:"在经济困难面前,信心比黄金和货币更重要"。

在纽约出席联合国会议的温家宝总理在短短48小时的行程中,特意安排了一场与美国经济金融界知名人士的座谈会。与会者都是美国经济、金融和学术界的顶尖人物:纽约联邦储备银行行长盖特纳,花旗集团董事长、美国前财长鲁宾,美中贸易全国委员会主席、陶氏化学公司董事长利伟诚,诺贝尔经济学奖得主、哥伦比亚大学教授斯蒂格利茨,美国外交关系委员会主席哈斯。

温总理说,美国次贷危机引发国际金融市场剧烈动荡,全球经济前景不容乐观。同时也应看到,现在的情况与20世纪30年代不尽相同。美国实体经济,包括高科技经济基础还是好的。过去几十年,世界经济历经风风雨雨,最终都渡过了危机,实现了新的发展。今天,国际社会抵御金融风险的能力不断增强,经验更加丰富。面对危机,关键是要鼓起勇气和信心,这比黄金和货币更重要。温总理说,我们注意到美国政府和金融界已为稳定国内金融市场采取了一系列重要措施,希望这对缓解当前困难会起到积极作用。

美方与会者纷纷表达了对中国的期待。盖特纳说,在当前世界经济下滑的形势下,人们更重视中国发出的信息。中国是全球经济金融稳定和信心的来源。利伟诚说,在美国经济趋弱的情况下,保持中国经济的稳定和强劲有力,是对世界的福音。斯蒂格利茨说,全球金融监管体系过去忽略了发展中国家的声音。今后应更多地倾听中国的声音。斯蒂格利茨还向温总理建议:采取积极的财政货币政策,扩大内需,保持经济稳定增长;从美国金融危机中吸取教训,加强金融监管,重视金融衍生品安全和金融创新问题;此外,还应完善社会保障体系。

正是在信心比黄金更重要的选择下,温家宝总理呼吁全世界都提振信心、携手合作、共克危机。并提出实现GDP增长8%左右的目标,中央迅速出台扩大内需促进经济增长的十条措施。

经济刺激组合拳:财政货币政策

美国总统奥巴马2009年2月17日在美国西部城市丹佛签署了总额为

7 870亿美元的经济刺激计划，标志着奥巴马"新政"正式付诸实施。

奥巴马说经济刺激计划将是重振美国经济的一个起点，将"为美国经济实现持久发展和繁荣奠定基础"。

经济刺激计划几乎涵盖美国所有经济领域，资金总额中约35%将用于减税，约65%用于投资。在减税项目中，每个美国劳动者最高可获得400美元退税，每个美国家庭最高可获得800美元的退税；在投资项目上，基础设施建设和新能源将是两大投资重点。该计划将为美国保住和创造约350万个工作岗位。

为确保这些资金得到透明使用，白宫当天专门开通一个相关网站，公布经济刺激计划所有资金使用详情。官员表示民众可以通过该网站查询到每笔资金的具体流向。

7 870亿美元经济刺激计划是第二次世界大战以来美国政府最庞大的开支计划，舆论普遍认为，在上台不到一个月时间内，这一计划即获得通过，是奥巴马的一个重大胜利。

每当社会经济面临衰退的时候，政府总会站出来抛出一揽子经济刺激计划，这是因为在一个市场经济中，消费和投资是由无数个体的家庭和企业决定的，他们在衰退时期不可能无缘无故地增加开销。而在这个时候，政府就应该当一个大买家，政府出资去投资。市场受到这个巨大的"新主顾"的刺激，就会终止不景气，转入兴旺。

央行处理通货膨胀问题，就是通过所谓的货币政策。央行是如何操作的？它把你手上多余的钱收回来叫你不要花了。每一个老百姓手里的钱都是潜在的需求，大家都用这个钱去买自己想要买的东西。比如，大家都去买猪肉，猪肉价格就会上升，大家都去买矿泉水，矿泉水的价格就会上升，那怎么办？最好的办法就是这个钱不要花掉。你不花钱，物价就不会上升。但是让老百姓不花钱，那就需要政府使用货币政策进行调控。

货币政策是一个很宽泛的概念，它包括了以下几项：

第一是存款准备金政策。存款准备金是指金融机构为保证客户提取存款和资金清算需要而准备的资金，金融机构按规定向中央银行缴纳的存款准备金占其存款总额的比例就是存款准备金率。存款准备金制度是在中央银行体制下建立起来的，世界上美国最早以法律形式规定商业银行向中央银行缴存存款准备金。存款准备金制度的初始作用是保证存款的支付和清算，之后才逐渐演变成为货币政策工具，中央银行通过调整存款准备金率，影响金融机构的信贷资金供应能力，从而间接调控货币供应量。

假如银行有100元存款，银行借给别人，才有利息，才能赚钱。银行怎么赚钱？通过息差赚钱。比如，银行通过息差赚取2%的利息。银行不能100%放贷。如果老百姓存了100元钱，银行全都放贷了，但是当人取钱时，银行没钱给人怎么办？这就会造成金融危机。因此，中央银行要求每一家银行必须要保存一定的存款准备金，这样才能防止出现别人来取钱时，没有钱的状况。中央银行时刻要求保留一定的存款准备金，即银行就会把储户存款的一部分拿来放贷，剩下的不能放，放了就麻烦了。老百姓去提款的时候，银行没钱，那是很麻烦的事情。所以存款准备金如果是20%，那就是20%的存款留在银行，供提款人取现金用。也就是说，如果银行有100元钱的存款，他就只能放贷80元，那么，企业就只有80元钱来购买产品原材料。这样，社会的通货膨胀压力就小很多，因为只有80元钱来购买产品。所以提高存款准备金的目的，就是把多余的钱收回来。

第二是利率政策。这是我国货币政策的重要组成部分，也是货币政策实施的主要手段之一。中国人民银行根据货币政策实施的需要，适时运用利率工具，对利率水平和利率结构进行调整，进而影响社会资金供求状况，实现货币政策的既定目标。

近年来，中国人民银行加强了对利率工具的运用。利率调整逐年频繁，利率调控方式更为灵活，调控机制日趋完善。随着利率市场化改革的逐步推进，作为货币政策主要手段之一的利率政策将逐步从对利率的直接调控向间接调控转化。利率作为重要的经济杠杆，在国家宏观调控体系中将发挥更加重要的作用。

提高利率对老百姓来说是一个很好的政策，提高利率使老百姓存在银行里面的钱的利息增加了。如果老百姓把钱存到银行里，就不会花钱，老百姓不花钱就不会给物价造成压力。但是，提高利率更重要的作用，就是抑制消费。如果作为企业领导，要想扩大投资，他就要向银行借钱。借钱之后，就会去买原材料，买生产设备，这又涉及花钱问题。钱花了之后，很可能又给控制物价造成压力。政府如何能让企业不花钱，利用货币政策提高利率，让企业借钱的成本上升。过去是6%的贷款利率，现在利率变10%了，企业借钱就多还4%。于是，很多人就不会去借钱了。如果没有人借钱就不会购买生产原料，就不会去购买别的产品，因此通货膨胀压力就减轻了。所以，利率是控制通货膨胀的手段之一。

第三是政府发行公债。公债是由政府发行的，可以把老百姓的钱收回来，让老百姓不花钱。老百姓不花钱，就不会对控制物价施加压力，这就是目前中央银行的做法。货币政策包括利率政策、存款准备金率政策和发行公债。

运用货币政策的具体做法是，当经济繁荣时，中央银行采取紧缩性的货币政策，即在金融市场上卖出政府债券，提高贴现率和准备金率，减少货币供给量，提高利率，减少投资，抑制需求。当经济衰退时，中央银行采用扩张性的货币政策，即在金融市场上买进政府债券，降低贴现率和准备金率，增加货币供给量，降低利率，增加投资，刺激需求。

市场监管：法律不能成为摆设

一条狗鱼罪大恶极，要对其进行审判。法庭由两只驴子、两只老马以及两只山羊组成，并任狐狸为检察官。没有谁能指出审判有什么不公正的地方，狗鱼实在无从抵赖，起初被判吊死在树上。这时狐狸检察官成了关键先生，它说对于狗鱼此种恶行累累的家伙，绞刑实在太轻了，应该判以闻所未闻的重刑——让它在河里活活淹死！法庭接受了建议，改判为扔到河里淹死。

在这个故事中，法律并没有起到惩戒的作用。在同一本书里，还有另一篇"狗熊照看蜂房"的故事。百兽推举爱吃蜂蜜的狗熊看蜂房，结果狗熊监守自盗，把蜂蜜都往自己窝里搬。事情败露后，百兽罚它在窝里禁闭一个冬天。

寓言是人类生活的折射，克雷洛夫在寓言中讽刺的社会现象，在我们的现实生活中仍然是不可回避的事实。年年"3·15"消费者权益日曝光假冒伪劣，但假冒伪劣却此起彼伏，像韭菜一样割了又长出来。犯法的收益远远大于支付的成本，制假售假就会屡见不鲜。

市场经济是一种以市场为基础配置社会资源的经济运行方式和竞争平台，市场交易的基本原则是公平、公开、公正。没有法律，市场秩序将一片混乱。

大家知道，市场经济是一种竞争经济。通过竞争达到优胜劣汰，合理配置资源，是市场经济的优越性之一。但是，市场竞争必须是公平、合法的竞争，否则，市场机制就可能失灵或扭曲。在市场竞争中，有些竞争者为了贪图利益不惜冒最大风险，采取各种不正当手段进行或限制竞争，必然妨碍正常的市场竞争。需要运用法律手段规范和制裁不正常竞争和垄断行为，维护公平、合理的市场竞争。这就像球赛时，球员必须依照一定的规则进行比赛。没有规则，比赛就无法进行。因此，市场经济的法律体系就相当于比赛规则，它是维护正当竞争的保障。

因此，市场经济越发达，法制会越发展，我国现在虽处在社会主义初级阶段，但是必须永远坚持这一原则，那就是"社会主义市场经济是法制经济"。

如果有法不依，尤其是对经济违法犯罪的惩罚力度疲软，法律成了做摆设的稻草人，市场经济的秩序必然会遭到破坏，最终是全社会为此买单。由经济人组成的社会，其社会秩序并不是靠甜言蜜语式的说教劝出来的，而是依靠完善的立法和严格的执法维护的。

一位哲人曾说过:"人身上一半是天使,一半是魔鬼"。一个社会的经济秩序主要是靠法律规范甚至靠法律惩罚建立巩固,假如没有严厉的法纪,天使也会变成魔鬼。在英国发展商品经济的初期,假冒伪劣产品不少,借钱欠款不还也相当寻常。但当法律得到认真严厉的执行,制假售假者被惩罚得倾家荡产,还要成囚徒;借钱和欠款者不但要被抄家抵债,还要进监狱,谁还敢藐视市场经济的规则?也正是这样,英国市场秩序变得井井有条,依法惩罚造就了一个文明诚信的英国。在意大利,著名国际影星逃税多年一下飞机立即被捉拿归案,谁敢不依法照章纳税?在新加坡,吐一口痰要罚款五千新元,谁敢和神圣的法律去较劲?

如果有法不依,法律便成为了稻草人。如果政府管理部门只局限于对市场进行突击检查,没有人对市场进行日常的产品质量检验,恐怕伪劣产品继续会源源不断地流入市场。我国的市场经济违法行为如此泛滥,其实解决途径很简单。应该加大对市场经济违法行为的打击力度,使违法犯罪的成本远远大于其收益,而且执法立竿见影,令行禁止,权贵犯法与"草根"同罪时,那么谁也不会破坏市场经济的法则。

在社会主义市场经济中,政府充当的是市场经济的"监管者"的角色,政府在为市场做好服务的同时,也应该拿起手中的"大棒"严厉打击市场中的违法行为,切实维护好市场经济的秩序,从而为社会创造完美的市场交易秩序。

财政赤字:事关纳税人的权益

克林顿曾被评为20世纪最优秀的美国总统,其中一个很重要的原因,是美国政府一向以财政赤字而闻名,而克林顿时代赤字却转为盈余。

在克林顿入主白宫的8年内(1993~2001年),美国国内生产总值(GDP)的增长非常强劲,年均涨幅高达3.5%,高于吉米·卡特和里根两人在任时的水平,只是稍逊于肯尼迪和约翰逊所在美国20世纪60年代经济腾飞时的表现。而且在他的任期内,美国就业形势一片大好,新增加的就业机会远远多于除卡特之外的任何一位"二战"后的美国总统。此外,克林顿也很会抓住时机,他在美国人均收入涨幅停滞多年,刚刚出现上升势头的时候适时决定增税,结果使联邦政府的收入出现了大规模的盈余。最终,克林顿凭着自己手下一个最小规模的政府机构,实现了自约翰逊总统时期以来美国GDP最强劲的涨幅,也使美国政府自杜鲁门总统以来,首次真正地出现了财政盈余的局面。

如今的美国是发达国家寅吃卯粮的典型代表。小布什上台后，适逢经济衰退，又对外连续用兵，导致再次出现高额赤字。巨大的财政赤字引发贸易赤字，美国成为世界上双赤字最为严重的国家。而现今在美国爆发严重的金融危机，奥巴马政府也不得不编列大量财政预算用于抵御金融危机，预计数年内美国财政赤字将超万亿美元。

当政府财政收入少而支出多的时候，就会出现财政赤字。就是说政府的支出大于收入，形成一个差额。相反，如果政府财政收入多而支出少，也会出现一个差额，那叫财政盈余。但是，在当今世界各国，财政盈余的很少，绝大多数国家政府出现的都是财政赤字。

如果国家财政出现入不敷出的局面，那么这种支出差额在进行会计处理时，需用红字书写，这也正是"赤字"的由来。赤字的出现有两种情况：一是有意安排，被称为"赤字财政"或"赤字预算"，它属于财政政策的一种；另一种情况，即预算并没有设计赤字，但执行到最后却出现了赤字，也就是"财政赤字"或"预算赤字"。

在现实中，很多经济处于上升状态的国家都需要大量的财富解决大批的问题，经常会出现入不敷出的局面，因此财政赤字看来似乎不可避免。不过，这也反映出财政赤字的一定作用，即在一定限度内，可以刺激经济增长。在居民消费不足的情况下，政府通常的做法就是加大政府投资，以拉动经济的增长，但是长期的财政赤字会给国民经济造成很大负担，不是长久之计。

国际上衡量财政赤字有两条警戒线标准：第一条警戒线是财政赤字占 GDP 的比重不能超过 3%，一旦超过，就会出现财政风险。例如，我国 GDP 总量在 2008 年时是 30 万亿元人民币，30 万亿元的 3%是多少？就是 9 000 亿元。如果我国的赤字要大于 9 000 亿元，它就超出了警戒线。

还有一条警戒线：政府的财政赤字不能超出财政总支出的 15%。政府的钱不够花，可以去借债；如果再不够花，还可以去借债。但不能借债太多，一国政府的财政赤字不能超出这个百分比，如果赤字超出财政总支出的 15%，这就说明赤字太大了。

世界上多数国家都是采用发行国债来解决财政赤字问题的。凯恩斯曾经这样说，一国政府出现赤字，可以通过发行国债来拉动经济，发行债券对经济增长有拉动作用。

政府可以这么做的前提是，政府用国债投资的项目赚回的钱将来能够把这些债还上。政府要还上这些债务，说到底最后还是要由纳税人来负担，这一代人的税收不够还，下一代人还要接着还。所以政府发的国债，实际上是把将来的钱拿到今天来花。

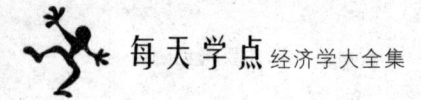

产权保护：威廉一世与磨坊

1866年10月13日，刚刚打赢对奥地利的"七周战争"，把500万人口和64万平方公里土地划入了普鲁士版图的威廉一世，在大批臣属的前呼后拥之下临幸他在波茨坦的一座行宫。然而，行宫前的一座破旧磨坊却让他大为扫兴，他想拆除，但磨坊却并不属于王室；他想赎买，奈何磨坊主死活不卖。暴怒的国王强令拆除，但被磨坊主诉至法庭。本来平民告国王已经是破天荒头一遭，但审理案件的三位法官毅然一致裁定：被告人因擅用王权，侵犯原告人由宪法规定的财产权利，触犯了《帝国宪法》第79条第6款；责成被告人威廉一世，在原址立即重建一座同样大小的磨坊，并赔偿原告人150马克。

那时，欧洲已经有了完全独立的法院。法律规定，包括皇帝在内的任何人都可以成为被告。更令人瞠目结舌的是，这一次威廉一世不但真的坐在了被告席上，而且还输掉了官司。法庭最后判皇帝败诉，必须在原地按照原样重建磨坊，另外还得赔偿磨坊主人的经济损失。对于法院的判决，威廉一世只得表示顺从和执行，重建了磨坊。

一晃几十年过去了，当年的威廉一世和磨坊主人都相继离开人世。由于经营不得法，小磨坊主的后代面临破产的厄运。在无可奈何之际，他给威廉二世写了一封信，表示愿意把磨坊转卖给皇帝。

读到这封信，威廉二世感慨万分。他觉得这座磨坊与众不同，是历史的见证。它代表了司法独立和公正的形象，必须作为一座丰碑为子孙永远保留下来。威廉二世亲自写信，对小磨坊主好言相劝，希望他能够像当年他父亲爱护自己的生命那样爱护自己的磨坊，代代相传。为了帮助小磨坊主还清所欠的债务，还赠送了几千马克。

小磨坊主收到信和钱后，非常感动。他表示要铭记往事，再也不把这座磨坊卖掉。

欧洲启蒙运动以来，经济学家们一直认为有益的产权制度必须保护产权，确保人们得到回报，方便人们签订合约以及解决纠纷。只有人们能够感受到这种安全感的时候，人们才会受到鼓励进行投资，扩大再生产，从而促进经济发展，促进社会财富的积累，推动社会进步。如果一个社会、国家不能提供一个相对安全的生活环境，贫穷的人可以随意掠夺有钱人的资产，偷盗成风，打家劫舍成为家常便饭，那么这样的社会，这样的国家就必然导致经济发展的迟滞，甚至倒退，因为人们失去了积累财富的动力。

我国的产权制度一直都不够完善，不完善的产权制度导致了一系列关于产权的纷争，使人们在潜移默化中产生了不平衡的心理，使人们对富人产生了仇视的不健康心态，形成了不良的社会风气。人们鼓励劳动，鼓励创造财富，但是财富以及财富的所有者的人权、财产权却得不到应有的保护。这样，社会的发展必然会受到影响。所以要保证社会的发展，就要鼓励人们勤劳致富，就要建立完善性……这些都是产权所包含的内容。

产权制度保护的正是人们相应于物的这种人与人之间的相互关系。但是，我们必须清楚地看到，产权的保护又包括两个方面：一个是投资、财产免受他人的侵犯；另一方面我们必须承认，能够保护私有产权的强大政府本身也可能成为产权的破坏者。

比如西班牙皇室，他们为了维持庞大的军队开支，大量地没收私人资本，同时还向民间举债，发行了大量的债券。政府的利息负担越来越重。后来竟然单方面宣布延长还债期限、降低利息。后来仍然偿还不起，干脆自说白话宣布破产，最后赖账了事。所以当时人们选择的最好出路就是当学生、僧侣、乞丐或者官吏；在这样的产权制度下，还有谁会投资进行生产活动呢？

再来看美国。独立战争期间，国家向个人借了大量的国债，独立战争结束后，百废待兴，面对巨额国债国家根本无法偿还，于是很多人主张将这笔债务免除。但是，当时由于很多高层的掌权者本身就是国家债务的债权人，这些债权人联合很多拥有国家债权的议员，最终在费城召开会议，通过了一项法案，确立了美国私有财产不受侵犯的法律依据。正是这个对产权保护的制度的鼓励和示范作用，使美国这个新兴的资本主义国家获得了迅猛发展的动力。

西方国家把铁刺的发明称为世界第七大发明，为什么这么一个简单的东西得到人们如此高的评价呢？因为正是这个非常简单的铁刺的发明，使小偷的盗窃成本大大提高，有效地保护了社会财富的安全，促进了社会的进步和发展。现在，在很多城市的小区里，楼房上都安装防盗网、防盗门，甚至防盗摄像探头，设置保安，这都是为了防止偷盗行为。但是，我们必须清楚地知道，保护财产的成本越高，财富的价值就降得越低。当我们为了保护一个几万元的钻石项链却要花费十几万元财富的时候，这个钻石项链其实就已经一文不名了。

面对目前产权制度缺失的实际情况，我们更应该在实际的经济生活中，注意保护自己的财产权利，在经济活动中要保护好财产获得的法律凭据，比如购买房屋的发票，它是你合法取得房屋的唯一凭据，据此你才可以在房产管理部门办理房屋产权登记证，有了这个证件，你的房产才能够被合法地使用、抵押、保险、出租、转赠、出售……

　　再比如，我们日常的买卖活动，人们还没有养成购买商品索要发票的习惯，没有发票你就没有获得商品的合法证据，这样退货、换货、维修、保养，等等，你就没有合法的证明，就容易产生产权不清晰的问题。

　　可见，建立一套完整、有效、操作性强的产权保护制度，降低社会的交易成本，对我们现阶段的市场经济社会来说，已经是一个刻不容缓的课题了。市场经济社会是一个现实的社会，每一个人虽然都是理性的经济人，但是人的理性也是有限的，每一个人又都具有一定的机会主义倾向，所以在有些场合，当权力、法律、感情都不能有效解决一些特殊的、混乱的、模糊的产权问题的时候，人的机会主义就会作怪了，黑吃黑的恶果就在所难免了。当用正常的手段进行产权交易成本太高的时候，人们可能转而寻找不正常的手段，以降低交易的成本。在目前的经济转轨时期，在普通老百姓中间，关于产权纠纷的案件其实每天都在发生，这些案件极大一部分都是因经济纠纷引起的，而所谓纠纷其实就是产权不清晰。

　　一系列关于产权纠纷的恶性案件引起了国家高层领导人的关注，就是在这种情况下，国家随之在《城市房屋动迁条例》中对强制动迁进行了严格的限制，有效地保护了个人的财产权利。宪法中也开创性地增加了保护私有财产的条款。不要小看这么一句话，它的现实作用和历史意义将是非常巨大和深远的，也许它会引起产权制度的一场深刻革命。

第十二章　货币贬值和升值意味着什么

——关注国际贸易要学的经济学

国际贸易的利益——生产要素在全世界范围内的使用更有效率。

——约翰·斯图亚特·穆勒

贸易是所有强暴欲的天敌。它促使人们独立并充分意识到自身的重要性，引导人们管理自己的事务并教会他们如何走向成功。因此，贸易鼓励人们追随的东西是自由，而不是革命。

——托克维尔

汇率：两国货币兑换的比率

有一天一个外星人到地球参观，看到地球上有两棵果树，一棵种在欧洲，一棵种在中国，都结了果子，外星人很眼馋，对地球人说："我要买你们的果子吃。"

地球人说："好，但要先确定你到哪里去买，到中国去买，1元人民币1个，到欧洲人去买，用1欧元1个。"

外星人说："那我用1欧元买1个好了。"

地球人说："且慢！其实你不用花钱就可以，你先从中国借1个果子，到欧洲去换1欧元，拿1欧元到中国去，就可以换10个果子，拿1个果子还给中国人，你就白得了9个果子，你再拿9个果子再去换9欧元，再到中国去换90个果子，再拿这90个果子再去换90欧元，到中国去换900个果子——这样下去中国的好东西都被你买光了！"

外星人说:"哪有这样的好事!那中国人为啥不到欧洲去卖个好价格?"

地球人说:"中国有关方面规定10元人民币=1欧元,就是规定了10个中国的果子=欧洲1个果子!因为中国认为只要能出口赚外汇,就是胜利,不管损失多少资源。现在很多人把中国的商品廉价倾销给外国,就是利用了这个差价,他们不求用欧洲的最高价格出手,只求最快,但已经有巨额的利润空间,不管浪费多少中国的商品,只要自己能赚到钱就行,赚到钱立刻再到中国进货,就是这个道理。"

汇率亦称"外汇行市或汇价"。一国货币兑换另一国货币的比率,是以一种货币表示另一种货币的价格。由于世界各国货币的名称不同,币值不一,所以一国货币对其他国家的货币要规定一个兑换率,即汇率。

汇率是国际贸易中最重要的调节杠杆。因为一个国家生产的商品都是按本国货币来计算成本的,要拿到国际市场上竞争,其商品成本一定会与汇率相关。汇率的高低也就直接影响该商品在国际市场上的成本和价格,直接影响商品的国际竞争力。

例如,一件价值100元人民币的商品,如果美元对人民币汇率为8.25,则这件商品在国际市场上的价格就是12.12美元。如果美元汇率涨到8.50,也就是说美元升值,人民币贬值,该商品在国内市场上成本实际上是低了,直接使它在国际市场上的价格变低。商品的价格降低,竞争力变强,肯定好卖,从而促进该商品的出口;反之,如果美元汇率跌到8.00,也就是说美元贬值,人民币升值,必将有利于美国出口商品。同样,美元升值而人民币贬值就会有利于中国商品对美国的出口,反过来美元贬值而人民币升值却会大大刺激美国对中国的出口。

日本和美国要求人民币升值的一个重要考量就是,人民币升值可令中国出口商品在国际市场上的成本有较大幅度的增加,打击中国商品的竞争力,并反过来刺激中国大量进口他们的商品。在亚洲金融危机的时候,如果人民币贬值,其他国家的金融危机将更糟糕。

正是由于汇率的波动会给进出口贸易带来如此大范围的波动,因此很多国家和地区都实行相对稳定的货币汇率政策。中国内地的进出口额高速稳步增长,在很大程度上得益于稳定的人民币汇率政策。影响汇率的因素一般包括:

(1)国际收支。如果一国国际收支为顺差,则该国货币汇率上升;如果为逆差,则该国货币汇率下降。

(2)通货膨胀。如果通货膨胀率高,则该国货币汇率低。

(3)利率。如果一国利率提高,则汇率高。

(4)经济增长率。如果一国为高经济增长率,则该国货币汇率高。

（5）财政赤字。如果一国的财政预算出现巨额赤字，则其货币汇率将下降。

（6）外汇储备。如果一国外汇储备高，则该国货币汇率将升高。

人民币升值：到底是好事还是坏事

人民币从2007年开始一直不断升值，2008年更是突破了对美元1∶7的关口。从1994年人民币改革以来，这是中国人民币迫于国内外压力第一次大规模升值，对于人民币的升值，有的人认为是好事情，而有的人认为是坏事情，不同的人有不同的看法。那么，人民币升值到底是好是坏呢？对于普通百姓来说有多大影响？该如何对待人民币升值？

有的人认为人民币升值了，钱值钱了，老百姓出国旅游、买原装进口汽车、瑞士表更便宜了，大企业到国外吞并企业成本降低了……美国为什么下大力气逼迫人民币升值？难道美国人傻吗，让自己国家的钱不值钱？其实我们从日元相对美元的升值就能看到其中的道理。1985年，美、英、法、联邦德国在纽约广场饭店举行会议，迫使日本签下了著名的《广场协议》，签字之前美元兑日元在1美元兑250日元上下波动，《广场协议》签订后，在不到3个月的时间里，快速下跌到200日元附近，跌幅20%。到1987年最低到达1美元兑120日元，在不到3年的时间里，美元兑日元贬值达50%，也就是说，日元兑美元升值一倍。日本人当时也以为自己一夜之间成为了富翁，事实却是日本的经济所遭受的打击用了20年也没有缓过劲来！

人民币的升值对富人的好处确实显而易见，如人民币对美元升值，以前8.5元人民币换1美元，现在不到7元就可换到，到国外去玩、去购置产业就更廉价了，显而易见富人手里的钱更值钱了。张老板就是对人民币升值津津乐道的人，因为这次他去美国旅游，花了更少的钱却享受了同样的服务，以前他住旅馆的费用是1万元，现在8 000元就下来了。而且他还购买了大量的商品带回国内，张老板感慨美元贬值，人民币升值对他这样的人就是带来了诸多好处。

人民币升值就是意味着人们手里的钱更值钱了。以前8元人民币才能兑换1美元，现在7元就可以兑换1美元，根据购买力平价理论，每一单位货币在不同的国家应该买到同样数量的商品。1元人民币在中国可以买1个苹果，在美国也照样可以买1个苹果。1美元在美国可以买8个苹果，在中国也照样可以买8个苹果。但现在人民币升值了，1美元只能兑换7元人民币，在中国可以买7个苹果，那么中国7元人民币就可以换1美元，在美国却可以买8个苹果。对于可以去国外旅游的有钱人而言,人民币升值的确好处很多,他们可以用同样的人民币换取更多的美元,可以在国际上买更多的商品。

与张老板不同的是,刘老板的日子却因为人民币升值而变得异常艰难。刘老板是做进出口业务的,有一个出口公司,每年采购商品向国外发货。由于人民币升值的影响,刘老板的订单不但减少了很多,而且美国客户多以美元结算,结算后换得的人民币就少了,然后用换取的人民币去采购货物,发觉物价还上涨了,而美国客户的价格没变,再换回人民币后发觉利润越来越微薄。

人民币升值对出口企业是最不利的,因为同样的商品要换取美元,再兑换回人民币,而美元却是相对贬值的,比如10万美元可以换取80万元人民币,但现在10万美元只能换取70万元人民币。同样的价格,由于人民币的升值,收入却凭空减少了10万元人民币。与此同时,人民币的升值反而影响到国内商品的价格,刘老板也不明白,不但自己换回的钱少了,而且货物的采购成本也提高了,这是怎么回事?

一般老百姓只在新闻上听到人民币升值了,觉得钱应该更加值钱了呀,但自己在买商品的时候,发觉钱不但没有值钱,反而不如以前了。原来可以1元钱买1斤白菜,而现在却1元5角买1斤白菜,这样来看自己的钱反而更不值钱了。

这是因为人民币升值,会导致更多的人愿意持有人民币,一般老百姓感觉不到,似乎升那么一点值对自己没什么影响,但是持有大量资金的个人或金融机构对此却十分敏感,哪怕只是升值那么一小点。他们的财富便可以因此增加或减少很多。比如一个人有80亿元人民币,他原来可以兑换成10亿元美元。但现在人民币升值后,他只用70亿元就可以兑换10亿美元,白赚了10亿元人民币。由于人民币升值的趋势一直高涨,所以未来对人民币的预期更加乐观,认为还会继续升值下去,于是大量的外币机构开始储备人民币。人民币需求越大,人民币的价值就会越来越提高。而大量的人民币必然会涌进中国市场,因为只有中国消费人民币。这样便会在中国造成通货膨胀,使物价上涨。所以人民币升值后对普通老百姓而言,并没得到太多好处,尤其对出口商打击很大。像富裕的张老板那样喜欢去国外旅游购物的人却比较欢迎人民币升值。总而言之,人民币升值有利也有弊,是一把双刃剑,我们要谨慎而理性地看待。

对外贸易:全球化向我们走来

有一个妈妈把一个橙子给了邻居的两个孩子。这两个孩子便讨论起来如何分这个橙子。两个人吵来吵去,最终达成了一致意见,由一个孩子负责切橙子，而另一个孩子选橙子。结果，这两个孩子按照商定的办法各自取得了一半橙子，高高兴兴地拿回家去了。

第一个孩子把半个橙子拿到家，把皮剥掉扔进了垃圾桶，把果肉放到果汁机上打果汁喝。另一个孩子回到家把果肉挖掉扔进了垃圾桶，把橙子皮留下来磨碎了，混在面粉里烤蛋糕吃。

从上面的情形我们可以看出，虽然两个孩子各自拿到了看似公平的一半，然而，他们各自得到的东西却未物尽其用。这说明，他们在事先并未做好沟通，也就是两个孩子并没有申明各自利益所在。没有事先申明价值，导致了双方盲目追求形式上和立场上的公平，结果，双方各自的利益并未达到最大化。

后来，这两个孩子变得聪明了，他们充分交流，各取所需，爱喝果汁的孩子把他的橙子皮给了另一个小孩，然后从他那里换回了他需要的果肉。两个孩子将皮和果肉分开，一个拿到果肉去喝汁，另一个拿皮去做烤蛋糕。双方的利益都达到了最大化。

这其实就是贸易。如果这种情况发生在两个国家之间，即是对外贸易。对外贸易亦称"国外贸易"或"进出口贸易"，简称"外贸"，是指一个国家（地区）与另一个国家（地区）之间的商品和劳务的交换。这种贸易由进口和出口两个部分组成。对运进商品或劳务的国家（地区）来说，就是进口；对运出商品或劳务的国家（地区）来说，就是出口。这在奴隶社会和封建社会就开始产生和发展，到资本主义社会，发展更加迅速。其性质和作用由不同的社会制度所决定。

对外贸易不仅把商品生产发展很高的国家互相联系起来，而且通过对外贸易使生产发展水平低的国家和地区也加入到交换领域中来，使作为一般等价物的货币深入到他们的经济生活中，使这些国家和民族的劳动产品日益具有商品和交换价值的性质，价值规律逐渐支配了他们的生产。随着各国的商品流通发展成为普遍的、全世界的商品流通，作为世界货币的黄金和白银的职能增长了。黄金和白银除去具有货币一般购买手段之外，还被用来作为国际支付、国际结算与国际信用的手段。随着黄金、白银变成世界货币，产生了形成商品世界价格的可能性。世界价格的形成，表示价值规律的作用扩大到世界市场，为各国商品的生产和交换条件进行比较建立了基础，促进了世界生产和贸易的发展。通过对外贸易，参与国际分工，节约社会劳动，不但使各国的资源得到最充分的利用。而且还可以保证社会再生产顺利进行，加速社会扩大再生产的实现。

1. 贸易依存度

贸易依存度亦称"外贸依存率"、"外贸系数"。一国对贸易的依赖程度，一般用对外贸易额进出口总值在国民生产总值或国内生产总值中所占比重来表示。即贸易依存度=对外贸易总额/国民生产总值。比重的变化意味着对外贸易在国民经济中所处地位的变化。贸易依存度还可以用贸易总额在国民收入中所占比重来表示。贸易依存度=贸易总额/国民收入总额。外贸依存度分为出口依存度和进口依存度。出口依存度=出口总额/国民生产总值；进口依存度=进口总额/国民生产总值。

2. 价格竞争

价格竞争是依靠低廉的价格争取销路、占领市场、战胜竞争对手的一种竞争形式。当一国或企业与另一国或企业生产的产品在性能、效用、样式、装潢、提供的服务、生产者的信誉、广告宣传等各方面都相同或无差异时，国家或企业只有以低于其竞争对手的价格销售产品，方能吸引住顾客，使自己的产品拥有市场。实际上，这种形式的竞争是很少见的，因为产品的有形和无形差别在一定程度上抵消了这种竞争的效果。

3. 非价格竞争

非价格竞争是指在产品的价格以外或销售价格不变的情况下，借助于产品有形和无形差异、销售服务、广告宣传及其他推销手段等非价格形式销售产品、参与市场竞争的一种竞争形式。由于社会经济的迅速发展，商品生命周期不断缩短，单靠价格竞争很难取得超额利润。同时，生产力的提高，使消费结构发生显著变化。因而，非价格竞争就成为扩大商品销路的重要手段。其主要方法有：①采用新技术，提高管理水平，改进产品的质量、性能、包装和外观式样等。②提供优惠的售后服务。③通过广告宣传、商标、推销手段等造成公众的心理差异等。非价格竞争是垄断竞争的一种重要形式。

出口与进口的关系：贸易顺差与逆差

中国的国际收支在数百年来曾经发生过几次重大的变化，从明朝中欧直接贸易开通之后，一直到鸦片战争前夕，中国的对外贸易收支整体格局是巨额贸易顺差。在鸦片战争之后，西方列强大规模向中国销售鸦片，中国经常项目收支从持续了数百年的贸易顺差转为贸易逆差。在此期间，一直到1949年，中国贸易顺差仅仅是非常少的，而贸易逆差是经常的现象。1985、1986年，中国经济贸易顺差时，经济收支顺差都超过5年，在我们国家遭受西方贸易制裁之后，出现了逆差。在这段时间里，我们终于扭转了鸦片战争前我国经常贸易逆差的持续格局，回到了明朝到鸦片战争之前顺差的格局。

中国改革开放以来，中国开放经济发展是突飞猛进的，这段时期里，中国经济发展最突出的特点之一就是对外贸易增长快于国民经济增长，对外贸易依存度持续上升到国际最高水平，中国多年的出口导向战略为中国创造了世界第一的外汇储备，国际组织对认为中国的外贸神话是全球化时代最大的成功故事。

所谓贸易顺差（Favorable Balance of Trade）是指在特定年度一国出口贸易总额大于进口贸易总额，又称"出超"。表示该国当年对外贸易处于有利地位。

贸易逆差是指一国在一定时期内（如一年、半年、一季、一月）进口贸易总值大于出口总值，俗称"入超"，即"贸易逆差"，或叫"贸易赤字"；表明一国的外汇储备减少，该国商品国际竞争力弱，该国当年在对外贸易中处于不利地位。

换一种说法来说，在一定的单位时间里（通常按年度计算），贸易的双方互相买卖各种货物，互相进口与出口，如果甲方的出口金额大过乙方的出口金额，或甲方的进口金额少于乙方的进口金额，其中的差额，对甲方来说，就叫做贸易顺差；反之，对乙方来说，就叫做贸易逆差。一般就贸易双方的利益来讲，其中得到贸易顺差的一方是占便宜的一方，而得到贸易逆差的一方则是吃亏的一方。可以这么说，贸易其实是为了赚钱，而贸易顺差的一方，就是净赚进了钱；而贸易逆差的一方，则是净付出了钱。

贸易顺差的大小在很大程度上反映一国在特定年份对外贸易活动状况。通常情况下，一国不宜长期大量出现对外贸易顺差，因为此举很容易引起与有关贸易伙伴国的摩擦。例如，美、日两国双边关系市场发生波动，主要原因之一就是日方长期处于巨额顺差状况。与此同时，大量外汇盈余通常会致使一国市场上本币投放量随之增长，因而很可能引起通货膨胀压力，不利于国民经济持续、健康发展。同样，一国政府当局应当设法避免长期出现贸易逆差，因为大量逆差将致使国内资源外流，对外债务增加，这种状况同样会影响国民经济正常运行。

贸易顺差越多并不一定好，过高的贸易顺差是一件危险的事情，意味着本国经济的增长比过去几年任何时候都更依赖于外部需求，对外依存度过高。巨额的贸易顺差也带来了外汇储备的膨胀，给人民币带来了更大的升值压力，也给国际上贸易保护主义势力以口实，认为巨额顺差反映的是人民币被低估。这增加了人民币升值压力和金融风险，为人民币汇率机制改革增加了成本和难度。比较简单的对策就是拉动国内消费。

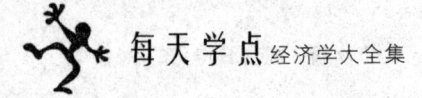

贸易补贴：进出口贸易的津贴

New Page（新页公司）——这个即使在美国也没几个人知道的名字，却在西方"愚人节"这天进入了无数中国人的视野。

这家位于美国俄亥俄州、年销售额20亿美元的造纸公司不是在开玩笑。因为美国商务部的一个表态，其早先的一纸诉状，很可能就此成为撬动中美两个大国贸易关系的一个支点。

2007年3月30日上午11时，美国商务部长古铁雷斯宣布，将改变维持23年之久的贸易政策，对一直被美国认定为"非市场经济"的中国使用反补贴税贸易惩罚手段。

根据美国商务部的这一初步决定，多家中国造纸公司的铜版纸产品将遭征收反补贴税。其中，山东晨鸣纸业集团遭征收的关税为10.9%，江苏金东集团遭征收20.35%，其他多家公司遭征收18.16%。

1984年，美国商务部做出一项决定，对于美国认定的"非市场经济国家"不使用反补贴税惩罚手段。1986年，美国联邦法院在"乔治城钢铁案"中对这一政策做出确认，判定商务部有权决定是否使用反补贴税手段。

不过，古铁雷斯说，时代变了。他说，商务部在1984年做出决定时，当时的共产主义国家里的公司不会因为政府补贴而调整其商业行为。但是，"2007年的中国不是20世纪80年代中期的苏联、东欧集团的经济状况。中国的公司会根据补贴做出反应，而且我们可以合理地估量出这些反应"。古铁雷斯说。

实际上，一些美国相关企业和人士一直在酝酿和推动使用反补贴税手段来对付中国，不过，这些动作主要是通过国会的渠道进行。按照美国的宪政，要改变一项在司法判例中确定的原则，需要通过立法手段来加以推翻。因此，国会中陆续有议员尝试推动立法，迫使行政部门对中国使用反补贴税手段。

那么到底什么是补贴与反补贴呢？

国家对进出口贸易给予的津贴就是贸易补贴。贸易补贴可以是直接的，也可以是间接的。直接贸易补贴简单来说就是负税，其后果与税收正相反。间接贸易补贴则一般采取放宽信贷、廉价使用能源或免费使用基础设施等方式。补贴量可以与贸易量保持某一固定比例关系，称为从量补贴；也可以与贸易值保持某一固定比例关系，称为从价补贴。

比如在贸易补贴中的出口补贴，又称出口津贴，是一国政府为降低出口商品的价格，加强其在国外市场上的竞争能力，在出口某种商品时给予出口厂商的现金补贴或财政上的优惠待遇。其方式有直接和间接两种：直接补贴，出口某种商品时，直接付给出口厂商的现今补贴。间接补贴，政府对某些出口商品给予财政上的优惠。

而反补贴是指一国反倾销调查机关实施与执行反补贴法规的行为与过程。其中的补贴是指一国政府或者任何公共机构向本国的生产者或者出口经营者提供的资金或财政上的优惠措施，包括现金补贴或者其他政策优惠待遇，使其产品在国际市场上比未享受补贴的同类产品处于有利的竞争地位。

世界贸易组织反补贴协议将补贴分为三种基本类型：禁止性补贴、可诉补贴和不可诉补贴。针对前两种补贴，国家可以向世界贸易组织申诉，通过世界贸易组织的争端机制经授权采取的反补贴措施；进口成员根据国内反补贴法令通过调查征收反补贴税。

商品倾销：以低价格占领市场

在1855年以前的10年间，英国对华工业品贸易始终在200万英镑左右徘徊。拥有3.6亿人口的中国，1853年人均消费英国棉纺织品的价值只有0.75便士；而仅有14 600人口的洪都拉斯却人均消费英国棉纺织品934.5便士，是中国的1 246倍。直到第二次鸦片战争后的1865年，在对外合法贸易中，中国才第一次出现逆差。

在市场竞争中，要想使自己的商品畅销，除质量因素外，最重要的就是商品的价格，尤其是当时像中国这样的自然经济占主导地位的国家。也就是说，必须使自己的商品成为"廉价"的商品，才能使崇尚节俭的中国人去购买它的商品。

英国率先完成了工业革命，早已用机器大工业生产取代了手工劳动，比中国的手工业者的劳动效率不知要高多少倍，其商品价格可以相应地降低为中国的多少分之一。当两国同样的商品放在一起时，英国商品就可轻易地变成"廉价"商品。

英国的"廉价"商品比中国自然经济条件下的手工业产品生产成本低，其竞争能力自然就强，所以在英国的棉纺织品大量涌入中国市场之

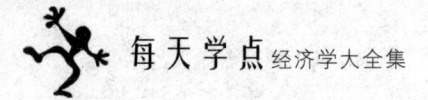

后，中国的手工业者就纷纷破产。这样，为其生产原料的农民就只好将原料转卖给外国人，也就造成了中国原料被掠夺的情况。

商品倾销（Dumping），是指大企业在控制国内市场的条件下，以低于国内市场的价格，甚至低于商品生产成本的价格，在外国市场抛售倾销商品，打击竞争者以占领市场。

关于执行1994年关贸总协定第6条的协议规定，如果在正常的贸易过程中，一项产品从一国出口到另一国，该产品的出口价格低于在其本国内消费的相同产品的可比价格，也即以低于其正常的价值进入另一国的商业渠道，则该产品将被认为是倾销。

倾销通常具有以下若干特征：

第一，倾销是一种人为的低价销售措施。它是由出口商根据不同的市场，以低于有关商品在出口国的市场价格对同一商品进行差价销售。

第二，倾销的动机和目的是多种多样的，有的是为了销售过剩产品，有的是为了争夺国外市场，扩大出口，但只要对进口国某一工业的建立和发展造成实质性损害或实质性威胁或实质性阻碍，就会招致反倾销措施的惩罚。

第三，倾销是一种不公平竞争行为。在政府奖励出口的政策下，生产者为获得政府出口补贴，往往以低廉价格销售产品；同时，生产者将产品以倾销的价格在国外市场销售，从而获得在另一国市场的竞争优势并进而消灭竞争对手，再提高价格以获取垄断高额利润。

第四，倾销的结果往往给进口方的经济或生产者的利益造成损害，特别是掠夺性倾销扰乱了进口方的市场经济秩序，给进口方经济带来毁灭性打击。

商品倾销通常由私人大企业进行，但随着国家垄断资本主义的发展，一些国家设立专门机构直接对外进行商品倾销。商品倾销一般分为三种情况：

（1）偶然性倾销：因为销售旺季已过，或公司改营其他业务，把"剩余产品"在外国抛售。

（2）间歇性倾销：以低于市场价格甚至是成本价格，在外国市场倾销，垄断市场后再提价。

（3）长期性倾销：产品以低于国内价格出售，但出口价格高于生产成本，采用规模经济来扩大生产，降低成本。

WTO：世界贸易的协调者

据说，有一个美国投资商去重庆考察投资环境，他向当地官员提了三个问题:"第一,我想知道我到你们这里投资能享受什么样的政策?第二,到这里投资我会遇到什么样的风险?第三,我希望知道,当我落实投资并投产以后,假如我死(即企业破产倒闭)是怎么死掉的?"当地官员回答说,你到我们这里投资,中国其他地方有的优惠政策我都给你,别人没有的我也给你。对第二点,当地官员说,投资风险当然有,但你的风险就是我的风险,你的困难就是我的困难,所有的风险都能帮你解决,你就踏踏实实投资。美国人说,请告诉我第三点,假如我的投资在这儿死掉是怎么死的。那位官员自认为幽默地笑着说:"你放心,你死不了,枪打我给你堵枪眼,跳楼我先跳,哪能让你死?"当天晚上,美国人答复说,我不能在这儿投资。当地官员惊异地问,为什么?美国人说:"你可以给我别人没有的政策,你也可以给别人我没有的政策,这不合国际规范,况且,按照国际通行规则,我不知道会怎么死,就不知道该怎么活,我怎么做投资?所以我不能把钱拿出来。"

　　这个故事反映了国际经济中最被看重的一点:公平。因此,为了公平起见,产生了一个这样的组织调和世界经济贸易中的不公平现象和争端。这就是WTO——世界贸易组织。中国2001年加入了世贸组织,博鳌论坛秘书长龙永图曾经打趣说:"一个大个子和小个子发生矛盾时,大个子最喜欢两个人面对面解决,把小个子拉到阴暗的角落里单挑,狠揍一顿。小个子则希望把冲突拿到人多势众的地方去,希望有人来主持公道,请大家来讲点道理。"

世贸组织是一个独立于联合国的永久性国际组织。1995年1月1日正式开始运作,负责管理世界经济和贸易秩序,总部设在瑞士日内瓦莱蒙湖畔。1996年1月1日,它正式取代关贸总协定临时机构。世贸组织是具有法人地位的国际组织,在调解成员争端方面具有更高的权威性。它的前身是1947年订立的关税及贸易总协定。与关贸总协定相比,世贸组织涵盖货物贸易、服务贸易以及知识产权贸易,而关贸总协定只适用于商品货物贸易。世贸组织与世界银行、国际货币基金组织一起,并称为当今世界经济体制的"三大支柱"。目前,世贸组织的贸易量已占世界贸易的95%以上。

WTO的宗旨是:促进经济和贸易发展,以提高生活水平、保证充分就业、保障实际收入和有效需求的增长;根据可持续发展的目标,合理利用世界资源、扩大商品生产和服务;达成互惠互利的协议,大幅度削减和取消关税及其他贸易壁垒并消除国际贸易中的歧视待遇。

WTO的基本原则是在继承GATT(关税与贸易总协定)基本原则的基础上,进行必要的补充和修改而来的。它们源自1994年的GATT、服务贸易总协定和历次多边贸易谈判所达成的一系列协议。最主要的几项原则如下：

最惠国待遇原则：最惠国待遇是指缔约一方现在和将来给予任何第三方的优惠，也给予所有缔约方。在国际贸易中，最惠国待遇是指签订双边或多边贸易协议的一方在贸易、关税、航运、公民法律地位等方面，给予任何第三方的减让、特权、优惠或豁免时，缔约另一方或其他缔约方也可以得到相同的待遇。

国民待遇原则：国民待遇是指在贸易条约或协议中，缔约方之间相互保证给予对方的自然人（公民）、法人（企业）和商船在本国境内享有与本国自然人、法人和商船同等的待遇。就是把外国的商品当做本国商品对待，把外国企业当做本国企业对待。其目的是为了公平竞争，防止歧视性保护，实现贸易自由化。

无歧视待遇原则：无歧视待遇原则又叫无差别待遇原则，是WTO最重要的原则之一。它规定缔约方一方在实施某种限制或禁止措施时，不得对其他缔约方实施歧视待遇。无歧视待遇的原则要求每个缔约方在任何贸易活动中，都要给予其他缔约方以平等待遇，使所有缔约方能在同样的条件下进行贸易。

互惠原则：互惠是指两国或多国之间在贸易利益或特权方面的相互或相应让与。互惠原则体现在关税、运输、非关税壁垒方面削减和知识产权方面的相互保护等。

关税减让原则：关税和非关税措施是国家管制进出口贸易的两种常用方式。与名目繁多的非关税措施相比，关税的最大优点是它具有公开性和可计量性，能够清楚地反映关税对国内产业的保护程度。在WTO中，关税是唯一合法的保护方式。不断地降低关税是WTO最重要的原则之一。目前，关税的总体水平，发达国家大约在4%以下，发展中国家约为10%左右。

取消数量限制原则：数量限制是非关税壁垒中最常用的方法，是政府惯用的手段，常被用来限制进出口数量。WTO倡导贸易自由化，主张取消任何非关税壁垒。

数量限制的主要形式是：配额、进口许可、自动出口约束和禁止。

透明度原则：贸易自动化和稳定性是WTO的主要宗旨，而实现这一宗旨，有赖于增强贸易规章和政策措施的透明度。因此，WTO为各缔约方的贸易法律、规章、政策、决策和裁决规定了必须公开的透明度原则。其目的在于防止缔约方之间进行不公平的贸易。透明度原则已经成为各缔约方在货物贸易、技术贸易和服务贸易中应遵守的一项基本原则，它涉及贸易的所有领域。

热钱：投机性短期资本

在1848年的美国政府中，专业的马戏团小丑丹·赖斯，在为扎卡里·泰勒竞选宣传时，使用了乐队花车的音乐来吸引民众注目。此举为泰勒的宣传取得了成功，越来越多的政客为求利益而投向了泰勒。到1900年，威廉·詹宁斯·布莱恩参加美国总统选举时，乐队花车已成为竞选不可或缺的一部分。由此学界产生了一个术语：从众效应——又被称为"乐队花车效应"。因为"从众效应"同样在平民中得到应验：在总统竞选时，参加游行的人们只要跳上了搭载乐队的花车，就能够轻松地享受游行中的音乐，又不用走路，因此，跳上花车就代表了"进入主流"。于是，越来越多的人跳上花车。这种效应在资本市场被称为"热钱羊群效应"，指的是一种典型的"套利投机性质"的"异常情况"：受从众效应影响，当购买一件商品的人数增加，人们对它的偏爱也会增加。这种关系会影响供求理论所解释的现象，因为供求理论假设消费者只会按照价格和自己的个人偏爱来买东西。比如在股票市场中，如果某一只股票有很多人在买，那么买的人就会越来越多。所以在证券交易市场中，从众效应可以使一支证券短时间内提升至一个不合理水平。而这些在短期内推动证券大幅上涨的资本，就是投机性短期资本，即热钱。

热钱（Hot Money），又称游资或叫投机性短期资本，只为追求最高报酬以最低风险而在国际金融市场上迅速流动的短期投机性资金。热钱具有"四高"特征：高收益性与风险性；高信息化与敏感性；高流动性与短期性；投资的高虚拟性与投机性。

国际间短期资金的投机性移动主要是逃避政治风险，追求汇率变动，重要商品价格变动或国际有价证券价格变动的利益，而热钱即为追求汇率变动利益的投机性行为。当投机者预期某种通货的价格将下跌时，便出售该通货的远期外汇，以期在将来期满之后，可以较低的即期外汇买进而赚取此一汇兑差价的利益。由于此纯属买空卖空的投机行为，故与套汇不同。在外汇市场上，由于此种投机性资金常自有贬值倾向货币转换成有升值货币倾向的货币，增加了外汇市场的不稳定性，因此，只要预期的心理存在，唯有让升值的货币大幅波动或实行外汇管制，才能阻止这种投机性资金的流动。

热钱进入渠道多达十余种，主要渠道有：

其一，虚假贸易。在这一渠道中，国内的企业与国外的投资者可联手通过虚高报价、预收货款、伪造供货合同等方式，把境外的资金引入。

其二，增资扩股。既有的外商投资企业在原有注册资金基础上，以"扩大生产规模"、"增加投资项目"等理由申请增资，资金进来后实则游走他处套利；在结汇套利以后要撤出时，只需另寻借口撤销原项目合同，这样热钱的进出都很容易。

其三，货币流转与转换。市场有段顺口溜可说明这一热钱流入方式："港币不可兑换，人民币可兑换，两地一流窜，一样可兑换"。国家外汇管理局在检查中发现，通过这种货币转换和跨地区操作的办法，也使得大量热钱"自由进出"。

其四，地下钱庄。地下钱庄是外资进出最为快捷的方式。很多地下钱庄运作是这样的：假设你在香港或者境外某地把钱打到当地某一个指定的账户，被确认后，内地的地下钱庄自然就会帮你开个户，把你的外币转成人民币了。根本就不需要有外币进来。

第十三章　股市是一个大赌场吗

——关注金融体系与金融工具要学的经济学

> 政府的当务之急，不是要去做那些人们已经在做的事，无论结果是好一点还是坏一点；而是要去做那些迄今为止还根本不曾为人们付诸行动的事。
>
> ——约翰·梅纳德·凯恩斯
>
> 稳定经济的任务，要求我们能够控制住经济、使之不至于偏离持续高就业之路太远。就业率过高将导致通货膨胀，而过低又意味着衰退。灵活审慎的财政政策和货币政策，能够帮助我们在这两条路中间穿过一条"狭窄的通道"。
>
> ——约翰·肯尼迪

金融市场：合法的赌局

一个教授甲和另一个教授乙心血来潮，用100万美元的诱惑来赌博割自己的肉，甲教授与乙教授协议，如果他敢割自己的肉，那么乙教授必须把100万美元给他。乙教授同意了，甲教授联想到当年关云长为了活命，忍痛刮骨疗伤。今天有100万的美元在这里，也不妨效法古人一番，于是狠下心来，割了自己一刀。OK！100万美元到手了。乙很不情愿地签了支票。

乙一路郁郁寡欢心里很不舒服，不但想把100万美元赚回来，而且还想多赚，于是跟甲说，我割自己的肉两次，你给我150万美元，可以打折。原价是200万美元。甲觉得实惠，就同意了。结果甲给了乙150万美元。甲又想赚回来。如果他们继续这样赌下去，每次都想比上次赚得更多，那么最终结果只有两个，每次交易都要交税，而且自己都不断在割肉。

如果甲和乙的交易是通过金融机构的平台进行的，那么必须给金融机构缴纳佣金。金融机构眼看着甲和乙自残的乐趣，还大把大把地收着钞票，甲和乙是费力不讨好。

其实金融里的博弈就是这样子，每个游戏的参与者，都不会产生任何价值，只是把钱从甲手里转到乙手里，再从乙手里转到丙手里，如此循环往复，每一次，每个人都希望从别人那里赚到更多的钱。所以对金融市场有一个确切的评价：合法的赌局。

就像一个赌局里，金融交易机构就是看台子的，而消费者是进入里面的赌徒，你赔得倾家荡产，还是赚的盆钵满贯，与它没关系，反正它只收取抽成。那坐庄的永远掌握着游戏规则，你来之必须适之。你的钱被金融玩家玩来玩去，很可能发觉自己什么都没得到，不但耽误精力，反而被人无形中把手头的钱弄走了。

金融里风云诡诈，平时听这个说某基金经理多么挣钱，听那个说某分析师可以拿到年薪几十万元，似乎金融行业处处是钱。就是找工作很多人也抱定决心非金融行业不进。金融行业似乎是一片光明的坦途，一个普通的分析师，以天相投资为例，进去后可以拿到每月4 000元人民币的薪资，签上三年约，违约金比较高，所以一般都老老实实地在里面干上三年，然后就跳槽可以上到1万多元，然后逐渐地成了几十万元，很多人去金融行业冲的不是这个，而是将来可以做到基金经理，基金经理加上分红可以拿到上千万。但金融行业是不是真的那么有钱呢？电视上那么多分析师，天相这样的公司也是每年海量招聘，难道一进入金融行业，就会有那么多钱了吗？如果一个分析师，真的可以拿到年薪几十万元的话，那么他用这几十万元年薪去炒股早就上亿资产了，中国上亿资产的有几个人？但如果他没那样的把握，又怎么能被基金公司开到几十万元的年薪呢？那得是一张什么样的嘴，点股成金！金融行业里涌动的不是金钱，是挣钱的冲动。一个散户林园曾经被称为中国的股神，说他8 000元入市，16年炒成了4亿元。不管真假，林园的神话，的确也让一大部分人心动，很多股民到处去讨教高招，以为股市投资有什么诀窍，至于黄金和期货，就更让人向往了，黄金在中国的炒作还是新生事物，期货可以用杠杆资金，使一些想赚钱却没有钱的人心向往之。但是"打工皇帝"唐竣说过一句话，他从不投资金融市场，包括股票和期货以及其他的金融衍生品，因为总是赚得少，赔的多，唐竣以其对财富的驾驭能力，他的话应该很有参考价值，就是不要相信金融市场有什么奇丹妙药可以让你屡战屡胜，这里达摩克利斯之剑永远悬挂在上空，你随时可能会中招。今天你不中，也无非就是割肉的是教授甲，你充当了教授乙；明天你中了，你就是割自己肉的人。如果想在金融行业玩下去，那就有勇气永远尝试自残的乐趣，很多人在金融行业把血本搭进去，赚的时候，皆大欢喜，一旦赔钱了。一哭二闹三上吊，有的就直接跳楼了，2008年股市大跌的时候，就出现了很多这样的事,玩不起,就不要羡慕人家玩的挣钱,为了欲望把生命搭上非常不值!金融行业本身就是零和博弈,要有充分的准备,你拿了别人的钱,总有一天要还回去,还是那句老话,出来混总是要还的。

金融里的博弈:谁是冤大头

美国有个总统,他小时候很是木讷,人们都说他傻。因为每次人们投钱在地上,有5角的,有1元的,而这个孩子每次只拣5角的。于是人们就认为这个孩子真的傻,见人就推荐实验一下,果然只要人们一投钱,他就拣少的,而伙伴们全都拣多的。一个老太太善意地劝告孩子,别再做冤大头了,要拣多的,别拣少的,孩子嘿嘿一笑,诡秘道:"如果我拣多的,他们还会给我投钱吗?"

到底谁是冤大头?

一个消费者总有不断赚钱的欲望,他相信钱必须要通过钱来赚,笃信金融业暴利的神话,看到某某忽然暴富了,通过玩资本,玩金融赚的,于是疯狂投资,追捧。但金融市场博弈的结果却是几家欢乐几家愁。别人赚了自己未必赚,往往是盲目跟进的时候,自己做了冤大头。就像上面故事中的那个孩子,虽然表面看起来他是冤大头,但他却得到了实实在在的收益,那些给他投钱的人最终才是真正的冤大头。

在金融市场上,心态是最重要的,人们都讲散户是不会赚钱的,这句话也有道理,因为你在金融市场如果是以赚钱为目的的,很容易出现急功近利的心态,从而使自己陷入自己设计的魔圈,多数人在金融市场没有理性的头脑分析,他们一看到别人炒作什么赚钱了便也想跟着去做,结果就赔掉了。

金融本来就是虚拟经济,本身不会创造财富。只是财富在彼此之间转来转去的游戏,是一场零和游戏,赢和赔也无非就是甲的钱到乙那儿,乙的钱到甲那儿,在这个游戏中,金融机构既是平台提供者又是参与者。

比如证券交易所,就是专门为人们进行证券交易,股权交易提供的交易平台,证券交易所不是盈利机构,是一个管理机构,每笔交易都会收一定的佣金,证券交易所的工作人员称为证券经纪人。某种意义上说,证券交易所更像一个中介机构。

但基金公司却是市场的参与者,由银行出资或国家直接出资成立的基金公司称为公募基金,这里面的基金主要是来源于国家计划必须要保值增值的财产,比如养老金,基础建设基金,等等,这样的基金公司对风险控制比较严,一般购买国家中长期债券,或其他固定资产收益,有的也炒股票,当年诺贝尔奖金设立的时候,就

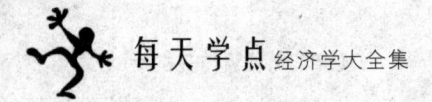

是为了规避风险，只买国家中长期债券，结果最后，差点入不敷出，在高利润的股票操作下，才使诺贝尔基金迅速增值。

私募基金是几个合伙人成立的，以信托和委托理财的形式替大众管理资金的一种金融机构，主要以高利润的股票操作为主，巴菲特是私募基金的开创人。现在市场上除了正规的私募机构外，还有一些股票操作高手，由于没有实力注册基金公司，与股民协议，用股民的钱炒股，赔了还给股民，赚了一起分成，分成利润多以三七开。对方占三，股民占七。

可以看出金融机构都是由实力强大，经验丰富的专家组成，他们在炒作股票的时候，往往提前有好几个方案，先行策划，并且要通过一些手段，包括拉高、震仓等来操纵某只股票，尽管国家严格规定不允许操作股市，但是股票市场没有坐庄者是不可能的。机构也会赔钱，但它赔了钱，顶多换个基金经理继续操作。但散户要是赔了，由于没有那么多的实力，很可能把自己的养老钱赔进去。金融市场上永远没有真正的赢家，由于本身就是一场金钱游戏，所以总有制定规则的人，有的人跟风赚了，有的人跟风赔了。在金融市场上，你不是冤大头，他就是，只有心态良好的人，才能稳坐钓鱼台。所以金融市场有时候玩的只是一种心态。心态好的人，看着别人赚钱，他不眼红，心态差的人，看着自己赔钱，他不着急割肉，因为他有自己的思路，不管是黄金、期货、股票、还是股指期货，只要是金融产品或衍生品，都是一样的道理。2008年机构有很多被套住了，平安保险海外基金经理也被换掉了，但作为没有承受能力的个人，却背负了大量债务，有的甚至选择了自杀。

金融市场谁是冤大头，没有清晰思路的人就会做冤大头。

彩票，赌博与投资：挑美女的心理

从100张美女照片中选出你认为最漂亮的脸蛋，选中有奖，选不中要处以罚金，最漂亮的标准是由大多数人投票选择，你应该怎样投票呢？你也不知道怎么样去投，但是你会选择一个自己认为大多数人都会认可的漂亮脸蛋。你选择的标准不是照片上的美女多么漂亮，而是大多数人的心理预期。

学习经济学，它并不会教你如何赚钱，但它可以教会你如何做出选择；选对了，你就能赚到大钱。

投资就是寻找大多数人都认为的价格区间，找准了，你就投中了，在投资中赚钱的是少数人，赔钱的是多数人，所以找对众人心尤其重要，在社会中有人把投资和彩票赌博一起提，以为他们都一样，因为结果都是赚钱的少赔钱的多，因此有人把购买彩票也看成投资，彩票和赌博有一定的相通性，就是都希望小成本获得大收益的期望心理。

通过彩票赚钱的几率非常渺茫，从数学角度来看，买彩票中奖的概率要小于去买彩票的道路上被汽车撞死的概率。每年全世界出车祸而死的人数以万计，但是中了上亿美元大奖的却没有几个。通常赌场的赔率是80%，甚至更高，但依然吸引着太多的人去赌博，这些都是因为人们希望小成本换取大收益的期望太大了，太多的人希望一夜暴富。

投资也是这样，人们购买股票或期货，就是希望看好这只股票或期货，可以猛涨。但多数情况下，还是猛涨的少，投资和赌博、彩票都有一个最大的共同点：人在操作的时候无法控制自己的贪欲，即使再科学的计算，也不能阻止心灵的冲动。举个例子，从心理学角度来讲，大多数情况下，人们对所损失价值的估计高出得到相同东西价值的两倍，比如一个赌徒带了几千元钱去赌场，他希望赚回100元，当他赚了100元的时候，他肯定会很高兴，但在下一次赌博的时候，他输掉了100元，尽管没有赔没有赚，但他还是觉得自己亏了，因为人们一般对损失所感受到的痛苦要远远大于拥有所带来的快乐，类似这样的心理特征，在投资、赌博和彩票上表现的都是一致的。所以有时候，越输越赌，希望把输掉的钱赢回来，投资也是这样，越赔越想多赚，买彩票已经买了几张了，钱不能白花，于是就还想继续买。

但投资和赌博还是有显著不同的地方：投资要求期望收益一定是大于0的，而赌博不要求，每笔投资人们都是希望可以赚钱的，但买彩票和赌博不是这样，人们买彩票虽然希望哪个得中，但不是每一个彩票都有这样的预期收益，还有赌大小，不是每一笔都希望会赢钱，因为参与者本身知道这是随机的。所以买彩票和赌博主要是侥幸心理在起作用，但是投资却不是这样的，投资需要对市场里参与的众人进行分析和预测，投资需要回避风险，赌博买彩票是要寻找风险，赌博是与随机性博弈，而投资却是与很多人进行零和博弈，也就是把大家伙的钱拿到我们腰包里来，这与如何分析众人的投资心理关系很重要，但还是有很多人带着赌博的心理去投资，就像一开始我们提到的，100张照片，哪个是最美的呢？因为无法猜测众人的心理，所以只好凭直觉，选择一个最美的，押下宝，等众人的投票结果出来了，再看是押对了还是押错了。所以有人讲用赌博的办法来操作期货，首先下1%或1元的赌注，如果输了，赌注加倍，如果赢了，从头开始再下1%或1元的赌注，理由是不管输多少次，只要有一次赢了，就可以扳回前面全部的损失，反过来成为赢家，赢1%或1元。比如第一次你赌输了，输了2元，因为赌注是1元；第二次你又输了，就输了4元，因为赌注是2元；如果连续输，赌注每次都加倍，赌注逐渐上涨到4元，8元，16元……在这个过程中只要你赢一次就全赢回了，然后再从头开始以1元起步。这样的方法是赌博的一种不错的方法，但是操作期货就没太多必要，因为期货一开始可以操作一个100万元的单子，如果赔了20万元（期货不会全赔，与赌博不同），下次接着再操作200万元的单子，这样一直下去，希望一次赢了可以都赚回来，这样没有太多意义，因为期货的随机性不大，它主要依靠市场价格的预测，赌博对下次出现的机会是一点也拿不准的，而期货却是自己根据信息的判断有一定的把握的，与其一点点的投资，还不如一下子就投资进去。

赌博的心态在投资中经常出现，有时候人们觉得投资本身就是赌博，有的人投资能赚钱，有的人投资总赔钱，以为是运气的因素。其实不是，理智的分析能力还是占第一位的，当然无论怎么样分析也不可能把市场全部看清楚，但科学的分析在投资中会减少损失。

对冲基金：索罗斯的智慧

20世纪90年代以来，对冲基金行业获得极大的发展，其表现引人注目，从1992年欧洲货币危机，1994年债券市场危机，到1997年的亚洲金融危机，世界似乎越来越不得安宁。许多人指责对冲基金是金融风险之源，特别是导致了亚洲金融危机。

就在美国金融危机导致经济全面萧条的时刻，金融杂志《Alpha》2009年4月13日的一则消息引起了人们的关注：国际著名对冲基金投资者索罗斯自2007年美国陷入经济危机至今，总共大赚了27.5亿英镑，并居年度赚钱最多的对冲基金经理排行榜第4名。报道称，索罗斯等对冲基金经理的沽空投机活动，被指是引发金融海啸的原因之一，消息令不少在经济危机中损失惨重的商人和家庭愤慨。

看到这里你一定很奇怪，对冲基金怎么会在经济全面萧条的背景下赚那么多钱呢？到底什么是对冲基金呢？

对冲基金（也称避险基金或套利基金）意为"风险对冲过的基金"，起源于20世纪50年代初的美国。早期的对冲为的是真正的保值，曾用于农产品市场和外汇市场。当时的操作宗旨在于利用期货、期权等金融衍生产品以及对相关联的不同股票进行买空卖空、风险对冲的操作技巧，在一定程度上可规避和化解投资风险。套期保值者一般都是实际生产者和消费者，或拥有商品将来出售者，或将来需要购进商品者，或拥有债权将来要收款者，或负人债务将来要偿还者，等等。这些人都面临着因商品价格和货币价格变动而遭受损失的风险，对冲是为回避风险而做的一种金融操作，目的是把暴露的风险用期货或期权等形式回避掉（转嫁出去），从而使自己的资产组合中没有敞口风险。比如，一家法国出口商知道自己在三个月后要出口一批汽车到美国，将收到100万美元，但他不知道三个月以后美元对法郎的汇率是多少，如果美元大跌，他将蒙受损失。为避免风险，可以采取在期货市场上卖空同等数额的美元（三个月以后交款），即锁定汇率，从而避免汇率不确定带来的风险。对冲既可以卖空，又可以买空。如果你已经拥有一种资产并准备将来把它卖掉，你就可以用卖空这种资产来锁定价格。

经过几十年的演变，对冲基金已失去其初始的风险对冲的内涵，演变为一种新的投资模式的代名词，即基于最新的投资理论和极其复杂的金融市场操作技巧，充分利用各种金融衍生产品的杠杆效用，承担高风险，追求高收益的投资模式。

这种金融游戏的好处是它可以给基金投资者非常高的回报。原因是对冲基金可以操控比自有资本大得多的交易，因为它可以用"卖空"过程中获得的现金去"买空"。有时候对冲基金可以控制比自有资本大100倍的交易，这意味着如果它控制的资本上升1%或者它的负债下降1%，它的资本就会翻一番。

这种金融游戏的坏处在于对冲基金亏损起来也非常快。如果市场变化与对冲基金的估计相反，很容易就会耗尽对冲基金的资本或者至少可以损失到使它丧失卖空的能力，也就是说，那些借给对冲基金股票或者其他资产的债权人会要求还债。

对冲基金的组织结构一般是合伙人制。基金投资者以资金入伙，提供大部分资金但不参与投资活动；基金管理者以资金和技能入伙，负责基金的投资决策。由于对冲基金在操作上要求高度的隐蔽性和灵活性，因而在美国对冲基金的合伙人一般控制在100人以下，而每个合伙人的出资额在100万美元以上（不同的国家，对于对冲基金的规定也有所差异，比如日本对冲基金的合伙人要求控制在50人以下）。由于对冲基金多为私募性质，从而规避了美国法律对公募基金信息披露的严格要求。

对冲基金中最著名的莫过于乔治·索罗斯的量子基金及朱里安·罗伯逊的老虎基金，它们都曾创造过高达40%~50%的复合年度收益率。乔治·索罗斯，一个匈牙利难民出身的美国企业家，在1969年成立了他的量子基金。索罗斯一向擅长在经济危机中逆市赚钱，他的代表作是在1992年"黑色星期三"中，疯狂沽空英镑，击溃英伦银行，并在这一役中获利多达15亿美元。

此事源于1990年英国加入了欧洲货币体系的汇率机制（ERM），这是一套作为向统一欧洲货币体系过渡的固定汇率机制，然而英国不喜欢这套被迫加入的制度。虽然法律上各个国家都是平等的，但实际上，每个国家都向德国中央银行的货币制度看齐。同时，以较高的汇价基础进入欧洲汇率机制的英国，处在比较严重的经济衰退之中，其政府的支持率越来越低。尽管官员们坚决否认英国会退出欧洲汇率机制,但总是存在烦人的疑问:这些官员是否真的这么想。1992年9月,德国中央银行行长在《华尔街日报》上发表了一篇文章,文章中提到,欧洲货币体制的不稳定只有通过货币贬值才能解决。索罗斯机敏地意识到英国日益高涨的泡沫经济必然令当局将英镑贬值,德国马克将不再支持英镑,于是他旗下的量子基金以5%的保证金方式大笔借贷英镑,购买马克。他的策略是:当英镑汇率未跌之前用英镑买马克,当英镑汇率暴跌后卖出一部分马克即可还掉当初借贷的英镑,剩下的就是净赚。在此次行动中,索罗斯的量子基金卖空了相当于70亿美元的英镑,买进了相当于60亿美元的马克,在一个多月的时间内净赚15亿美元,而欧洲各国中央银行共计损伤了60亿美元,此次事件以英镑在1个月内汇率下挫200名而告终。

毫无疑问,对冲基金已经蹂躏了世界市场。考虑到对冲基金这条金融大鳄的巨大危害性,在伦敦金融峰会上各国达成共同打击国际金融市场上容易兴风作浪的对冲基金以及避税天堂等投机势力的共识,将把对冲击基金纳入监管范围。看来这条金融大鳄的前景不那么乐观了。

虚拟经济:摸不着但看得见

假设一个市场,有两个人在卖烧饼,有且只有两个人,我们称之为烧饼甲、烧饼乙。他们每个烧饼卖1元钱就可以保本。

一个游戏开始了:甲花1元钱买乙一个烧饼,乙也花1元钱买甲一个烧饼。甲再花2元钱买乙一个烧饼,乙也花2元钱买甲一个烧饼,现金交付。甲再花3元钱买乙一个烧饼,乙也花3元钱买甲一个烧饼,现金交付。

于是在整个市场的人看来,烧饼的价格飞涨,不一会儿就涨到了每个烧饼60元。但只要甲和乙手上的烧饼数一样,那么谁都没有赚钱,谁也没有亏钱,但是他们重估以后的资产"增值"了。甲乙都拥有高出过去很多倍的"财富",他们的身价提高了很多,"市值"增加了很多。

这个时候有路人丙,一个小时前路过的时候知道烧饼是1元一个,现在发现是60元一个,他很惊讶。他毫不犹豫地买了一个,他确信烧饼价格还会涨,还有上升空间,并且有人给出了超过200元的"目标价"。

在烧饼甲、烧饼乙赚钱的示范效应下,甚至在路人丙赚钱的示范效应下,接下来买烧饼的路人越来越多,参与买卖的人也越来越多,烧饼价格节节攀升。所有的人都非常高兴,但是很奇怪:所有人都没有亏钱。

有人问了:买烧饼永远不会亏钱吗?看样子是的。但是突然有一天市场上来了一个人，说了句："一个烧饼的成本价就是1元"。一语惊醒梦中人，人们也在突然间发现烧饼确实没有那么高的价值。于是，人们争相抛售，烧饼的价格急剧下降。

这时，谁赚了钱？就是占有烧饼最少的人！

虚拟经济是相对实体经济而言的，是经济虚拟化的必然产物。这是近年来出现的一个新词语，最为普遍的解释，是指与虚拟资本以金融系统为主要依托的循环运动有关的经济活动，简单地说，就是直接以钱生钱的活动。

几个白天黑夜都梦想着发财的人，使用了很多手段，比如办厂、养牛羊、挖矿山，但这些行动的最终结果都以失败而告终。发财无门的他们，便想出一个妙招：

他们拿着一些写着面值1元的纸片对一群同样也渴望发财的傻瓜说，你们看，我们这里有一些神奇的纸片，它们不是货币但它们比货币还值钱。它们代表一座不断长高的金山，你们可以通过它神奇的升值来获得很多货币。你们看，现在这些纸片就已经升值了，我们可以把它们一张卖5元钱。于是傻瓜们一拥而上，抢购为先，他们花5元买一张纸片。

后来没有买到的傻瓜就以10元、20元甚至100多元的价格从前面的傻瓜手里买那些纸片，并且还给那些骗子交手续费。因为每个傻瓜从前面一个傻瓜的经历中获知这张纸片还会升值，并且有更大的傻瓜以更高的价格买下它们，这样他们就可以赚更多的钱。然而直到有一天，傻瓜们发现那些纸片其实连1元钱也不值，于是最后以最高价格买到那些纸片的傻瓜就成了最大的傻瓜。

赚了钱的傻瓜乐呵呵去卖另一种纸片，希望发更大的财。而那些成了最大傻瓜的人，赔了夫人又折兵，拿着那些曾经风光过的纸片哭爹喊娘无济于事后，便莫名其妙地怀疑起这怀疑起那来。

虚拟经济最早的起源可以追溯到私人间的商务借贷行为。例如某甲急需购买某种货物，但他本人没有足够的资金，而某乙手头正好有一笔钱闲置未用，于是某甲便向某乙借一定数额的钱，许诺在一定时期内还本付息。某乙手中的借据就是虚拟资本的一种雏形，它通过借款与还款的循环活动而获得增值。这时某乙并未从事实际的经济活动，只是通过一种虚拟的经济活动来赚钱。

虚拟经济具有如下四个基本特征。

1. 高度流动性

实体经济活动从生产到实现需求均需要耗费一定的时间，但虚拟经济是虚拟资本的持有与交易活动，只是价值符号的转移，相对于实体经济而言，其流动性很大。随着信息技术的快速发展，股票、有价证券等虚拟资本无纸化、电子化，其交

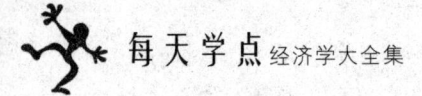

易过程在瞬间即可完成。

2. 不稳定性

各种虚拟资本在市场买卖过程中,价格更多地取决于虚拟资本持有者和参与交易者对未来虚拟资本所代表的权益的主观预期,而这种主观预期又取决于宏观经济环境、行业前景、政治及周边环境等许多非经济因素,增加了虚拟经济的不稳定性。

3. 高风险性

由于影响虚拟资本价格的因素众多,这些因素自身变化频繁、无常,并不遵循一定的规律,且随着虚拟经济的快速发展,其交易规模和交易品种不断扩大,使虚拟经济的存在和发展变得更为复杂和难以驾驭,再加上非专业人士受专业知识、信息采集、信息分析能力、资金、时间精力等多方面限制,虚拟资本投资成为一项风险较高的投资领域。

4. 高投机性

有价证券、期货、期权等虚拟资本的交易虽然可以作为投资目的,但也离不开投机行为,这是市场流动性的需要决定的。随着电子技术和网络高科技的迅猛发展,巨额资金划转、清算和虚拟资本交易均可在瞬间完成,这为虚拟资本的高度投机创造了技术条件,提供了技术支持。

金融泡沫:使其灭亡,必先使其疯狂

凡是吹过肥皂泡泡的人都会被它的七彩绚烂吸引,而孩子们更是乐此不疲。不过,我们也都明白,泡泡越大越圆越光鲜,离它的破灭往往就越接近,而且,这种破灭是瞬时完成的。

炒股炒成股东,炒房炒成房东。这是在金融泡沫破灭后,对投资者的形象描述。金融泡沫在膨胀的时候,我们几乎做什么都赚钱,股市一天可以有几百只股票上涨,涨停者也特别多。基金销售达到疯狂的境地,即使对基金没有概念的人也愿意去投资买上一些。退休的人纷纷拿出退休金,看到邻居买,自己也忍不住买上几只。大量的资金涌进股市,致使股市一片飘红。金属价格也不断上涨,期货随之上涨。人们纷纷囤积居奇,直到高位抛售。在价格疯狂的背后,是价格与价值的严重脱离。

上帝欲使其灭亡,必先使其疯狂。当数只股票已经连续拉上几个涨停的时候,当一一只股票的市值已经有几十倍的市盈率的时候,当可以投机的商品价格已经被投机商炒到一个非常高的位置的时候,金融泡沫破灭的危险已经悄悄降临了。

金融泡沫是指经济过热所造成的不正常膨胀,主要表现在房地产和股票方面。两者价格往往先是反常地急剧上涨,到了最后,当其价格已经严重背离其实际价值时,必然导致价格突然暴跌,资产猛然收缩,从而带来严重的经济危机。

说起来,金融泡沫倒还不是一个新鲜事物,早在400年前,西欧就第一次出现了"泡沫经济",不过它的主体有些特殊,不是现在常见的房地产和股票,而是美丽的郁金香。

当时郁金香从土耳其传入了西欧,善于开发的荷兰人很快就栽培出了更具观赏性的变种郁金香。物以稀为贵,这些郁金香球茎的价格也随之迅速上涨。在利益的驱动下,鲜艳的花朵成了投机的对象,以至于后来许多与培植郁金香没有什么直接关系的人也参与进来,并且许多人还真的一夜暴富。长此以往,渐渐地现货交易已经难以满足需要,于是期货交易又开始产生。投资者们不分男女老少,个个满面红光、满怀期待,希望借助郁金香的华丽让自己成为百万富翁,为此,不知有多少人高息贷款,放手一搏。

然而,此时泡沫经济突然显现了它的可怕。1637年2月4日,价格已经严重脱离其实际价值的郁金香一夜之间变得像魔鬼一样恐怖。这一天,希望郁金香出手而获得暴利的人们震惊地发现,郁金香的价格急剧下跌,市场几乎在转眼之间就迅速崩溃。那些欠着高额债务进行买卖的人,一下子变得一文不名,许多人自杀,社会动荡不安。事态的混乱使得荷兰整个国家陷入了经济危机,郁金香上演了一次著名的"泡沫事件"。

"郁金香事件"之后,人类经济史上的泡沫事件便频频发生。迄今为止,规模最大的一个肥皂泡沫发生在日本,而这要从20世纪80年代后期说起。

在当时,日本这个巨大的经济体曾红极一时。这里仅举两个例子就可以看出当时的市道是多么景气——

在东京街头,动辄就有人甩出大把钞票,要打的到300公里外的名古屋,而东京的出租车司机一年收入可以达到1 000万日元。

当时的大学生就业时,流行一种"割青麦"的做法,即公司在学生临近毕业时就与之签约,但是还不会让这个学生来公司参加实习,而是将他送到风光旖旎的夏威夷去度假——当然,是以"进修"的名义。公司为什么这样做?原因只有一个,就是怕人才被其他企业抢走。

在这种繁华的背景下面,却隐藏着巨大的经济泡沫。前面我们已经提到,现代泡沫经济的主角基本上是房地产和股票,日本也概莫能外。全球最繁华的商业街之一——东京银座,在1989年泡沫经济的最高峰时,其地价曾达到每坪(合3.3平方米)1.2亿日元,而一个东京的地价就相当于整个美国的土地价格。造成这种现象的原因便是在20世纪80年代中期，大量投资者将资金砸向房地产行业，从而使得日本地价疯狂飙升。自1985年起，东京、大阪、名古屋、京都、横滨和神户六大城市的土地价格每年以两位数的百分比上升，东京在1990年最高峰期的地价竟然是1983年的2.5倍之多。"把东京的地皮全部卖掉就可以买下美国"，这样的言论让大部分日本人引以为傲。在那个年代，一向务实，对投机、股票没有好感的日本人，竟然有超过一半的国民购买了股票。谁不买股票，谁就是笨蛋，因为一年的投资就会有100%的回报。

在这样的形势下，银行拿出大把金钱来劝人买地，利息几近于零，地价却在不断上涨。如果贷款购买土地，肯定会因土地升值而大赚一笔。除了房地产，老百姓还纷纷把银行存款拿到股市。日本股市的市盈率曾高达80倍（当时美国、英国、中国香港地区的市盈率仅为25~30倍）。在"地市不倒"和"股市不倒"的神话里，日本举国欢腾。

然而，泡沫经济的特点就在于它必然会突然破灭。日本房产和股票的价格早已远远超过了它的实际价值，人们的买卖已经变成了纯粹的投机和炒作。从1990年市场交易的第一天起，日经股价便迅猛地跌入了地狱，其跌势之快令人瞠目结舌，随后，日本股票市场陷入了10多年的熊市。在泡沫经济之前，花5亿日元购买的一套房子到了1990年中期一下子降到了1亿日元，贬值80%。尽管这样，大批的土地和房屋还是根本卖不出去，竣工的住宅空空如也，没有住户。

日本"泡沫"经济的破灭带来了严重的后遗症，股价、地价大幅下跌，不动产业萧条，股市长期低迷，欠息欠账等不良债务大幅增加，企业对风险产业的投资热情下降。而股价下落直接损害了一般的中小企业以及广大的家庭。当这个人类经济有史以来最大的泡沫破裂后，整整15年，日本都在为之还债：经济萧条、政局动荡、犯罪率上升。以东京地铁的JR中央线为例，在泡沫破裂后，一度成为破产者自杀的热门地点，为此，东京的地铁不得不都安装了屏蔽门加以防范。直到现在，日本经济还处在恢复期里。

除此之外，泡沫经济的案例还有很多。在美国，金融危机之所以严重，是因为美国信用透支要严重得多，它的金融风暴是先从房地产的次级贷款开始的，也就是允许消费者贷款买房，在用贷款做抵押进行二次贷款。已经是负债了，负债居然还可以做资产进行抵押，这样严重的信用透支，早晚有一天会出问题。美国不是不知道这情况，但是长期以来，美国的信用没有出现任何问题，这种习惯性的错觉，使美国把金融泡沫越吹越大，直到最终破灭。

其实金融泡沫的原因说来也简单，就是没有做风险控制造成的，一个国家是这样，个人投资也是这样，如果你贷了款去投资，也不管投资将来是否能够回收，只是对未来有个美好的预期，这样的话你的投资肯定打水漂的危险比较大。有很多企业靠借的钱，靠拖欠别人账款运营表面虽然很风光，但是这只是表面的繁荣，一旦某个环节出问题，你的企业就可能倒闭。一个家庭，投资的资金都没有风险控制，表面看起来，似乎很有钱，投资了不少项目，平时消费看着大手大脚，没有提前的理财预备，比如生个病，做个手术，就可能让一个家庭破产。

华而不实，必不长久。古往今来，任何过度繁华的社会往往都潜藏着深刻的危机。泡沫经济也同样如此。到了现代社会，房地产泡沫和股票泡沫在经济全球化的背景下，危害更加严重，波及更加广泛，迫使各个国家高度重视，大力预防。

财务杠杆：什么能让你一夕暴富

在古代埃及，公元前一千五百年左右就有人用杠杆来抬起重物，不过当时的人们不知道其中的理论。后来，阿基米德潜心研究了这个现象并发现了杠杆原理。

阿基米德发现了杠杆原理后，曾经说过这样的豪言壮语："给我一个合适的支点和一个足够长的杠杆，我能撬动地球"。

在我们的日常生活中，杠杆原理应用非常广。譬如，你每天开车用的方向盘，就运用了杠杆原理。高杠杆率是当今资本市场金融交易的重要特点。所谓杠杆率是指金融机构的资产对其自有资本金的倍数。例如，如果杠杆率是10，则对应于1美元的资本金，银行将能提供10美元的贷款。对于给定资本金，杠杆率越高，金融机构所能运作的资产越多，金融机构的盈利就越高。商业银行、投资银行等金融机构均采用了杠杆经营模式，即金融机构资产规模远高于自有资本规模。风险和收益是成正比的，杠杆率越高，风险也越大。我们接触到杠杆率最简单的例子就是房屋按揭贷款。

那么什么是财务杠杆呢：从西方的理财学到我国目前的财会界对财务杠杆的理解，大体有以下几种观点：

其一，将财务杠杆定义为"企业在制定资本结构决策时对债务筹资的利用"。因而财务杠杆又可称为融资杠杆、资本杠杆或者负债经营。这种定义强调财务杠杆是对负债的一种利用。

其二，认为财务杠杆是指在筹资中适当举债，调整资本结构给企业带来额外收益。如果负债经营使得企业每股利润上升，便称为正财务杠杆；如果使得企业每股利润下降，通常称为负财务杠杆。显而易见，在这种定义中，财务杠杆强调的是通过负债经营而引起的结果。

另外，有些经济学家认为财务杠杆是指在企业的资金总额中，由于使用利率固定的债务资金而对企业主权资金收益产生的重大影响。与第二种观点对比，这种定义也侧重于负债经营的结果，但其将负债经营的客体局限于利率固定的债务资金，其定义的客体范围是狭隘的。企业在事实上可以选择一部分利率可浮动的债务资金，从而达到转移财务风险的目的的。

绝大多数进行房产投资的人，都不是一笔付清的，他们都是负债投资。如果你买一幢100万元的房子，首付是20%，你就用了5倍的财务杠杆。如果房价增值10%的话，你的投资回报就是50%。那如果你的首付是10%的话，财务杠杆就变成10倍。如果房价上涨10%，你的投资回报就是1倍！你高兴了吧！慢着，凡事有一利就有一弊，甘蔗没有两头甜，财务杠杆也不例外。财务杠杆可以把回报放大，它也可以把损失放大。同样以那100万元的房子为例子，如果房价跌了10%，那么5倍的财务杠杆损失就是50%，10倍的财务杠杆损失就是你的本钱尽失，全军覆没……现在美国很多房子被强行拍卖，其主要原因就是以前使用的财务杠杆的倍数太大。

期权期货通过一种保证金（Margin）账户具体操作，这种账户用的也是杠杆原理。保证金账户是指在购买股票时，只需花股票总值的25%~30%就行了。在"买长"时25%，在"卖短"时30%。比如，你把1万元放入保证金账户，就可以买总值4万元的股票。也就是说有4倍的杠杆作用。当然，那75%的钱是向证券商借来的，利率一般比银行高一些，比信用卡低；而且你的账户还必须维持你所拥有股票市值的25%（买长）到30%（卖短）的资金。一旦低于那个数，你的经纪人就不客气，要来"Margin Call"了，就是要你赶紧补钱"输血"进去。

外汇交易的保证金账户，一般都会用到15倍以上的财务杠杆；对冲基金的财务杠杆一般用到20倍；"两房"的财务杠杆大约是30倍，雷曼兄弟整个公司的财务杠杆高达33倍……现在你就会理解它们为何说破产就破产了。而期货的保证金比一般股票要低。保证金比例更低，只需总价的5%~10%。所以期货获利或亏损的幅度，可以高达本金的数千倍！想当年英国的老牌银行巴林银行（BariIags Bank），就是被一个交易员玩"日经期指"给玩残的。

金融中介：资金盈余和短缺者的红娘

我们肯定对《西厢记》中的红娘印象深刻，红娘聪明伶俐、妙语连珠、活泼爽朗。在崔莺莺、张生的婚姻中,她是成全这桩美满婚姻的关键人物。所以在社会上从事婚姻介绍工作的人或者偶尔为青年男女牵线搭桥者,人们都愿称之以"红娘"。可是你知道吗,在金融市场也有"红娘"。

在经济生活中,银行、证券公司等金融机构为资金盈余者和资金短缺者牵线搭桥,实质上也在扮演着红娘的角色。

发明家普兹茂发明了一种低廉的机器人,它能清扫房屋、洗车、割草等。可惜的是这位发明家没有足够的资金把他的发明投入生产。老人沃尔特有大笔存款,这是他和妻子多年的积蓄,但是目前并没有可用的地方。如果我们让普兹茂和沃尔特合作,让沃尔特把资金提供给普兹茂,普兹茂的机器人就能研制成功并推入市场,我们会有更干净的房子、更鲜亮的汽车和更漂亮的草坪,经济社会的福利也会得到改善。

金融市场(股票和债券市场)和金融中介机构(银行、保险公司、基金)最基本的功能就是使像普兹茂和沃尔特这样的人相互合作一样,将资金从那些由于支出少于收入而有多余资金的人手中转移到由于支出大于收入而短缺资金的人手中,以产生更大的经济和社会效益。

金融中介使筛选企业经营者的机制社会化。在小商品经济即高利贷时代,企业经营者一般是企业的直接所有者,在这种情况下,社会对企业经营者的筛选功能基本上谈不上。货币银行金融机制产生后,社会对企业经营者的筛选功能开始加强,即缺乏专门知识和管理经验的人一般难以取得银行贷款。证券、证券市场、投资银行等新型金融中介的活动,把对企业经营者的监督机制从单一银行体系扩展到了社会的方方面面,使企业的经营机制获得了极大改善,使企业的行为和决策更加合理化。

金融中介一般由银行金融中介及非银行金融中介构成,具体包括商业银行、证券公司、保险公司以及信息咨询服务机构等中介机构。资金沿着两条路从资金盈余者手中转入资金短缺者手中。一条是资金盈余者把钱存入银行,然后由银行作为中介把吸收到的存款整合起来贷放给资金短缺者。并把从资金短缺者那里收到的资金使用费,即贷款利息的一部分,用于支付资金盈余者把钱存入银行的储蓄利息。存贷款利差就是银行作为中介人的手续费。这是一种间接融资的形式。另一条是资金盈余者在金融市场上直接购买资金短缺者发行的借款凭证,比如债券、股票等。资金短缺者可以用收集到的资金投入生产,并定期支付利息或股息。

为什么这种将资金从储蓄者手中引导到支出者手中的融通对经济如此重要呢?回答是:储蓄者常常并不是拥有有利投资机会的人。假设今年你储蓄了10 000元,但是,由于没有金融市场,你可能既不借款也不贷款,只能把钱压在箱底等待消费了。一年过去了,如果你没有把这些钱花掉,那你仍然只有10 000元而得不到利息。然而，如果联想公司把你的 10 000 元用于开发新产品，由此每年赚取额外的 2 000 元。如果你与可口可乐公司取得联系，那么，你可以把 10 000 元以购买公司债券的形式贷放给他，每年获取 1 000 元的利息，这样，你们双方都能获利。一年后你的资产不是原封不动，而是生出来 1 000 元，这就是所谓的"钱生钱"。如果没有金融市场，你与可口可乐公司可能永远不会有机会合作。如果没有金融市场，没有投资机会的人便很难把资金转移给有投资机会的人；双方都只能维持现状，企业得不到发展资金，经济也将失去活力。

  金融市场的存在不仅对提高企业生产有益，而且对于个人也是有益的。比如，你新婚燕尔，有一份称心如意的职业，还想购置一套住宅。尽管你的薪水丰厚，但是因为你刚刚参加工作，所以积蓄甚微。如果没有金融市场，你只能继续住在狭小的公寓里直到某一天攒了足够的钱。可那时你也许已经步入中年或晚年，已在狭小的公寓里度过了大半生，可能已经没有那么大的购房欲望了。如果存在银行这样的金融中介，你可以贷款买房，即使要支付一些利息，你还会为在青年时光就能享有一套属于自己的住宅而感到十分高兴。这样，当你积蓄了足够多的资金之时，就可以偿还贷款。总的结果是，你的境况得到改善；向你贷款的人们也得到了益处，他们赚了一笔利息。

  金融中介连接起资金盈余者和短缺者，促成他们的美事，从而使资金的流动畅通无阻。运行良好的金融市场和金融中介机构对于提高经济运行效率以及经济的健康运行是非常关键的。

第十四章　口红也能做成指标吗

——关注经济指数要学的经济学

> 平等和效率（的冲突）是最需要加以慎重权衡的社会经济问题，它在很多的社会政策领域一直困扰着我们。我们无法按市场效率生产出馅饼之后又完全平等地进行分享。
>
> ——阿瑟·奥肯

> 当你能衡量你所谈论的东西并能用数字加以表达时，你才真的对它有了几分了解；而当你还不能衡量、不能用数字来表达它时，你的了解就是肤浅和不能令人满意的。这种了解也许是认知的开始，但在思想上则很难说已经步入了科学的阶段。
>
> ——凯尔文勋爵

绿色 GDP：为什么 GDP 会受质疑

一天饭后去散步，为了某个数学模型的证明，两位青年争了起来。正在难分高下的时候，突然发现前面的草地上有一堆狗屎。甲就对乙说，如果你能把它吃下去，我愿意出 5 000 万。5 000 万的诱惑可真不小，吃还是不吃呢？乙掏出纸笔，进行了精确的数学计算，很快得出了经济学上的最优解：吃！于是甲损失了五千万，当然，乙的这顿加餐吃得也并不轻松。

两个人继续散步，突然又发现了一堆狗屎，这时候乙开始剧烈反胃，而甲也有点心疼刚才花掉的 5 000 万。于是乙说，你把它吃下去，我也给你 5 000 万。于是，不同的计算方法，相同的计算结果——吃！甲心满意足地收回了5 000万，而乙似乎也找到了一点心理平衡。

可突然，天才们同时号啕大哭：闹了半天我们什么也没得到，却白白吃了两堆狗屎！他们怎么也想不通，只好去请他们的导师，一位著名的经济学泰斗给出解释。

听了两位高徒的故事，没想到泰斗也号啕大哭起来。好不容易等情绪稳定了一点，只见泰斗颤巍巍地举起一根手指头，无比激动地说："一个亿啊！一个亿啊！我亲爱的同学，感谢你们，你们仅仅吃了两堆狗屎，就为国家的GDP贡献了一个亿的产值！"

吃狗屎能创造GDP，这是件可笑的事情。在可笑之余，我们应该先了解什么是GDP。GDP即英文Gross Domestic Product的缩写，也就是国内生产总值。通常对GDP的定义为：一定时期内（一个季度或一年），一个国家或地区的经济中所生产出的全部最终产品和提供劳务的市场价值的总值。

在经济学中，GDP常用来作为衡量该国或地区的经济发展综合水平通用的指标，这也是目前各个国家和地区常采用的衡量手段。GDP是宏观经济中最受关注的经济统计数字，因为它被认为是衡量国民经济发展情况最重要的一个指标。一般来说，国内生产总值有三种形态，即价值形态、收入形态和产品形态。从价值形态看，它是所有常驻单位在一定时期内生产的全部货物和服务价值与同期投入的全部非固定资产货物和服务价值的差额，即所有常驻单位的增加值之和；从收入形态看，它是所有常驻单位在一定时期内直接创造的收入之和。GDP反映的是国民经济各部门增加值的总额。

在过去的二十多年里，中国是世界上经济增长最快的国家之一，但是，由于资源的浪费、生态的退化和环境污染的加剧，在很大程度上抵消了经济增长的成果。

一直以来，一些地方政府始终将GDP放在第一位，往往忽视了环保。因为强调环保就要投入，许多工程就不能开工，就会影响GDP的增长。在"重发展、轻环保"思想的指导下，有些领导甚至要求环保部门为违法建设开绿灯。

为正确衡量我国的经济总量并正确引导经济增长方式，我国正在积极推行绿色GDP的计算方法。绿色GDP是指一个国家或地区在考虑了自然资源（主要包括土地、森林、矿产、水和海洋）与环境因素（包括生态环境、自然环境、人文环境等）影响之后经济活动的最终成果，即将经济活动中所付出的资源耗减成本和环境降级成本从GDP中予以扣除。改革现行的国民经济核算体系，对环境资源进行核算，从现行GDP中扣除环境资源成本和对环境资源的保护服务费用，其计算结果可称为"绿色GDP"。

绿色GDP用公式可以表示为：

绿色 GDP=GDP 总量-(环境资源成本+环境资源保护服务费用)

通过绿色 GDP 的试点，我们可以勾勒出一个日渐清晰的蓝本：民众需要舒适从容的生存空间，国家要走可持续的良性发展道路。

基尼系数：为什么不能过高

在某银行工作的小吕，第一年年薪就达到了 3 万多元，加上平时奖金及年终奖金，年收入可达 4 万多元。而小吕的同班同学小李，在一家外贸公司做文职工作，月薪仅 1 500 元，且第一年无年终奖金。

2007 届大学毕业生小欧和小施，分别在深圳和福州工作。小欧在深圳一家广告公司工作月薪 4 500 元，小施在福州干的是同一行业同一工种，月薪 2 000 元。

"为什么他们工资那么高？为什么很多单位工资年年涨，而我们单位几年都不涨？"谈起工资，不少人一肚子抱怨。证券、银行、航空运输等行业年平均工资在 10 万元以上，而纺织等行业的年平均工资则低于 2 万元。工资的"病根"到底在哪儿呢？是什么导致收入差距越拉越大，进而导致贫富差距越来越大？

为了研究国民收入在国民之间的分配问题，美国统计学家（或说奥地利统计学家）M·O·洛伦兹（Max Otto Lorenz）1903~1907 年（或说 1905 年）提出了著名的洛伦兹曲线。

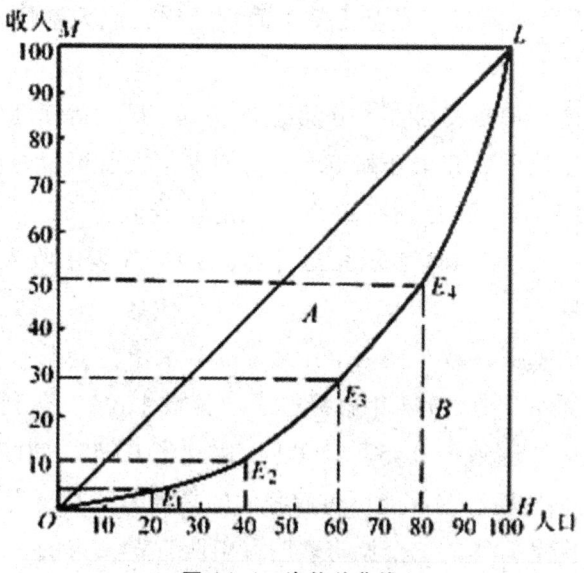

图 14-1　洛伦兹曲线

画一个矩形，矩形的高衡量社会财富的百分比，将之分为五等份，每一等分为20的社会总财富。在矩形的长上，将100的家庭从最贫者到最富者至左向右排列，也分为5等分，第一个等份代表收入最低的20的家庭。在这个矩形中，将每一百分的家庭所有拥有的财富的百分比累计起来，并将相应的点画在图中，便得到了一条曲线就是洛伦兹曲线。

洛伦兹曲线用以比较和分析一个国家在不同时代或者不同国家在同一时代的财富不平等，该曲线作为一个总结收入和财富分配信息的便利的图形方法得到广泛应用。

图14-1中横轴OH表示人口（按收入由低到高分组）的累积百分比，纵轴OM表示收入的累积百分比，弧线OL为洛伦兹曲线。

洛伦兹曲线的弯曲程度有重要意义。一般来讲，它反映了收入分配的不平等程度。弯曲程度越大，收入分配越不平等，反之亦然。特别是，如果所有收入都集中在一人手中，而其余人口均一无所获时，收入分配达到完全不平等，洛伦兹曲线成为折线OHL。另一方面，若任一人口百分比均等于其收入百分比，从而人口累计百分比等于收入累计百分比，则收入分配是完全平等的，洛伦兹曲线成为通过原点的45度线OL。

一般来说，一个国家的收入分配，既不是完全不平等，也不是完全平等，而是介于两者之间。相应的洛伦兹曲线，既不是折线OHL，也不是45度线OL，而是像图中这样向横轴突出的弧线OL，尽管突出的程度有所不同。

将洛伦兹曲线与45度线之间的部分A叫做"不平等面积"，当收入分配达到完全不平等时，洛伦兹曲线成为折线OHL，OHL与45度线之间的面积A+B叫做"完全不平等面积"。不平等面积与完全不平等面积之比，成为基尼系数，是衡量一国贫富差距的标准。

基尼系数最小等于0，表示收入分配绝对平均；最大等于1，表示收入分配绝对不平均；实际的基尼系数介于0和1之间。如果个人所得税能使收入均等化，那么，基尼系数即会变小。联合国有关组织规定：若低于0.2表示收入高度平均；0.2~0.3表示比较平均；0.3~0.4表示相对合理；0.4~0.5表示收入差距较大；0.6以上表示收入差距悬殊。

那么，中国的"基尼系数"在一个什么样的"水位"上呢？

中国的"基尼系数"在1994年就翻过了"警戒水位"，达到了0.434，1998年达到了0.456，1999年达到了0.457，2000年达到了0.458，2001年达到了0.459，每年以0.1%的速度在递增。这不能不引起我们的高度警觉和重视。

山西省省委研究室所作的一个调查表明，山西省孝义市的一个村子，该村子有441户农户，总人口为2 024人，该村最富裕的88户，总人口为430人，拥有该村总收入的81.2%，而最贫穷的89户，总人口为395人，仅拥有该村总收入的1.6%，相差46.6倍，户均收入差为49.8倍。

有人说，中国的"基尼系数"偏高，是因为中国农村人口的贫困，导致"基尼系数"的参考坐标偏低所致。这话虽说不无道理，但对同一个指标，不同的人可能做出完全不同的解释。实际则迥然相异，正是因为中国农村人口的贫困，我国的"基尼系数"才应该偏低而不是偏高。

国外的一些做法，也许会有某种启示。在发达国家，对富人在银行的存款有严格的限制，超过一定的限额将被课以重税，以强迫其储蓄进入消费和投资。在税收上的收入累进制，也强迫富人缴纳更多的税赋。还有，高达50%的遗产税将使富人不可能将他的财产大部留给他的后代。

于是，在发达国家，绝大多数的富人，在他们拥有了一定的财富后，他们发现，除了他们自己个人和家庭的消费（对于绝大多数的能被称作"富人"的人来说，那只不过是一个很小的数字），其余的财富都是社会的，他们不过是这些财富的托管人而已。

于是，发达国家对富人的政策，强迫许多富人成为这样的人：他一方面是企业家；另一方面，他又同时是慈善家，他必须把企业所赚来的钱，流水似的大把大把地花出去，大把大把地捐给穷人或公益事业。通过这样的调节，实现一种社会公平。

恩格尔系数：测测你的富裕程度

官员的俸禄在我国古代也称为"俸给"、"俸食"、"禄润"等，实质上，俸禄就相当于我们现在的工资。而从我国古代的情况看，长期是以谷粟为主要的俸禄形式，也称为"禄米"，甚至当时的官品等级也要以禄米的数量来计算，例如汉朝的三公（最高行政官员）秩万石，中央级部门首长——九卿秩中二千石。石，即为禄米的计算单位，每石为斛（十斗），重120斤。以粮为俸禄的做法一直延续到清朝。

我国古代的俸禄多以物为主体，间有部分货币。比如，唐朝的官俸主要由授田、赐禄和俸料三部分组成。授田是指为防止物价波动并最终保证官员利益而由政府按官品高低而统一分授的田地，分为职事田和永业田，田地所有权归国家，使用权和收益权归被授官员享有。赐禄是按年发放的禄米，也称岁禄。

我们可以发现一个有趣的现象，古代官员们的俸禄与粮食密不可分。这是为什么呢？因为古代的经济发展水平落后，吃饱饭一直是人们的追求和目标。经济学家认为，随着经济的发展，人们花在吃上的支出比例越来越少，而花在服装、汽车、娱乐上的消费比例越来越多了，"吃"在人们心目中的地位下降了。这看似一个简单的逻辑，实际上却关系着政府进行宏观调控时作为参考的重要指标——恩格尔系数。

恩格尔系数是食品支出总额占个人消费支出总额的比重。1857年，世界著名的德国统计学家恩格尔阐明了一个定律：随着家庭和个人收入增加，收入中用于食品方面的支出比例将逐渐减小，这一定律被称为恩格尔定律，反映这一定律的系数被称为恩格尔系数。恩格尔系数是指食品支出总额占个人消费支出总额的比重。其公式表示为：

恩格尔系数（%）= 食品支出总额／家庭或个人消费支出总额×100%

恩格尔认为，一个家庭收入越少，家庭收入中（或总支出中）用来购买食物的支出所占的比例就越大。随着家庭收入的增加，家庭收入中（或总支出中）用来购买食物的支出比例则会下降。推而广之，一个国家越穷，每个国民的平均收入中（或平均支出中）用于购买食物的支出所占比例就越大，随着国家的富裕，这个比例呈下降趋势。

恩格尔定律揭示了居民收入和食品支出之间的相关关系，用食品支出占消费总支出的比例来说明经济发展、收入增加对生活消费的影响程度。研究恩格尔系数主要有以下价值：

（1）用来判定家庭的富裕程度。

（2）分析不同消费者的消费情况。

（3）判定一个国家的经济发展水平和人民生活的富裕程度。

众所周知，吃是人类生存的第一需要，在收入水平较低时，其在消费支出中必然占有重要地位。随着收入的增加，在食物需求基本满足的情况下，消费的重心才会开始向穿、用等其他方面转移。因此，一个国家或家庭生活越贫困，恩格尔系数就越大；反之，生活越富裕，恩格尔系数就越小。

过去，中国人见了面，习惯打招呼："吃了么？"但这一在中国流行了上千年的问候语不知道什么时候就被一句"你好"取代了。子曰："食色，性也。"食欲是人类最基本的需要，是人的本性。中国人都知道"民以食为天"的古话，对老百姓来说，吃是天底下最大的事情。因此，我们中国才形成了一个让外国人理解不了的现象，不管在哪儿见面，不管何时见面，总要问一句："吃了么？"哪怕有时候是从厕所或者猪圈里走出来。

中国人习惯的"吃文化"已经深入社会文化的各个角落,打人叫"吃拳头";打官司叫"吃官司";行不通说"吃不开";受不了叫"吃不消";靠女人的男人被称为"吃软饭"。可见,吃在人们的心中是多么的重要!可是,为什么"吃了么"慢慢被"你好"替代了呢?这源于恩格尔系数降低了。

国际上常常用恩格尔系数来衡量一个国家和地区人民生活水平的状况。根据联合国粮农组织提出的标准,恩格尔系数在59%以上为贫困,50%~59%为温饱,40%~50%为小康,30%~40%为富裕,低于30%为最富裕。

根据中国商业联合会发布的2002年《中国零售业白皮书》显示,到2001年底,城镇居民消费的恩格尔系数由1997年的46.4%下降至37.9%。这是居民消费结构改善的主要标志。它说明,我国人民以吃饱为标志的温饱型生活,正在向以享受和发展为标志的小康型生活转变。

随着生活条件的日益改善,如今,我们在吃好、吃精、注重营养、追求方便的倾向更加明显。除了吃外,我们需要在居住条件、交通通讯条件有所改善,用于陶冶情操、增进身心健康的文化艺术、健身保健、医疗卫生等方面的支出大幅度提高。当我们在吃喝之外有了越来越多的可自由支配收入,恩格尔系数在降低,我们的生活也越来越优质和美满!

消费者信心指数:从亚市早盘说起

2009年7月1日亚市早盘,美元指数在经历了隔夜尾盘的止跌回升后,暂时稳于80.00关口上方。由于上一个交易日美国最新公布的经济数据没能进一步支撑市场的乐观情绪,特别是6月消费者信心指数的再度回落,消费者对目前经济和就业形势以及未来经济和就业前景的看法仍然十分悲观,受此影响,美元再度受到投资者避险买盘的抬升进而走高,不过涨幅有限。

世界大企业联合会在6月30日发布的报告显示,6月份消费者信心指数回落,尤其是对未来6个月经济活动的预期指数出现下降。数据显示6月份消费者信心指数降至49.3,该数据远低于此前接受调查的经济学家所预计的56.0,5月份修正后的指数为54.8。6月份现状指数由5月份的29.7降至24.8,初值为28.9;6月份消费者对未来6个月经济活动的预期指数降至65.5,5月份为71.5,初值为72.3。同时,消费者对目前就业形势以及未来就业前景的看法也变得更为悲观。受此影响，投资者对美元的避险需求再度被激发，美指也在该时段迅速攀升至80.00位置上方。

什么是消费者信心指数？为什么亚市的货币汇率会和消费者指数联系在一起？

20世纪40年代，美国密西根大学的调查研究中心为了研究消费需求对经济周期的影响，首先编制了消费者信心指数，随后欧洲一些国家也先后开始建立和编制消费者信心指数。1997年12月，中国国家统计局景气监测中心开始编制中国消费者信心指数。北京作为全国的首都，在广泛借鉴国内外经验的基础上，于2002年初，在省市一级率先建立了消费者信心指数调查制度。

消费者信心指数是反映消费者信心强弱的指标，是综合反映并量化消费者对当前经济形势评价和对经济前景、收入水平、收入预期以及消费心理状态的主观感受，预测经济走势和消费趋向的一个先行指标。

消费者信心指数由消费者满意指数和消费者预期指数构成。消费者满意指数是指消费者对当前经济生活的评价，消费者预期指数是指消费者对未来经济生活发生变化的预期。消费者的满意指数和消费者预期指数分别由一些二级指标构成：对收入、生活质量、宏观经济、消费支出、就业状况、购买耐用消费品和储蓄的满意程度与未来一年的预期及未来两年在购买住房及装修、购买汽车和未来6个月股市变化的预期。

根据经济学的理论，消费是收入的函数。消费者信心（或情绪）归根结底是消费者对其家庭收入水平的估价和预期的反映，这种估价和预期建立在消费者对各种制约家庭收入水平因素的主观认识上。这些因素主要包括：国家或地区的经济发展形势、失业率、物价水平、利率等。一定时期这些因素的变动必然使得消费者信心（或情绪）产生变化，而消费者信心（或情绪）的变化导致其消费决策的改变，从而影响经济发展的进程。消费者信心指数就是对消费者消费心理感受变化的测度，它是通过居民住户调查搜集资料，采用一定的统计方法计算得到的反映消费者信心变动程度的指标。

目前国际上通行的做法，对消费者信心（或情绪）调查采用的是问卷调查法。问卷的设计紧密围绕以下几个内容：经济发展形势、家庭收入和就业、物价水平、消费或购买意愿。每一方面由两类问题构成：对现状的看法和对未来的预期。前者指消费者对上述几个基本方面当前整体状况的评价；后者指消费者对几个基本方面未来一段时期（如半年或一年）发展变化趋势的估计或预期。如美国会议委员会发布的美国消费者信心指数自1967年开始至今调查问卷只含有5个问题，分别是：对目前经济形势；就业形势的评价；对未来6个月经济形势；就业形势和家庭总收入的估计。

在调查问卷中每一问题一般有三个答案：肯定的（积极的）、否定的（消极的）

和中性的（不变），由消费者根据自己的看法或判断选择其一。指数通常以加权平均法得出，结果以百分点表示。随着具体计算方法不同，指数的取值有两种：一是取值在0~200之间。100是中值，表明消费者的信心（或情绪）是一种中立态度。0表明极端悲观情绪，200反映的则是极度乐观情绪；二是取值在0~100之间。50是中值，100反映的则是极度乐观情绪。前面提到的美国会议委员会发布的美国消费者信心指数属于第一种取值形式。

根据调查结果，可以分别计算现状评价指数和预期指数，以及综合的消费者信心指数。指数的基期可以选择计算的初期为100（或50），也可以某一特定时期的消费者信心指数为基期值。例如美国会议委员会发布的美国消费者信心指数自1967年开始发布，基期就以1967年初为100，每两个月发布一次。从1977年6月开始，改为每月一次。至1986年起以1985年的各月平均值为指数基期值。

生活成本指数：选择适合自己的城市

在网上，有人专门为生活在广州、上海、北京三地的人算了一笔生活成本账：

以下成本均以没有女朋友、不生小病、杜绝朋友聚会、极少吃水果、从不打碎锅碗瓢盆……的单身男性为标准计算（单位：元/月）。

广州

房租及水电煤、宽带1 100元（一般房租都要800元，如果一个人住一房一厅大都在1 000元以上）吃饭600元，一般不吃大餐，周末时候偶尔和同事AA制去享受一下，一次50元以下。手机、交通费等150元（平时上班有班车坐的），日用品300~400元左右。目前，每月花费平均1 900元左右。

上海

房租及水电煤700~900元（合租两室户），交通费100~200元（有班车的可免，不含的士），通讯费100元（因人而异，但50元是底线），餐费600元（未考虑公司有免费工作餐及请客吃饭），其他还有人情往来、充电、娱乐等，总的来说，在上海每月消费1 600元左右应该是一个参考指标。

北京

房租及水电煤800~1 000元（合租两室户），交通费200元（有班车的可免，不含的士），通信费100~200元（各人不同，200元比较平均），餐费450元（未算公司有免费工作餐及请客）。大致上，在北京每月起码消费2 000元左右。

如果你觉得在北京或者纽约坐地铁上班太贵,那么看看东京吧。在东京乘地铁要花3.25美元,要是顺手买份报纸喝杯咖啡,11.7美元会迅速从你口袋里消失。相同的东西,在东京的价格要比纽约贵24%。

随着全球化的发展,"城市生活质量"已经成为今天"地球村"里许多居民非常关注的问题。据《福布斯》杂志网站报道,美国著名咨询公司美世公司(Mercer)发布的《2009年全球生活成本》调查报告显示,日本首都东京超过去年的"冠军"莫斯科,成为全球生活成本最高的城市。生活成本最低的城市为南非的约翰内斯堡。中国首都北京的排名比去年提升11位,一跃成为位居全球第9的"昂贵城市"。在排名前25位的城市中,中国占了4个。

在这份号称全世界最全面的调查中,调查者选取了全球6个大洲的143个城市作为调查对象,对各个地区200多个项目的花费进行了比较,其中包括住房、交通、食品、服装、家用品、娱乐消费等。在比较过程中,调查人员将纽约作为评判标准,其指数为100,其他城市的指数都同纽约对比,比纽约消费水平高的指数就超过100。第一名东京的指数为143.7,最后一名约翰内斯堡的指数为49.6,前者几乎为后者的3倍。

在这份排名单上,亚洲城市的表现最为抢眼。

由于日元兑美元的汇率已大大加强,使得大阪从2008年的第11位上升至第2位。中国香港位居第5,新加坡上升3个排名,达到第10位。卡拉奇仍然是这一区域生活成本最便宜的城市,排名第140位,比去年上升1位。

美世全球员工流动亚太区信息产品解决方案负责人(Cathy Loose)评论说:"货币强劲的市场,如中国和日本在榜单的排名都有所上升,对于派驻海外的员工来讲其生活成本变得更加昂贵。然而也有一些货币,包括韩元、印度卢比、印尼盾和菲律宾比索等对美元汇率的降低,导致这些国家的城市排名下降。"

因此,亚洲一些城市在榜单的排名下降。韩国从第5位下降到第51位,雅加达从第82位滑到第106位,而马尼拉则从第110位降到第126位。由于印度卢比对美元汇率的削弱,导致印度的城市排名纷纷下降。新德里从第55位跌至第65位,而孟买则从48位跌至第66位。

由于人民币相对于大多数其他货币表现强势,中国的城市经历了相反的效果。北京目前排在第9位,上升到11位,而成为全球前10大生活成本昂贵的城市。上海、深圳和广州紧追其后,分别是第12、第22和第23位。

美世大中华区信息咨询服务业务总监张世东认为:"中国城市排名的上升主要是因为相对良好的整体经济表现和相对强劲的币值,以人民币计价的实际生活成本则变化不大。由于中国庞大的市场规模和相对乐观的市场前景,预料跨国公司的外籍人员派遣计划不会由于生活成本的相对变化而产生重大影响。"

负担系数:如何化解年轻人的负担

中国的传统向来重视亲情,孟子语:"仰足以事父母。俯足以畜妻子。"也就是说,一个家庭至少要包括父母、子女两代。如果经济富足,寿命较长,加上其他条件,可以上有父母,祖父母,下有儿子孙子,四世同堂,这样的家庭被称为"义门"。

改革开放以来,我国的人口家庭结构趋向小型化,而且这种趋势仍在延续。据统计,1953年我国家庭平均人口为4.33人,20世纪50年代、60年代、70年代都大体稳定在4.23–4.43人之间。80年代后期至90年代初,随着计划生育的推行和家庭意识的变化,独生子女增多,家庭平均人口逐渐下降,家庭构成呈现小型化趋势。1982年平均每个家庭的人口为4.4人,2005年为3.13人,23年间家庭平均人口减少了1.27人。独生子女人数已超过1亿人,占总人口的8%左右,而由独生子女加父母组成的独生子女家庭也成为城市中最基本的家庭模式。

作为20世纪80年代出生的独生子女而言,如今正当"而立之年",他们在担起社会责任的同时,社会特看到他们肩上的承重负担。对于绝大部分80后年轻家庭来说,要至少供养四个老人,还有自己的小孩,这样的负担确实很沉重。而关于这样的负担可以用一个经济学名词来测算,即负担系数。

负担系数也称抚养系数、抚养比,是指人口总体中非劳动年龄人口数与劳动年龄人口数之比、用百分比表示。它表明,从整个社会来看,每100名劳动年龄人口负担多少非劳动年龄人口。负担系数可分为总负担系数、少儿负担系数和老年负担系数。14周岁及以下和65周岁及以上也可能有人参加劳动,15~64岁的劳动年龄人口中也可能有人实际未参加劳动。上述指标只是根据年龄划分来计算的,并不一定反映实际抚养与被抚养的比例,故又称为年龄负担系数,以区别经济负担系数。用负担系数一词一般均指年龄负担系数。

总负担系数=(小于14岁人口数+65岁以上人口数)/15岁至65岁人口数×100%

总负担系数为少儿负担系数与老年负担系数两者之和。少儿负担系数和老年负担系数所反映的负担性质不同。一般来说,少年儿童尚未成为劳动适龄人口,社会和家庭为他们的成长必须付出一定的费用。如他们中途夭折,社会对他们的付出就无法收回。负担老年则不同,除个别人外,他们都已为社会做出一定的贡献,他们享用的部分实际上是他们过去劳动的扣除。因此,如分别计算少儿负担系数和老年负担系数,可以反映人口年龄结构变化对社会经济发展带来的某些影响。

1980年世界平均负担系数是71.2,1999年是60.0。我国1980年的负担系数是

67.4，1990 年是 57.6，1999 年是 47.9，呈现出一种下降的趋势，但是这种下降是计划生育的必然结果。因为低于 14 岁的儿童人口增长受到了极大的限制。然而，随着老龄化人口的增多，这种趋势已经在发生逆转。

《中国人口老龄化发展趋势预测研究报告》指出，21 世纪的中国将是一个不可逆转的老龄化社会。到 2050 年，我国老年人口规模将达到峰值 4.37 亿。同时，联合国预测，21 世纪上半叶，我国一直是世界上老年人口最多的国家，占世界老年人口总量的五分之一；下半叶，我国将仅次于印度位居第二老年人口大国。

自 1982 年第三次人口普查到 2004 年的 22 年间，中国老年人口平均每年增加 302 万，年平均增长速度为 2.85%，高于 1.17% 的总人口增长速度。2004 年底，中国 60 岁及以上老年人口达到 1.43 亿，占总人口的 10.97%。

每个人都会有年老的一天，但是在不久的将来，一对夫妻要养四位老人，全社会有接近 4 亿的老年人口，我们将如何面对？解决的基本办法就是建立健全覆盖城乡的基本养老保险制度，进一步完善社会保障体系。只有重视以养老保险在内的社会保障制度建设，才能切实减轻 80 后乃至 90 后们的负担，促进社会的稳步发展。

国民生产总值：真正属于自己的价值

1929 年，爆发了一次空前绝后的世界性经济危机，对世界经济的摧残程度如同是投下了一颗原子弹。可是奇怪的是，当危机爆发之时，人们却浑然不知。当时的美国总统胡佛甚至认为经济形势正在转好。

我们没有理由嘲笑当时的人们无知，因为当时除了苏联统计机构有尚不完善的国民经济平衡表之外，有关国民经济的统计几乎是空白，所以人们当然不知道经济形势已经坏到什么地步。

这次危害巨大的经济危机终于引发了人们对国民经济状况的了解的渴望。于是，美国参议院财经委员会委托西蒙·库兹涅茨，建立一系列用来统计核算一国投入和产出的指标，由此发展出"国民收入账户"。这就是国民生产总值的雏形。1933 年，当 1929～1932 年的国民收入统计资料公开时，人们才发现这次经济危机竟是这么可怕。

国民生产总值（简称 GNP），是指一个国家（地区）所有常驻机构单位在一定时期内（年或季）收入初次分配的最终成果。一个国家常驻机构单位从事生产活动所创造的增加值（国内生产总值）在初次分配过程中，主要分配给这个国家的常驻机构单位，但也有一部分以劳动者报酬和财产收入等形式分配给该国的非常驻机构单位。同时，国外生产单位所创造的增加值也有一部分以劳动者报酬和财产收入等形式分配给该国的常驻机构单位，从而产生了国民生产总值概念。它等于国内生产总值加上来自国外的劳动报酬和财产收入减去支付给国外的劳动者报酬和财产收入的差。

国民生产总值与社会总产值、国民收入有所区别，一是核算范围不同，社会总产值和国民收入都只计算物质生产部门的劳动成果，而国民生产总值对物质生产部门和非物质生产部门的劳动成果都进行计算。二是价值构成不同，社会总产值计算社会产品的全部价值；国民生产总值计算在生产产品和提供劳务过程中增加的价值，即增加值，不计算中间产品和中间劳务投入的价值，国民收入不计算中间产品价值，也不包括固定资产折旧价值，即只计算净产值。

国民生产总值反映了一个国家的经济水平。按可比价格计算的国民生产总值，可以计算不同时期、不同地区的经济发展速度（经济增长率）。

国民生产总值的计算方法有三种：

（1）生产法（或称部门法），是从各部门的总产值（收入）中减去中间产品和劳务消耗，得出增加值。各部门增加值的总和就是国民生产总值。

（2）支出法（或称最终产品法），即个人消费支出＋政府消费支出＋国内资产形成总额（包括固定资本形成和库存净增或净减）＋出口与进口的差额。

（3）收入法（或称分配法），是将国民生产总值看作为各种生产要素（资本、土地、劳动）所创造的增加价值总额。因此，它要以工资、利息、租金、利润、资本消耗、间接税净额（即间接税减政府补贴）等形式，在各种生产要素中间进行分配。这样，将全国各部门（物质生产部门和非物质生产部门）的上述各个项目加以汇总，即可计算出国民生总值。

国民生产总值是最重要的宏观经济指标，它是指一个国家（地区）的国民经济在一定时期（一般一年）内以货币表现的全部最终产品（含货物和服务）价值的总和。

道·琼斯指数：经济的晴雨表

道琼斯指数是世界上历史最为悠久的股票指数，它的全称为股票价格平均指数。通常人们所说的道琼斯指数有可能是指道琼斯指数四组中的第一组道琼斯工业平均指数（Dow Jones Industrial Average）。

道琼斯指数最早是在1884年由道·琼斯公司的创始人查理斯·道开始编制的。最初的道琼斯股票价格平均指数是根据11种具有代表性的铁路公司的股票，采用算术平均法进行计算编制而成，发表在查理斯·道自己编辑出版的《每日通讯》上。

道·琼斯股票价格平均指数最初的计算方法是用简单算术平均法求得，当遇到股票的除权除息时，股票指数将发生不连续的现象。1928年后，道·琼斯股票价格平均数就改用新的计算方法，即在计点的股票除权或除息时采用连接技术，以保证股票指数的连续，从而使股票指数得到了完善，并逐渐推广到全世界。

它以在纽约证券交易所挂牌上市的一部分有代表性的公司股票作为编制对象，由四种股价平均指数构成，分别是：

(1) 以30家著名的工业公司股票为编制对象的道·琼斯工业股价平均指数。

(2) 以20家著名的交通运输业公司股票为编制对象的道·琼斯运输业股价平均指数。

(3) 以6家著名的公用事业公司股票为编制对象的道·琼斯公用事业股价平均指数。

(4) 以上述三种股价平均指数所涉及的56家公司股票为编制对象的道·琼斯股价综合平均指数。

在四种道·琼斯股价指数中，以道·琼斯工业股价平均指数最为著名，它被大众传媒广泛地报道，并作为道·琼斯指数的代表加以引用。

目前，道·琼斯股票价格平均指数共分四组：

第一组是工业股票价格平均指数。它由30种有代表性的大工商业公司的股票组成，且随经济发展而变大，大致可以反映美国整个工商业股票的价格水平，这也就是人们通常引用的道琼斯工业平均指数。

第二组是运输业股票价格平均指数。它包括20种有代表性的运输业公司的股票，即8家铁路运输公司、8家航空公司和4家公路货运公司。

第三组是公用事业股票价格平均指数，是由代表着美国公用事业的15家煤气公司和电力公司的股票组成。

第四组是平均价格综合指数。它是综合前三组股票价格平均指数65种股票而得出的综合指数，这组综合指数虽然为优等股票提供了直接的股票市场状况。

该指数目的在于反映美国股票市场的总体走势，涵盖金融、科技、娱乐、零售等多个行业。道琼斯工业平均指数目前由《华尔街日报》编辑部维护，其成分股的选择标准包括成分股公司持续发展、规模较大、声誉卓著，具有行业代表性，并且为大多数投资者所追捧。

目前，道琼斯工业平均指数中的30种成分股是美国蓝筹股的代表。这个神秘的指数的细微变化，带给亿万人惊恐或狂喜，它已经不是一个普通的财务指标，而是世界金融文化的代号。

道琼斯指数作为最有权威性的一种股票价格指数，被称为经济的晴雨表，有以下三方面原因。

一是道·琼斯股票价格平均指数所选用的股票都有代表性，这些股票的发行公司都是本行业具有重要影响的著名公司，其股票行情为世界股票市场所瞩目，各国投资者都极为重视。为了保持这一特点，道·琼斯公司对其编制的股票价格平均指数所选用的股票经常予以调整，用具有活力的更有代表性的公司股票替代那些失去代表性的公司股票。自 1928 年以来，仅用于计算道·琼斯工业股票价格平均指数的 30 种工商业公司股票，已有 30 次更换，几乎每两年就要有一个新公司的股票代替老公司的股票。

二是公布道·琼斯股票价格平均指数的新闻载体——《华尔街日报》是世界金融界最有影响力的报纸。该报每天详尽报道其每个小时计算的采样股票平均指数、百分比变动率、每种采样股票的成交数额等，并注意对股票分股后的股票价格平均指数进行校正。在纽约证券交易营业时间里，每隔半小时公布一次道·琼斯股票价格平均指数。

三是这一股票价格平均指数自编制以来从未间断，可以用来比较不同时期的股票行情和经济发展情况，成为反映美国股市行情变化最敏感的股票价格平均指数之一，是观察市场动态和从事股票投资的主要参考。

"巨无霸"指数：购买力平价理论

1986 年 9 月，英国著名的杂志《经济学人》推出了有趣的"巨无霸指数"。巨无霸指数（Big Mac Index）是一个非正式的经济指数，用以测量两种货币的汇率理论上是否合理。假设一个巨无霸在美国的价格是 4 美元，而在英国是 3 英镑，那么经济学家认为美元与英镑的购买力平价汇率就是 3 英镑-4 美元。而如果在美国一个麦当劳巨无霸的价格是 2.54 美元，在英国是 1.99 英镑、在欧元区是 2.54 欧元，而在中国只要 9.9 元，那么经济学家由此推断，人民币是世界上币值被低估最多的货币。因为根据一价定律，相同的商品在全世界都应当有相同的价格。如果巨无霸指数大于 1，则说明在这个国家麦当劳的价格较美国低；反之，则比美国高。从汇率的角度说，就是这个国家货币的汇率被低估，或者美元汇率被高估。

同样的产品在世界各地的货币标价却相差巨大，而且与官方的汇率换算完全不符，因此在一些西方经济学家眼中，麦当劳的巨无霸已经成为评估一种货币真实价值的指数。

巨无霸指数在英语国家里衍生了出 Burgernomics（汉堡包经济）一词。1986 年之后的每一年，《经济学人》都要出版一次新的"巨无霸指数"，这个指数也由此风靡全球。

巨无霸指数是一个非正式的经济指数，用以测量两种货币的汇率理论上是否合理。这种测量方法假定购买力平价理论成立。

第一次世界大战后，世界经济形式动荡不安，各国通行不兑现纸币，物价上涨，通货膨胀加速。卡瑟尔针对这种情况提出以购买力平价为基础，确立各国新的官方汇率，从而消除因物价变动而造成的贸易困难，恢复正常的国际贸易关系，这就是本国与外国货币之间的汇率应等于本国与外国价格水平之间的比率。

例如，如果有代表性的一组货物在美国值2美元，在法国值10法郎，汇率就应该是1美元等于5法郎。因此，购买力平价理论认为：一个平衡的汇率是使所比较的两种通货在各自国内购买力相等的汇率，偏离于使国内购买力相等的汇率是不可能长期存在的。如果一件货物在美国所值的美元价格相当于法国所值的法郎价格的1/5，而汇率却是1美元等于1法郎，那么，每个持有法郎的人就会把法郎换成同数的美元，而能够在美国购买5倍的货物。但市场上对美元的需求会使汇率上涨，一直达到1美元等于5法郎为止，也就是达到它的货币购买力的比率与各国货币所表示价格水平的比率相等为止。

购买力平价理论认为，人们对外国货币的需求是由于用它可以购买外国的商品和劳务，外国人需要本国货币也是因为用它可以购买国内的商品和劳务。因此，本国货币与外国货币相交换，就等于本国与外国购买力的交换。所以，用本国货币表示的外国货币的价格也就是汇率，决定于两种货币的购买力比率。由于购买力实际上是一般物价水平的倒数，因此两国之间的货币汇率可由两国物价水平之比表示。这就是购买力平价说。从表现形式上来看，购买力平价说有两利，即绝对购买力平价和相对购买力平价。

购买力平价决定了汇率的长期趋势。不考虑短期内影响汇率波动的各种短期因素，从长期来看，汇率的走势与购买力平价的趋势基本上是一致的。因此，购买力平价为长期汇率走势的预测提供了一个较好的方法。

购买力平价的大前提为两种货币的汇率会自然调整至一水平，使一篮子货物在该两种货币的售价相同（一价定律）。在巨无霸指数，该"一篮子"货品就是一个在麦当劳连锁快餐店里售卖的巨无霸汉堡包。选择巨无霸的原因是，巨无霸在多个国家均有供应，而它在各地的制作规格相同，由当地麦当劳的经销商负责为材料议价。这些因素使该指数能有意义地比较各国货币。

两国的巨无霸的购买力平价汇率的计算法，是以一个国家的巨无霸以当地货币的价格，除以另一个国家的巨无霸以当地货币的价格。该商数用来跟实际的汇率比较；要是商数比汇率为低，就表示第一国货币的汇价被低估了（根据购买力平价理论）；相反，要是商数比汇率为高，则第一国货币的汇价被高估了。

对于用麦当劳巨无霸来测量各个国家的货币购买力，经济学家对它的科学性是持有争议的。因为这种测量方法假定购买力平价理论成立。而购买力评价理论是否成立尚无统一定论。

口红指标：最直观的经济指标

经济学家发现，生活中有些人熟视无睹的东西也可以很奇妙地反映或预测经济的状况或走势，因而可以做成十分别致的经济指标，它们可以是口红、垃圾和裙摆。

经济学是离不开调查数字的。GDP、CPI、通货膨胀率都是很重要的经济指标。然而，这些数字就算再精确也总让我们感觉有些隔阂，更何况由于新闻中存在着许多我们本来就不大信得过的数字呢！有时候，来自生活的经济指标虽然可能不会那么精确，但它带给我们的感受更具体、更形象。

例如，经济学家曾用6项生活化的指标来证明英国的经济复苏：新车销售量大增；司机需求量大增；出现房地产热；海外度假的人增加；纯种狗和纯种狗主人同时增加；女性做隆胸手术与女性胸围尺码同时增加。

经济学家发现，在经济繁荣时，人们就会大量"除旧布新"，因此扔的东西也就多了：家具、衣服、大件的过时商品（如旧家具、旧家电等）。而在经济衰退时，人们扔的垃圾就会相对减少，并且扔的都是些小物件。因此，他们提出使用垃圾指标来衡量经济。

有的经济学家发现女性使用的口红与经济状况有奇妙的联系——当经济繁荣时，口红销售走低；在经济衰退时，口红销量增加。其原因是：经济繁荣时，女性就业率高，工作节奏也加快了，收入水平增高，因而闲暇时间的减少和自信心的提升使她们减少了使用口红。因此，小小的口红也可以做成经济指标。

此外，女性的一些时尚品也被看做经济指标。例如，裙子的长短曾被看做判断股市和经济状况的一个指标。这是因为，丝袜价格昂贵，是女士的时尚物品。在经济繁荣，股市进入牛市时，男人有钱也有心情为女士买丝袜，女士就愿意穿短裙秀出自己的美腿；否则，女士就会穿起长裙。这就是曾经喧嚣一时的"裙摆理论"。

格林斯潘曾是美联储主席，他曾经提出过 GDP 重量指标。他不使用 GDP 增长的百分点来说明 20 世纪 90 年代美国经济的增长，而是说 GDP 变轻了。原因在于美国过去的 GDP 中，占比重最大的行业集中在煤、钢铁、石油、水泥等产品有重量且体积庞大。随着经济的发展，电脑芯片、互联网、服务业这些行业生产的物品越来越轻，其中的技术含量也越来越高，正说明了美国产业结构的巨大变化。

应用篇
这年头，就得学点经济学

经济学家琼·罗宾逊夫人曾经说过这样一句话："学习经济学的目的不是找到一大堆答案来回答经济问题，而是要学会不要被经济学家欺骗。"

无论微观经济学和宏观经济学多么有趣，那都是经济学家和决策者们在唱主角，现在，回归到我们自己的经济学，来讨论如何把经济学应用到生活中，从而让我们变得更加幸福快乐的方法。

第十五章　我们该如何消费

——每天学点消费中的经济学

什么是不辨是非的人？他通晓世间万物的价码，但对其价值却一无所知。

——奥斯卡·王尔德

如果知道我们现在在哪里，并多少知道我们是如何到达这里的，就可以看出我们将走向哪里——如果我们正走向不可接受的结果，就应及时改变我们的方向。

——亚伯拉罕·林肯

经济学教你做出理性选择

消费这件事，最怕"认真"两字。如果你不认真，钱也就糊里糊涂花出去了，不计较得失，自然花得高兴。比如拿10块钱买一顶帽子还是买一副手套都无关大局，只要你自己愿意就行。据说当印度人在兜里的钱仅够吃一顿饭或看一场电影时，他会毫不犹豫地决定饿着肚子去看电影。谁能说他的决定不对呢？

但如果你认真一回，这消费里的学问就另当别论了。里面可谓"门道多多"。例如当你决定今晚带朋友一起出去玩，有两种选择，要么看电影，要么去吃饭。电影票每张5元，吃晚餐的费用大约为50元，当然你可能会说，如果有钱，你想干什么就干什么。但是从经济学的角度来看，在你选择的时候，你已经将你可能获得的收益和支付的成本作了比较。

看电影，你只需支出10元作为你的成本，获得的收益将是看电影带来的享受；而吃晚餐将支出50元，晚餐的成本支出将是看电影的成本的5倍，因此你必须期望吃晚餐所能获得的收益将超过看电影的成本加倍，你才会理智地选择吃晚餐。

日常生活中，我们无时无刻不在进行成本与收益的比较，读书也罢，工作也罢，都取决于行为者对其从成本收益角度进行的自我评估。

既要善于选择，还要学会放弃，这在经济学中叫做机会成本。经济学中把做出一个选择或决策时所放弃的东西称为这一决策的机会成本。在 K.E.凯斯和 R.C.费尔合著的《经济学原理》一书中对机会成本做出了如下描述："产生机会成本的原因在于，资源是稀缺的（有限的）。比如时间问题，一天只有 24 小时。我们必须在此约束下生活。看电影的机会成本是如果你用同样多的钱和时间所能够做的其他事情的价值；大学教育的部分成本是你从事全日制工作所能得到的收入。假使你的邻居今天要修剪他的草坪，他就没时间带孩子去动物园，而这正是修剪草坪的机会成本。比尔和科琳（书中假想的飞机失事中幸存的两个驾驶员，他们落在了一个荒岛上）会偶尔决定休息一下，躺在海滩上享受阳光，在某种意义上这一收益是免费的，他们不必为此支付货币。然而实际上，它具有机会成本，躺在阳光下意味着花费时间，否则时间可以用来做其他事情。在制定日常决策中，考虑一下机会成本有时是有益的。"

假定一件事属于非此即彼、二者择一的选择，而且两种选择几乎有着相同的吸引力，这种选择无疑是困难的。按照上述原则，对两个选择对象进行分析，如果其中一个有 51%的选择理由，就应该毫不犹豫地选择它，这就是所谓的 51%原则。

选择了一个，就意味着放弃了另一个，就意味着失去了 49%。有得必有失，鱼和熊掌不可兼得，这时你必须承认这个现实，49%已经变成了零，不必再为它费心思，而应当全力以赴地去筹划如何把 51%尽快地转化成 100%。

我们在做出任何选择时都必须花费机会成本，利用 51%原则也许可以使你获得的价值至少不低于机会成本的价值。

在实际生活中所碰到的事情往往是非常复杂或者说是"模糊"的，而且通常不可能用准确的数字来表示，所以这里所说的 51%并非真的要计算出一个准确的数字，而只是提供一个思考问题的方法。当你要做出一个决定时，通过判断明确了哪个方案"好一些"就可以毫不犹豫地做出选择。通过这样的思考方法的锻炼，可以使人们遇到问题时不会优柔寡断、拖泥带水，而逐渐养成简洁明快、善于决断的良好思维品质。

优惠券，"受惠"的是商家

情人节之际，章先生到花店买玫瑰。平时玫瑰 2 元一朵，情人节标价

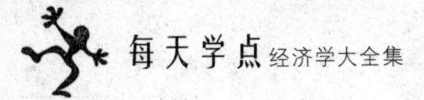

20元一朵。章先生想：花虽贵，但不能不买。可是，买了还真心疼，毕竟买少了，面子上挂不住，买多了又费银子。

正在犹豫，店家走了过来，说"先生，买花？"

章先生："嗯。不过，玫瑰能不能便宜点？"

店家笑道："送女朋友吧？哈哈，追女孩子怎么能怕花钱？若是因为这一大束花，换来了你的幸福，那可是太划得来了！"

章先生犹豫不决……

店家接着说："要不这样吧，您在我这里办张会员卡，我给您五折优惠。"

章先生："啊？有这个必要么？"

店家惊讶着说："怎么没有啊，谁家红白喜事不送花？难道非要等遇到了才知道买啊？"

章先生想想也对，就办了张卡，买了束花。

会员卡的出现，就像商场经常发放的优惠券。比如，在麦当劳的网站上，顾客只要打印某张优惠券，就可以凭券到麦当劳以优惠价格享受某种套餐，甚至在路边也可以获得免费发放的优惠券。

表面上看来，它们是商家让利给消费者。事实果真如此？

商家发放优惠券，最容易想到的解释是：吸引更多的顾客，扩大销售量。但如果是这样的目的，那不如直接降价。正确的解释是：商家借此进行"价格歧视"。

一般说来，价格歧视是指企业在销售一种商品时，对不同消费者索取不同的价格，或根据消费者购买数量的不同索取不同的价格。赚取更多利润的利益驱动，是商家实行"价格歧视"的根本原因。

从市场需求来看，价格越高，需求量就越小；价格越低，需求量就越大。从商家定价来看，如果把价格定得过低，虽能卖出大量的产品，但由于每件产品所赚取的利润小，总的利润会较低；反过来，如果把价格定得过高，虽然每件产品所赚取的利润大，可是能卖出的产品总数很少，总的利润还是不高。

事实上，商家定价的决定因素是"总利润"，而不是"价格"的高低。商家必须锁定具体的顾客，根据顾客的需求以及其对产品价格的敏感程度，寻找一个恰当的价格水平，让总利润达到最大。回到麦当劳的优惠券上，麦当劳又是如何通过优惠券"受惠"的呢？

获取麦当劳的优惠券，需要花费一定的成本。上网寻找优惠券，阅读麦当劳的宣传报纸，需要花费搜寻成本；打印优惠券，或者索取优惠券，需要花费时间成本。通常是那些时间成本比较便宜的人，更愿意使用优惠券。而时间成本比较便宜的，又往往是一些收入偏低的人。

于是，麦当劳成功地把顾客分成了两类：富人和穷人。对于富人——不持有优惠券的人，麦当劳供给他们的商品就比较贵；而对于穷人——持有优惠券的人，麦当劳给他们打折。通过这一分类，麦当劳的总利润达到了最佳状态。

信息不对称，买的没有卖的精

买者：你这件衣服多少钱？

卖者：550元。

买者：太贵了，我最多给250元。

卖者：250多不好听啊，干脆我以进价卖给你，450元！

买者：还是太贵了，300元怎么样？

卖者：300元太便宜了，要不咱们都让让，400元就成交。

买者：350元给不给？不给我就走人。

卖者：等会儿、等会儿，350就350吧。这次绝对是亏本卖给你了。

现实生活中，我们常会碰到这样的状况。是我们捡便宜了，还是商家获利了，这恐怕只有商家自己知道。之所以会出现这种状况，主要是因为买卖双方占有的信息不对称造成的。

人们在购买商品的过程中，对商品的个体信息认知会产生信息不对称的情形。有些商品是内外有别的，而且很难在购买时加以检验。如瓶装的酒类，盒装的香烟，录音、录像带等。人们或是看不到商品包装内部的样子（如香烟、鸡蛋等），或是看得到、却无法用眼睛辨别产品质量的好坏（如录音、录像带）。显然，对于这类产品，买者和卖者了解的信息是不一样的。卖者比买者更清楚产品实际的质量情况。

商家和消费者作为买卖的双方都是理性的经济人，最终目的都是想让自己的利益最大化，由于双方信息的不对称，在实际生活中作为消费者总处于劣势地位。

信息经济学认为，信息不对称造成了市场交易双方的利益失衡，影响社会的公平、公正原则以及市场配置资源的效率。在商家和消费者对商品所了解的信息中，商家总是比消费者要了解得更多，消费者了解到的只是商品的款式、颜色、大小等外观特点，对于其真正的实际情况，就无法得知实际情况了，而只能通过商家的宣传来了解。

俗话说，隔行如隔山，这座山其实就是信息不对称，而要获得这些信息是要付出成本（代价）的。商家的优势就是在于对商品信息和营销策略的占有，而且信息占有量要尽可能多的大于消费者，只有这样才能保证在每一次交易中获利。所谓

"买家没有卖家精"正是这个道理。知己知彼方能百战百胜,在买卖的博弈过程中,消费者占有信息的劣势就注定与商家的较量要失败。当然,如果让消费者意识到自己受骗的商家绝非高明的商家,因为他的顾客越来越少;真正高明的商家会让消费者心甘情愿上当,且浑然不觉。

再举一个例子:比如你想在附近的餐馆吃饭,但是不知道哪家最好,所以最好的办法还是找一个大家都熟悉的品牌店,因为大家都知道品牌店不会差。由于顾客不会一家家去寻找最好的餐馆,所以一般来说老字号餐馆能够收费更高。

21世纪就是一个信息社会,对于个人来说,拥有信息越多,越有可能做出正确决策。然而现实情况是,一小部分人垄断事物状态的信息,而另外绝大多数人则缺乏事物状态的信息。因此,提高我们获取信息的能力,增加我们获得信息的渠道,以我们充满智慧和理性的头脑,这样我们才能在消费时尽可能减少信息不对称造成的损失。

引导消费,别让商家赚了你便宜

一个售货员一天只做了一个客户,却成交了5.8万美元!

经理大为惊奇,售货员解释说:我先卖给那男人一枚鱼钩,接着卖给他钓竿和钓丝。我再问他打算去哪里钓鱼,他说要到南方海岸。我说应该有艘小船才方便,于是他买了那只6米长的小汽艇。他又说他的汽车可能拖不动汽艇。于是我带他去汽车部,卖给他一辆大车。

经理喜出望外:买一只鱼钩,你竟能推销那么多东西?

售货员答道:不,其实他老婆偏头痛,他来买阿司匹林。我便对他说:"这个周末你可以自由自在了,为什么不去钓鱼呢?"

这是个关于引导消费的笑话,其实笑话不仅仅是博人一笑,是用笑这种方式来对现实进行反映——向我们展示"引导消费"的巨大作用。

所谓引导消费,即厂商引导消费者,厂商生产销售创新产品或者消费者非高关心度商品。厂商必须想方设法引导消费、创造需求,将消费者脑海中未有的或者潜在的需求转化为现实需求。

生活中,比如你去逛商场逛书店,总会遇到一些人把你拦下来,让你去免费体验美容美发、教育培训或者是食品饮料等。你白吃白喝舒舒服服地免费享受一番,他们图的是什么?他们把这些开销省下来不好吗?细心地消费者会发现,一般邀请顾客免费体验的产品都是平常没见过的,显然是一种引导消费。

是什么因素促使商家要采取"引导消费"这一策略呢？这主要由两方面因素决定。

一方面因素是，生产过剩时代的到来。各类商品空前丰富，让原有的"消费引导"（指厂商根据消费者的现实需求，生产销售产品，以满足消费者所需）。满足需求的理念无用武之地，消费者面临的不再是物质短缺，而是商品太多，难以选择的问题。

另一方面因素是，高科技的新技术产品层出不穷，这些新发明产品的功能、作用非普通消费者所能知晓，厂商必须经有效地引导消费，才有可能激发消费者的潜在需求。其中，最重要的是，厂商与消费者对产品信息的严重不对称，每个消费者每天所能够接受的信息非常有限，消费者的注意力相对于浩瀚的信息源成为极为稀缺的资源。可以这样假设，消费者所能主动了解的商品信息，特别是新技术产品的信息接近于零，而厂商对自己生产、销售的产品信息基本上完全了解，两者之间产生严重的信息不对称，厂商只有通过各种传播途径告知消费者详细的产品信息，尽可能令信息对称。

简单地说，"引导消费"，就是商家通过"免费体验"的策略吸引消费者的眼球，帮助消费者选择，使消费者与自己提供的产品或服务建立初步的认可，进而促成可能的购买行为的过程。最终实现销售产品或服务，达到从中盈利的目的。知道了这些，当我们再遇到商家热情的邀请时，一定要三思而后行。

差别定价，上品折扣的实惠典礼

近年来，北京等一些大都市里兴起了一股"上品折扣风"。从 2003 年，北京的各个城区就陆续出现规模不一的上品折扣店。至今为止，已经多达几十家。诸多消费者都不再去当代、双安等消费过于昂贵的地方，而改去"上品折扣"。因为在这里同样是名牌商品，质量上乘，却有着绝大多数 5 折以下的折扣。

上品折扣店的兴盛，还带动了北京其他折扣店的出现。以 LCX 国际精品折扣店为例：它在上品折扣出现之后，折扣幅度竟高达 1~5 折。尤其是其内有各种国际知名品牌服装、鞋和包，绝大多数商品均为一线品牌，打完折后均在几百元左右。

在这里，既能买到名牌商品，又能省下不少的钱，看着很划算。甚至有人说，每当上品一进新的货物，就是消费者的一次"实惠典礼"。

上品折扣的东西都是厂家制造的，不过当初市面上卖的价格同在上品内的价格差距却悬殊。同样是一家的商品，同样是品牌货，价格怎么会差这么多呢？这主要是因为商家的差别定价原则。

根据差别定价原则，商家在不同情况下会对顾客群体采用不同的价格。赚取最大化的利润是商家最终目的。实现这一目的的通常途径，就是尽量让商品以高于平均成本的价格出售出去。

能进入上品折扣的商家，一般是大批量进行生产的厂商，一些知名品牌，生产的规模通常是上万件，或者上百万件。如果我们将他们一段时间内所生产出来的产品视为一个整体的话，那么生产这些产品所消耗的成本（包括不变成本与可变成本）平均分摊到每件产品上，就能得出每个商品的平均成本。

一般来说，在这些品牌商品刚刚进入市场时，由于样式新颖、奇特，会以远远高于平均成本的价格销售。生产者就能从每件商品中赚得一定的利润，这时，生产者对商品的销售预期就是——有利可图。所以，短期内，商品的价格不会发生变动，生产者继续大批生产。

随着品牌产品数量的增加，生产者在实现规模生产，促使平均成本更低的情况下，也将越来越多的商品推向市场，则市场上因供过于求，商品的价格出现下滑趋势。与此同时，由于部分商品具有时效性（尤其是时装等时尚潮流用品），也带动了商品的价格下降。在这种情况下，厂商就可以将商品以换季、清仓等名义送到上品折扣来甩卖。

在上品折扣，只要能保证商品的价格等于或者略低于平均成本的价格，对厂商还是有利的。因为，他们可以通过上品折扣这样的地方清除库存，加快货物和现金的流通，也能够吸引不同层次的消费群体，扩大市场占有量。

利用"上品折扣"进行销售的商人利用了价格效应，使所有的价格都是为每位顾客量身定做，即对于能够承受高价位的消费者收取最高的价格，而对只能承受低价位的消费者实行最适合售价。

品牌产品+商家的差别定价，仅这两点就足以让消费者受迷惑，不顾一切地涌入上品折扣进行消费。面对名牌集中、价格低廉的商品，众多消费者都乘兴而来，狂热购物，而当我们识清了上品折扣背后的招数后，是否应该保持一种节制的理性呢？

免费午餐，酒吧里的花生米

某酒店开业，在电视和报纸上做了一个广告，称开业当天全天免费。几个好友当天正好闲来无事，便相约去吃这顿免费的午餐。去吃饭之前大家都兴致勃勃的，吃完饭后却一个个闷闷不乐，为什么？原来酒店所说的全天免费，并不是让你随便吃，而是根据酒店的规定，每人免费供应一份订餐，所谓的订餐，不过是一碗米饭、一个小菜、一小碗鸡蛋汤而已。

如果想要吃其他的，则得自己掏腰包。看来，这全天免费只是酒店钓鱼的诱饵而已。再看酒店里前来消费的人群挤得人满为患，大家都是冲着这免费来的。虽然被骗了，但有火还没地方发，谁叫你来的，姜太公钓鱼，愿者上钩，人家广告上明明写着，解释权归酒店所有，虽然字很小，不太醒目。再说你也不好意思理论，为了吃人家的免费餐，还要人家管你吃个够？大庭广众之下，面子上也过不去呀。送的免费餐吃不饱，只好自己再点上些炒菜、酒水，一结账，几百块钱出去了。这顿免费餐吃得还真不便宜。

作为商家，追求的都是利润最大化，他们为什么要给你提供免费午餐呢？但现实生活中，总有一些人相信这样的事情。原因何在？因为虽然每一个人都是经济人，也追求自身利益的最大化，但是，经济人的理性是有限的，在利益尤其是能轻易获得的利益面前，人们就容易失去理性。

我们经常看到此类广告：本店清仓大甩卖，商品一律四折！其实商品的标签早已在打折前进行了修改，不过是将现在的价格提高为原来的两倍而已。说到底，没有谁会赔钱赚吆喝。

商家的目标是盈利，所以商场也好，酒店也罢，都不可能免费为你提供商品和服务，免费的午餐是不可能存在的。

也许有人会提出反对意见，很多酒吧里花生米是免费的。可是你注意到没有，花生米可随意索要，饮用品则贵得很，连一杯清水都要好几块钱。按常理，花生的生产成本要比水高，酒吧为什么要这么做呢？

理解这种做法的关键在于，弄明白水和花生米对这些酒吧的核心产品——酒精饮料——的需求量会造成什么样的影响。花生和酒是互补的，花生吃多了，会有干渴感，要点的酒和饮料也就多了。相对于酒和饮料的利润来说，花生是极其便宜的。多吃花生米能带动酒和饮料的消费，而酒吧主要靠酒和饮料来赚取高额利润，所以，免费供应花生米只是为了提高酒吧利润而已。

反之，水和酒是不相容的。水喝得多了，要点的酒类自然少了。所以，即使水的成本很低，酒吧也会给它定个高价，减弱顾客的消费积极性。

免费的花生米实际上是引导顾客多消费酒水而已。酒吧的做法正是应了那句——世上没有免费的午餐。

去美国参观旅游过的大多数人都知道，位于华盛顿的国家美术馆是免费对游人开放的。这么说，是不是国外就有免费的午餐呢？其实不然，华盛顿的国家美术馆一楼是展览大厅，楼下是画廊，有出售画家作品的，还有出售美术期刊、画册、图书、工艺品的。最多的是出售世界名画仿制品和印刷品的，一楼每一幅展出的名画在楼下都能找到其仿制品和印刷品，两者的价格相差悬殊。例如，一楼展出的凡·高名画《向日葵》，其标价是几百万美元，而楼下出售的仿制品却只卖20美元，印刷品更是便宜，几美元就能买到。面对如此大的差价，人们对仿制品和印刷品的购买欲望怎能不强烈？

试想，如果国家美术馆收门票，前来参观的人肯定会少很多，楼下买仿制品和工艺品的人也将随之减少，售出的商品也会减少，楼下的铺位对外出租的价格就会降低。如此一来，门票收入可能还不及铺位对外租金的减少。所以，虽然从表面上看，国家美术馆没有收门票，是赔钱的买卖，其实暗地里他们早已通过高额的铺位租金费把比门票更多的钱赚到了口袋里。

如此看来，作为一个消费者、一个经济人，不能只片面地追求利益最大化，面对商家免费午餐的诱惑，我们应该清醒地提醒自己"天底下没有免费的午餐"，精明的商家是不会让你轻易拣便宜的。

了解团购，网聚人的力量

团购是在今天的互联网时代新兴的一种娱乐消费方式，正受到越来越多的年轻人追捧。合理利用网络团购，将会为自己的消费节省不少开支。

所谓网络团购，就是互不认识的消费者，借助互联网的"网聚人的力量"来聚集资金，加大与商家的谈判能力，以求得最优的价格。尽管网络团购的出现只有短短几年的时间，却已经成为在网民中流行的一种新消费方式。据了解，目前网络团购的主力军是年龄25岁至35岁的年轻群体，在北京、上海、深圳等大城市十分普遍。

如今，在团购网站和团购帖子的"省钱才是硬道理"的号召之下，小到图书、软件、玩具、家电、数码、手机、电脑等小商品，大到家居、建材、房产等价格不很透明的商品，都有消费者因网络聚集成团购买。不仅如此，网络团购也扩展到健康体检、保险、旅游、教育培训以及各类美容、健身、休闲等服务类领域。

团购的好处主要表现在两方面：一是团购价格低于产品市场最低零售价；二是产品的质量和服务能够得到有效的保证。

团购能够带来上述好处的原因：一是参加团购能够有效降低消费者的交易成本，在保证质量和服务的前提下，获得合理的低价格。团购实质相当于批发，团购价格相当于产品在团购数量时的批发价格。通过网络团购，可以将被动的分散购买变成主动的大宗购买，所以购买同样质量的产品，能够享受更低的价格和更优质的服务。二是能够彻底转变传统消费行为中，因市场不透明和信息不对称导致的消费者弱势地位。通过参加团购更多地了解产品的规格、性能、合理价格区间，并参考团购组织者和其他购买者对产品客观公正的评价，在购买和服务过程中占据主动地位，真正买到质量好、服务好、价格合理、称心如意的产品，达到省时、省心、省力、省钱的目的。

此外，团购尤其适合以下人群：买东西不会选择、总是留下遗憾的朋友；担心个体消费，在售后得不到应有保障的朋友；担心购买到假冒伪劣产品的朋友；不了解市场价格，不懂得选材，或不喜欢逛市场的朋友；不大会砍价、不喜欢砍价、不屑于砍价的朋友；对自己和亲人的健康有强烈责任心，必须购买符合环保标准产品的朋友；经济实力不强的在校大学生。

目前网络团购形式大致有三种：第一种是自发行为的团购；第二种是职业团购行为，目前已经出现了不少不同类型的团购性质的公司、网站和个人；第三种就是销售商自己组织的团购。而三种形式的共同点就是参与者能够在保证正品的情况下拿到比市场价格低的产品。怎样才能使网络团购的商品最划算？参加团购前要先做好市场调查，并且要了解自己要买的商品的价格、品牌以及性能，只有心中有数了，才不会被网上的所谓"团购优惠"弄糊涂。

作为一种新兴的消费方式，网络团购目前还没有相关的规则来约束它，因此，诈骗案也屡见不鲜。对此，网络团购作为一种消费方式，消费者在选择网络团购以博取价格优惠的同时，更应该全面考虑，对于交易要小心谨慎。

网络团购毕竟只是出于某一特定目的而临时组织的松散团体。现实中，团购者交易成功后就分散了，售后一旦出现纠纷，往往难以再组织起来，这给消费者日后的维权行动带来困难。因此，网络团购的参与者还应该想办法签订团购协议来规避各种风险。

"一次性"交易，肥了商家

谭慧在北京一家有名的婚纱店拍了一套结婚照。那天化妆的时候，化妆师首先将她盛赞了一番，接着便推荐她使用一盒装有3瓶彩色液体的化妆品。"多少钱？""240元。""不是80元吗？""那是一瓶的价格，这3瓶的效果都是不一样的，红的是防过敏的，蓝的是抗油的，黄的是隔离的。""我皮肤不错还要用吗？""当然要了，用了妆面才持久啊，而且效果自然，晶莹剔透，还可以保护皮肤不受妆粉的伤害。""真有那么好？那我听你的。你把我弄漂亮点就行。"

那天整套拍下来，谭慧一直都在欢笑和称赞中度过，一点儿也不觉得累。按她的套系，其实应该只有40张照片，但是摄影师却拍了200张，照说这该是好事，但是她整整为了挑照片花费了一个上午的时间。这些相片中，拍得新娘子漂亮，新郎神态就一般，而新郎神采焕发了，新娘子又有不如意的地方……就是没有完美一点儿的。到最后，本来打算只挑40张照片的，不得不加钱多买了40张照片。"如果你再多买十张，我们可以送你一个水晶的相框，这个质量可是非常好的。""什么？还要再买十张？你送我一个吧！""对不起，我们这个水晶相框单个可是600元一个呢，不是看你照片挑得多，我们是不送的。""我倒还占便宜了，这样一加，完全超出了自己的预算嘛……"最后的结果是又加买了5张照片，免费"得"了一个水晶相框。

一面是自己付出了昂贵的代价、一天的时间与精力拍下的美丽的照片，一面是店方超高价的要挟。换言之，或放弃付出很高成本而自己又特别希望获得的美丽的照片，或是接受店方"抢劫式的要挟"，谭慧也只好选择后者。可以说，人们一进入婚纱店，就进入店方早已设计好的陷阱，只能一步一步往里钻。一开始，从店方提供的格式化合同来看，它就明显地告诉你，送照片20张，入册100张，但入册的是否收费并没有告诉消费者，解释权完全归店方。当消费者进入照相的过程中时，看上去店方的服务是非常的周到和热情，会尽量满足消费者的要求，但这仅是店方为以后更容易地进行"抢劫式的要挟"埋下的伏笔，因为照片照得越多，消费者出高价的机会就越多。当看到自己喜欢的照片时，消费者早已付出很高的成本，如果所选择的照片越少，那么每张照片的单位成本就越高，作为一个理性的消费者，这时会尽量选择自己喜爱的照片，以便降低每张照片的单位成本。店方这种"抢劫式的要挟"为什么会得逞？原因在于这种交易是一次性交易，根本不希望有回头客，而在这种一次性交易中，店方宰客越厉害，其获得的超额利润就越高。

类似的事情还有很多。我们在旅游风景名胜区往往容易购买价高质次的商品，而在自己生活的城市的百货商店却不容易被欺诈。我们在方言区的菜市场买菜，如果我们讲普通话，往往要比讲方言的当地人支付更高的价格购买蔬菜和肉类。

经济学为我们揭示了这种现象的原因，答案在于交易的次数。卖方预计和买方要进行多次的重复交易，他们会给出合理的价格以获得重复交易的机会，最终赚取更多的利润。而当卖方认为和买方只有有限次交易的可能时，他们往往会充分利用信息的不对称，以欺诈性的高价格欺骗买方获得最大的利润。这都是需要我们在日常生活中加以提防的。

买房是大事，不要丧失理性

王先生是一位香港人，20世纪90年代初的时候，他有着不错的生活。当时，香港经济很繁荣，王先生工作上年年加薪，股票、基金都在上升。在看着周围朋友都纷纷投身房产时，王先生也心动了。

1997年，香港的房价处于高位，王先生在攀比的心理作用下，拿出了100多万港元积蓄准备买房。当时他向银行贷款280万港元买下了一套价值400万港元，70平方米处于市区的房子。在那时400万港元的房算不上什么好房子，因为房价整体很高。看着房价天天上涨，王先生根本没想着再出手转让。

随后，亚洲金融风暴来袭，房价一下降下来。王先生的那套房子迅速贬值到180万港元，王先生认为房子还可以自己住，房价跌了也无所谓。不过，银行却不这么认为。银行是做生意的，它借给你280万港元，你的抵押品却只值180万港元，银行会担心你还不来钱，它会亏本。于是，银行马上向王先生施压，迫使他加大了还贷力度。结果，王先生不得不告别过去优越的生活，经历多年苦苦挣扎，才得以还清贷款。

王先生看到别人买房，不能从自己的实际经济能力出发，在盲目攀比的心态驱使下，做出了错误的投资行为，最终让自己吃到了苦头。

其实，很多人在做出买房决定的时候，都会像王先生一样，头脑发热。买房的人一方面嫌房价太高，但在看到大家都买房的时候，就会出现焦躁的心理。于是，在焦躁的催促下，买房人常常在高价位上花大钱买房，把房价推得更高。

根据市场经济的规律，任何商品的价格都会存在高低起伏的。当一种商品的市场价格远远高于其实际价值时，市场规律便会发生作用。房地产市场也不会例外，于是房价暴涨之后总会伴随着暴跌。

在房价的不断上涨中，房地产高额利润的气息会诱使人们蜂拥而来。资金雄厚点的投资者们竞相建造更多、更大的楼盘，希望获得更多的利润；小投资者们争着买下几套房产，希望高价时出手；而买房自住的人，在相互攀比中，也把自己的买房标准从一套供家人生活的小户型，调高到令人羡慕的豪宅。

然而，建造房屋是个缓慢的过程，完成一个楼盘往往需要几年。在这几年里，房产投资者听到和看到的都是利好消息,会有更多的投资者把更多的钱投入房地产。终于有一天,大家会发现原本房屋供给短缺的现象,一夜之间突然不见了,房屋供给出现了大量剩余。这种剩余,并不是针对居住人口的剩余,而是针对付得起高房价人的剩余。

于是,房价便出现了回落。因为之前的不理性增长,一旦出现一次回落,购房者投机的心态便会被打破,房价会迅速暴跌。

有人会说,房价的跌落正好可以让更多的人买房。实际上,房价的跌落是相对最高房价来说的,10 000元一平方米的房价跌40%,余下也有6 000元,穷人还是买不起。但是,40%的房价跌落对于房地产投资者们来说,简直是噩梦。他们的贷款变成银行的不良资产,银行坏账迅速增多,便会大幅削减贷款额度。缺少银行贷款,投资者们会紧缩自己的腰包,整个国家经济都会失去增长的动力。

有钱买房的和有能力卖房的都是经济能力较强的人,难道他们没有理性?这主要是因为房地产业的特殊性,在攀比心理的作用下理性的经济人冲动了起来。

房子不同于粮食,粮食的价值在吃下去后立刻体现,并且几小时后就会消失。所以,只要有成千上万的人在市场里买卖粮食,粮食的价格就一定理性。然而,房子的价值能延续几十年,大多数人一生只买一次或两次房子,所以买房人对房子的价值判断包含许多主观因素。

投资房地产的收益也需要几年才能看到,这就导致房地产投资人对投资回报的判断包含更多的主观心理因素。在这些主观因素的影响下,人们的买房思维变得很简单:别人买房,我也要买房;别人买大房子,我也要买大房子。

其实,从某种意义上说,买房,买的是一种心态。在买房的过程里,蕴涵着人们太多的期望。买房需要量力而行,在买房越来越成为人们一辈子拼搏目标的今天,买房不再是一种单纯的经济行为,它已衍变成一种心态的比拼。

要想在这场比拼中获胜,需要拥有健康的心态。而其中的关键就在于,是否能保持经济人的理性,不以攀比的心态对待买房。这样,房子才会成为真正意义上的归宿,而不是身心与经济的负担。

第十六章　投资不准，收益不稳
——每天学点投资中的经济学

不要寻求令人称羡的财富，应当追求这样的境界：对财富正当地获取，清醒地使用，愉快地施舍并能知足地放弃。

——培根

风险与知识呈反向变化。

——欧文·费雪

投资：牺牲当前消费来增加未来消费

投资的三句箴言："不要把所有的鸡蛋放在同一个篮子里"，意味着要分散风险；"不要一个篮子里只放一个鸡蛋"，即组合投资并不意味着把钱过度分散，过度分散反而会降低投资收益；"把鸡蛋放在不同类型的篮子里"，这样组合才能发挥投资的优势。

随着经济的不断发展，投资和人们的生活越来越紧密，已经成为许多人生活的重要组成部分。所以，我们很有必要对投资的概念及内涵进行探讨。根据经济学上的定义，投资是指牺牲或放弃现在可用于消费的价值以获取未来更大价值的一种经济活动。投资活动主体与范畴非常广泛，在此我们以个人投资为例来对投资进行解释：

如果你手上现有1 000元闲钱，你可在周末带全家出游后上酒店吃上一顿大餐，大家可以过个愉快的周末，或者买一件高档的衣服。但你也可存入银行，以获得利息，或者买入股票或基金，等待分红或涨升，或者从古玩市场买入字画，等待增值，或者参股朋友所开的小店，分得利润。前面一种情况就是花掉金钱（价值），获得消费与全家的享受；后面几种情况就是放弃现在的消费，以获得以后更多的金钱，这就是投资。

再简单地说，你的本金在未来能增值或获得收益的所有活动都可叫投资。消费与投资是一个相对的概念。消费是现在享受，放弃未来的收益，而投资是放弃现在的享受，获得未来更大的收益。

投资的资本来源既可以是通过节俭的手段增加，如每个月工资收入中除去日常消费等支出后的节余，也可以是通过负债的方式获得，如借入贷款等方式，还可以采用保证金的交易方式以小博大，放大自己的投资额度。从理论上来说，其投资额度的放大是以风险程度的提高为代价的，它们遵循"风险与收益平衡"的原则，即收益越高的投资则风险也越大。所以说任何投资都是有风险的，只是程度大小不同而已。由此可见，只要是投资就有赌博的成分在里面，因为未来的预期往往会随着现实的变化而变化。如果现实按着你的预期方向发展，你就赌赢了，会获得很好的投资回报；如果现实没有按着你的预期方向发展，你就赌输了，就会遭受亏损。

具体来说，个人投资的主要成分包括金融市场上买卖的各种资产，如债券、股票、基金、外汇、期货等，以及在实物市场上买卖的资产，如房地产、金银珠宝、邮票、古玩收藏等，或者实业投资，如店铺、企业等。

不管是投资股票、基金还是房地产，普通人都希望找一种既安全，又可以带来投资回报的方法，因为大多数普通人可能一生只投资一到两套房产，或者把退休金或其他的余钱拿出来放在股市里，因为自己是没有精力也没有这个专业知识去投资，无论投资什么，回报和安全都是百姓最为关注的问题。听到有人投资赚了100万元，你不要眼红，而是看他投入多少，看回报率一定要看收益和投入的百分比，而且还要看风险，他的操作手段，有多大风险，自己是不是能够承担得起。

投资是生活中的大事，完全的不亏损谁也不能保证，但是如果能按照以下的原则投资，一定会让你最大化减少风险：

(1) 在不知道该投资什么的时候，千万要把钱紧紧地攥在手里，不要轻易投资。如果决定投资股市了，在不知道该选择哪只股票的时候，也千万不要投资。如果一个公司你不能用一句话来描述它，就不要买它的股票，一句话，诸如，这公司成长速度很快，这公司潜力很大，而不是啰唆的讲一堆这个指标，那个指标，结果却没有一个明晰的判断。这种方法也适合于房产，购买哪个房产公司的房子，也可以这样来思考。

(2) 不要期望过高，投资里最忌讳的是贪欲，当你期望过高的时候，你就容易做梦，醒不了，要知道很多情况下，投资的回报率能达到10%就已经很不错了。你期望你的投资回报率能涨到多少，总想吃最大的西瓜，结果很可能是连芝麻也吃不到。不要看到某只股票上涨，你也就去追捧，记住，公司的股票和公司是有区别的,有时候,股票只是一家公司不真实的影子而已。

(3) 不要低估风险,在购买股票的时候,不要想着自己赚多少,而是要先想自己能赔多少,而且不要相信债务大于资金的公司有什么法宝,尽量不去操作ST股票 [对财务状况或其他状况出现异常的上市公司股票交易进行特别处理(Special Treatment),由于"特别处理",在简称前冠以"ST",因此这类股票称为ST股],因为有的公司现在股票市值虽然好,但是他们可能通过发行股票或借贷来支付股东红利,但终归有一天会陷入困境的。

(4) 不要把鸡蛋放在一个篮子里,除非你非常有钱,否则就不能把赌注放在一两个公司上,也不要相信那些只关注一个行业的投资公司。

(5) 盈利是唯一判断公司股票走势的指标,无论分析师和公司怎样吹嘘,记住一个原则,盈利就是盈利,这是唯一的标准,而且坚持投资一定要自己独立判断,不受别人影响。

投资本身玩的也是数字,所以科学的计算利润就很必要,一定不要被感觉迷惑,要有真实的数据依据,投资的时候,一旦对某项投资产生怀疑要立刻抛弃,因为在实际操作的时候,直觉是很重要的。以上的投资方法,虽然不能保证完全不亏损,但坚持这样的投资策略却是最安全的,即使亏也亏不了太多。

股票:不能不懂的资产增值手段

一个和尚从来不炒股,也从来不想炒股,但是他却被人生硬地拉进了股市,拿着自己仅有的香火钱,开始了他的股市生涯,但是和尚终究是和尚,怎么也开不了窍,别人买入的时候,他不买,别人卖的时候,他不卖,当股市上涨的时候,很多人抢购,但和尚却说,阿弥陀佛,钱财乃身外之物,钱让给他们去赚吧,当股市下跌的时候,和尚却说,阿弥陀佛,我不入地狱,谁入地狱,洒家来拯救你们,都卖给我吧。结果和尚从来没被套住,而且他在股市下跌时候买的股票大涨,别人却是为自己提前割肉后悔不已。在股市里这么多精明的商人都没赚到钱,但和尚就这么轻易地就赚到了很多钱。

如果你在1965年投资1万美元巴菲特的股票,35年后的今天你的财富已经积累到5 000万美元,正好是美国标准普尔指数同期投资报酬率的100倍。巴菲特在11岁时候,就以38美元开始投资股票,而今天他的财产规模已经积累到了60亿美元。

巴菲特是怎么投资的呢？市场上关于巴菲特的书籍琳琅满目，向巴菲特学习什么，巴菲特教你炒股票，几乎巴菲特这个被称为美国股神的英雄成了股坛上的神话。步步高创始人段永平曾花600万美元购买了和巴菲特吃顿午餐的权利，接着著名的私募人赵丹阳同样花600万美元和巴菲特共进午餐，巴菲特一个什么样的神话，让人们如此顶礼膜拜，他靠什么投资技巧，使他在一生的投资中百战百胜，号称永远不会赔钱的炒股人。

市场上的读物，讲到巴菲特的时候只讲到了一个贯穿他一生的，也是众所周知的投资理念——价值投资。所谓的价值投资就是选好有成长潜力的公司，购买股票，长期持有，巴菲特号称是决不做短线。所以很多中国人都学习巴菲特的思路，买一只股票长期持有。于是有的投资人就买了中国工商银行的股票，不管市场行情如何波动，他一样不管，一句话：他要学巴菲特，一笔投资持有好几年，不见什么成效，高涨时候也不抛，低谷的时候也不放弃。

如果这笔投资，去做别的生意，也许早就赚的不止这个数字了，巴菲特的长期投资价值观到底是不是适合中国股市。有些股民对巴菲特丧失信心了，因为他们觉得巴菲特的投资理念对自己来讲没有任何意义。如果巴菲特只做长期持有，那么他在2008年抛售中石油说明了什么？他短线也做。只要赚钱他都做。一个真正的投资家永远不会把投资的诀窍告诉别人，所以巴菲特对媒体讲的公开的投资技巧一个也没有，只是一个哲学理念，长期持有，理念的东西谁都明白，但不实用，他讲长期持有，那是适合大的投资公司的理念，他投资了可口可乐，可是他在可口可乐最艰难的时候，他召开董事会，救可口可乐公司于危难之中。这岂是一般小股民能投资得起的。

散户还是适合做短线赚钱，拿几万元，去长期持有一个公司，还不如在短线上挣足了钱，再重点投入一个公司的股票，重权持有。如果巴菲特真像他讲的一样，只做长线，那么2009年，他公司一时的亏损，他又何必懊恼。其实巴菲特误导了很多投资者，人们都觉得长线是有道理的，都去做长线，但不知道资本的一个基本常识，就是等量资本带来等量利润，当资本很少的时候，你去投资长线，即使10年之内给你带来的利润率很高，也不如你大量资本放在利润率低的项目上所获得的利润高。打个极端的比喻，你1元钱投资在一个项目上，利润率是100%，和你1 000元投资在一个项目上，利润率只有1%，哪个项目会有更多利润呢？1元钱的项目你可能获得1元利润，而1 000元的项目，你却赚了10元钱，如果第一个项目你要坚持10年，第二个项目就需要1年，那么你第一个项目的投资是10年获得1元，而第二个项目的投资却是10年获得100元，所获得的利润是第一个项目的100倍，如果我们把1 000元用于长线持有呢？10年之后，我们获得了1 000元的利润，远远大于第二个项目10年的投资收益。这说明了，如果资金少根本不合适去做长线持有，应该短线搏击，少量资金怎么才能多赚钱呢？就是追逐短期的高利润，用1元钱去追逐可以高风险的短期暴利，不断地进行重复操作，不断的转换股票品种，比如你1元钱今天投资在贵州茅台上，连续拉了两个涨停之后，你就赚了2毛，接着再撤出，寻找暴利股票，如果没有，哪怕赚一毛，也要忽进忽出，避免资产损失，很多股民就想知道怎么样去寻找这样的股票，巴菲特在操作中石油的时候有一个场景值得我们学习，你不需要看报表分析，你只需要看一点，这个公司的实际情况，所以巴菲特去了加油站，这是最直接反映一个公司真实价值的地方，然后再看市盈率，对于财务报表的利润未必要相信，要相信自己判断的利润，市盈率是预期利润与目前公司市值的比价，如果你预计这一年内的预期利润比市值的比价已经大于15，就不合适再投资，但是这个利润的计算，一定要自己估算，才能找到合适的黑马.有人曾经问我，联通与移动股值相差了10倍，是不是联通被低估了，买入联通是不是合适，我说这个太简单了，你看你周围的人，使用联通和使用移动的比例就知道了。一比较不合适，于是放弃了，不迷信财务报表，也不要迷信神话，只相信自己的眼睛，才是一个合格的投资人。

基金：让专家打理你的财富

我们现在说的基金通常指证券投资基金。证券投资基金是指通过发售基金份额，将众多投资者的资金集中起来，形成独立资产，由基金托管人托管、基金管理人管理，以投资组合的方法进行证券投资的一种利益共享、风险共担的集合投资方式。证券投资基金在美国称为"共同基金"，英国和中国香港地区称为"单位信托基金"，日本和中国台湾地区则称"证券投资信托基金"等。

为了进一步加深对基金概念的理解，我们可以作一个比喻：假设你有一笔钱想投资债券、股票等进行增值，但自己既没有那么多精力，也没有专业知识，钱也不是很多，就想到与其他几个人合伙出资，雇一个投资高手，操作大家合出的资产进行投资增值。如果每个投资人都与投资高手随时交涉，那将十分麻烦，于是就推举其中一个最懂行的牵头办这事。定期从大伙合出的资产中按一定比例提成给他，由他代为付给高手劳务费报酬，当然，他自己牵头出力张罗大大小小的事，包括挨家跑腿，有关风险的事向高手随时提醒着点，定期向大伙公布投资盈亏情况等，不可白忙，提成中的钱也有他的劳务费。上面这种运作方式就叫做合伙投资。将这种合伙投资的模式放大一千倍、一万倍，就会成为基金。

如果这种合伙投资的活动经过国家证券行业管理部门（中国证券监督管理委员

会）的审批，允许这项活动的牵头操作人向社会公开募集吸收投资者加入合伙出资，这就是发行公募基金，也就是大家现在常见的基金。

基金管理公司就是这种合伙投资的牵头操作人，不过它是个公司法人，资格必须经过中国证监会审批。基金公司与其他基金投资者一样也是合伙出资人之一，但由于它牵头操作，要从大家合伙出的资产中按一定的比例每年提取劳务费（称基金管理费），替投资者代雇代管负责操盘的投资高手（就是基金经理），还有帮高手收集信息搞研究的人，定期公布基金的资产和收益情况。当然，基金公司的这些活动必须经过证监会批准。

为了大家合伙出的资产的安全，不被基金公司偷着挪用，中国证监会规定，基金的资产不能放在基金公司手里，基金公司和基金经理只管交易操作，不能碰钱，记账管钱的事要找一个擅长此事又信用高的人负责，这个角色当然非银行莫属。于是这些出资（就是基金资产）就放在银行，而建成一个专门账户，由银行管账记账，称为基金托管。当然银行的劳务费（称基金托管费）也得从大家合伙的资产中按比例抽一点按年支付。所以，基金资产相对来说只有因那些高手操作不好而被亏损的风险，基本没有被偷挪走的风险。从法律角度说，即使基金管理公司倒闭甚至托管银行出事了，向它们追债的人都无权碰基金专户的资产，因此基金资产的安全是很有保障的。

投资基金就是让理财专家替你打理财富，比较省心，收益稳定，很适合上班族和对金融信息了解较少的人群。但基金是长期投资品种，持有时间长才会显现出良好的效果。

在基金的投资理念上，美国人比较崇尚股神巴菲特的投资哲学："买进被市场低估的股票，长期持有以获利。"数据显示，美国基金持有人自20世纪80年代牛市以来的平均持有周期是3~4年，这反映了美国基金持有人将基金视为理财工具，而非短炒工具，他们通常不会随短期市场波动而频繁进出。正如巴菲特所说："我们在投资的时候，要将我们自己看成是企业分析家，而不是市场分析师或经济分析师。"

美国人热衷于基金投资，这主要是因为美国人具有传统的投资意识，也有很强的风险意识和风险承受能力；"二战"后生育高峰那代人的老龄化、20世纪70年代开始的国家养老体制改革，也促使美国人投资基金。调查显示，有92%的美国基金投资人购买基金是为了退休养老的财务目标，而养老金在共同基金中的资产比例也从20世纪90年代初的20%上升到目前的40%左右。

此外，在美国，各类投资基金比较发达，据报道，美国共有15 300多家投资公司，8 000多只共同基金，6 400多个单位投资信托，620多只封闭式基金，150多只交易所基金。这样，人们对投资基金有了更多的选择。

通俗地讲，投资基金就是汇集众多分散投资者的资金，委托投资专家（如基金管理人），由投资管理专家按其投资策略，统一进行投资管理，为众多投资者谋利的一种投资工具。投资基金集合大众资金，共同分享投资利润，分担风险，是一种利益共享、风险共担的集合投资方式。

黄金：保值增值的好选择

继"股民"、"基民"之后，"金民"又成投资新一族。特别是在2008年1月，股市连续下挫，而黄金的价格却在节节飙升，于是，很多股民纷纷从股市抽回资金，转头杀进金市寻金。黄金投资是最具潜力的投资品种，它为人们打开了新的财富之门。那么，黄金到底具有哪些魅力呢？

黄金作为一种货币，具有不变质、易流通、保值、投资、储值等多种功能。当然，随着国际事务的变动，黄金的价格也会有变动，不过到任何时候，就算所有的纸币都不能花了，黄金仍可以充当货币。因此，黄金成为人们新的投资品种，尤其在不确定的经济、政治环境下，黄金作为"没有国界的货币"更是受到人们的青睐，成为一种永久、及时的投资方式。

同时，黄金作为一种世界范围的投资工具，具有全球都可以得到报价，抗通货膨胀能力强，税率相对于股票要低很多，公正公平的金价走势，产权容易转移，易于典当等比较突出的优点。这奠定了这个天然的货币之王的地位。

对于人们来说，要想进行黄金投资，首先了解黄金投资的品种。在我国，现阶段主要的黄金投资品种有以下三种。

1. 实物金

实物金买卖包括金条、金币和金饰等交易，以持有黄金作为投资。这种投资的实质回报率基本与其他方法相同，但涉及的金额一般较高（因为投资的资金不会发挥杠杆效应），而且只可以在金价上升之时才可以获利。一般的饰金买入及卖出价的差额较大，视作投资并不适宜，金条及金币由于不涉及其他成本，是实金投资的最佳选择。需要注意的是，持有黄金并不会产生利息收益。

金币有两种，即纯金币和纪念性金币。纯金币的价值基本与黄金含量一致，价格也基本随国际金价波动，具有美观、鉴赏、流通变现能力强和保值功能。纪念性金币较多更具有纪念意义，对于普通投资者来说较难鉴定其价值，因此对投资者的素质要求较高，主要为满足集币爱好者收藏，投资增值功能不大。

黄金现货市场上实物黄金的主要形式是金条和金块。金条有低纯度的沙金和高纯度的条金，条金一般重400盎司。市场参与者主要有黄金生产商、提炼商、中央银行、投资者和其他需求方，其中黄金交易商在市场上买卖，经纪人从中搭桥赚佣金和差价，银行为其融资。黄金现货报盘价差一般为每盎司 0.5~1 美元。盎司（Ounce）为度量单位，1 盎司相当于 28.35 克。

黄金现货投资有两个缺陷：须支付储藏和安全费用，持有黄金无利息收入。于是通过买卖期货暂时转让所有权可免去费用和获得收益。每口期货合约为 100 盎司。中央银行一般不愿意通过转让所有权获得收益，于是黄金贷款和拆放市场兴起。

2. 纸黄金

通俗地说，纸黄金就是黄金的纸上交易。投资者的买卖交易记录只在个人预先开立的"黄金存折账户"上体现，而黄金的价格根据国际金价实时调整，用户不用担心银行随意操纵金价。

纸黄金的优势是显而易见的：

（1）安全性高。由于纸黄金是不依赖于实物的交易，所以你不用担心黄金的储存、保管，它是以数据的形式记录在银行的数据库中。其安全性要远远高于银行存款。

（2）成本低。纸黄金交易中，投资者无须透过实物的买卖及交收来实现交易，而是采用记账方式来投资黄金，由于不涉及实金的交收，交易成本可以更低。

（3）变现速度。从变现的程度来说，纸黄金的变现是瞬间到账的，不像基金需要几个工作日才可以拿到钱。而且纸黄金也比股票更具有弹性，只要你愿意，你可以在买入一分钟后卖出你的纸黄金，而这在股市是不可能实现的。

（4）交易方式规范。纸黄金跟随国际金价制定价格，而不是由银行自己制定的，所以投资者不用担心银行会通过操纵价格来获取利润。

（5）手续费低。与我们投资股票、基金一样，纸黄金的交易也是需要一定的手续费，与传统的按交易金额的百分之几收取手续费不同，纸黄金的手续费是按照黄金数量来收取的，投资纸黄金的手续费要远远低于股票、基金的手续费，并且这一比率会随着金价的上涨而下降。

但是纸黄金也并非没有缺陷，虽然它可以等同持有黄金，但是户口内的"黄金"一般不可以换回实物，如想提取实物，只有补足足额资金后，才能换取。

这里要注意的是，纸黄金和实物黄金的共同缺点就是不能做空。也就是说，当黄金价格下跌的时候，投资者就无法进行黄金投资操作了，只能等待下次上涨。如果投资者手中持有黄金，而没有及时卖出，那么只能承担黄金价格下跌的损失了。

3. 黄金期货

通常来说，黄金期货的购买、销售者，都在合同到期日前出售和购回与先前合同相同数量的合约，也就是平仓，无须真正交割实金。每笔交易所得利润或亏损，等于两笔相反方向合约买卖差额。这种买卖方式，才是人们通常所称的"炒金"。黄金期货合约交易只需 10%左右交易额的定金作为投资成本，具有较大的杠杆性，少量资金推动大额交易。所以，黄金期货买卖又称"定金交易"。

黄金期货投资的缺点是：投资风险较大，因为需要较强的专业知识和对市场走势的准确判断；市场投机气氛较浓，投资者往往会由于投机心理而不愿脱身，所以期货投资是一项比较复杂和劳累的工作。

目前黄金投资最热门的期货黄金和现货黄金。

现货黄金交易基本上是既期交易，在成交后既交割或者在数天内交割。期货黄金交易主要目的为套期保值，是现货交易的补充，成交后不立即交易，而由交易双方先签订合同，交付押金，在预定的日期再进行交割。其主要优点在于以少量的资金就可以掌握大量的期货，并事先转嫁和约的价格，具有杠杆作用。

期货黄金的开户金额，起步应不低于 5 万元。

储蓄：把钱存入银行

先哲早已告诉我们，储蓄是一种美德，挥霍浪费可耻。这个古老的智慧，反映了我们共同的道德判断，以及未雨绸缪的明智抉择。但是这个世界上总有许多挥霍成性的人，也总有许多理论家，为挥霍行为寻找合理化的借口。

古典经济学家勇于驳斥他们那个时代的种种谬论，他们认为符合个人最佳利益的储蓄政策，也符合国家的最佳利益。他们指出，懂得长远打算的理性储蓄者，对整个社会不会有害，反而有益。当今社会，古老的节俭美德连同古典经济学家的警醒之言受到抨击，许多人搬出反对节俭的新理由，提倡支出的论调蔚然成风。

为了把这个基本的问题尽可能讲清楚，我们再来借用经济学家巴斯夏所举的一个经典例子——

假设有两兄弟各继承了一笔财富，每年有 50 000 美元的收益，但是其中一人挥金如土，另一人谨慎节俭。我们在这里忽略掉所得税，以及两兄弟是否应该去工作赚钱，是否该把大部分钱捐给慈善机构，因为这些问题和我们接下来要谈的主题无关。

哥哥阿尔文是个挥霍者，他不仅有挥霍的性情，而且有挥霍的信念。他是卡尔·洛贝图斯的忠实信徒。在 19 世纪中叶，洛贝图斯宣称资本家"必须将他们赚来的钱全部用于享受和奢靡",因为如果他们"决定节省,……商品将积压,部分工人将失业"。阿尔文常出入夜总会;小费出手十分大方;他爱讲排场,养了很多仆从;他有两名私家司机,车子买了一辆又一辆;他畜养一批赛马;他喜欢驾游艇出航,去各地观光;他给太太买钻石项链和毛皮大衣;送朋友贵重却派不上用场的礼物。

为了这一切,他只好动用老本。但他义无反顾。如果节省是一种罪恶,不节省当然就是美德;再说这么做,可以补偿吝啬鬼弟弟本杰明由于节省犯下的罪行。

不用说,阿尔文对于男女服务生、餐厅老板、皮货商、珠宝商、各类奢侈品店家来说都是最受欢迎的人。他被视为众人的财神爷。大家都看得很清楚,正是他四处挥洒钞票,人们才有那么多工作可做。

弟弟本杰明的人缘比起哥哥简直相形见绌。他很少光顾珠宝店、皮货店和夜总会,也不会亲昵地直呼侍者领班的名字。与阿尔文年年吃老本不同,本杰明要谨慎得多。他一年的花销在25 000美元左右。在那些目光短浅的人看来,他提供的工作机会显然不到阿尔文的一半,另外25 000美元则丝毫没有派上用场,就跟那笔钱不存在一样。

且慢!让我们来看看本杰明究竟是如何支配那另外25 000美元的。那笔钱,他并没有放在钱袋子、书桌抽屉和保险箱里面。他把钱存到银行,或者拿去投资。如果他是存到商业银行或储蓄银行,银行会借给企业用作周转金,或用于购买证券。换句话说,本杰明的钱用于直接或间接投资。这些钱被用于投资购置或建造生产资料——房屋、写字楼、工厂、轮船、卡车、机器。本杰明投入这些用途的数额与他将钱直接用于消费的数额一样多,都能使钱进入流通、创造就业机会。

总之,现代世界中的"储蓄",只是支出的另一种形式。两者的差别,通常在于前者把钱交给别人用于扩大生产。就提供就业机会来说,本杰明既"储蓄"又"支出"带来的效果,与阿尔文单纯支出的效果一样,他们投入流通的资金也一样多。主要区别就在于,阿尔文花钱提供的就业机会,每个人都看得到;而要认清本杰明储蓄的钱所起到的同样的作用,则需要我们做进一步的观察和思考。

12年后,阿尔文破产了。他不再流连于夜总会和时尚精品店;那些曾奉他为财神爷的人如今谈起他时,嘲笑他是傻蛋一个。他写信向本杰明借钱。本杰明的支出和储蓄比率还是和以前一样,由于投资收益不断增长,通过他的投资创造的就业机会不仅数量更多,并且那些工作待遇更加好、劳动生产率更高。他的资本财富和收入都比以前高。简单来说,他增加了国家的生产能力,阿尔文却没有。

近年来，关于储蓄的谬论层出不穷，不能都借用上面两兄弟的例子来加以驳斥，有必要针对那些谬论进行进一步的探讨。许多谬论连最基本的概念都搞混，到了令人匪夷所思的地步，犯这种错误的人中不乏知名的经济学者。例如，储蓄一词有时被用来单指蓄藏金钱，有时被用去指投资，甚至用来用去不加区分。

期货：今天做明天的交易

有人说：如果你爱一个人，就让他做期货，因为那是天堂；如果你恨一个人，就让他做期货，因为那是地狱。期货是一把双刃剑，既可以让你一夜暴富，也可以使你瞬间破产。

根据《史记·货殖列传》的记载，范蠡不仅是一个天下闻名的谋士，他还是一个做生意的奇才。勾践灭吴之后，范蠡深知历史上但凡效劳过国君、力谋大业的人在成功之后都难逃被杀的结局，于是在一个夜晚偷偷地收拾好珠宝，携带家小连夜逃走了。他泛舟五湖，七绕八拐地到了齐国，在海边种起了庄稼，没几年，就挣了几十万元。这引起了齐国国君的注意，请他去做宰相。但范蠡很清楚，他从一个平民老百姓，一下就到了一人之下、万人之上的地位，经济上还是万元户，吃好穿好，被人夸赞阿谀，不是什么好事。于是，他又向齐王辞职，把大部分财产都分给了当地村民，搬到了陶（今山东定陶北）。这回他不种庄稼了，他做起了期货，没几年，就成了亿万富翁。

范蠡从他做期货的短短几年中总结出一个道理："贵出如粪土，贱取如珠玉。"也就是说，当商品的价格高到了一定程度，就要像粪土一样舍得抛出去；但假如低到了一定程度，就要当宝贝一样赶紧囤积起来。这就是如今"越跌越买，越涨越抛"这一炒股原则的古代版。范蠡说："贵上极则反贱，贱下极则反贵。"一件商品的价格高到一定程度必然要跌，跌到一定程度必然要涨。这是市场对于价格的调节作用：东西太贵了，没有人买，商家必然要降价出售；而降到一定程度了，商家又没有利润了，不生产了，必然又要涨。那么，期货是什么东西，能让范蠡短短几年就成了亿万富翁？

期货的英文为"Futures"，是由"未来"一词演化而来，其含义是：交易双方不必在买卖发生的初期就交收实货，而是共同约定在未来的某一时间交收实货，因此中国人就称其为"期货"。为什么要这样呢？因为卖家判断他手中的商品在某个时候价格会达到最高，于是选择在那个时候卖出，获得最大利润。

期货也是在远期交易基础上发展起来的一种衍生产品,与期权合约的随意性不同,期货是标准化合约,是一种统一的、远期的"货物"合同。期货合约的商品品种、数量、质量、等级、交货时间、交货地点等条款都是既定的,是标准化的,唯一的变量是价格。期货合约的标准通常由期货交易所设计,经国家监管机构审批上市。期货合约可通过交收现货或进行对冲交易来履行或解除合约义务。

人们购买期货的目的有两种:套期保值和期货投机。套期保值是指交易者在现货市场上买卖某种原生产品的同时,在期货市场上设立与现货市场相反的头寸,从而将现货市场价格波动的风险通过期货市场上的交易转嫁给第三方的交易行为。而期货投机则是投机者通过预测未来价格的变化,买空卖空期货合约,当出现对自己有利的价格变动时对冲平仓以获取利润的行为。

期货交易是从最初的现货远期交易发展而来。最初的现货远期交易是双方口头承诺在某一时间交收一定数量的商品,后来随着交易范围的扩大,口头承诺逐渐被买卖契约代替,即期货合约,是指由期货交易所统一制定的、规定在将来某一特定的时间和地点交割一定数量标的物的标准化合约。这种契约行为日益复杂化,需要有中间人担保,以便监督买卖双方按期交货和付款,于是便出现了1571年伦敦开设的世界第一家商品远期合同交易所——皇家交易所。为了适应商品经济的不断发展,1865年芝加哥谷物交易所推出了一种被称为"期货合约"的标准化协议,取代原先沿用的远期合同。使用这种标准化合约,允许合约转手买卖,并逐步建立缴纳保证金的制度,于是一种专门买卖标准化合约的期货市场形成了,期货成为投资者的一种投资理财工具。

期货的赚钱方法简单来说就是赚取买卖的差价。

小张在小麦每吨2 000元时,估计麦价要下跌,于是他在期货市场上与买家签订了一份合约,约定在半年内,小张可以随时卖给买家10吨标准小麦,价格是每吨2 000元。五个月后,果然不出小张的预料,小麦价格跌到1 600元每吨,小张估计跌得差不多了,马上以1 600元的价格买了10吨小麦,转手按照契约以2 000元的价格卖给买家,这样就赚了4 000元,原先缴纳的保证金也返还了,小张就这样获利平仓了。

小张采用的其实是卖开仓,就是说,小张的手上并没有小麦,但因为期货可以实行做空机制,小张可以先与买家签订买卖合约。而买家为什么要与小张签订合约呢?因为他对小麦看涨。事实证明,小张的判断是准确的,否则如果在半年内小麦价格没有下跌,反而涨到2 400元,那么在合约到期前,小张必须被追高价购买10吨小麦,然后以契约价卖给买家,这样小张就亏损了,而买家就会赚4 000元。

期货的交易是以实物为依据，但事实上并不是真的在卖小麦或者别的什么。个人投资者购买的期货按照中国目前的制度都是不能交割实物的，只能做投机，即一种理财手段。但期货商品的价格确是围绕实物的市场价格波动的，因此从这个角度来说，期货相对于股票来说可以说是实体的。期货的交易方式和股票是相差不多的，期货市场和股票市场一样，也永远是惊心动魄的。伴随高利润的永远是高风险，要想做期货生意，一定要有一颗超强的心脏才行！

债券：比存款划算的投资方式

债券作为一种债务凭证，与其他有价证券一样，也是一种虚拟资本，而非真实资本，它是经济运行中实际运用的真实资本的证明书。

债券是政府、金融机构、工商企业等机构直接向社会借债筹措资金时，向投资者发行，并且承诺按一定利率支付利息并按约定条件偿还本金的债权债务凭证。债券的本质是债的证明书，具有法律效力。债券购买者与发行者之间是一种债券债务关系，债券发行人即债务人，投资者（或债券持有人）即债权人。由于债券的利息通常是事先确定的，所以，债券又被称为固定利息证券。

17世纪，英国政府在议会的支持下，开始发行以国家税收作为还本付息保证的政府债券。由于这种债券四周镶有金边，故而也被称作"金边债券"。当然这种债券之所以被称作金边债券，还因为这种债券的信誉度很高，老百姓基本上不用担心收不回本息。后来，金边债券泛指由中央政府发行的债券，即国债。在美国，经穆迪公司、标准普尔公司等权威资信评级机构评定为"AAA"级的最高等级债券，也被称为"金边债券"。

我国历史上发行的国债主要品种有：国库券和国家债券。其中，国库券自1981年后基本上每年都发行。主要对企业、个人等；国家债券曾经发行包括国家重点建设债券、国家建设债券、财政债券、特种债券、保值债券、基本建设债券，这些债券大多对银行、非银行金融机构、企业、基金等定向发行，部分也对个人投资者发行。

向个人发行的国库券利率基本上根据银行利率制定，一般比银行同期存款利率高1~2个百分点。在通货膨胀率较高时，国库券也采用保值办法。

1997年，我国受亚洲金融危机和国内产品供大于求的影响，内需不足，经济增长放缓。我国政府适时发行了一部分建设公债，有力地拉动了经济增长。在国家面临战争等紧急状态时，通过发行公债筹措战争经费也是非常重要的手段。例如，美国在南北战争期间发行了大量的战争债券，直接促进了纽约华尔街的繁荣。

债券的发行价格，是指债券原始投资者购入债券时应支付的市场价格，它与债券的面值可能一致，也可能不一致。理论上，债券发行价格是债券的面值和要支付的年利息按发行当时的市场利率折现所得到的现值。由此可见，票面利率和市场利率的关系影响了债券的发行价格。当债券票面利率等于市场利率时，债券发行价格等于面值；当债券票面利率低于市场利率时，企业仍以面值发行就不能吸引投资者，故一般要折价发行；反之，当债券票面利率高于市场利率时，企业仍以面值发行就会增加发行成本，故一般要溢价发行。

债券的风险要比股票小。债券一般约定固定利息，到期归还本金，而不论公司经营业绩如何。当公司业绩看好时，股票收益会超过债券的收益，但公司亏损滑坡时，债券的损失就比股票小。而且，在公司破产时，债券持有人可以优先于股东分配公司财产，这也为债券提供了更可靠的保障。

债券的交易方式一般有如下几种。

1. 现货交易

现货交易又叫现金现货交易，是债券买卖双方对债券的买卖价格均表示满意，在成交后立即办理交割，或在很短的时间内办理交割的一种交易方式。例如，投资者可直接通过证券账户在深圳交易所买卖已经上市的债券品种。

2. 回购交易

回购交易是指债券出券方和购券方在达成一笔交易的同时，规定出券方必须在未来某一约定时间以双方约定的价格再从购券方那里购回原先售出的那笔债券，并以商定的利率（价格）支付利息。目前深、沪证券交易所均有债券回购交易，但只允许机构法人开户交易，个人投资者不能参与。

3. 期货交易

债券期货交易是一批交易双方成交以后，交割和清算按照期货合约中规定的价格在未来某一特定时间进行的交易。目前深、沪证券交易所均不开通债券期货交易。

套利：捕捉低风险赚钱机会

套利是指在一个市场买进外汇、商品或证券的同时，又在另一市场以高于前一市场的价格卖出的行为。说通俗点就是在同一时间进行低买高卖操作，以获得中间的差价。

在一般情况下，西方各个国家的利息率的高低是不相同的，有的国家利息率较高，有的国家利息率较低。利息率高低是国际资本活动的一个重要的因素，在没有资金管制的情况下，资本就会越出国界，从利息率低的国家流到利息率高的国家。资本在国际间流动首先就要涉及国际汇兑，资本流出要把本币换成外币，资本流入需把外币换成本币。这样，汇率也就成为影响资本流动的重要因素。

套利行为的基本诱因是两个市场间的价差超过了买进与卖出的交易费用，而套利活动的结果则使在这些市场交易的相类似的商品的价格保持在买进与卖出所确定的范围内。任何价格如有偏离由交易费用所确定的范围的倾向，都会诱发套利行为，从而迫使价格重新返回到这一范围内。

假设某一时期 1 英镑在伦敦与美元的兑换率低于 1 英镑在纽约与美元的兑换率。如果两个市场上汇率之差超过了交易费用，套利者就会用英镑在伦敦市场买进美元，然后在纽约市场卖出美元换回英镑。两个市场的汇率之差减去交易费用即为套汇者的净收益。但套汇行为将提高买进市场即伦敦的英镑兑换率，降低卖出市场即纽约的英镑兑换率，直到套汇者不再能够获得净收益为止。

套利交易目前已经成为国际金融市场中的一种主要交易手段，国际上绝大多数大型基金均主要采用套利或部分套利的方式参与期货或期权市场的交易。随着我国期货市场的规范发展以及上市品种的多元化，市场蕴涵着大量的套利机会，只要我们认真观察，潜心研究，及时捕捉，套利交易势必使我们获得稳定的回报。

套利一般可分为三类：跨期套利、跨市套利和跨商品套利。

跨期套利是套利交易中最普遍的一种，是利用同一商品在不同交割月份之间正常价格差距出现异常变化时进行对冲而获利的，又可分为牛市套利（Bull Spread）和熊市套利（Bear Spread）两种形式。例如在进行金属牛市套利时，交易所买入近期交割月份的金属合约，同时卖出远期交割月份的金属合约，希望近期合约价格上涨幅度大于远期合约价格的上涨幅度；而熊市套利则相反，即卖出近期交割月份合约，买入远期交割月份合约，并期望远期合约价格下跌幅度小于近期合约的价格下跌幅度。

跨市套利是在不同交易所之间的套利交易行为。当同一期货商品合约在两个或更多的交易所进行交易时，由于区域间的地理差别，各商品合约间存在一定的价差关系。例如伦敦金属交易所（LME）与上海期货交易所（SHFE）都进行阴极铜的期货交易，每年两个市场间会出现几次价差超出正常范围的情况，这为交易者的跨市套利提供了机会。例如当 LME 铜价低于 SHFE 时，交易者可以在买入 LME 铜合约的同时，卖出 SHFE 的铜合约，待两个市场价格关系恢复正常时再将买卖合约对冲平仓并从中获利，反之亦然。在做跨市套利时应注意影响各市场价格差的几个因素，如运费、关税、汇率等。

跨商品套利指的是利用两种不同的、但相关联商品之间的价差进行交易。这两种商品之间具有相互替代性或受同一供求因素制约。跨商品套利的交易形式是同时买进和卖出相同交割月份但不同种类的商品期货合约。例如金属之间、农产品之间、金属与能源之间等都可以进行套利交易。

交易者之所以进行套利交易，主要是因为套利的风险较低，套利交易可以为避免始料未及的或因价格剧烈波动而引起的损失提供某种保护，但套利的盈利能力也较直接交易小。套利的主要作用：一是帮助扭曲的市场价格回复到正常水平，二是增强市场的流动性。

一个简单的例子就是，以较低的利率借入资金，同时以较高的利率贷出资金，假定没有违约风险，此项行为就是套利。这里最重要的是时间的同一性和收益为正的确定性。

在现实中，通常会存在一定的时间先后顺序，也可能是以很小的概率出现亏损，但仍被称作"套利"，主要是从广义上而言。

通俗的说，套利就是在同一时间进行低买高卖的操作！

在我国目前证券市场中，比较获得人们认同的套利包括ETF套利、期货套利、权证套利等。

复利：最神奇的财富升值工具

有一个古老的故事。一个爱下象棋的国王棋艺高超，从未遇到过敌手。为了找到对手，他下了一份诏书，说不管是谁，只要下棋赢了国王，国王就会答应他任何一个要求。

一个年轻人来到皇宫，要求与国王下棋。紧张激战后，年轻人赢了国王，国王问这个年轻人要什么奖赏，年轻人说他只要一点小奖赏：就是在他们下棋的棋盘上放上麦子，棋盘的第一个格子中放上一粒麦子，第二个格子中放进前一个格子数量的一倍麦子，接下来每一个格子中放的麦子数量都是前一个格子中的一倍，一直将棋盘每一个格子都摆满。

国王没有仔细思考，以为要求很小，于是就欣然同意了。但很快国王就发现，即使将自己国库所有的粮食都给他，也不够百分之一。因为从表面上看，年轻人的要求起点十分低，从一粒麦子开始，但是经过很多次的翻倍，就迅速变成庞大的天文数字。

这就是复利的魔力。曾经有人问爱因斯坦："世界上最强大的力量是什么？"他的回答不是原子弹爆炸的威力，而是"复利"。

虽然起点很低，甚至微不足道，但通过复利则可达到人们难以想象的程度。但复利不是数字游戏，而是告诉我们有关投资和收益的哲理。在人生中，追求财富的过程，不是短跑，也不是马拉松式的长跑，而是在更长甚至数十年的时间跨度上所进行的耐力比赛。只要坚持追求复利的原则，即使起步的资金不太大，也能因为足够的耐心加上稳定的"小利"而很漂亮地赢得这场比赛。

如何将10元变成100万元呢？有两种方法：第一种方法，只要您每日将10元放进存钱罐里留着不用，一个月可攒下300元，每年可攒下3 600元。倘若您继续储蓄，便会在277年后存够100万元了。第二种方法，如果每年年底将3 600元用作投资，以过去30年美国标准普尔500指数年平均回报率12%计算，成为百万富翁只需要31年。著名的"72法则"就是指一笔投资变成两倍所需要的时间恰巧是72除以年回报率。例如一笔年回报率为7.2%的投资，10年后本利和将是原始投资的两倍；如果这笔投资的年回报率为12%，那么原始投资翻倍的时间就是6年。试想，你有10万元钱，那么从现在起就投资于年利率为12%的固定收益产品，那么6年后你的财富就翻倍了。

我们在计算投资回报时，常喜欢用利滚利来形容某项投资的回报高，如果用专业的理财术语来表示，利滚利就是复利。复利指的是把投资所获取的利息或赚到的利润加入本金，继续赚取回报。举例来说，假定某投资工具每年有10%的回报，以单利计算，投资100万元，每年可以赚10万元，10年可以赚100万元，多出一倍。但如果以复利计算，年获利也是10%，但每年实际赚取的金额却会不断增加，以前述的100万元投资来说，第一年赚10万元，本金变为110万元；第二年赚的就是110万元的10%，即11万元，以此类推，第三年则是12.1万元，等到第十年总投资获利是近160万元，比本金多出了1.6倍，这就是被爱因斯坦称为世界第八大奇迹的复利的魔力了。

复利就是一笔存款或者投资获得回报之后，再连本带利进行新一轮投资，这样不断循环，就是追求复利。复利终值的计算公式是：

$$S = P(1+i)n$$

式中：P为本金；i为利率；n为持有期限。其中持有期限是影响复利效果的关键因素。这个"期数"也称为时间因子，是整个公式中相当关键的因素，一年又一年（或一月又一月）地相乘下来，数值越来越大。也就是说，投资人采取复利方式来投资，最后的回报将是每一期的回报率加上本金后不断相乘的结果，期数越多获利就越大。

和复利相对应的是单利，单利只根据本金算利，没有利滚利的过程，但这两种方式所带来的利益差别一般人却容易忽略。假如投入1万元，每一年收益率能达到28%，57年后复利所得为129亿元。可是，若是单利，28%的收益率，57年的时间，却只能带来区区16.96万元。这就是复利和单利的巨大差距。

因此，我们完全可以把复利应用到自己的投资理财活动中。假设你现在投资1万元，通过你的运作每年能赚15%，那么，连续20年，最后连本带利变成了163 665元了，想必你看到这个数字后感觉很不满意吧？但是连续30年，总额就变成了662 117元了，如果连续40年的话，总额又是多少呢？答案或许会让你目瞪口呆，是2 678 635元，也就是说一个25岁的年轻人，投资1万元，每年盈利15%，到65岁时，就能获得200多万元的回报。当然，市场有景气有不景气，每年都挣15%难以做到，但这里说的收益率是个平均数，如果你有足够的耐心，再加上合理的投资，这个回报率是有可能做到的。

由此可见，在复利模式下，一项投资所坚持的时间越长，带来的回报就越高。在最初的一段时间内，得到的回报也许不理想，但只要将这些利润进行再投资，那么你的资金就会像滚雪球一样，变得越来越大。经过年复一年的积累，你的资金就可以攀登上一个新台阶，这时候你已经在新的层次上进行自己的投资了，你每年的资金回报也已远远超出了最初的投资。

从另一方面来看，复利的巨大作用也会从投资者的操作水平中体现出来。因为，为了抵御市场风险，实现第一年的盈利，投资者必须研究市场信息，积累相关的知识和经验，掌握一定的投资技巧。在这个过程中，需要克服一些困难，但投资者也会养成一定的思维和行为习惯。在接下来的一年里，投资者过去的知识、经验和习惯会自然地发挥作用，并且又会在原来的基础上使自己有一个提高。这样坚持下来，使投资者越来越善于管理自己的资产，进行更熟练的投资，这是在实现个人投资能力的"复利式"增长。而投资理财能力的持续增长，使投资者有可能保持甚至提高相应的投资收益率。

这种由复利所带来的财富的增长，被人们称为"复利效应"。不但投资理财中有"复利效应"，在和经济相关的各个领域其实广泛存在着复利效应。比如，一个国家，只要有稳定的经济增长率，保持下去就能实现经济繁荣，从而增强综合国力，改善人民的生活。从这个角度来看，"可持续发展"这个时髦的词汇，实质上是追求复利的另一种说法。

从广义上来看，人生中也有和复利效应类似的道理。比如，一个人一年取得的成就也许微不足道，但如果他每年都能在过去的基础上前进，长期的积累，就会获得巨大的成就。人生的价值虽然难以用复利的计算方法进行数字计算，但随着时间的推移，同样的起点却导致不同的人生。在个人成就上，不同的人之间可以有遥不可及的距离。人和人年轻时可能起点差不多，理想也差不多，但是一生的成就却千差万别，有的成就斐然，有的则一事无成，庸庸碌碌一生。这是"复利"的力量在人生历程中的体现。

可以说，复利是一种思维，是一种以耐心和坚持为核心的思维方式。如果我们能充分利用复利思维，不管是投资还是人生，都会有不错的回报。

第十七章 为何说人脉就是钱脉
——每天学点交际中的经济学

成功来自85%的人脉关系,15%的专业知识。

——卡耐基

计划者不是要进行计划,而是要通过发挥促进、催化、研究、教育以及协调作用而使计划过程更为有效地进行。

——A·哈克斯和N·马耶罗夫

人脉小投资,换来大回报

麦凯小时候,他的父亲就教育他说:"麦凯,如果你想成功,从现在开始,你要关心自己所见到的每一个人。"从那以后麦凯见到的每一个人,他都很关心,先把名字记下来,然后再了解他的其他情况。到了对方的生日,他会送上祝福的卡片,到了对方过结婚纪念日,他就送去一束玫瑰以表心意。后来他为此设计了一个系统,叫做麦凯66档案,表示每个人有66个空格的问题,包括姓名、性别、年龄、生日、星座、血型、嗜好、学历等等,甚至包括他的孩子和爱人的相关信息……

有一次,麦凯去拜访一个大企业的老板,希望说服这位老板来买他的信封。可是,不管麦凯怎么说,这个老板都不肯买。麦凯还在他的66档案上更新了记录,并且不断地和这个老板保持联系。有一天,他得知这个老板去了医院,原来是老板的儿子出了车祸。他马上翻开档案,一看,老板的儿子,12岁,崇拜篮球明星迈克·乔丹。

麦凯的人缘颇好，他正好认识迈克·乔丹所在的公牛队的教练。麦凯买了一个篮球，寄给公牛队的教练，并拜托他请乔丹和全体球员签了名。公牛队的教练将签好名的篮球寄给了麦凯。麦凯把篮球送到了医院里，小孩一看，篮球上有乔丹的签名，兴奋得活蹦乱跳，整夜都睡不着觉。

老板来看他的儿子时，他高兴得抱着球坐在那里，老板问道："儿子，你怎么不睡觉？"

他说："爸，你看这是什么？"

老板一看就问："这是乔丹的签名篮球，你怎么会有？"

"是麦凯叔叔送我的！"他兴奋得答道。

老板一听，说道："麦凯，就是想卖给我信封的那个人吧？我一直都没有买过他的信封啊。"

这时，儿子说了这么一句话："爸，你应该买麦凯叔叔的信封，他这么关心我，你也应该关心他才对啊！"

第二天，老板就找到了麦凯向他道谢，并向他订购了大量的信封。

麦凯的工作是卖信封，然而谁能想到，他通过卖信封，结交到了美国政界、新闻界、体育界的知名人物，还能让他们对他产生一种惊讶、佩服的感觉。那是因为麦凯是个有心人，他懂得"攻心为上"的道理，投其所好，给你惊喜，你又怎会拒绝与他结交并帮他一把呢？正是由于他舍得在人脉关系上投资，才让他的生意越做越好，获得了巨额的回报。

一个人要想聚财，就先要聚人；有了人气，才会有财气。正是由于他们主动结交别人、主动与别人沟通，才使得自己的人脉关系不断拓展；具有广阔人脉关系的人往往更容易取得成功，那么进一步又会有更多的人乐于与他们结交，成为新的集合体，人脉资源更广阔了。成功与人脉就是这样一个相互促进的共生体。成功者总是注意人脉、创造人脉，绝不是为了将这些资源闲置在旁白白浪费的，他们更懂得在什么时候用什么人脉、在什么时机求助于人脉。比尔·盖茨就是成功的人脉经营大师。

创业之初，他懂得利用自己亲人的人脉资源。因为比尔·盖茨的母亲是IBM的董事会董事，所以在比尔20岁还是大学学生时，他签到了第一份合约，钓到了IBM这条大鱼。

在企业发展阶段，他充分利用合作伙伴的人脉资源。保罗·艾伦和史蒂芬不仅为微软贡献他们的聪明才智，也贡献了他们的人脉资源。

比尔·盖茨自己也这样说："在我的事业中，我不得不说我最重要的经营决策是必须挑选人才，拥有一个完全信任的人，一个可以委以重任的人，一个为你分担忧愁的人。"外界的关系和能力，对于比尔·盖茨的成功有着极为重要的作用。成功人士就是这样主动拓展自己的人脉，不断维护自己的资源，并懂得在恰当的时候启用，为自己助一臂之力。人脉广，则机会多。只要用心经营你的人脉，必将受益无穷。

曾经有一个著名的理论，说一个人通过六个人就可以与世界上的所有人取得联系。这个理论的意义在于，让我们拓宽了对人脉的理解。有时候，人脉并不是那么轻易就能获得的，那些达官显贵、权力中人怎么会轻易帮助你呢？这就需要你绕圈子，先从实力人物的身边人入手，在这些小人物身上下本钱，也是一条捷径。

清光绪某年，镇江知府大人想为他的母亲做80大寿，消息传到周炳记木号，周老板愁眉顿开，高兴万分。周老板为何高兴？原来那时镇江木号的木材，大都堆在江里。为此，清政府每年要索纳几千两银子的税贴。木号的老板们为了放宽税帖，只好向知府大人送礼献媚。可这位知府自称清正廉明，所赠礼品均拒之门外。

周老板正在设法寻找接触的机会，听说知府的老母要做大寿，顿时觉得这是一个机会。他知道知府大人是位孝子，对老夫人的话是百依百顺。只要打动了这位老夫人，也就等于说服了知府大人。

周老板派人打听老夫人喜欢什么，得知她最喜欢花。可眼下初入寒冬，哪来的鲜花呢？周老板灵机一动，有了办法。

老夫人做寿这天，周老板带着太太一行人早早来到知府大人的后衙。周太太一下轿，丫环们就用绿色的绸缎从大门口一直铺到后厅，周太太在地毯上款款而行，每一步就留下一朵梅花印。朵朵梅花一直"开"到老夫人的面前，祝老夫人"福如东海，寿比南山"。老夫人听了笑不拢嘴，连忙请他们入席。

宴席期间，上了24道菜，周太太也换了24套衣服，每套衣服都绣着一种花，什么牡丹、桂花、荷花、杏花……看得老夫人眼花缭乱，眉开眼笑。直到宴席结束，周太太才说请知府大人高抬贵手，放宽木行的税帖。老夫人正在兴头上，忙叫儿子过来，吩咐放宽周炳记木行的税帖。既然母亲开了"金口"，孝子又岂有不点头答应之理。

从此，周太太成了知府家中的常客，每次来都借"花"献佛。那孝顺的知府大人也因母命难违，就对周老板另眼相看。

史坦芬·艾勒说过，"把鲜花送给'实力人物'身边的人，即使他们看来只是你心目中的小角色。"哪怕他们只是一个小小的秘书、一位家庭主妇，甚至是尚处弱冠的小孩子，也不要放过结交和讨好他们的机会。有了情义和信任，同时也会带来效益。说不定，这些"小角色"会在某个关键时刻影响你的前程和命运。不仅对于身边的小角色要认真对待，对于那些实力人物特别在意的人，更要倍加用心，博得了这些人的欢心，实力人物自然也就甘当你的贵人，给你巨额的回报了！

人脉这个东西很奇妙，这个规律遵循经济学的基本常识，那就是有投资也有回报；可是却超出了经济能够解释的范围，因为在人脉上不起眼的小投资，可能换来日后的大回报。俗话说，好风凭借力，送我上青云。人脉圈是迈向成功的必经之途。人脉是金，却贵甚黄金；黄金有价，人脉却无价。二十岁靠体力赚钱，那三十岁靠脑力赚钱，四十岁以后则靠交情赚钱，可见人脉资源是事业成功必不可少的保证。从现在开始，擦亮双眼，为你的人脉进行投资吧！

说话只三分，收益百分百

金雯曾在部队当文书，连队的几个干部都比较喜欢她，也愿意与她交谈，或让她替他们办一些私事。尤其是连队的副指导员，对她非常信任，有时把连队领导之间的一些事情也讲给她听。

她们连队有几十个女兵，个别女兵为了入党或考军校就想方设法接近部队教官，副指导员对此十分反感，曾经对金雯埋怨过不少。埋怨时间长了，金雯觉得非常苦闷，因为副指导员倒是有了倾诉对象，可是她自己呢？因为这些事情很敏感，她不知道向谁倾诉。后来在一次聊天中，金雯把这些事情跟一个十分要好的朋友说了。把秘密和别人一起分享，心理的压力轻松多了。没想到，她的那位好朋友为了让连队党支部推荐上军校，就把她的话一五一十地告诉了副指导员，肯定还添油加醋说了一番。后来她这位朋友如愿以偿地上了军校，而金雯则在副指导员找她做了一番貌似肯定实则否定的谈话以后，离开了文书岗位。

古人说"知无不言，言无不尽"，这也是许多人奉行的人生准则。可是现实生活中却往往出现因为"言多"而导致麻烦的例子。从经济学的角度来看，说话也是要讲求经济效益的，如何让自己的话不招人反感，又获得很好的效果呢？这就要学学说话的学问了。

首先就是注意言多必失的古训，不能说的就不要说，以避免造成不必要的麻烦。省一句话，就省下多少事儿。不仅工作中严肃的事情不能轻易泄漏，生活中也是如此。千万不要因轻信别人而把自己全盘托出，那样无异于将自己的把柄送给别人。和人初次见面，或才见过几次面，就算你觉得这个人不错，而你也喜欢他，也不该把你的心一下子就掏出来。对还不了解的人，无论说话或做事，都要有所保留，不可一厢情愿。

谁没有心事呢？可是千万别轻易将自己的所想所思告诉别人。处理心事要慎重，因为心事的倾吐会泄露一个人的脆弱面，这脆弱面会让人改变对你的印象，虽然有的人欣赏你"人性"、"真实"的一面，但有的人却会因此而下意识地看不起你，最糟糕的是脆弱面被别人掌握，有可能成为他日后争斗时你的致命伤。当然，我们并不是要以恶毒的心思去揣测别人，只是如果能少让人掌握自己的弱点也是明智之举。

聪明的人在交谈时，会掌握好透露秘密的分寸，也会知道哪些话该说，哪些话不该说。说无关紧要的心事给周围的人听，可以让你变得有亲和力；知道把握分寸，守住自己和别人的秘密则会让你更加受到人们的欢迎。话只说到三分，就给自己留下了余地。

说话至少是两个人的事，因此你不可以只顾自己瞎吹，把对方晾在一边；也不能不考虑对方的感受，连触了对方的霉头还不自觉。说话就要小心谨慎，试探性的一步一步前进，这样才能确保万无一失。

东北易帜后，张学良曾积极支持蒋介石用武力统一中国，并在中原大战中给蒋以关键性的支援。然而正是这个蒋介石，在日寇大兵压境下，严令他对日不准抵抗，先失去东北三省，后又丢掉热河，还代蒋受过，被迫"下野"出国"考察"。1934年回国后，蒋又命他率东北军先到鄂豫皖"剿共"，后又到陕甘"围剿"红军。两次"剿共"使张学良损失了几个师，蒋不仅不体恤，反而顺势取消了东北军两个师的编制。蒋用打内战来消灭异己使他愤恨不已。

10月22日，蒋介石在西安分别召见张学良和杨虎城，胁迫他们攻打红军。张、杨表示应联共抗日，即遭蒋呵斥。蒋还将嫡系部队约30个师调到以郑州为中心的平汉、陇海铁路沿线，随时准备进攻陕甘的红军。10月27日，蒋在西安向军官训练团和东北军、十七路军部分军官训话，说："我们最近的敌人是共产党，为害也最急；日本离我们很远，为害尚缓……不积极剿共而轻言抗日，便是是非不明，前后倒置，便不是革命。"在这之后又发生了蒋介石逮捕沈君儒、章乃器等爱国人士的"七君子事件"。

蒋介石不顾民族危亡，顽固坚持"剿共"和打击抗日民主力量的恶劣行径，使张、杨两位将军痛心疾首。

12月4日，蒋介石又飞到西安，再次严令张、杨开赴陕北"剿共"，并由中央军在后督战。如他们不愿去，便将东北军调到福建，将十七路军调往安徽，由中央军接替赴陕甘"剿共"。12月7日，张学良再次去说服蒋介石放弃"剿共"，团结抗战。回顾东北三省丢失，华北又在日寇虎视之下，张学良声泪俱下。然而蒋介石竟拍了桌子，说："现在你就是拿枪把我打死，我的剿共计划也不能改变！"

在这样的形势下，张学良和杨虎城频繁晤面，都有心对蒋发难。可对于这样一个关系到身家性命和国家前途的大事，在对方亮明态度之前，谁也不敢轻易开门。眼看形势越来越紧迫，双方却是欲说还休。

杨虎城手下有个著名的共产党员叫王炳南，张学良也认识。在又一次的晤面中，杨虎城便托他之口说道："王炳南是个激进分子，他主张扣留蒋介石！"张学良马上接口道："我看这也不失为一个办法。"于是两个聪明的将军开始商谈行动计划。

当时，张学良的实力比杨虎城大得多，且又是蒋的拜把子兄弟。杨虎城如果直接把自己的观点摆在张的面前，而张又不赞同，后果实在堪忧。于是便借了并不在场的第三者之口传出心声，即使不成也可全身而退，另谋他策。这么做，兼有拉"挡箭牌"的自保功用，妙不可言。

在这样的试探的帮助下，西安事变得以上演。12月12日，张学良、杨虎城在华清池武装扣留了蒋介石，囚禁陈诚等十余人；宣布取消"西北剿匪总部"，成立抗日联军西北临时军事委员会，张学良、杨虎城任正副委员长；并通电全国，提出改组南京政府，停止内战，共同抗日，实行民主政治。后经各方谈判，终于使得蒋介石改变了"攘外必先安内"的政策，从此中华民族得以团结在一起，一致抗日。

可以说，正是杨虎城的试探成全了张学良的千古功名。如果杨虎城不试探的话，贸然行事，就很容易掉进别人设的局里面。所以，通过试探得到真情，就能够避免自己掉进别人的局里。试探性的说话，说话只说三分，无疑是一种保护自己的方式，即便结果并不成功，至少可以让自己不至于完全暴露。

有时候，有的人即便你说上一大篇利害关系他都不买账，不会同意你的意见，那么就要摸准对方的性子，适当激他一将，只要一句话，就能顺利达到目的。

有一位富豪决定在芝加哥为公司总部兴建一座办公大楼，为此他出入无数家银行，但始终没贷到一笔款。于是，他决定先上马后加鞭，设法将自己的200万美元凑起来，聘请一位承包商，要他放手进行建造，好让他去想方设法筹集所需要的其余500万美元。假如钱用完了而他仍然拿不到抵押贷款，他就得停工待料。

建设开始并持续施工，到所剩的钱仅够再花一个星期的时候，他恰好和大都会人寿保险公司的一个主管在纽约市一起吃晚饭。他拿出经常带在身边的一张蓝图，正准备将蓝图摊在餐桌上时，那位主管就对他说："在这儿我们不便于工作谈，明天到我的办公室来。"

第二天，当他断定大都会公司很有希望给自己抵押借款时，便说："好极了，唯一的问题是今天我就需要得到贷款的承诺。"

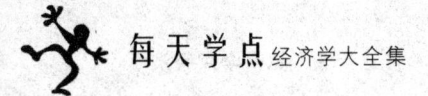

"你一定是开玩笑,我们从来没有在一天之内给过这样贷款的承诺。"那位保险公司的人回答。

他把椅子拉近,说:"你是这个部门的主管。也许你应该试试看你有无足够的权力,能把这件事在一天之内办妥。"

保险公司的人微笑说:"你这是逼我上梁山,不过,还是让我试一试看。"试过后,本来说办不到的事终于办到了,而这个富豪也在自己的钱花光之前几个小时回到芝加哥。他利用激将法,逼迫主管尝试自己的能力,终于在紧要关头获得了贷款。

激将法是从古至今屡试不爽的方法。性格倔强的人,十分坚持自己的想法,这其实就是一种逆反心理,对所有不符合自己的想法的观念都听不进去。对于这种人来说,"请将不如激将",如果正面劝说没有效果,就反其道而行之,就能顺利达到自己的目的啦。只要几句话,就可以达到目的,这种省力的方法为什么不好好学一学呢?

首因效应好,省时又省力

在经济上大家都追求一本万利,在工作中都追求事半功倍,其实这并不是什么独门绝技,而是很好掌握的小窍门,只要你留心就一定能学会。我们都知道第一印象很重要,其实这就是一个不费力又高收益的社交好方法。

第一印象效应在经济中有个专门的名词,叫做"首因效应",也就是指两个素不相识的人,第一次见面时彼此留下的印象。最早的时候,美国心理学家洛钦斯于1957年首次采用实验方法研究首因效应。洛钦斯设计了四篇不同的短文,分别描写一位名叫杰姆的人:

第一篇文章整篇都把杰姆描述成一个开朗而友好的人;

第二篇文章前半段把杰姆描述得开朗友好,后半段则描述得孤僻而不友好;

第三篇与第二篇相反,前半段说杰姆孤僻不友好,后半段却说他开朗友好;

第四篇文章全篇将杰姆描述得孤僻而不友好。

洛钦斯请四个组的被试者分别读这四篇文章,然后在一个量表上评估杰姆的为人到底友好不友好。

结果表明，篇幅的前后是至关重要的，开朗友好在先，评估为友好者为78%，在后，则降至18%，首因效应极为明显。

首因效应就是说人们根据最初获得的信息所形成的印象不易改变，甚至会左右对后来获得的新信息的解释。首因效应是人之常情，人人都有其切身体验。首因效应是双方往后交往的依据。正性的、良好的印象，希望继续交往，增进关系；负性的、不好的印象，则拒绝继续交往，使关系了结。你若问他为什么？当事人似乎很难说得清，只是笼统地感到"喜欢"或"不喜欢"。

实验证明，第一印象是难以改变的。因此在日常交往过程中，尤其是与别人的初次交往时，一定要注意给别人留下美好的印象。要做到这一点，首先，要注重仪表风度，一般情况下人们都愿意同衣着干净整齐、落落大方的人接触和交往；其次，要注意言谈举止，言辞幽默，侃侃而谈，不卑不亢，举止优雅，定会给人留下难以忘怀的印象。

首因效应在人们的交往中起着非常微妙的作用，只要能准确地把握它，定能给自己的事业开创良好的人际关系氛围。可是，如果不修边幅、大大咧咧，不注意自己的仪态言行的话，就很容易因不好的"首因效应"给自己带来损失。

有一次，一位朋友向林肯推荐了一位才识过人的阁员，但是总统在约见他之后，却不想启用这位人才，他告诉朋友说，这个人不修边幅、邋邋遢遢，他本人很不喜欢这样的人，因此不会用他。

这样一位伟大、英明的总统怎么也会犯以貌取人的错误呢？这也许让人感到奇怪。那位朋友也很气愤于林肯对于面貌的偏见，于是愤怒地责怪林肯以貌取人，说任何人都无法为自己的天生脸孔负责。这时林肯说："一个人过了四十岁，就应该为自己的面孔负责。"那位阁员固然可能在某一领域做过大量深入的研究、就某些问题有着精辟的见解，但是如果他连约见总统的事都不放在心上，不能做到以自己最好的一面展示给总统，那么总统又怎么能够在最短的时间内判断出这个人是可用的、是值得信任的呢？

虽然林肯以貌取人也有其可圈可点之处，我们却不能忽视第一印象的巨大影响作用，因而必须通过提高自身修养来提升自己的形象，为将来的成功奠定基础，搭好台阶。

坏的首因效应无疑是事业和社交途中的绊脚石，但反过来，好的首因效应则能够助你一臂之力，让你不费吹灰之力就得到意外的惊喜。

一家企业正处在销售的忙季，几乎人人动员加入到热火朝天的工作中去，却没想到这时，一个毕业生贸然来到了人力资源部。

"你们需要一个工程师吗？"

"不需要！"

"那么设计助理呢?"

"不需要!"

"那么现场指挥、连通员呢?"

"不,没有空缺。"

"呃,你们一定需要这个东西。"说着他从包中拿出一块精致的小牌子,上面写着"无空缺,暂不雇用"。

经理看了看牌子,微笑着点了点头,说:"如果你愿意,可以到市场部工作。"

这个毕业生通过自己制作的牌子表达了自己的机智、乐观和幽默,给主管留下了很好的"第一印象",引起对方极大的兴趣,从而为自己赢得了一份满意的工作。如果他没有这份幽默感,在被拒绝之后傻乎乎站在那里,肯定不出一分钟就被人家打发走了,哪还有可能获得赏识呢?帮助他在一秒钟内打动主管的,正是一个幽默的举动和一句玩笑话。

不过有时候,我们都难免大意,遇到出丑、抓狂的事情,如果又在最狼狈的时候被别人遇到,自然会产生不好的第一印象。但是也不要因此而灰心丧气,只要日后好好干,还是有机会展现自己最优秀的一面,让人刮目相看的。

一位刚毕业的女大学生来到一家企业工作。上班的第一天,因为路上不巧遇到车祸,她迟到了。随后,这位女大学生又因为不懂操作传真机,将办公室里传真机弄坏了,耽误了不少工作。女大学生上班的"第一印象",在她的上司和同事面前,简直是糟糕透了。

同事和上司觉得她既没有礼貌,又给别人的工作带来麻烦。逐渐的,女大学生发现同事都不愿意和她打交道,公共的传真机、复印机等设备都不容许她使用。而她的上司则对她冷淡,甚至都不愿意给她委派工作。

女大学生并没有放弃,她努力地去扭转自己的第一印象。不懂的事情和工作,她主动向前辈求教,态度诚恳有礼;主动找朋友将自己弄坏的传真机修好,还帮其他同事检查了计算机;对同期进入企业的同事,她也表现出不耻下问的精神,主动向对方求教。

每天早上她都提前来到办公室,为一天的工作做好前期准备,对每个进办公室的人,包括上司都主动打招呼,而且面带笑容。大家对她的印象开始逐渐地转变,而她则不敢有任何的放松,继续努力做好自己的工作。终于功夫不负有心人,她逐渐和同事"打成了一片",也赢得了上司的欣赏和肯定。

人人都有自尊感,希望自己的外貌、学识、地位等方面得到他人的肯定或承认。智者善于利用别人的这份好胜心,满足他人的自尊感,用礼貌谦和的态度对待别人。一句礼貌的赞美,一个礼貌的谦让,都可能让别人感受到你对他的尊敬和重视,从而感受到无比的快乐,也自然提升了对你的印象分。所以,不要为自己没有在一分钟之内展现最好的一面而气馁,有的是机会让你表现,只要你足够优秀。

既然有时候会被第一印象迷惑,那么我们也要注意避免首因效应让我们妄下评论,措施人才和良机。一个人外在的形象虽然在一定程度上表示了他的品位、地位等方面,但是光以外貌取人,难免会犯错误。有时候,身份显赫的人为了保持低调而表现的平易近人,甚至穿戴平平让你一点都看不出来,如果你一不小心"狗眼看人低"就会得罪人;有时候,一些别有用心的人抓住了人们趋炎附势的心理,装出一副衣冠楚楚的样子,很容易让人上当受骗。有时以貌取人会识错人,如果要想使自己交的朋友不是烂肉,就必须从其他方面着手,而不是光以貌就能决定一个人的为人处世和品质的。

《三国演义》中道号水镜先生的司马德操曾说:"伏龙、凤雏,两人得一,可安天下。""伏龙"即诸葛亮,"凤雏"即庞统。两人都是可安天下之才,但两人的境遇却截然不同:诸葛亮身居草庐,受刘备三顾而出;庞士元只身无主,前后两次向孙权、刘备求荐,均遭到冷落。看来上苍实在很不公平。究其原因,其实与诸葛亮、庞统两人的形象有关。

孙权、刘备在见庞统之前,都久闻庞统大名,并都非常愿意与之相见。孙权说:"孤亦闻其名久矣。今既在此,可即请来相见。"刘备听说"江南名士庞统特来相投",也特别的兴奋,"便教请入相见",足见两人当时的急切心情。

但是他们两人所见到的庞统是个怎样的形象呢?庞统的相貌是"浓眉掀鼻,黑面短髯,形容古怪",貌甚丑陋。庞统衣着是"道袍竹冠,皂袍素履",一副寒酸打扮。见到庞统的这副"尊容",孙权"心中不喜",刘备"心中不悦"。看来他们所喜欢的是庞统的"江南名士"之名,而不是"形容古怪"之人。

另外,庞统的行为也很不检点,不注意必要的礼节,这也使他的整体形象受到严重的影响。他见刘备时"长揖不拜",这对刘备来说确实有失礼节之处。

爱才如刘备、孙权都难免会犯下以貌取人的错误,不过好在刘备知错就改,挽回了才子的心,可是孙权醒悟的慢了一步,就等于将社稷人才拱手让人了。

俗话说,路遥知马力,日久见真心。我们既要避免凭先入为主的印象品评别人,也应该尽力给别人留下良好的第一印象,以获得无穷收益。一个好的第一印象,就是日后助你成功的最大资本!

大树好乘凉，傍个有名人

美国一出版商有一批滞销书久久不能脱手，他忽然想出了一个主意：给总统送去一本书，并三番五次去征求意见。忙于政务的总统不愿与他多纠缠，便回了一句："这本书不错。"出版商便借总统之名大作广告，"现有总统喜爱的书出售"，于是，这些书一抢而空。

不久，这个出版商又有书卖不出去，又送一本给总统，总统上过一回当，想奚落他，就说：这书糟透了。出版商闻之，脑子一转，又做广告："现有总统讨厌的书出售"，不少人出于好奇争相抢购，书又售尽。

第三次，出版商将书送给总统，总统接受了前两次的教训，便不作任何答复，出版商却大做广告："现有令总统难以下结论的书，欲购从速。"居然又被一抢而空，总统哭笑不得，商人却善借总统之名大发其财。

经济最伟大的作用在于为我们提供了市场，让我们彼此能够互换有无。在社交场合中，也有这样一个市场，有名气就可以做品牌，做一个招风的大树。如果你想做好生意、做大事业，已经有资本、有技术，那么就需要借入名人来充门面，借助名人的影响力来成就自己的事业。

在现代社会，借势这种手段已被政治、经济、文化以及外交等领域广泛运用，而且大有日趋扩展之势。巧借名人不失为一种提高自身形象，扩大自己影响的策略和技巧：如请社会名流为你题个词，请专家教授为你写的书作个序，作为提高你的身份和能力的资本；等等，借助名人的名声提高自己的社会知名度。

正如上文中美国总统也能帮人卖书那样，只要策划得法，巧借名目，"总统"这一神圣的王冠也可被人玩于股掌之上，为市场竞争活动增添爆炸新闻。

俗话说，大树底下好乘凉，打好名人这把"伞"，巧用名人效应改变自己的事业轨迹，其实也不是一件难事，关键看你会不会把握时机，变不利为有利。

很多品牌正是借助了名人效应，迅速地提升了产品的知名度，扩宽了市场。中国天津的自行车品牌飞鸽得以扬名海外，也是因为很好地利用了名人效应的结果。

飞鸽由于品质优良、价格合理，在国内自行车市场占据了半壁江山，但却在开拓海外市场时遇到了不小的阻力。1989年，正为开拓海外市场犯愁的自行车厂领导听说新当选的美国总统布什即将访华。众所周知，布什夫妇是一对自行车迷，酷爱自行车运动。领导们觉得机会来了。

天津自行车厂希望把飞鸽牌自行车作为礼品，送给布什夫妇。这个想法经过层层上报，最终得到了国务院的批准。后来，总理将两辆飞鸽自行车作为礼物送给布什夫妇时，他们显然十分高兴，并当场表示第二天就会骑一骑。后来这个骑车的场面被全世界上百家新闻单位进行了报道。通过新闻的传播，飞鸽牌自行车开始名扬全世界。天津自行车厂正是借助于布什夫妇，为飞鸽牌自行车增加了知名度，打开了海外市场。

名人本身不能为企业创造什么价值，但是其在公众中的无形影响力却是企业求之而不得的。所以，要想使产品迅速为大众所知，打开销路，最好的办法就是找名人做广告。很多名牌比如阿迪达斯、耐克等，都请过很多体坛健将和知名红星担当其代言人，正是通过这种名人效应，增加了产品的光环，最终获得了市场的认可。

生意场上如此，社交生活中其实也有着这样的潜规则。当你还是无名小卒的时候，如果能够凭借自己的实力得到名人或者实力人物的赏识，就可以平步青云，迅速提升。而在通常情况下，如果你走一条普通的道路，很可能要花费数倍的时间和精力，甚至还不一定成功，这辈子就被埋没了。须按照你生命中的贵人，找到一个可能作为乘凉大树的名人，你就可以事半功倍的获得成功了。

有一个18岁的男孩来到钢铁大王卡内基的建筑工地打工，别看他只不过是个乡村孩子，干的又是杂活儿，可是他志向不小，要做最优秀的人。

白天干活很累，到了晚上同伴们要么闲聊，要么喝酒，唯独他躲在角落里看书。一天，他又在看书，恰巧晚上来抽查工作的公司经理看到了这一幕，便为他学那些东西干什么。男孩儿礼貌地回答到："我觉得公司并不缺少打工者，而是缺少既有工作经验、又有专业知识的技术人员，以及优秀的管理者，对吗？"

在场的人都付之一笑，以为他在说大话。可是男孩却回答说："我不是只为了赚钱，也不是在为老板打工，而是在为自己的梦想打工，为自己的远大前途打工。"

经理很赏识这个小男孩的志向和胆识，就破例让他到公司里发展，不在工地上干杂活了。后来，小男孩通过自己的不断钻研，一步步升到了总工程师、总经理，最后被卡内基任命为了钢铁公司的董事长。最后，他终于自己建立了大型的公司，并创下了非凡业绩，实现了从一个打工者到创业者的飞跃。

他就是伯利恒钢铁公司的董事长齐瓦勃。

如果生命中没有出现这么个贵人，没有得到卡内基的赏识，齐瓦勃一辈子可能都只是一个泥水匠。因为遇到了名人，也遇到了贵人，齐瓦勃的人生从此与众不同，究其原因，还不就是在那一分钟内获得了名人的认可，并从此接着这番顺风直上青云了吗？

有时候，需要变通一下，能够给你遮风挡雨的不一定只是一个人，也可以是一个知名的企业、知名的机构，许多年轻人毕业后都喜欢去跨国企业发展，就是最好的例子。一个大的、知名的机构不仅稳定，还在于它有着很大的影响力，从这里面出来的人无疑具有了更高的平台。

曾经获普利策奖的记者伍德沃德现在早已是知名人物，可是谁想得到他当年差点连进入新闻界的机会都没有呢？

当他刚刚开始自己的职业生涯时，就一心想进入《华盛顿邮报》做一名记者。当时，主管编辑部工作的喻利实在看不出这个小伙子有什么过人之处，就让自己的助手先安排他不带薪水实习两个星期。两个星期很快就过去了，伍德沃德虽然干得很卖力，但采写的17篇稿子一篇也没见报。他被报社辞退了。

无奈的伍德沃德只得在华盛顿附近的蒙特哥莫瑞找了一份工作。但他不甘心自己的命运被这两个星期的试用扼杀。没多久，他开始频频给喻利打电话，希望再给他一次机会。一次，正在度假的喻利又接到伍德沃德的电话，他不堪忍受伍德沃德的纠缠，禁不住大发脾气。倒是他的妻子冷静地说："你难道不认为这正是一个好记者必须具备的素质么？"应该说，喻利是明智的，他听了妻子的话，让伍德沃德回到了《华盛顿邮报》。

对水门事件的报道使得他成为了家喻户晓的记者，可是倘若伍德沃德在最初被《华盛顿邮报》拒绝之后就不再涉足新闻界，倘若他在离开邮报之后不再努力追逐自己的新闻梦，那么新闻界将永远不会留下这个传奇的名字。事实证明，伍德沃德是一个聪明人，他执著地选择了《华盛顿邮报》这棵大树，即便被拒绝也百折不挠，终于如愿以偿。倘若他当初气馁了，待在那个名不见经传的小地方，那么也就没有日后获得普利策奖的机会了。

人在江湖走，还得会送礼

在日本，讲究"送礼"是众所周知的，每年的中元（6月底至7月中）和岁末（12月底至1月初），是日本人送礼的高峰时期。

日本人送礼的对象主要是关照过自己的上级、长辈以及同僚好友等，礼物多为食品、土特产品、生活日用品等，礼物的价格并不贵，其象征意义大于实际意义。日本人迁入新居时，也要向邻居赠送小礼物，表示关照和友好；还有外出旅游后，日本人也往往会带回一点小礼物送给同僚或邻居，表示大家"有福同享"。

因为日本人收到别人的礼物后要"还礼"，回赠对方一件与收到礼物的价格大致相同的礼品。你送的东西太贵重了，对方回赠你的东西也要贵重，为了不让自己的送礼成为对方破费钱财的负担，日本送礼的标准是：礼物不能太贵重，既表示了自己的心意，又不会引起对方的不安。

深受中国传统文化影响的日本人有如此深厚的"送礼文化"，在中国自不必说。元旦、春节临近，走亲串友，少不了拎上一份或多或少的礼品。但送礼和被送的人或许都没有仔细想过，到底应该不应该送礼？该送什么礼才能达到自己效用最大化呢？

所谓的礼尚往来早就成为国人做人的一个基本准则。究其原因，应该有以下三方面。

一是人格上的成本与收益，公共汽车上你给一个陌生人让了座位，你也许并不希望下次碰上他，他会给你让座，再说，能碰上的机会太小了。但你绝对需要他的一声"谢谢"，获得心理上的平衡。

二是物质形式的礼品，中国人办红白喜事，都会准备一本礼簿，谁送了多少礼金，送了什么礼品，都会一一记录在案。等对方将来办事，也会备一份相当的礼品给对方，作为回报。尤其有趣的是，一般人在送礼时，都会根据关系的亲疏程度和对方的实际情况，反复掂量，看到底送多少合适，一副相当务实的态度。

三是送礼的穷富之分。给富人该送什么，给穷人该送什么，是有讲究的。给富人送礼，主要是为了借此和权势人家拉拉关系，联络联络感情，以后求人办事就好说了。而给穷人送礼，则打水漂的风险就要大得多。不论是东方和西方，也不论是古代还是现代，礼始终是贯穿与维持人际关系的一个尺码，礼节和送礼也不是一门简单的学问。人们之所以这样崇尚礼，也是为了一种预期的收益。对于送礼的掌握程度以及运用技巧的差异，则决定了一个人在人际关系中优劣势态的不同。

从经济学的角度来看，最好的礼物就是其效用能得到最大限度发挥的礼物。第一，在送礼前，尽量掌握收礼人的个人偏好信息，然后，投其所好就能使礼物的效用最大化；第二，如果有关收礼人的个人偏好的信息难以获得，那就送他最稀缺的物品。这是经济学上的"钻石和水的悖论"告诉我们的简单道理，一种物品的效用主要取决于它本身的稀缺性。第三，如果你连收礼人什么最稀缺的信息也不知道的话，那就送他变现程度较高的礼物（或者用凯恩斯的话说就是流动性最强的礼物）。因为一种物品的变现程度越高，他就越可以方便地将它换成自己最急需的那种物品，从而，送礼人的礼物效用就能得到最大限度发挥。

崇尚"礼尚往来"是因为人与人之间说到底是一种利益互惠关系，再好的朋友之间，也讲究有来有回，礼尚往来。如果只是有去无回，时间一长，一方就会觉得自己很吃亏，认为对方不厚道，不可交，久而久之，好朋友也会反目成仇。

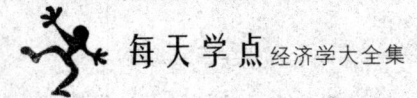

锦上添花，不如雪中送炭

　　话说三国争霸之前，周瑜并不得意。他曾在军阀袁术部下为官，被袁术任命当过一个小县的县令罢了。

　　这时候地方上发生了饥荒，年成很差，兵乱间又损失不少，粮食问题日渐严峻起来。百姓没有粮食吃，就吃树皮、草根，活活饿死了不少人，军队也饿得失去了战斗力。周瑜作为父母官，看到这悲惨情形急得心慌意乱，不知如何是好。

　　有人献计，说附近有个乐善好施的财主鲁肃，他家素来富裕，想必囤积了不少粮食，不如去问他借。周瑜带上人马登门拜访鲁肃，刚刚寒暄完，周瑜就直说："不瞒老兄，小弟此次造访，是想借点粮食。"鲁肃一看周瑜丰神俊朗，显而易见是个才子，日后必成大器，他根本不在乎周瑜现在只是个小小的居巢长，哈哈大笑说："此乃区区小事，我答应就是。"

　　鲁肃亲自带周瑜去查看粮仓，这时鲁家存有两仓粮食，各三千石，鲁肃痛快地说："也别提什么借不借的，我把其中一仓送与你好了。"周瑜及其手下一听他如此慷慨大方，都愣住了，要知道，在饥馑之年，粮食就是生命啊！周瑜被鲁肃的言行深深感动了，两人当下就交上了朋友。

　　后来周瑜发达了，当上了将军，他牢记鲁肃的恩德，将他推荐给孙权，鲁肃终于得到了干事业的机会。

　　经济学的核心思想是讲供给和需求的，这在现实的市场上表现很明显，如果一种产品生产多了，又没有那么多需要，那么价格自然就下跌了。在社交场合中，也是讲究供给和需求的。有人遇到了麻烦需要帮助，有人有可能正好能助一臂之力，这就是典型的供求关系。不过，社交活动的供求还要复杂一点，因为这里面涉及了供给和需求的时间问题。

　　为什么说时间是个问题呢？首先，并不是所有人都愿意帮助别人、结交别人的，他们根本就不愿意在社交场上供给什么；其次，有些人是很势利眼的，他们只愿意接近那些正红得发紫的人，根本不愿意理那些失意的人。这就犯了大错，往往错失了良机，如果等那些人发达起来，一想到以前你根本不理人家，他还怎么会反过来帮助你呢？

　　关键时刻，拉人一把。帮助别人就是在帮助自己，给别人一根火柴，自己的心也会亮起明亮的灯，给别人一只手，就等于是给了希望帮助者一片蓝蓝的天。如果我们用友好的行动去帮助别人，往往会得到同样友好的回报。

雪中送出一盆碳，日后获得的收益真是不可限量啊。对身处困境中的人仅仅有同情之心是不够的，应给以具体的帮助，使其渡过难关，这种雪中送炭，分忧解难的行为最易引起对方的感激之情，进而形成友情。这就是为什么成功可以招引朋友，挫败可以考验朋友。

命运就是爱开玩笑的，如果你没有慧眼，根本就认不出那些具有发展潜力的人。英雄起于毫末，大凡做出丰功伟绩的人，一开始往往并不为人所注意。倘若这个时候你能给他以帮助，岂不比日后他功成名就时再趋炎附势的攀附更聪明一些？雪中送炭时，今天的一箪饭一瓢饮，可以解他人饥饿之急，就能带来日后想不到的惊喜。

中国汉朝名将韩信在年轻的时候，生活极度贫穷。他经常找不到饭吃，无以充饥，只好在淮阳城下的小河边钓鱼。

当时有很多妇女在河边洗衣，其中有一个洗衣妇看到韩信面黄肌瘦，好像很久没有吃饭的样子，就主动把自己带来的饭食让给韩信吃。

这样的日子过了许久，一餐又一餐，充满恩情的饭食，就这样一连吃了十几天，天天如此。这让韩信既感动又感激，他觉得恩重如山，于是他对洗衣妇说："我将来一定要好好报答你。"不料想那个洗衣妇却以很平淡的口吻回答说："男子汉大丈夫应当自食其力，我是见你可怜才给你饭吃，看到别人挨饿我也会这样做的，因此根本不希望得到你的任何回报。"

事过多年之后，洗衣妇自己也不知施舍了多少饭食，早把这区区小事忘记了，但韩信却把她的恩德一直牢记在心。等他功成名就回到故乡，第一件事就是找到当年的那位洗衣妇，并且以重金酬谢。

想当年韩信平庸之时，谁想得到这个小子日后竟助刘邦铸成大业？韩信不也是受过胯下之辱吗？可见，英雄并不一定写在脸上，并不一定带着记号；今天的穷小子，未必就不是明日的栋梁材。

洗衣妇是聪明的，她聪明在首先有一颗善良的心，肯于帮助落难的人，帮助他们渡过难关；她更聪明在帮助人的时候并不时时在乎回报。与暂时不得势的人交往，其好处在于一方面，可以未雨绸缪，超前蓄势；另一方面，由于没有多少功利色彩，更可能成为生死之交。如果与那些暂时不得势的人交往，并成为好朋友。

这个现象在经济上最明显不过了，就像买股票一样，买了最有价值的原始股，这跟"冷庙"烧香的道理一样。一般人烧香都选香火鼎盛的庙，是认为这种庙比较灵验，可以庇护自己各方面顺利如意。而越是香火鼎盛的庙，越是吸引香客。其实，人趋炎附势的行为和烧香的行为是一样的，总是向当权的人、当红的人靠拢，同道的当然奉承巴结，不同道的也要想尽办法拉上一点关系，就像人们走遍千山万水也要到某个名寺烧一炷香一样。

乔西亚从父亲的手中接过了一家食品店，这是一家古老的食品店，很早以前就存在，而且已出名了。乔西亚希望它在自己的手中能够发展得更加壮大。

一天晚上，乔西亚在店里收拾，第二天他将和妻子一起去度假。他打算早早地关上店门，以便为度假做准备。突然，他看到店门外站着一个年轻人，面黄肌瘦、衣服褴褛、双眼深陷，一个典型的流浪汉。

乔西亚是个热心肠的人。他走了出去，对那个年轻人说道："小伙子，有什么需要帮忙的吗？"

年轻人略带点腼腆地问道："这里是乔西亚食品店吗？"他说话时带着浓重的墨西哥味。"是的。"

年轻人更加腼腆了，低着头，小声地说道："我是从墨西哥来找工作的，可是整整两个月了，我仍然没有找到一份合适的工作。我父亲年轻时也来过美国，他告诉我他在你的店里买过东西。哦，就是这顶帽子。"

乔西亚看见小伙子的头上果然戴着一顶十分破旧的帽子，那个被污渍弄得模模糊糊的"V"字形符号正是他店里的标记。"我现在没有钱回家了，也好久没有吃过一顿饱餐了。我想……"年轻人继续说道。

乔西亚知道了眼前站着的人只不过是多年前一个顾客的儿子，但是，他觉得应该帮助这个小伙子。于是，他把小伙子请进了店内，好好地让他饱餐了一顿，并且还给了他一笔路费，让他回国。

不久，乔西亚便将此事淡忘了。过了十几年，乔西亚的食品店越来越兴旺，在美国开了许多家分店，他于是决定向海外扩展，可是由于他在海外没有根基，要想从头发展也是很困难的。为此乔西亚一直犹豫不决。

正在这时，他突然收到一封从墨西哥寄来的一封陌生人的信，原来正是多年前他曾经帮过的那个流浪青年。

此时那个年轻人已经成了墨西哥一家大公司的总经理，他在信中邀请乔西亚来墨西哥发展，与他共创事业。这对于乔西亚来说真是喜出望外，有了那位年轻人的帮助，乔西亚很快在墨西哥建立了他的连锁店，而且发展得异常迅速。

在别人困难时伸以援手，尽自己所能去真心诚意地在物质或精神上给他人以宽慰，不见风使舵，更不落井下石。在人际交往中，见到给人帮忙的机会，要立马扑上去，像一只饥饿的松鼠扑向地球上的最后一粒松子。因为人情就是财富，人际关系一个最基本的目的就是结人情，有人缘。成功者就是这样善于发掘潜力股，更要懂得放宽心思不要紧盯着潜力股。多施舍一些自己并不损失多少，而多付出一些自然会有更多人享受到帮助，渡过难关，还有什么比这更有意义的呢？

狡兔三窟，多个朋友多条路

某钢材公司销售部门经理李文墨，听说某公司要进一批钢材，正在联系货主。李文墨于是和该公司联系，但是他发现已有数家钢材公司同时和这家公司联系，竞争十分激烈。李文墨通过调查该公司人员材料发现，该公司的一位部门经理竟是自己高中时的同学钱昊，虽然李文墨与其十多年没见面了，但是李文墨还是决定约见钱昊。

周六晚上，李文墨和钱昊两人在"聚仙楼"酒家相聚。见面后，自然是感慨万千，各自唏嘘不已。一阵寒暄后，李文墨就谈起了高中时的往事：

"钱昊，不知你还记不记得，高一时我们的那次春游。那时真是天真烂漫，记得爬山时的情景吗？咱班的马元元怎么也爬不动了，让你拉她一把，你脸红得不得了，还不好意思拉人家！"

钱昊不好意思地笑了起来："我那时哪有那么大的胆子，不比你，用一条橡皮'蛇'吓得女生们都不敢往前走了，还是我揭穿了你的诡计，把你的'蛇'扔到了山下，你还吵着让我赔来着！"说着两个人都笑了起来。

两个人又谈起了高中时的许多往事，不禁越谈越来劲，越谈越动情，两个人都落了泪。

时间已经不早了，两个人又聊到了当前的工作，李文墨顺势说："我们公司最近有一批好钢材，质优价廉，听说你们公司正需要，怎么样，咱兄弟也合作一回吧？"

当时的钱昊还正沉浸在高中的记忆之中，一听到老同学有所求，自己公司又需要，二话没说，当即就说："这不是太容易了嘛！回去我就跟我们的销售经理说，凭我和他的关系，保证没问题。"果不其然，几天后，在老同学的帮助下，李文墨顺利地签订了购销合同。

俗话说，多个朋友多条路。一个人不可能完成所有的事情，如果你有足够的人脉资源，那么你就可以把一个人的问题变成别人的问题，求助于朋友，帮你渡过难关。搭建丰富有效的人脉资源就是到达成功彼岸的不二法门，是一笔看不见的无形资产！

就像上文中的李文墨一样，他正是利用与钱昊的这层同学关系，先勾起对方的回忆，再顺水推舟，提出合作之事，钱昊也乐得做个人情，双方既增进了友情，又做成了生意，可谓是一举两得。

当今社会，不管是同学关系、亲人关系、同事关系，如果办事求到他们中间的任何一个，只要你用心去办了，再难的事也不难。像李文墨借用同学关系办事，这就是关系学的运用。要是没有这个朋友，他还真难找到出路呢。

好风凭借力，送我上青云。说的是柳絮在风的助力下，青云直上，飞上蓝天。生活中，这种"好风"，就是我们的朋友、同事、亲戚，甚至素不相识的人，当然还包括机遇等无形的事物。一个人的力量总是有限，只有借助于外力，才能够实现自己的理想。

三国演义中，最精彩的一战莫过于赤壁之战。周瑜和诸葛亮联手，打算用火攻，可是却发现一个难题，那就是火攻是陆战战术，战船在水上都是相互分离的，即便放火，也只能烧毁一艘船，无法造成致命打击。怎么才能够让曹操把船都连在一起呢？

诸葛亮偶遇庞统，忽然想起应该让这个人给自己帮这个天大的忙，让庞统去说服曹操将战船联在一起，而诸葛亮料到庞统出马，曹操一定言听计从。因为庞统和凤雏齐名，都是当时名士，曹操能得到高人指点，一定会听话。另外，庞统当时还是闲云野鹤一只，没有投奔任何主人，所以曹操不会怀疑他的动机。想来想去，庞统真是最佳人选。

庞统答应了之后，果然施展了伎俩，哄得曹操高兴地接受了连环计，将战船锁在一起。结果在赤壁一把火中，烧了个精光，大败而归。

诸葛亮巧妙地让庞统帮个忙去说服曹操，借庞统之力完成大计。而曹操聪明一世糊涂一时，竟然因为自己的疏忽和经验，白白为诸葛亮做了"嫁衣"，成就了诸葛的大功。成功人士无一例外地都善于经营自己的人际网络，他们的朋友圈子不仅有可能培养了助日后成功的贵人，也有效的给自己创造了保护层。多个朋友多条路，多个小人多堵墙。想要成功，先要学会交朋友，给自己创造人脉圈！

有时候，很多人怀才不遇，没有遇到合适的机会来展示自己的能力，如果你能够在平时注意培养自己的人脉圈、朋友圈，多结交一些人，那么这些人就有可能成为助你成功的人。

康多莉扎·赖斯于1954年11月14日出生在种族隔离制盛行的阿拉巴马州伯明翰，小名康迪。和那里的很多黑人儿童的悲惨命运不同，赖斯从小就受到了良好的教育，在家人的保护下顺利长大，并凭借个人的努力获得了成功。

赖斯家相信这样一条严峻的真理：黑人的孩子只有做得比白人孩子优秀两倍，他们才能平等；优秀三倍，才能超过对方。父母告诉康迪，在伯明翰以外有更多的机会，如果她勤奋学习，力争上游，就会得到回报。进入学校后，康迪学习十分出色，一年级和七年级都跳级了。赖斯说："我上过芭蕾舞课，学过法语，还上过礼仪课。"康迪的外祖父母从各方面保证孩子们不受种族主义的伤害。

康迪的母亲是一位钢琴教师，因此康迪从幼年时起就开始接受母亲孜孜不倦的音乐教育。康迪一直梦想成为职业钢琴家，16岁那年她进入父亲所在的丹佛大学拉蒙特音乐学院学习钢琴演奏。除了钢琴，康迪在运动方面也很有天赋，网球和花样滑冰玩得都很出色。儿时的她受父亲影响，对美式橄榄球也十分着迷。她曾经开玩笑地说，如果能够当上美式橄榄球联盟主席，她宁愿不当国家安全顾问。

在大学里，一堂国际事务课改变了她的命运。那堂课的主讲者是约瑟夫·克贝尔，主题是列宁的继承者斯大林。赖斯突然发现，"苏联政治居然那么有意思"，她说："俄罗斯让我从音乐中跳了出来"。19岁那年，赖斯大学毕业，26岁获博士学位，精通四门语言的她随后成为斯坦福大学的助教，专攻苏联的军事事务。

这些只是赖斯的基本功，真正助她成功的机会是在1987年斯坦福大学的一次晚宴上，当时赖斯几句简短而有特色的关于苏联问题的分析，引起了时任福特总统国家安全事务助理的斯考克罗夫特的兴趣。1988年大选之后，斯考克罗夫特成为老布什总统的国家安全事务助理，赖斯随后被任命为国家安全委员会苏联事务司司长，并很快成为老布什总统和夫人芭芭拉的私人朋友。

1995年，小布什刚刚当选为得克萨斯州州长后，老布什安排赖斯同自己的儿子首次会面。1998年，当两人再次见面时，话题已转为下任总统所面对的外交情势了。面对布什家族的邀请，赖斯没有丝毫犹豫，她迅速辞去了斯坦福的教职，专心辅佐小布什。在小布什当选美国总统后，赖斯出任美国国家安全顾问，成为美国政坛最耀眼的政治女明星之一。

若不是成为前总统夫妇的朋友，赖斯应该没那么顺利的成为小布什的幕僚，并迅速成为政坛明星。可见，你的朋友圈子里要有这样的权力人物，为你提供一个发展的平台，不然的话，再多的"臭皮匠"也只是臭皮匠，只会让你跟他们一样混日子，不会有大出息。

不过，朋友结交容易，维持一辈子患难相助的真情却不容易。相处难，任何感情都需要在交往过程中多一点包容和忍让，这样才能让朋友间的温度不会下降，距离不会疏远，永远作为支持你的后备军。

朋友之间，亲人之间，无时无刻都有"东风压了西风，西风压了东风"的事情发生，吃点眼前亏，退一步海阔天空，可以避免大家的关系僵化，避免因一时的冲动而白白失去珍贵的感情。历史上著名的"管鲍之交"，正是说明了这一点。

管仲和鲍叔牙一起做生意，管仲因为家境不好，经常会在分红的时候给自己多算一点，或者在其他地方占一点小便宜。旁人都在鲍叔牙面前说管仲的坏话，但是鲍叔牙却处处为管仲说话，后来还推荐他做宰相。

正是因为鲍叔牙肯吃亏，才交到一位挚友，而且为国举才，利益了全国人民。所以一个人懂得付出，不计较吃亏，才可能有一个多彩的人生，相反过于精明，只知道接受，却吝于付出，必定是一个贫穷的人生。

学会做人，避免零和博弈

中国人有句老话"忍一时风平浪静，退一步海阔天空"，讲的是非暴力的指挥，用博弈论术语来说就是避免零和博弈。

零和博弈意思是双方博弈，一方得益意味着另一方吃亏，一方得益多少，另一方就吃亏多少。之所以称为"零和"，是因为将胜负双方的"得"与"失"相加，总数为零。

一个游戏无论几个人来玩，总有输家和赢家，赢家所赢的都是输家所输的，所以无论输赢多少，正负相抵，最后游戏的总和都为零，这就是零和游戏。

零和博弈属于非合作博弈。在零和博弈中，双方是没有合作机会的。各博弈方决策时都以自己的最大利益为目标，结果是既无法实现集体的最大利益，也无法实现个体的最大利益。零和博弈是利益对抗程度最高的博弈，甚至可以说是"你死我活"的博弈。

在社会生活的各个方面都能发现与"零和游戏"类似的局面，胜利者的光荣后面往往隐藏着失败者的辛酸和苦涩。从个人到国家，从政治到经济，到处都有"零和游戏"的影子。

一群年轻人在一家火锅城为朋友过生日，其中有一个年轻人拿着自己已吃过了的蛋饺要求更换。由于火锅城有规定，吃过的东西是不能换的，所以年轻人要求遭到拒绝，双方因此发生冲突，打了起来。

最后，火锅城人多势众打败了那几个青年人。

可以说博弈的结果是火锅城的一方赢了，而实质上，他们真的赢了吗？从长远来看，他们并没有赢。这就是人际博弈中的"零和博弈"，这种赢方的所得与输方的所失相同，两者相加正负相抵，和数刚好为零。也就是说，他们的胜利是建立在失败方的辛酸和苦涩上的，那么，他们也将为此付出代价。还以此为例，虽然火锅城一方的人赢了，但从实际角度去分析，我们不难发现，火锅城的生意也会因此造成影响，传出去就会变成"这家店的服务真是太差劲了，店员竟敢打顾客，以后再也不来这里了"，"听说没有，这家店的人把顾客打得可不轻啊，以后还是少来这里了"，"什么店，竟打人，做得肯定不怎么样"，等等。

其实，邻里之间也是一种博弈，而博弈的结果，往往让人难以接受，因为它也是一种一方吃掉另一方的零和博弈。

在一个家属院里住着四五家人，由于平时太忙，邻里之间就如同陌生人一样，各家都关着门过着平静的生活。但不久前，这个家属院热闹了，原因是，有一家的大人为家里的女儿买了一把小提琴，小女孩没有学过小提琴，又喜欢每天去拉，而且拉得难听极了，更要命的是小女孩还总挑人们午休的时候拉，弄得整个家属院的人都有意见。于是矛盾便产生了，有性格直率的人直接找上门去提意见，结果闹了个不欢而散，小女孩依然我行我素。大家私下里议论纷纷，有年轻人发了狠说，干脆每家买一个铜锣，到午休的时候一齐敲，看谁厉害。结果，几家人一合计，还真那样做了。结果合计的几家人，终于让那个小女孩不再拉提琴了。不过之后的几天，小女孩见了邻居，便如同见了仇敌一样。她认为，是这些人使她不能再拉小提琴的。邻里关系更是糟糕极了。

可以说，这个典型的一方吃掉另一方的零和博弈是完全可以避免的。对于这件事，其实双方都有好几种选择。对于小女孩这一家来说，其一，他们可以让女儿去培训班参加培训；其二，在被邻居告知后，完全可以改变女儿拉提琴的时间；其三，也就是在被邻居告知后，不去理会。而其邻居也有如下选择，其一，建议这家的家长，让小女孩学习一些有关音乐方面的知识；其二，建议他们让小女孩不要午间休息拉琴；其三，以其人之道，还治其人之身。

但结果双方的选择很令人遗憾，因为他们都选择了最糟糕的方案。很多事实证明，在很多时候，参与者在人际博弈的过程中，往往都是在不知不觉做出最不理智的选择，而这些选择都是由于人们的为己之利所得出的结果，要么是零和博弈，要么是负和博弈，都是非合作性的对抗博弈。

看过了"旅行者困境"博弈模型和零和博弈的后果，我们要追求正和博弈的结论也就呼之欲出了。

如果博弈的结果是"零和"或"负和"，那么，对方得益就意味着自己受损或双方都受损，因此，为了生存，人与人之间必须学会与对方共赢，把人际关系变成是一场双方得益的"正和博弈"，与对方共赢，是使人际关系向着更健康方向发展的唯一做法。如何才能做到这一点呢？要借助合作的力量。

有这样一个关于合作的例子。

有一个人跟着一个魔法师来到了一间二层楼的屋子里，在进第一层楼的时候，他发现一张长长的大桌子，并且桌子旁都坐着人，而桌子上摆满了丰盛的佳肴，虽然，他们不停地试着让自己的嘴巴能够吃到食物，但每次都失败了，没有一个人能吃得到。因为大家的手臂都受到魔法师诅咒，全都变成直的，手肘不能弯曲，而桌上的美食，夹不到口中，所以个个愁苦满面。但是，他听到楼上却充满了愉快的笑声，他好奇地上了楼，想看个究竟。但结果让他大吃一惊，同样的也有一群人，手肘也是不能弯曲，但是，大家却吃得兴高采烈，原来他们每个人的手臂虽然不能伸直，但是因为对面人的彼此协助，互相帮助夹菜喂食，结果每个人都吃得很尽兴。

从上面博弈的结果来看，同样是一群人，却存在着天壤之别。在这场博弈中，他们都有如下的选择，其一，双方之间互相合作、达到各自利益；其二，互相不合作，各顾各的，自己努力来获得利益。我们可以看出，在这场博弈中，只有那些互相合作，相互帮助的人，才能够真正达到双赢，走向正和博弈。事实上，正和博弈是一种相互合作，非对抗性博弈。而对于人际交往来说，要想取得良好的效果，就应该采取这种非对抗性的博弈。

可以说，在这个世界上，没有一个人可以不依靠他人而独立生活的，这本来就是一个需要互相扶持的社会，主动伸出友谊的手，你会发现原来四周有这么多的朋友，在人生的道路上，我们需要和其他人互相扶持，共同成长。

第十八章　怎样让一加一大于二
——每天学点婚恋中的经济学

如果不能得到很好的实施，再好的战略也注定要失败。

——伯纳德·赖曼

没有"尽善尽美"的战略决策。人们总要付出代价。对相互矛盾的目标、相互矛盾的观点及相互矛盾的重点，人们总要进行平衡。最佳的战略决策只能是近似合理的，而且总是带有风险的。

——彼得·德鲁克

恋爱，不能忽略成本

叙述纳什生平故事的奥斯卡电影《美丽心灵》中有这么个场景，在一个美女环伺的酒吧，一群男士都在"虎视眈眈"场上最漂亮的女生，却无一采取行动。对此，纳什思考得出：虽然这位女士是全场最漂亮的，必然令全场男士都青睐，但是在这种激烈的竞逐下，没有任何一个男士自信绝对可以赢得她的芳心；另一方面，任何一个女士都不希望自己是男人的次选，如果男人决定要追求这位最漂亮的女士，就会失去了竞逐其他女士的权利。所以，为了保证自己不至于最后一无所有，男人们都放弃追求最美的女人，而继续与长相相对平庸却更有把握得到的女人谈情说爱。这种美人冷落的场面考虑了对方策略进行权衡后做出的最优选择，不可思议却合情合理。

一般认为，爱情是一种只讲奉献，不讲索取的非功利现象，但在经济学的视野里，爱情不管是由于何种非理性动机，都会对经济行为做出反应，没有任何爱的付出是完全不需要回报的。苛刻的说，表面上是我们爱对方，实际上是爱自己，因为所爱之人其实是自我的对象化。只要我们对爱情现象稍作一些观察，就会发现这样一些事实：第一，人们能从爱情中找到个人快乐、幸福、满足感。第二，爱情中的快乐，是人们用约会时间、甜言蜜语等主要投入，辅以花前月下、楼堂馆所等要素投入而生产出来的；第三，生产爱情的收益，取决于当事人在这方面的天赋和人力资本投资，如语言天赋、性爱技巧以及得自文艺作品的爱情观念。因此我们可以清晰地发现，爱情是一种投入与产出的关系，是一种交易。

在恋爱中，女方的要求一般都会多些，她们一般都会希望男友能主动了解她的需求，觉得如果要自己开口，就没意思。男方则希望女友能少一些要求与矜持。女方却认为如果男友不主动有所表示又怎能显出对方是爱自己呢？正因为多数人都认为情侣或夫妻应如此，所以要求对方也就变成理所当然，提出任何需求似乎都不为过。

但是，谈情说爱是一种过程，如果你是理性的人，就会发现爱情中也有"需求法则"。所谓爱情的"需求法则"，是指谈情说爱时所付出的代价较大、风险较高，人们就会减少对爱情的需求；而当谈情说爱时付出的代价较小时，人们就会勇于尝试爱情，对爱情的需求就会增加。这表示爱情的代价与需求呈反向变化。这也印证了为什么爱情中双方越敏感，要求越多，就越容易产生矛盾，造成分歧。

但是从边际效用递减法则来讲，每增加一次爱情消费所引起总效用增加的部分将会逐渐递减。第一次恋爱的满足感最大，得到的启发亦最多。随着恋爱次数的增加，对于爱情的好奇与新鲜感会逐渐递减，所得到的恋爱满足感亦是递减的。

如果将恋爱中人的相处看做是"经营爱情"的话，每一名恋爱中人都想投入更多的时间或金钱，让爱情更感动、更温馨、更浪漫，但是精力有限，也正因为如此，如何在有限的精力下将谈情说爱变得浪漫、温馨，成为大家所追求并期望解决的矛盾。

因此，经济学家们会建议情侣或夫妻应少对对方一些要求，多一些理解和宽容，最大可能降低恋爱的"成本"，只有这样，恋爱才会更甜蜜、更圆满。

用心维护，否则爱情会变质

有这样一则笑话：

结婚前：从上往下看

他：万岁！终于到头了！我都等不及了！

她：我可以离开吗？

他：不，你甚至想都别想！

她：你爱我吗？

他：当然！

她：你会背叛我吗？

他：不会，你怎么会有这样想法？

她：你会吻我吗？

他：会的。

她：你会打我吗？

他：无论如何都不。

她：我能相信你吗？

结婚后：从下往上看

为什么结婚之前的情侣恨不得天天黏在一起，而结婚后双方却在家庭琐事当中变得陌生？我们可以用经济学来解释。

大量的调查显示，现代人的离婚率在逐年上升。作家柏杨曾经说，爱情是会变的，谁要是不相信这句话，谁就得付出不相信的代价。

经济学家用效用来阐释这个问题。人们追求爱情，是因为爱情能够给人们带来效用，即生理和精神上的满足。当一个人连续消费某一种物品的时候，其边际效用是递减的。热恋中的男女，纵使爱得死去活来，但是随着彼此付出的越来越多，其给对方带来的边际效用就会越来越少，到了彼此厌烦的地步，边际效用就成了负的。

作家刘震云在《一地鸡毛》中讲述了普通市民小林的故事，小林和老婆本是大学毕业生，但结婚之后，便陷入了单位和家庭的琐事当中，正如一地鸡毛。

自从小林两口子有了孩子后，生活越来越繁杂，几次折腾搬家，老婆也变得爱唠叨了，甚至为了多接两桶水故意不关紧水龙头。小林很奇怪，当初的一个大学生什么时候变得这么市侩？

用经济学可以做出如下的解释：结婚之前双方并不是天天见面，每一次约会都有新鲜感，效用不会递减；当结婚后天天生活在一起，效用递减也就出现了。一方面，双方在一起过平淡无奇的日子，日复一日没有什么改变，从婚姻中得到的效用在递减。另一方面，是对方的品质下降了。女性结婚尤其是有了孩子之后，从内到外都忽视了"保鲜"，不再像恋爱时那样注意自己的形象了。而男性在结婚后可能也会恢复自己的"本性"。随着天天相处，给对方带来的效用是下降的。现代人离婚率越来越高的缘故，就是边际效用递减规律在起作用。

面对现代爱情边际效用的递减，不允许离婚显然不可能，刻意增加两个人的距离,从某种程度上来说也是不现实的,倒是鲁迅说过的那句"爱情需要时时更新"的话,对我们很有启发。现代婚姻有"七年之痒"之说,爱情消费到了一定的时候,其边际效用就递减了,如果不及时更新,夫妻间的爱情恐怕真的不容乐观了。

当有一天忽然发现你的爱人正在疏远你的时候,不要埋怨世风日下,而应该首先从经济学的效用入手,看看你的对他(她)的边际效用是不是递减了。

恋爱公式,请画上不等号

如果也可以给爱情计算一下左边右边,列出一个等式的话,请将等号上画一条斜线,因为爱情从来都是不平等的。不是你付出多,就是对方付出的更多。付出的越多、爱的就越深。爱情是个不等式,关键是不要刻意追求平等,只要爱的投入,就不要斤斤计较。

有一位王子,爱上了一位女子,这位女子一无所有,没有美貌,没有钱财,并且还是奴隶,但这位王子是那么的爱她,毫不鄙视她,而且愿意为她舍弃一切,付出一切。

这位王子做了一个重要的决定,他放弃了王子的身份,选择做了奴仆,来到这位女子身边,他要告诉她,她应该去追求的,他亲自鼓励她,希望她有追求自由与幸福的勇气,他付出自己的生命只为要赎得他心爱女子的自由。

他为她死在了咯咯他的山上。

但是,这位女子起初的时候并不爱他,也不理会他的爱,她甘心地做着奴隶,也不明白他讲述的自由,她就是那么不在乎地活着,就那样看着那位深爱她的他,默默地,为她忍受了所有的羞辱与痛苦,毫无怨言地登上了咯咯他,用自己的命赎了她的自由。

终于,有那么一天,她开始懂得了他的爱,明白了他用生命为她换来的自由,她开始去追求,去改变自己做奴隶的习性,她开始去爱他,去明白他,她理解了他为她所忍受的一切,所付出的生命……

她不再做奴隶,她按照他喜悦的她,所盼望她的样子去生活,她懂得了他牺牲的爱,她不再为自己活,她为了他,要活出最漂亮的生命!

但这是一个浪漫的爱情故事,这位王子最后复活了,他亲自带领他深爱的女子,克服一切艰辛困难,走尽一切当走的路,回到他父亲的国度,从此过着幸福的生活。

这是全世界最真挚，最美好，最伟大，最浪漫的爱情！这是流传在基督教牧师中的爱情故事。

爱情方面，付出的和回报的，往往总是不会让你满意的。你爱他爱得很多，为他可以去做任何事，可他却心不领神不会。你对他可能只付出了一点点，而他却愿意为你去死。也许他爱你爱得疯狂，反而你却毫无感觉。爱一个人，是没什么理由的。也许你是一个美丽的人，因为你的美丽，你的要求也许很高，你理想中的人也许很难得到；也许你不美丽，你的要求也许不会太高，反而容易结良缘。幸福往往就落在他们身上，一个瘦高个和一个矮胖个，粗大型和小巧型，皮肤白腻和黑壮型，这样的组合比所谓的郎才女貌更加稳定，更加安全。每个人的身上总会有些特殊的东西，在别人看来无所谓，只有在爱他的那个人眼里才会有感觉。爱情本来就是不等式，何苦去追求平等呢？

换句话说，如果一切都扯平，那么听起来就不像是爱情，而像是做生意了。爱情的美丽正在于付出，如果能够用自己的付出换来对方的成就，那么为什么不默默地做一个在台后支持的人呢？

电影《美丽心灵》是一部关于一个真实天才的极富人性的剧情片。故事的原型是数学家小约翰·福布斯·纳什。英俊而又十分古怪的纳什早年就做出了惊人的数学发现，开始享有国际声誉。但纳什出众的直觉受到了精神分裂症的困扰，使他向学术上最高层次进军的辉煌历程发生了巨大改变。面对这个曾经击毁了许多人的挑战，纳什在深爱着的妻子艾丽西亚的相助下，毫不畏惧，顽强抗争。经过了几十年的艰难努力，他终于战胜了这个不幸，并于1994年获得诺贝尔奖。

1947年，小约翰·福布斯·纳什进入普林斯顿大学学习并研究数学。这个"神秘的来自西弗吉尼亚的天才"并没有上预备班的经历，也没有遗产或富足的亲戚资助他进入"常春藤盟校"。优雅的社会交际他根本不屑一顾，上课也提不起什么兴致。他整天沉迷着的只是一件事：寻找一个真正有创意的理论。他深信这才是他应该从事的事情。

普林斯顿的数学系竞争十分激烈。一个晚上他与一些同学在当地酒吧娱乐，当时他们对一个热情的金发碧眼女人的反应引发了他的灵感。当纳什观察着这些竞争对手时，常常在他脑海里酝酿的想法突然变得清晰起来。他随之撰写出了关于博弈论的论文——"竞争中的数学"——大胆地将现代经济学之父亚当·斯密的理论做出了不同的解释。这个已经被人们接受了150年的思想突然变得陈旧过时了，纳什的生活也从此发生了改变。

纳什后来获得了在麻省理工学院进行研究和教学的工作，这可是一个众人觊觎的工作，但是他对这些并不满意。科学曾为美国在第二次世界大战中的获胜发挥了巨大的作用。现在，冷战盛行，纳什渴望在这场新的冲突中发挥自己的优势。他的愿望得到了实现，神秘兮兮的威廉·帕彻招募他参加一个绝密的任务，破解敌人的密码。

纳什在麻省理工学院工作的同时，全身心地投入到这个耗神的工作中。在这里，纳什受到了一种全新的挑战，但是这次的挑战却是来自光彩照人的艾丽西亚·拉迪，一个物理系学生，她向纳什引入了一个从来没有认真考虑过的观念——爱情。

不久，纳什和艾丽西亚结婚了，但是他不能告诉她他正在为帕彻所从事的危险项目。这项工作稍有不慎泄了密，后果将不堪设想。纳什一直是悄悄地钻研，他被这项工作深深地迷住了，并最终迷失在这些无法抵御的错觉中。经诊断，他得的是妄想型精神分裂症。

纳什的遭遇让艾丽西亚吓坏了，她挣扎在被毁天才爱的重压下。随着每一天都似乎会给他们带来新的恐怖，这对令人羡慕的伴侣已失去了当初让人羡慕的份儿。但是艾丽西亚仍然在她爱着的男人身上发现了他的超凡魅力，这也是支撑她对他承诺的源泉所在。受到她那坚贞不渝的爱情和忠诚的感动，纳什最终决定与这场被认为是只能好转、无法治愈的疾病作斗争。

谦卑的纳什目标很简单，但要实现这些目标却是难上加难。处在病魔的重压之下，他仍然被那令人兴奋的数学理论驱使着，他决心寻找自己的恢复常态的方法。绝对是通过意志的力量，他才一如既往地继续进行着他的工作，并于1994年获得了诺贝尔奖。与此同时，他在博弈论方面颇具前瞻性的工作成为20世纪最具影响力的理论，而纳什也成了一个不仅拥有美好情感，并具有美丽心灵的人。

就像《十五的月亮》中唱的那样，"军功章有你的一半，也有我的一半。"任何一个成功的男人或者女人，一定有另一个人在为他/她无私无怨的付出着，安慰他受伤的心灵，鼓励他受挫时继续前进，为他做着最简单但却包含着温暖的事情。正是这种付出，才使得自己爱着的另一半实现了梦想。还有什么比这个不等式更感人的吗？

处在不等式的两边，就要仔细衡量自己，做得足够多吗？做得足够好吗？生活的真理是相互理解，如果一个人只考虑自己，不考虑别人，是难以取得幸福的。因为一个只考虑自己的人，关心的只是自己的得失，其行事准则是：自扫门前雪，不管他人瓦上霜。生活是人与人的链接，假若不想掉进深渊，就要牵别人的手，给他人以力量的同时，自己也得到生存和发展的支持。情侣也是如此，只有多为对方考虑考虑，才能赢得彼此的真心，共同营建幸福。

山姆常抱怨自己的妻子总是花太多时间在他们家的草坪上，因为他觉得即使一周修剪两次，草地也和他们当初搬进来的时候差别不大。山姆每次在他的妻子修剪完草坪后都会这么说，这让他的妻子很不开心，每次说的时候，都会破坏原来的和睦气氛。

有一次，山姆看到一本书，书上说到生活中需要经常站在对方的角度来思考。直到这个时候，山姆才知道自己的问题出在哪里，他从来都没有想过他的妻子辛苦地修剪草坪，是渴望她的劳动成果能得到别人的称赞。

后来，当山姆的妻子再去修剪草坪的时候，山姆主动提出要陪妻子一起去修剪草坪。他的妻子显然没想到他会主动要求陪自己，显得很高兴，两个人就在一种很愉快的氛围下一起修剪了院子里的草坪。

自此以后，山姆就经常和妻子一起修剪草坪，不仅如此，他还经常夸奖妻子勤快，说妻子很厉害，能把院子里的草坪修剪得与水泥地一样平。虽然山姆的夸奖可能有些夸张，但是他们夫妻之间的感情却得到了明显的改观，这是因为山姆将心比心，学会了为别人着想。

爱情也好，婚姻也罢，请记得为你我之间画上不等号，不要锱铢必较地衡量付出与收获，一旦你倾心爱着一个人，就会把他的事业当成你的事业，就会把他的生活当成你的生活。不等式的美丽在于，就像跷跷板一样，如果两个人平等了，那么就只能在离地面不高的位置静止着；只有不等，才能让对方到达更高的地方！

覆水难收，理性看待失恋

经济学课上，教授向在座的男同学提了一个问题："一天，你请多年的女友去高档餐厅吃饭，并准备了钻戒要求婚。饭吃到一半时，女友突然说要跟你分手。"

安静的课堂上开始出现窃窃私语。教授笑了，接着说："尽管你十分爱她，也为她付出很多，例如买了价值不菲的钻戒，请她吃消费昂贵的菜肴，但她决心已定，断然不可能和你在一起。那你怎么办？是不甘心付出太多而试图继续交往，还是放弃？"

这时，有人冒出了一句："既然不可能了，迟早是要放弃的。"教授笑了，他赞赏地说："选择放弃的同学是明智的。没有意义的东西，不必继续坚持下去。与其浪费光阴，不如把已经付出的当做沉没成本，把现有的时间和精力用于做其他事情。比如分手，以往再多的付出都会付诸东流,与其继续纠缠,不如就让过去的过去。其实,爱情并不完全是感性的,它也和其他事情一样,都是要承担沉没成本的。"

决定是否同女友分手,是一种对过去爱情投入的判断。因为,在恋爱中已经付出的一切,不可能再被收回来。就像打翻的牛奶,覆水难收。而这些你所失去的,就是爱情的沉没成本。

据研究发现,在恋爱的前6个月,情侣们70%的注意力集中在恋人身上,工作、学习都会大受影响。而每当人们放弃以前的感情,开始一段新的恋情,全部的这些成本就会被颠覆,重新增加一次,而这其中还忽略了失恋过程中付出的相应成本。

"衣带渐宽终不悔,为伊消得人憔悴。"在爱情中的付出,多数人都是不会后悔的。只是,当我们真的要面对爱情的沉没成本时,又该如何去做?

生活中,我们看到有的女孩曾想要天长地久,遇到一个人就托付终身,倘若失去就会无法接受,寻死觅活。这时,姑且不论这场爱值不值得,单看这种想法,也是不可取的。在爱情中,人也应当懂得"及时止损"。

甜蜜的时候,你倾其所有地投入也不足为过,因为你还可以从对方得到爱情的"收益"。但当失去时,你再付出任何东西,哪怕是生命,也无法换回一丝爱的回报,充其量只能得到怜悯。失去爱也就罢了,再失去生命和尊严,成本岂不是太高了?何况,你明明清楚,在不爱自己的人面前,这样做只会继续增加你在他(她)身上的沉没成本。

所以说,恋爱如同一场交易,当交易失败成为无法规避的事实时,你为何不让损害及时止住,将自己受到的伤害降到最低?试想,世界上有几个理性的生意人在商场失败后,就跳楼自杀?继续为一个你无法从他(她)身上获得"爱情收益"的人伤害自己,是不值得的。

还有一些人,因为沉没成本的存在而畏惧谈恋爱。他们在爱情中患得患失,不敢为爱情做出牺牲。殊不知,在爱情中唯唯诺诺的举动,更容易导致失败。因为恋爱中,每个人都相互为投资对象、投资者,作为被投资的对象来说,怕付出的人立场太不坚定,带来的风险太大,有谁愿意将有限的经历和感情投给这样的人?就像在股市上,没有稳定的回报,投资者又怎么会买这样的股票?

如此看来,恋爱中和失恋的人,都应当严肃而客观地对待沉没成本。有经济学家曾说过:"沉没成本是一种历史成本。对现有的决策而言是不可控的成本,不会影响当前行为或未来决策。也就是说,在进行一场新的投资决策时必须排除沉没成本的干扰,才可以把损失降到较低的限度。一旦犹豫不决,旷日持久,只会让沉没成本越来越大。"所以,人们应在付出时绝不保留,在失去时也绝无眷恋。

失去了的就已经失去了,不要再为之伤神费力。沉没成本固然不可收回,但你还可以将感情投资到其他人身上,正如诗词中说的"天涯何处无芳草",说不定还会无心插柳柳成荫,收获另一段幸福。

门当户对，婚姻才牢靠

一位商人生了个女儿叫叶限。一天，叶限捉到一条金鱼。她将金鱼放养到后院的水池里。可惜，没几天，心狠的后妈趁叶限不注意，把金鱼吃掉了。叶限知道后，非常伤心，就抱着被吃剩的鱼骨头哭。这时，来了一个头发蓬松、衣衫褴褛的人，告诉她，这鱼骨头有魔力，她想要什么就向鱼骨头许愿，定能实现。

叶限随便许了个愿望，希望能有漂亮的衣服和鞋子，没想到自己眼前立刻出现了上等的衣料和金履。一次她出去玩，不小心把一只鞋子弄丢了。

半年后，这个金履被卖到了远方的陀汗国。国王辗转得到了这只金履。很想见到鞋的主人。久经寻找，终于找到了叶限。国王一见叶限，发现她十分美丽，就立即决定娶她做了王后。

不过，叶限并没有高兴上多久。因为，当初国王娶她的真正目的是那块神奇的鱼骨头——他相信鱼骨头能带来无数的财富，若以娶叶限为代价，也还算合理。婚后，国王经常让叶限向鱼骨头祈求珠宝，善良的叶限感到非常苦闷，每每都会为此同国王争吵。国王却认为，有这样神奇的宝物不使用，那不是太愚蠢了！两人的争执和分歧越来越大，婚姻也变得越来越不幸福。

后来，鱼骨头也不灵验了，叶限无奈之下离开了国王。

叶限嫁给国王，摆脱贫穷，国王得到鱼骨头和美女，表面上双赢的事情，但两人都没有获得预想的幸福。在门不当户不对的婚姻中，不幸的可能性要远远大于幸福。

在经济学家眼里，婚姻若想幸福，就应当让社会中每个适龄男女都达到帕累托最优。所谓帕累托最优，是指在不使其他人境况变糟的情况下，而不可能再使另一部分人的处境变好，即达到资源的最优配置。如果一场婚姻能够使没有任何人处境变坏的情况下，至少有一个人处境变得更好，就可以被称为帕累托改进。当没有任何帕累托改进余地，就意味着现状已经达到了帕累托最优。

一般而言，如果一个社会的现状不是处在帕累托最优状态，就存在着帕累托改进的可能。

假设一男婚前的生活质量为 X，一女婚前的生活质量为 Y，婚后一起生活带来的共同所得为一个常量 m。

由于他们共同拥有双方的资源,所以婚后的每人所得分别是 $(X+Y+m)/2$。

如果男女不门当户对,那么 X、Y 相差极大。不妨设 $X=3$,$Y=9$,那么婚后的各人所得为 $(3+9+m)/2$。

当 $m<6$ 时,婚后各人所得小于 9。此时 Y 对婚姻是不满意。

当 $m=6$ 时,婚后各人所得等于 9。此时 X 得到帕累托改进,Y 不变,Y 对婚姻不是很积极。

当 $m>6$ 时,婚后各人所得大于 9。此时 X、Y 都得到帕累托改进,皆大欢喜。

所以,两人的婚后所得至少要达到 6,才能维持稳定的婚姻。

如果是一对门当户对的人,假设 $X=Y$,那么,只要 $m>0$,两者都能得到帕累托改进。显然,这样的婚姻最稳定。

现实中,一个富人家和一个穷人家结亲,无论是男穷女富,还是女穷男富,双方家庭在物质条件上,消费观念上,甚至看待问题的思想上,都存在着很大的差距。往往都是贫穷的那一方要被看轻,受气。当然,也有两者十分恩爱(即双方性格、价值观等搭配程度很高),终于冲破种种差异生活在一起,比如司马相如和卓文君,但毕竟几率较低。可见,再浪漫的事情,静下来一想,都有着成本与收益的关系。在婚姻中,只有双方都平衡了,达到一种均衡状态,婚姻才会稳固下来。

时至今日,门当户对的规则仍是适用的,事实证明这千年流传下来的观念,的确有几分道理。更确切地说,不论在哪个时代,门当户对都应当是人们对待婚姻的一种理性行为。那些不对称的婚姻——例如王子和灰姑娘幸福地在一起,更像是人们幻想的童话般不切实际。对于适婚的男女来说,与其做着难以实现的梦,不如在自己的身边找到一个门当户对的伴侣。

经济学解释人为什么要结婚

小马:你说,男人为什么都要跟女人结婚?

小朱:两点之间,直线最短。

小马:可是好多结了婚的人为什么要搞婚外情?

小朱:三点决定一个平面。

小马:为什么有的人结了婚还会有三个情人?

小朱:嗯。那……是平行四边形。

人为什么要结婚?

当然是因为爱情啊,难道还有别的原因么?但是,人们常说,"婚姻是爱情的坟墓"，难道你想要自己的爱情埋葬？不结婚，可能爱情还会持续得更长久，结了婚，围城效应可能会让你得不偿失，为什么非要结婚呢？

"结了婚，在他找其他女人时，就要三思而行了，离婚的成本是很大的。"

"结了婚，我就不需要天天跑到外边吃饭，老婆天天做饭，也很省钱的。"

"不结婚，难道把我们的小孩扼杀在萌芽阶段？"

……

爱情可能是盲目的，但结婚不一定是"昏"头后的选择。从经济学角度看，人的所有行为都可以用"经济学上的合理性"来分析，别说爱情婚姻，就算抢劫和罪犯，也都能找到经济学上的合理原因。那让人们魂牵梦萦的爱情婚姻又如何用经济学的原理来解释呢？

对于深深相爱的一对男女，让爱人幸福就是自己最大的满足，双方为了达到这一目标而不断完善自己，也就是说，爱情唤起了他们愿意为了对方而采取的利他性行为的冲动。而结婚，就是为了双方而将自己一切付出的"终生合同"，从此两人的财产、社会关系、劳动力，等等，都成为了一个家庭的共有资源。

婚姻作为耐用消费品，具有逐渐积累增值的特点，双方的资源通过合理整合，能够发挥1+1>2的效益，如情感的寄托、家庭的福利、知识和智慧的交融、小孩带来的乐趣，等等。能有这么多收益，大多数人当然选择结婚了。

从前离婚大多是因为性格不合，或是某方有了外遇。而现在据民政部门的一份资料显示，近来办理离婚手续者，却有近1/5的人没有任何理由。为了寻找一种理想的婚姻状态而采取了一种置之死地而后生的做法：先断掉自己所有的退路，然后去找一条通向幸福的捷径，"无理由离婚"闪亮登场……

婚后的生活能不能稳定，即双方在"交换"价值上能不能保持平衡很重要。如果有一方付出和得到极不平衡，心理就容易倾斜，久而久之，婚姻就会出现裂痕。拿离婚来说，我们常常看到，总有一方认为自己付出得多，得到的少，甚至什么也没得到，对方则是"狼心狗肺"，一点儿都没有良心。实际上，这本身就是经济学的一个命题。你的付出与回报没有取得平衡，因为天下没有免费的午餐，婚姻也一样。

你如果觉得婚姻付出的成本过大，例如丧失了个人自由、时间投入、资金投入，在茫茫人海中搜寻中意的男子必需的搜寻费用，找到之后的交往费用，另外婚后每天培养感情还需要投入一些流动资本，远远超过你得到的收益，那就还可以选择单身生活。总之，这也是一场成本与收益的考量。

有人说，在数学家眼里，婚姻是1+1；在物理学家眼里，婚姻是正极与负极；在哲学家眼里，婚姻是男人和女人；在文学家眼里，婚姻是诗意和浪漫；而在经济学家眼里，婚姻就是需求与供给，成本与收益。如果你还在纠结于人类为什么要结婚，或许你正在犹豫不决是否应当结婚，那么，试着用经济学的理性来为自己权衡一下，如果你认为婚姻的收益会大过于你的成本，那么，结婚吧！

婚恋博弈，给彼此多点信任

爱情有与经济行为相似的地方，也有它独特的地方。爱情是感性的，爱情是需要信任的，恋爱或者结婚的两方，就像处于长期重复博弈的两个对手一样，这辈子都捆在一起。如果这一次做错了事，可能伤了对方的心，甚至导致劳燕分飞；如果这一次做对了，也可能留住彼此，在甜蜜中厮守终生。爱情博弈是高风险的，一招走错，一生都输。

相爱的人，在彼此面前都会留出最真实的一面，这是好事，也是坏事。好处就是彼此能够更好地了解对方，不好的地方就是彼此太了解了，往往不顾颜面，横冲直撞，可能是一件小事，就容易引起轩然大波。

林雅下班回家的时候，因为加班半个小时，路上又堵车，早就过了晚饭的时间。老公庄陈早就吃过饭坐在电脑前玩游戏。林雅一进门，庄陈问："你吃饭了没有？"

林雅因为堵车心情急躁，没好气地说："我不是才回家吗？上哪儿吃饭去？"

庄陈也不高兴了，说："没吃就没吃，发哪门子火啊？"

林雅不依不饶："人家都饿得前胸贴后背了，你倒好，酒足饭饱还玩游戏，真是好生活！"

庄陈说："行了行了，每次回家都没个好脸色。算我问错了，行了吧！"

林雅重重地把包扔到沙发上，两个人都不再说话。

瞧这两夫妻，非要占上风，像两只斗气的公鸡一样，飞扬分个高低胜负。其实又何必呢？在沟通的过程中，往往会因为一句话而引起他人的不悦，就是因为我们没有考虑对方的感受，而只是发泄自己的情绪，一吐为快。为了避免产生语言冲突，在你说任何话之前，都该先想想自己"如果别人对我这样说，我会作何感想？""我的批评是有害的、还是有益的？"在很多的情况下，如果能多花一些时间，设身处地为他人着想，就不会一句话恼得众人怒了。家庭之事都是些小事，何必非要争个你死我活呢？不妨退一步，为对方着想，这样就大家其乐融融了。林雅一回家就恶言恶语，火药味十足，老公不生气才怪呢。其实，何必非要强调自己没吃饭而别人正在玩游戏呢？自己工作辛苦不代表别人就要端端正正坐在家里等你回家啊。很多时候，换一种语言，透露出自己的柔和，会使两人的关系更加亲密。不妨再看一个例子：

同样是下班回家，方琼则是这样说的："老公，我回来啦！"

"吃饭了没有？"

"还没有呢。你吃过了吧？"

"吃过了。正好没事玩玩游戏。"

"怎么样？没被人家打得落花流水吧？"

"没有，哪能呢。我多厉害啊！"

"瞎吹！等吃完饭我也玩，你肯定玩不过我！"

"是吗？那你赶紧吃饭吧，我也抓紧时间，要不被你抢了！"

夫妻两人你一言我一语，言语亲昵，心平气和，显得浪漫温馨。

关系是营造出来的。同样的事情，有人着急上火，口不择言，有人则不急不躁，言语稳重，最后结果就大相径庭。话语如同一把利刃，可以伐木也可以伤人，就看操持者怎么使用。己所不欲，勿施于人。既然每个人都喜欢听那美酒一样的良言，为什么不对别人也说出美好的语言呢？注意说话的方式，把难说的话说得好听，才是真正有素养人，也只有这样，才能将彼此的关系维护的更好。

恋爱与婚姻应该抛开权力、低位等的局限，如果你完不成身份的转换，那就无疑要面对失败的婚姻。

阿尔贝托和维多利亚女王夫妻相处和睦，但是也有不愉快的时候，原因就在于妻子是女王的缘故。

有一天晚上，皇宫举行盛大宴会，女王忙于接见贵族王公，却把她的丈夫冷落在一边。阿尔贝托很生气，就悄悄回到卧室。不久，有人敲门，房间里的人很冷静地问："谁？"

敲门的人昂然答道："女王。"

门没有开，房间里没有一点动静。女王只得再敲门。房里的人又问："谁？"

女王和气地说："维多利亚。"

可是，门依然紧闭。女王气极了，想不到以英国女王之尊，竟然还敲不开一扇房门。她带着愤愤的心情走开了。可是走了一半，想了想还是回去，于是又重新敲门，里面仍然冷静地问："谁？"

敲门人轻声地说："你的妻子。"

这一次门开了。

夫妻间斗嘴就像是博弈，有些时候不妨先退一步，自己软下来，对方也就不好再计较下去。在独木桥上相遇，总要有一个先退下来，不然就会两败俱伤。感情也

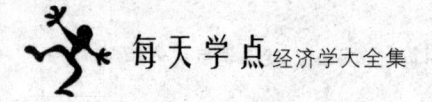

是如此，适当的忍让，才是维系感情的良药。

社会是变化的，目下层出不穷的第三者、闪婚闪离事件，都说明了感情的脆弱。如果希望感情历经日久洗礼仍温馨如故，就需要对彼此错一点信任和支持。

很久很久以前，有一对新婚夫妇生活非常贫困，往往要靠亲友的接济才能活下去。一天，丈夫对妻子说："亲爱的，我要离开家了。我要去很远的地方找一份工作，直到我有条件给你一种舒适体面的生活才会回来。我不知道会去多久，我只求你一件事，等着我，我不在的时候要对我忠诚，我也会对你忠诚的。"

很多天后，男人来到一个正在招工的庄园，他被录用了。他要老板答应他一个请求："请允许我在这里想干多久就多久，当我觉得应该离开的时候，您就要放我走。我平时不想支取报酬，请您将我的工资存在我的账户里，在我离开的那天，您再把我挣的钱给我。"双方达成协议。

年轻人在那里一工作就是20年，中间没有休假。忽然有一天，似乎听到神的召唤似的，于是他对老板说："我想拿回我的钱，我要回家了。"老板说："好吧，我们有协议，我会照协议办的。不过我给你两个选择，要么我给你钱，你走人；要么我给你三条忠告，不给你钱，然后你走人。你好好想想再给我答复。"

他想了两天，然后找到老板说："我想要你那三条忠告。"老板提醒说："如果给你忠告，我就不给你钱了。"年轻人坚持说："我想要忠告。"于是老板给了他"三条忠告"：第一，永远不要走捷径。便捷而陌生的道路可能要了你的命。第二，永远不要对可能是坏事的事情好奇，否则也会要了你的命。第三，永远不要在仇恨和痛苦的时候作决定，否则你以后一生会后悔的。老板接着说："这里有三个面包，两个给你路上吃，另一个等你回家后和妻子一起吃吧。"

在远离自己深爱的妻子和家庭20年后，男人踏上了回家的路。一天后，他遇到了一个人，那人问他："你去哪里？"他回答："我要去一个沿着这条路要走20多天的地方。"那人说："这条路太远了，我认识一条捷径，几天就能到。"他高兴极了，正准备走捷径的时候，想起老板的第一条忠告，他回到了原来的路上。后来，他得知那个人让他走的所谓捷径完全是个圈套。

几天后，他走累了，发现路边有家旅馆，他打算住一夜，付过房钱后他躺下睡了。睡梦中他被一声惨叫惊醒，他跳了起来，正想开门看看发生了什么事，但他想起了第二条忠告，于是回到床上继续睡觉。起床后吃完早饭，店主问他是否听到了叫声，他说听到了，店主问："您不好奇吗？"他回答说不好奇。店主说："您是第一个活着从这里出去的客人。我的独子有疯病，他经常大声叫着引客人出来，然后将他杀死埋掉。"

他接着赶路，终于在一天的黄昏时分，远远望见了自己的小屋。屋里的烟囱正冒着炊烟，还依稀可以看见妻子的身影，虽然天色昏暗，但他依然看清了妻子不是一个，还有一个男子伏在她的膝头，她抚摸着他的头发。看到这一幕，他的内心充满仇恨和痛苦，他想跑过去杀了他们，他深吸一口气，快步走了过去，这时他想起了第三条忠告，于是停下来，决定在原地露宿一晚，第二天再做决定。

天亮后，已恢复冷静的他对自己说："我不能杀死我的妻子，我要回到老板那里，求他收留我，在这之前，我想告诉我的妻子我始终忠于她。"他走到家门口敲了敲门，妻子打开门，认出了他，扑到他的怀里，紧紧地抱住了他。他想把妻子推开，但没有做到。他眼含泪水对妻子说："我对你是忠诚的，可你背叛了我。"妻子吃惊地说："什么？我从未背叛过你，我等了你20年。"他说："那么昨天下午你爱抚的那个男人是谁？"妻子说："那是我们的儿子。你走的时候我刚刚怀孕，今年他已经20岁了。"丈夫走进家门，拥抱了自己的儿子。在妻子忙着做晚饭的时候，他给儿子讲述了自己的经历。一家人坐下来一起吃面包，他把老板送的面包掰开，发现里面有一沓钱——那是他20年辛辛苦苦劳动得来的工钱。

不要轻信别人的言语，你的眼睛所看到的事实也有虚假。你的爱人是你在世界上最亲的人，也是爱你和你爱的人，他们用尽全部的爱来关心你、保护你还唯恐不够，他们宁愿用自身遭受痛苦的代价来换取你的平安，他们宁愿用自身的辛苦来为你换取幸福，不要为了一时的传言或者自己的猜疑而怀疑你的爱人，亲人之间是一种血浓于水的情感，这种信任，是建立在血脉的纽带上的不可断绝的信心，如果你连自己的爱人都不信任，那么这个世界上能够还有什么人你能够相信，你能够依赖呢？

信任你的爱人，不是简单的表现在言语上、行动中，这种信任给予一种浓厚的亲情，是不可替代不可更改的。这种信任有可能是表现为一个鼓励的微笑，一个温暖的拥抱，一次有力的握手。

爱情就像是一场长期的博弈，联系在一起的两方就这样一辈子要相互影响。如果想要将感情永远保鲜，就请收起自己的架子与脾气，多一点忍耐、多一点信任，用心经营你的感情，必将收获真情的硕果。

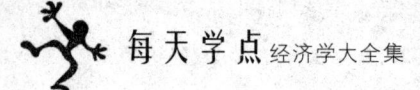

新婚夫妇，要合理安排家务

村子里有一个鞋匠一个裁缝，本来两人关系不错，鞋匠要穿衣服了就会去找裁缝，而裁缝需要换一双鞋子就会去找鞋匠，两人分工明确，互惠互利。然而有一天，不知为什么原因，两人吵了架，谁也不理谁。鞋匠自己做衣服，费了布，不合身；裁缝自己做鞋子，费时间，不合脚。两人感到这样下去对谁也没好处，找个机会和解了。以后裁缝穿鞋子找鞋匠，鞋匠穿衣服找裁缝，大家都方便。

这则寓言故事说明如果没有密切的配合，再高的技能也无法施展。同样，在夫妻生活中，如果两人能合理安排家务，也会取得不错的效果。

在中国传统社会里，夫妻之间的分工严格而明确，在生产劳动中，丈夫为支柱，而在家务劳动中，妻子为主力，也就是通常人们所说的"男主外，女主内"。这是中国几千年来的传统，至今也没有太多改变。

然而，随着生活压力的加大，女性走向社会，从事工作，她们根本无法承担全部的家务。有人开始思考：这种传统的分工是否有什么科学依据呢？是根据人们的生理特征或者其他什么原因吗？男子就不能做家务吗？

要回答这个问题，我们先得弄清楚男女双方为什么会组成家庭？因为，双方结合组成家庭，是最经济的生存方式，它以最低的成本，实现了男女双方收益的最大化。一是通过男女分工互补，提高了效率，尽可能地创造物质财富，满足生活需要；二是夫妻之间以最低的成本交流互通，满足双方的感情需求和性需求。因此，家庭是一种社会组织，更是一种经济组织。而这个组织的高效运转，也就是家业兴旺的条件，就是家庭制度。

在封建社会特定的环境下，受到传统礼教的影响，女子大门不出，二门不迈，不太可能接触家务以外的活动，而丈夫要进行营生，维持家用，是家里的顶梁柱。相比而言，丈夫从事家务劳动的机会成本高，而妻子的机会成本较低，则这样的分工可以实现，每个人都专门从事自己擅长的事情，提高生产效率，从而整个社会可创造的物质财富总量与其整体经济福利都会有所增加。

但这并不能证明女性有某种生理上或天生从事家务的比较优势。一个社会有一个社会的文化和思想，封建社会的这种思想是当时的社会现实决定的。如今社会现实已经改变，不光男性要面临竞争、就业的压力，女性也要面对；不光男性有养家糊口的压力，女性也有；不光男性中有能力超群之人，女性中也有，甚至有些女性比大多数男性还要有能力!

现代社会,因为男女双方自由平等,有些家庭内部兴起的 AA 制,就是在新的社会环境下的一种新的家庭劳务安排。合理的家务分工可以激励家庭成员,更好地协调家庭成员之间的关系。

合理高效的家庭分工,和夫妻双方的文化、修养、品质、性格、能力等关系密切,一般而言,有文化、有知识、有良好品质修养的夫妻双方,能够设计、执行比较好的家庭分工制度。好的家庭制度就是良性的家庭文化,这种优质的家庭制度又可以增强家庭成员的凝聚力,使家庭成员尽可能享受生活。

老夫少妻,婚姻与年龄无关

1974 年,梁实秋的元配程季淑意外去世,梁实秋哀恸不已,写了一本名为《槐园梦忆》的书,回忆他与夫人从相识、相守到分离的故事。可是,在三个月后,梁实秋就遇到歌影坛才女韩菁清,并展开热烈追求。

在追求比他小近 30 岁的韩菁清的过程中,梁实秋写了上千封情书,有时一天竟要写三封之多,他们的恋情遭到了许多人的非议和反对,但两人还是力排众议于 1975 年 5 月 9 日结婚。

两人婚后十分恩爱,在没有后顾之忧下,梁实秋花了十年完成《英国文学史》的翻译,朋友们才开始肯定韩对梁的贡献。

如今在我们周围,也充斥着老夫少妻式的婚姻组合,如年仅 23 岁的伏明霞与 50 余岁的梁锦松喜结连理,杨振宁与翁帆这对恋人的年龄相差也在 54 岁。这在外人眼里,显得无法理解。难道爱情真可以让人晕头转向丧失理智吗?

人们为什么要结婚?是因为看重了婚姻的收益。从婚姻经济学观点看,婚姻关系是一种供求平衡的关系。恋爱时,男女双方会依据自身的"硬件"和"软件"确定自己的择偶标准,即婚姻需求,如果双方的供给都满足了对方的需求,在双方的心理上呈现供求平衡状态,于是婚姻关系成立。

结婚和单身都是人们在成本与收益间权衡的理性选择,结婚的目的在于希望从婚姻中获取最大效用。结婚给人带来的收益是十分明显的,大体上可以归纳为三个方面:

(1) 分工协作以期比较利益和报酬递增。两口子优势互补,优化组合,方能报酬递增,这也是婚姻家庭的经济状况一般好于单身贵族的原因之一。

(2) 降低生活成本,获取规模经济效益。具有不同专业化优势、在能力与收入

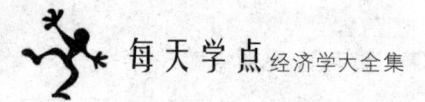

方面存在差别的男女，通过婚姻的形式可以使双方的收益达到最大，这属于互补双赢的方案。最明显的例子是，两个人一起的生活成本降低了，比如住房和家具，一个人生活用一套，两个生活也是用一套。再比如男主外女主内，或者女主外男主内，要比一个人既主内又主外效率更高。

（3）性行为的"趋利避害"。食、色，性也；性行为与吃饭穿衣一样，是人的一种本能需求，而且是一系列低级活动中的一种。研究表明，性快感是仅次于毒品提供的生理快感。婚姻使性伴侣长期化、稳定化，使性生活安全化。特别是在艾滋病威胁人类的今天，稳定健康的性伴侣对双方都有好处。

除此之外，还有一点是婚姻可以均衡收益。均衡交易，价格对称，有助于提高交易双方的稳定性和收益率。婚姻市场上讲究"郎才（财）女貌"也是这个道理。所谓有潜质的男女，往往被视为"绩优股"。基于物有所值的心理，人们就会持币待购，或持身待沽。男人因才生财，与其年龄成正比，供给曲线向上移；而女人年老色衰，与其年龄成反比，供给曲线向下移。理想的婚姻应该是男女双方供给曲线上的均衡点，因为在此点上，男女双方对婚姻收益的心理预期最大。杨振宁翁帆的结合多少也能解释这一点。杨先生寿辰已达82，翁女士芳龄仅为28；82+28=110。就杨翁之综合指数而言，双方的均衡点在55；所以在此基础上的结合点，为双方的婚姻收益之极大值。而且在均衡点上的婚姻更有助于提升婚姻家庭的幸福快乐指数。

由此看来，老夫少妻式的家庭组合是基于理性分析的爱情结合，婚姻或许真与年龄无关。

不轻易离婚，离婚也要资本

著名的思想家、哲学家柏拉图问老师苏格拉底什么是爱情？老师就让他先到麦田里去摘一个全麦田里最大最金黄的麦穗来，只能摘一次，并且只可向前走，不能回头。

柏拉图于是按照老师说的去做了，结果他两手空空地走出了麦田。老师问他为什么没摘？他说："因为只能摘一次，又不能走回头路，其间即使见到最大最金黄的，因为不知前面是否有更好的，所以没有摘；走到前面时，又发觉总不及之前见到的好，原来最大最金黄的麦穗早已错过了。于是我什么也没摘。"

老师说："这就是爱情。"

之后又有一天，柏拉图问他的老师什么是婚姻，他的老师就叫他先到树林里，砍下一棵全树林最大、最茂盛、最适合放在家的树。同样只能砍一次，以及同样只可以向前走，不能回头。

柏拉图于是照着老师说的话做。这次，他带了一棵普普通通，不是很茂盛，亦不算太差的树回来。老师问他："怎么带这棵普普通通的树回来？"他说："有了上一次的经验，当我走了大半路程还两手空空时，看到这棵树也不太差，便砍下来，免得最后又什么也带不出来。"

老师说："这就是婚姻！"

几个人在聊天，谈到西方国家离婚率比中国高的问题，一位学者解释道："西方的爱神是个小孩了，嘴上无毛办事不牢，所以离婚率高；而中国的婚姻主要靠月下老人，自然牢靠多了。"不过，现在月下老人也办事不牢了。而今，我国已一跃成为"离婚大国"，究其原因，应该是男女双方经济情况发生了天翻地覆的变化，自由得到了解放；另外，人们面临的各类诱惑也比以前增加了不少，都想去追求更多的幸福。然而，当我们在决定离婚时，不妨先看看上面的这个故事。

正如这个故事所说的那样，在经济学里，不是要找到最好的，而是在可以实现的结果中选一个最优的，或者相对完美一些的。对于婚姻来说，世界上没有完美的男人或女人，谁都会有缺点，所以不要白费工夫去找最好的人，而应该在有可能与你结婚的人中选一个最好的，或者缺点最少的。这样选出来的结果不是完美的，但在经济学上可以称为最优的。

此外，俗话说"没有免费的午餐"，离婚重获自由这个午餐也不是免费的，也要付出成本。离婚的成本除了双方的精神、健康方面的损耗和子女、亲属的连带损耗之外，更直接地表现在经济方面的消耗。从理论上讲，哪怕是个亿万富翁，他要是离婚、结婚、再离婚地一直折腾下去，也会成为一个穷光蛋的。当一个家庭解体时，势必会产生以下成本。

(1) 物业分割带来的成本。离婚双方不可能再共同拥有房产，所以离婚后一方必须重新置业，这个置业的成本其实还是由双方支付的——一方分得房产，另一方得到货币补偿，这个补偿就是用来重新置业的。在物业这个最大的生活资料完全足够的情况下，再置业无疑带来了双方投资成本的增加和支出的压力。

(2) 其他生活资料分割带来的成本。比如，一个家庭只需要一口吃饭的锅，离婚后分灶吃饭，另一方需要再购置一口。这口新增加的锅的成本就是离婚的成本。

(3) 经济核算单位划小带来的成本。在消费领域也存在着规模效益，批量消费会带来生活开支的节约，离婚之后，这部分开支也会增加。

(4) 社会经济信用下降带来的成本。作为一个经济单位，社会对任何一个家庭事实上都有一个经济信用认可，离婚后，这种认可自然消失，特别是收入低的一方损失更大。如果要投资的话，个人筹措资金的能力将显著下降。

（5）长线投资收益沉没的成本。每个家庭都会有自己的长线投资或者计划。离婚会带来计划的破灭和投资收益无法收回。

（6）其他收益消失的成本。人们结婚的目的是为了获得最大化的收益，婚姻解体使这种目的无法实现。

（7）再次结婚的成本。离婚后再结婚就会多出一个婚礼，这一个婚礼当然得视为离婚的成本。

完美的爱情和婚姻很难得到。那些完美主义者，他们总在追求完美无缺的东西，不允许婚姻中的对方有任何的缺点，一旦不顺心就提出离婚。这样就会给双方的生活无端地增添许多成本，最终受苦的是自己，毁掉的是自己的幸福婚姻生活。

第十九章　你值一个好价钱吗
——每天学点职场中的经济学

在绝大多数组织中，最佳工作者得到的报酬总是太少，而最差工作者得到的报酬却总是太多。

——卡斯·贝廷格

成本记录的是竞争的吸引力。

——弗兰克·奈特

如果你没有竞争对手走得快，你便处于弱势；如果你比竞争对手慢一倍，那你已经被淘汰出局。

——乔治·索尔克

不可替代性，帮你拿到高工资

弥子瑕是卫国的美男子，他很讨卫灵公的喜欢。

有一次，弥子瑕的母亲生了重病，可是京城离家甚远，为了尽快赶回家去替母亲求医治病，弥子瑕假传君令让车夫驾着卫灵公的座车送他回家。卫国的法令规定，私驾君王马车的人要受断足之刑。卫灵公知道了这件事，反而称赞道："真是一个孝子！为了替母亲求医治病，竟然连断足之刑也无所畏惧了。"又有一次，弥子瑕陪卫灵公到果园散步。弥子瑕伸手摘了一个又大又熟的蜜桃，当他吃到一半的时候，想起了身边的卫灵公。弥子瑕把吃剩的一半递给卫灵公，让他同享。卫灵公毫不在意这是弥子瑕吃剩的桃子，说："你忍着馋劲把可口的蜜桃让给我吃，真是对我好啊！"

弥子瑕年纪大了以后，容颜逐渐衰老，卫灵公就不那么喜爱他了。弥子瑕有得罪卫王的地方，卫灵公不仅不再像过去那样迁就他，而且还要历数弥子瑕的不是："这家伙过去曾假传君令，擅自动用我的车子；目无君威地把没吃完的桃子给我吃。至今他仍不改旧习，还在做冒犯我的事！"

后来卫灵公终于找了一个借口，把弥子瑕治了罪。

弥子瑕前后遭遇截然不同的待遇，是因为以前他的美貌获得卫灵公的喜欢，后来容颜衰老就不再获得卫灵公的喜欢。换句话说，以前他是不可替代的，后来已经成为可替代的人了。这其实涉及经济学上的替代效应。

什么是替代效应？由于一种商品价格变动而引起的商品的相对价格发生变动，从而导致消费者在保持效用不变的条件下，对商品需求量的改变，称为价格变动的替代效应。比如，你在市场买水果，一看到橙子降价了，而橘子的价格没有变化，在降价的橙子面前，橘子好像变贵了，这样你往往会多买橙子而不买橘子了。

替代性不仅仅存在于物品与物品之间，人与人之间也存在。我们知道，无论是一个社会，还是一个企业，其本身的资源都是稀缺的，一个成员在组织中能占多大份额，取决于他在这个组织里的重要性，即其替代性的大小。在组织中，如果一个人很容易被替代，那么他本身的价值是不高的，换句话说，如果一个人想要得到比别人更多的资源，他就必须比别人更具有不可替代性。

这也是为什么那些有技术、有才能的人在企业里备受宠爱的原因，因为这个世界上有技术、有才能的人太少了，找到一个能够替代的人可不是轻而易举的事。尤其是对于企业的中高层来说，不仅要才干出众、经验丰富，而且彼此之间的性格、行为方式能够磨合到位，彼此融洽，成为搭档，就更是不易，所以，企业对这类管理人才就更为珍惜。比如很多企业都非常努力提高企业研发人员的待遇，因为这些人掌握着企业的核心技术，一旦被其他企业重金挖走，给企业造成的损失将是巨大的，这些人对企业来说是不可替代的人。不像普通员工，你不愿意干，想干的人多的是，企业很容易从劳务市场上找到替代品，正是由于普通员工的替代品多，因而普通员工的工资与技术层、管理层差距很大。所以，那些著名企业CEO的年薪动辄几百万，而普通员工的年薪可能还不及他们的一个零头。

不要觉得不公平，如果你想让自己获得与他们同样的待遇，你就要先让自己也具有不可替代性。

不可替代性如何获得？有这样几个渠道：一是本身具有一种天赋，比如歌星拥有好嗓子，模特拥有高挑匀称的好身材等。二是通过血缘关系获得，比如私营公司老板的儿女是其父母事业的接班人、高干的子女拥有比常人更多成功的机会等，这些都是他们通过血缘关系获得的不可替代性。三是通过良好的人际关系，如战友之间的关系、同学之间的关系等。在如今的市场经济条件下，人缘在增强不可替代性的过程中的地位日益显现。四是借助地缘关系获得，如企业只招聘当地人，不招聘外地人。

如果以上不可替代性你都不具备，你只有通过人力资本的投资来获得了。通过人力资本投资获得不可替代性是非常重要的。因现代高速发展的信息社会，进行人力资本的投资就是要培植自身的核心竞争力，以在激烈的市场竞争中获得更多资源，才能让自己具备更牢固的不可替代性。

不轻易辞职，不轻易换行业

临近年终，会娜又开始琢磨跳槽的事了。说起来，会娜的个人条件也算不错：一名牌大学财经专业毕业，英语六级，口语不错，靓丽的外形。但她的资本使得她总不满足于现状。于是她每天必做的一件事就是研究报上的招聘启事，如果哪家公司开出的待遇比现在的公司高，那她一定毫不犹豫地奔向那家公司。有好事者偷偷帮她算了一下，结果吓了一跳：毕业三年，会娜已经换了七八家公司，最夸张的时候她一个月连跳两家，其中一次才上三天班就跟老板说再见了。

会娜对那些好几年都待在一个单位，没有跳槽打算的人总是嗤之以鼻："每个月拿这么一点工资，不跳槽，这辈子能混出什么来！"

"跳槽"，即指"换工作"、"换单位"。为了寻求更好的待遇，为了可能过得更宽裕，不断地更换工作，这无可厚非。然而如果过于频繁，我们不得不考虑由于不断更换新环境所需要的花费。在经济学看来，就是其中所蕴含的机会成本。

不同的人，其跳槽的机会成本是不同的。对于一般人来讲，跳槽的机会成本有哪些？

第一是时间的机会成本。如果想跳槽成功，就要花费时间搜集并分析招聘信息，对市场上的招聘企业做出正确的判断。这个过程中，跳槽者要付出时间、精力等成本，还要承担等待、焦虑、忧虑等心理压力。当信息不明朗时，还会为如何抉择而感到痛苦。

第二是薪资的机会成本。跳槽意味着你放弃本有的薪资，以及因此而可能获得的潜在薪资、福利等待遇。假如你本有的月薪是5 000元，加上奖金、补贴和保险等，可能近8 000元。如果你不能在辞职的当月找到工作，那么这8 000元即是你跳槽所付出的机会成本。

第三是人际关系的机会成本。当你在一个环境里工作，获得的报酬不仅是货币工资，还包括学习锻炼的机会和人脉关系。人脉就是你的资源，它同时也是你遇到困难和问题时的活期存折。

第四是升迁的机会成本。当你在一个新的环境里，往往很难一下子得到真正重用，尽管在职务或薪资上可能比原来高，但新的单位需要重新对你的人品和工作能力有一段时间的考验。

此外，如果跳槽不成功的话，还有一笔成本值得我们细细的计算。经济学告诉我们：当收益确定的时候，人们往往在不同的成本之间作大小的比较；而成本一定的时候，人们则往往将成本与收益作比较，以此来衡量支付的成本值不值。所以，我们所说的经济学注重成本概念，并不是孤立地看成本，而是把成本与收益联系在一起考虑问题。当然，谈到成本收益分析，由于信息不对称性和市场不确定性，往往事实上的成本总是比预期的大，而收益却总是比预期的小，这是在所难免的，否则，生活中就没有失败和失意了。

从我们一生来讲，我们生命中所包含的时间其实就是人生最大的一笔成本。一个想有所成就的人，总是把时间成本看得很重，因为无所作为就是成本，所以只有积极地去寻找获得人生收益的机会，才能弥补时间成本的损失。正如巴斯德所说，机遇只偏爱那种有准备的头脑。机会永远只垂青于追逐它的人。自由地追逐自由，追逐自己喜欢的生活方式是一个社会走向成熟的重要标志。然而，天底下没有免费的午餐，当我们赢得了自由之后，我们必定要为我们支付的自由付出一定的代价——机会成本，这里不妨反用一位哲人的话：上帝在为你打开一扇窗户的同时也关闭了一道门。

树立个人品牌，打造核心竞争力

离开微软后，在一片质疑声中，唐骏走马上任成为盛大公司的总裁。他做的第一件大事，就是带领盛大赴美国纳斯达克上市。此前中国还没有网游公司上市的先例，而且当时的美国股市环境也很糟糕，盛大面临的困境可想而知。在这样的环境下，唐骏开始游说国外的投资商们。

有一次，唐骏走进某位投资人的办公室。对方在听完唐骏的叙述后，问道："中国的概念股昨天又全面下跌，我凭什么要投钱给你们？"说完，投资人不再搭理唐骏，反而悠闲地抽起了雪茄。

看着完全不把自己放在眼里的投资商，唐骏微微一笑，他问了投资商一个问题："那么，你相信微软，相信比尔·盖茨吗？"投资商抬起了头，回答道:"当然,我相信比尔。"

唐骏接着又问:"那你知道比尔·盖茨相信谁?"

"谁?"

唐骏自信地回答道:"比尔·盖茨信我。"

投资商觉得很不可思议,唐骏解释道:"我是微软历史上唯一拿到终身荣誉总裁的人,这应该能说明盖茨相信我吧?盖茨信我,你也应该信我。"

唐骏的这招果然奏效了……

唐骏成功说服投资商,原因就在于他拥有的个人品牌效应。我们常常发现,那些成功人士都拥有优秀的个人品牌。他们似乎总能散发出独特的魅力,取得一些常人看来不可思议的成绩。

现在社会的竞争中,反复出现一个词——个人品牌。以往,我们以为只有企业才能拥有品牌,而如今在人才市场上,也出现了这个词。随着教育的普及,除了极少数岗位和职业外,大多数的职业都走向买方市场,人才竞争日益激烈。而这时,你要在众多的人才中崭露头角,就必须拥有能引起别人注意的特殊本事,而这也就是个人品牌形成的原因。

在生活中我们常常发现,那些成功人士都拥有优秀的个人品牌,他们总是令人印象深刻。他们在任何时候,似乎都散发着独特的魅力。曾有管理学家指出:"在职场中你应尽快建立起自己的品牌,从而成为能让老板和同事记住的人。如果在职场中拥有了自己的个人品牌,就会有更多选择的机会和更多向上发展的机遇。"

那么,该如何树立自己的个人品牌?

1. 个人品牌定位

你想树立自己的个人品牌,就要先参考自己的个性。正如"性格决定命运",性格在这里也决定定位。有什么样的性格就应当选择树立什么样的个人品牌。这是塑造个人品牌的基础。你不妨问问自己——我的个人特长是什么?我适合从事什么样的工作?我想在人们心目中树立一个什么样的形象?

2. 工作技能强

个人品牌同产品品牌在这点上是相通的。产品质量好,才能树立起品牌,而个人能力强,才能构筑起自己的品牌。精深的专业技能是个人品牌建立的重要元素。如何能让自己的工做出色且不可替代,是建立个人品牌的关键。

3. 较好的学习能力

建立个人品牌非朝夕可成的事情,你必须不断地学习。而且,即使你已经形成了个人品牌,为了保持它,也必须不断学习新知识、吸收新技能。只有在不断地积累和慢慢培养之后,你才可能形成大家所认可的品牌。

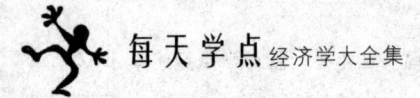

4. 人品质量

道德水准、人品，对于个人品牌来说也是至关重要的。一个有才无德的人是无法建立起个人品牌的。所以，要想建立个人品牌，就一定要注意自己的言行。因为，只有言行一致，你的行为才会让人信服。

5. 适当地包装自己

可能你很有能力，但你不注意仪表，没什么特点，那也很难引起注意。你可以用更有品味的衣服、更有魅力的语气、更优美的身姿来让自己拥有更好的形象，让自己的名字更加深入人心。

职场成功，不只要努力工作

有一天，铁匠在路上偶然遇到微服私访的总统。

他拦住总统问：你每天工作几个小时？

总统回答：8个小时。

铁匠说：我每天要工作12个小时，我比你辛苦。

铁匠又问：你现在口袋里有多少钱？

总统说：我有1 000美元。

铁匠说：我只有10美元。

铁匠十分不解，自言自语：我比总统还辛苦，我为什么没有他富有？

其实问题的根源就在于职位本身不同。不可否认，成功都有偶然因素，比如家庭背景、出生地、运气、机遇、性格，等等，这些偶然因素很可能对人的职业发展产生重大影响。但是，任何成功都不是随随便便获得的，都隐藏着自身的必然性规律。为了分析的方便，我们假设衡量职业发展成功的标准只有一个：那就是获得物质财富的多少。

我们知道，一个人要想在职场上获得尽可能多的效用，获得尽可能多的财富，他就必须参与社会分工协作，必须为社会或他人生产有用的产品或提供有用的服务。这种有用的产品或有用的服务越多，他就能获得越多的回报，获得更大的职业成功。那一个人具备什么样的条件，才可能为社会或他人生产更多的有用产品或提供更多的有用服务？答案很简单：高效岗位和高效劳动。

高效岗位，就是这个岗位具有产生高效结果的可能。打个比喻：一个总裁和一个部门经理。他们都要获得更大的市场份额。谁的机会更大？当然是总裁。从效用上说，总裁这个职位就是高效岗位。

高效劳动，就是为实现高效而进行的努力。我们假设：由于你工作中的拖延和犹豫，你的上司将你撤掉换新领导。新领导一上任就进行多方面分析研究，稳扎稳打，成功完成销售额。跟你相比，新领导付出的就是高效劳动。

高效岗位和高效劳动决定一个人职业发展成功的高度和速度。我们假设人的资源只有时间资源，抛开工作环境、技术设备等客观条件的影响，那么，就可以推论出一个人最快获得职业成功的条件：占有高端岗位，进行积极有效劳动。这也是铁匠为什么没有总统富裕和更受人尊重的原因。

如果你要想获得职场成功，不仅要依赖客观条件（比如你的人脉资源，资本实力，高效职位），更要依赖自身努力（比如积极主动的做事态度，平和的心态，对成功的渴望和追求），还需要有以下共同特征：

(1) 选择了既符合社会需要又符合自身比较优势的人生定位（目标和方向）。

(2) 在人生的各个阶段能很好地把握住机遇，选择了专业化水平或效率较高的工作岗位。

(3) 在每一个工作岗位上充分发挥了自身的积极性和创造性。

(4) 选择有利于自身成长的制度和技术环境，并在环境中不断学习、探索和总结，不断提高自身的人力资本。

内卷化效应，警惕职场原地踏步

格林大学毕业之后在一家保险公司做业务代表。这是一项很让人头痛的工作，因为很多人都对保险业务员敬而远之。所以，格林的工作开展起来很困难。

办公室的其他业务员整天对自己的这份工作抱怨不停，"如果我能找到更好的工作，我肯定不会在这里待下去"。"那些投保的人，太可恶了。整天觉得自己上当了。"当然，这些人只能拿到最基本的薪水。只有在业务部经理催促下，或者是"胡萝卜+大棒"的政策下，他们才有一点点前进，否则就是原地踏步或者在退步。

唯有格林和他们不一样。尽管格林对现状也不是很满意，薪水不高，地位不高。但是格林没有放弃，因为他知道，与其说是放弃工作，不如说是在放弃自己。在这个世界上，没人强迫你放弃自己，除非你主动为之。因为格林还相信，努力是没有错误的。努力还会让平凡单调的生活富有乐趣。

于是，格林主动去寻找客户源。他熟记公司的各项业务情况，以及同

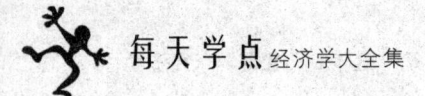

类公司的业务，对比自己公司和其他同类公司的不同，让客户自己去选择。虽然一些人很希望多了解一些保险方面的常识，但是他们对保险业务员的反感使他们在这方面的知识很欠缺。格林知道这些情况之后，主动在社区里办起"保险小常识"讲座，免费讲解。

人们对保险有了更多的了解，也对格林有了好印象。这时，格林再向这些人推销保险业务，大家没有反感，反而乐于接受。格林的工作业绩突飞猛进，当然薪水也有了很大的提高。

20世纪60年代末，一位名叫利福德·盖尔茨的美国人类文化学家，曾在爪哇岛生活过。这位长住风景名胜的学者，无心观赏诗画般的景致，潜心研究当地的农耕生活。他眼中看到的都是犁耙收割，日复一日，年复一年，原生态农业在维持田园景色的同时，长期停留在一种简单重复、没有进步的轮回状态。这位学者把这种现象冠名为"内卷化"。

"内卷化"的结果是可怕的，它会让人在一个层面上无休止地内缠、内耗、内旋，既没有突破式的增长，也没有渐进式的积累，让人陷入到一种恶性循环之中。你越是缺乏自信，你越难以成功，你越不能成功，你就越缺乏自信，直至破罐子破摔。正如故事中所描述的格林的其他同事一样。

其实，作为个人来讲，进入内卷化状态，根本原因就在于精神状态和思想观念。人们常说，信心决定命运，观念决定出路。一个人如果总是自怨自艾，不思改变，不求进取，不谋开拓，只能是原地不动，还有可能倒退。总是因陋就简，循规蹈矩，按部就班，只能进入周而复始的轮回状态。

人们都羡慕那些杰出人士所具有的创造能力、决策能力以及敏锐的洞察力，但是他们也并非一开始就拥有这种天赋，而是在长期工作中积累和学习到的。在工作中他们学会了了解自我、发现自我，自动自发，有效地克服了内卷化效应，最终使自己的潜力得到充分发挥。

如果你已经想到了追求"自我实现"，如果你已经把你的想法在你所在的职位和从事的工作中的任何一个环节上体现出来了，你会为你的热情本身所感动。即使是每天按时上班，也充满了活力。从这个角度来说，你的事业就是你的工作，你的职业就是你的事业的开端。只有这样，才能走出内卷化的怪圈，去迎接属于自己的胜利。

有效需求，工作不一定专业对口

如今大学生找工作，都想找专业对口的，然而往往是结果非所愿，阴错阳差地干了别的行业。其实这在事业有所成就的人士眼里看来很正常。"朱元璋开始是当和尚,最后成了皇帝",学设计出身的香港导演王家卫,在面对这个问题时这样说,虽是笑谈,却也发人深省,或许从另一个侧面说明,如不株守专业,则眼睛为之一亮,天地为之一宽,各种新机会就会"跳"出来。

著名教育家刘道玉认为,面对就业难,大学生应该辩证地看待"对口"。大学生从事任何职业都是对口的,因为大学四年只是通才教育,只能学到最基本的知识、基本素质与基本方法,是难以培养出专家来的。一个专家的成长,从大学毕业至少还需要在研究实践中拼搏 15~20 年。从这个意义上说,不能把求职与就业局限于自己所学的专业范围。大量的实际事例也说明,在以往的大学毕业生中,横向成才的例子不胜枚举。例如,学英语的成了生物学家,学经济的成了历史学家,学哲学的成了律师,学医学的成了文学家……如果树立了这个观点,那么,大学毕业生就业与求职的路子就无限宽广,自己也掌握了自我设计的主动权。

一般情况下,职业方向的选择是由专业确定的。现实的情况是,很多人毕业后并不能完全按照自己所学的专业来选择工作,有的甚至与原专业风马牛不相及。学非所用、用非所学、专业不对口的情况比比皆是,已不足为怪。在这种情况下,就需要认真考虑,选择适合自己的职业。

最重要的是明确自身优势。

首先,是明确自己的能力大小,给自己打打分,看看自己的优势和劣势,这就需要进行自我分析。分析自己,旨在深入了解自身,根据过去的经验选择,推断未来可能的工作方向与机会,从而彻底解决"我能干什么"的问题。只有从自身实际出发,顺应社会潮流,有的放矢,才能取得成功。定位,就是给自己亮出一个独特的招牌,让自己的才华更好地为招聘单位所赏识。对自己的认识分析一定要全面、客观、深刻,绝不回避缺点和短处。

其次,要发现自己的不足。如性格的弱点、经验与经历中的欠缺,认真对待,善于发现,并努力克服和提高。

再次,要对职业的方向做出分析,具体包括:

第一,社会分析。社会在进步、在变革,要善于把握社会发展的脉搏,这就需要做社会大环境的分析:包括当前社会、政治、经济发展趋势;社会热点职业门类分布及需求状况;专业需求形势;自己所选职业在目前与未来社会中的地位情况;社会发展对自身发展的影响;自己所选择的单位在未来行业发展中的变化情况,在本行业中的地位、市场占有及发展趋势等。

第二,组织分析。这应是个人着重分析的部分,组织将是实现个人抱负的舞台。应对自己将要寄身于其中的组织的各个方面进行详细了解,在知己知彼的基础上,只有两者之间拥有较多的共同点,组织与个人才会相互接纳。

第三，人际关系分析。个人处于社会环境中，不可避免地要与各种人打交道，因而分析人际关系状况显得尤为必要。

通过以上自我分析认识，明确自己该选择什么定位方向，解决"我选择干什么"的问题。定位的方向直接决定着一个人的发展，定位方向的选择应按照定位的四项基本原则，结合自身实际来确定，即择己所爱、择己所长、择己所需、择己所利的原则，选择对合适自己、有发展前景的职业。

从事一项喜爱的工作本身就能带给你一种满足感，你的职业生涯也将因此变得妙趣横生。相反，一个人如果不知道自己想干什么，则什么也干不好。从事一项自己喜欢的工作，才能给你一种满足感，将来才会有所成就，否则不但自己痛苦，对社会也是一种浪费和损失。这就要求我们有清醒的头脑，避免从众心理。

分解成功因素，快速把握职场

很多人的职业成功都有偶然因素存在，比如家庭背景、出生地、运气、机遇、性格，等等，这些偶然性因素都可能对人的职业发展产生重大影响。但是，在任何偶然因素之下都有必然性，任何职业成功都不是随随便便获得的，都在偶然之中隐藏着必然性规律。规律的存在，为我们对职业发展成功的分析成为可能。为了分析的方便，我们假设衡量职业发展成功的标准只有一个：那就是获得物质财富的多少。

我们知道，一个人要想在职场上获得尽可能多的效用，也就是获得更多的财富，他就必须参与社会分工协作，必须为社会或他人生产有用的产品或提供有用的服务。他为社会或他人生产有用的产品或提供有用的服务越多，就能获得越多的回报（白花花的银子），即能获得更大的职业成功。问题出来了。那么，一个人具备什么样的条件，他才可能为社会或他人生产更多的有用产品或提供更多的有用服务？答案很简单：高效岗位和高效劳动。

所谓高效岗位，就是这个岗位具有产生高效结果的可能。我们做个比喻：一个连长和一个军长。他们的任务是相同，都是要和敌人的一个军进行交战。谁获胜的可能性比较大？显然是军长。渴望一个连长率领一个连打败一个军，无疑是痴人说梦。而军长率领一个军，去对抗敌人一个军，显然具有胜利的可能。从效用上说，军长这个岗位比之连长，就是高效岗位。

所谓高效劳动，就是为实现高效而进行的努力。我们接着上面的例子继续讲，假如这个军长对战争认识不足，是长平之战中的赵括之流，主观上并没有为打赢战争做好准备和做过努力。我们可以判定，他获胜的可能性不足50%。因为对方比他对战争准备的更充分,火力更足。这时,我们假设一种情况:他的上司对他的准备工作不满,临阵将他撤掉,换来一个能干的将领。新将领一上任就对战争形势进行多方面分析和侦探,由于他的辛苦和努力,上天让他偶然得知在某地段打伏击战能够确保他打赢这场战争。相比前任军长,新将领的劳动就是高效劳动。

高效岗位和高效劳动成为决定一个人职业发展成功的高度和速度。我们假设人的资源只有时间资源,抛开工作环境、技术设备等客观条件对工作的影响,那么,我们可以推论出一个人最快获得职业成功的条件:占有高端岗位,进行积极有效劳动。这也是为什么很多人热衷被提拔和竞选总统的原因。他们想获得更重要的岗位、更大的职业舞台来获得更大效用。

职位就是位置,好的位置能使你事半功倍。以范蠡为例。

> 春秋末期的政治家、军事家和经济学家范蠡,公元前496年前后入越,辅助勾践20余年,终于使勾践于公元前473年灭吴。范蠡以为大名之下,难以久居,遂乘舟泛海而去。后至齐,父子戮力耕作,致产数十万。齐人闻其贤,使为相。范蠡辞去相职,定居于陶(今山东定陶西北),经商积累资金巨万,称"陶朱公"。

范蠡定居陶,是有经济原因的。他认为,陶居于"天下之中"(陶地东邻齐、鲁;西接秦、郑;北通晋、燕;南连楚、越),是最佳经商之地,操计然之术(根据时节、气候、民情、风俗等,人弃我取、人取我与、顺其自然、待机而动),以治产,必能致富。

陶就是范蠡的"高效职位"。有了高效职位,还要高效劳动。我们再看范蠡是怎么做的。

> 范蠡在定居陶之前,曾在齐国经商。他改名为鸱夷子皮,带领儿子和门徒在海边结庐而居。戮力垦荒耕作,兼营副业并经商,没有几年,就积累了数千万家产。

这说明范蠡是勤奋的,并不是好吃懒惰之徒。所以,我们有理由相信,在陶经商的他,也必定是高效劳动,得以富甲天下。

任何人要想获得职场成功,不仅要依赖客观条件(比如人脉资源,资本实力,高效职位),更要依赖主观努力(比如积极主动的做事态度,平和的心态,对成功的渴望和追求)。一般说来,那些成功的人具有如下几个共同特征:

(1)选择了既符合社会需要又符合自身比较优势的人生定位(目标和方向)。这句话的核心关键点是:首先要有目标,没有目标的人最终会一事无成;其次要对自身的目标定位要合理,既不好高骛远,也不自我看低;再次要将目标满足两个方面的要求:符合社会需要(不能立志成为杀人犯),符合自身优势特点(不要让乔丹去踢足球)。

（2）在人生的各个阶段能很好地把握住机遇，选择了专业化水平或效率较高的工作岗位。这就要求任何人不要在现有职位上自娱自乐，要上进，争取更高的岗位，占有更大的资源平台；要善于利用各种晋升机遇来提升自己，而不是在机遇敲门时还浑然不觉。

（3）在每一个工作岗位上充分发挥了自身的积极性和创造性。这不仅包含正确的观念、强烈的愿望、积极的心态等，还包括要为高效做事寻找正确的方法。同时还要保证所做的事情是"正确的事情"，避免劳而无获，或者背道而驰。

（4）选在有利于自身成长的制度和技术环境，并在环境中不断学习、探索和总结，不断提高自身的人力资本。人的职业技能是动态变化的。没有学习力的人，哪怕一开始技艺领先，也会随着技术的改进和发展而陷入被淘汰的境地。相反，具有很强学习力的人，总是能够使自己的工作能力保持在领先地位。这个世界什么都可以变，唯一不变的是学习。

增加投入，缩小工资差异

小杨和小李两人从小一起长大，后来又考上了同一所大学，大学毕业后两人进了同一家公司上班。

工作一年后，两人的工资有了很大的不同：小杨的工作已经达到8 000元，而小李却依然拿着800元的薪水。

这天，两人的大学老师来看望他们。在和公司老总交流后，老师得知了两人工资上的差距，表示出了很大的疑问，就问公司老总："他们两人在学校的时候，成绩都差不多，怎么工作一年后会有如此大的差别？"

老总听完老师的话，没有马上回答，只是微笑着说："老师，你稍微等一下。我现在叫他们两人来做一件相同的事情，你观察下他们的表现，就可以知道答案了。"

于是，老总把两人同时找来，然后对他们说："公司准备订一批服装作为工装，现在请你们去调查一下市场上的服装情况，看看有没有合适的服装适合咱们公司用，希望你们能够尽快给我答复。"

小杨和小李得到任务后，就离开了。一小时后，小李先回到了公司。

小李向老总报告："市场上有种款式的服装卖得很不错，我们可以订购。"老总问道："批发价是多少呢？有多少供应商？订购多少有优惠？"

小李只能说出批发价，其他的一概不知，他还辩解道："这些问题您没有让我打听。"老总看看一旁的老师，老师一副若有所思的样子。

这时，小杨正好回来了。老总就问小杨调查得怎样，小杨回答道："是这样的。市场上有种款式的服装不错，我已经问过了批发价是300块钱一套。一共有十多家供应商，其中有一家表示，如果起订在50套以上的话，还可以优惠50块钱一套。在去之前，我已经计算过了，公司有一百多人，工装起订应该在一百套以上，所以优惠应该还可以更大。另外，我这里还有几个供应商的联系方式，详细细节咱们还可以继续和他们沟通。"

听到这里，老总微笑着连连点头。

小杨和小李的不同汇报结果，相信任何人都已经明白，为什么他们的工资会有如此大的差别了。其实，在任何一家公司，都能够看到这两种人，两者之间的工资差异完全取决于他们各自的付出，个人的"投入"决定了公司的"产出"。

在人力市场中，小杨和小李都属于人力资源。很显然，小杨更懂得付出和努力，所以他具有的人力资本要比小李更能给公司带来市场回报。小杨的个人努力是一种"投入"，因此带来的"产出"则是老板给予的高薪。对于企业老板来说，他们也更愿意雇佣像小杨这样的人才，因为付出的同时会为公司带来更大的效益。

积极提升自身的能力，会为自己赢得更好的回报。在"投入"达到一定数量时，有时候回报和产出会来得意想不到。

曾有一位飞机维修工程师，退休后一直赋闲在家，偶尔会为一些企业做技术顾问。他是飞机维修的专家，在国际知名飞机制造企业工作多年。

有一次，一家航空公司的飞机出了故障，很多技术人员都不能找到原因，航空公司最终决定请退休在家的老工程师来看看。

老工程师先是听取了飞机检修员的问题汇报，然后又亲自去飞机的几个部位看了看。最后，老工程师随手拿起一个扳手，将几个地方的螺丝换了换位置。弄完之后，老工程师拍拍手，对陪同的航空公司人员说："问题解决了，你们可以测试一下。"说完，老工程师就回家去。

航空公司的人员有些不相信，问题居然这么简单就解决了。技术人员再一次对飞机进行检查，结果显示：一切恢复正常。

后来，航空公司收到老工程师寄来的一个账单，账单上显示服务费是10 000美元。航空公司的负责人有些意外，他亲自拜访了老工程师。见到老工程师后，负责人问道："您老一共在飞机上看了五分钟，拧了几个螺丝，为什么价钱这么高？"

老工程师笑一笑，回答道："拧螺丝只值1美元，但是在哪儿拧，怎么拧值9 999美元。我五分钟发现的问题，为你换来了一架运行完美的飞机。"负责人听完老工程师的回答，哈哈一笑，不再多说，马上拿出填好的支票。

老工程师之所以能够轻而易举地获得航空公司的高额服务费，就在于他之前的工作积累。如果没有多年的维修经验支持，老工程师也不能轻易发现飞机存在的问题。航空公司的负责人正是明白了老工程师早期的"投入"积累，才会心甘情愿的为他付出万元的支票。

在现代社会中，那些舍得付出，懂得投入的人，才会赢得更多的回报。在任何一个企业，只有那些愿意为企业付出、具有高素质与高技能的员工会更受器重。

社会是不断进步发展的，在按劳分配的基础上，将按生产要素分配的比重扩大是一种必然趋势。经济市场是残酷的，要想在竞争中获得升迁，得到更多的价值回报，就必须不断学习、不断加大对自身的"投入"。当"投入"有了一点的积累后，享受"产出"就成为理所当然的事情。

播种快乐，获取职场幸福

为了养家糊口、为了获得成就，为了各种各样的原因，几乎每个人都要耗费自己的精力和体力认真工作，工作占据了人一生中很大一部分时间。在工作及生活中，我们会感觉到我们的幸福感与工作的满意程度有很大关系，工作和我们的幸福相关。

如何获得工作中的幸福，这几乎是一个人人都在思考的问题。几乎每个人都希望自己的工作是自己喜欢、有发展空间、办公室人际关系融洽的。但是，相关调查报告表明：我国职场人士总体工作幸福状况不容乐观。国内某人力资源公司发布的《工作幸福指数调查报告》显示：只有10.1%的被调查者感到"工作幸福"。

张燕燕曾经在某网站工作，由于对薪水不满意，就跳槽到另外一家电子商务公司上班。当时还有别的公司愿意录用她，但这家电子公司开出了更高的薪水。她希望自己一直都能这样走运：有多家单位愿意招聘自己，使自己在机会选择中获得较高的薪水。但是，好景不长，一年后因为市场环境变化，公司裁了一批员工，张燕燕是第一批被裁的人。不是因为她是个糟糕的员工，而是因为她和她做出的贡献相比获得的报酬过高。

在当今职场，很多人都把高工资作为工作中最重要的一个方面，认为赚钱多就等于快乐、满足、压力少、工作稳定、较强的幸福感。《六位数工资谈判》一书作者、人力资本专家迈克尔说："我们的价值感和自我价值感往往和拿所少工资密不可分。人们有这样的错觉，认为收入越高就越快乐、越有价值。"

令人遗憾的是，真实的情况并不全是如此。研究表明，有些收入低的人比收入高的人更快乐。这是因为，低于期望的收入可以演变为一份高收入者所不能获得的奖励。

比如，如果你处于一个需要短时间大量学习的工作中，那么低收入意味着你有更多的时间来培养技能、获取经验，帮助你以后赚更多钱。而高收入者因为承担更大的工作职责和压力，不可不每时每刻扑在工作上。所以，要保持快乐，人们不能依赖于短期的（高）收入、晋升或提拔，而是要着眼于长期以来他们所做出的贡献。

已经毕业三年的李沿沿现在一家文化公司上班，从毕业到现在她才换了一份工作。最初找的那份工作主要是为了增加工作经验，学习为主，所以没有在乎薪水多少，开始每个月才700多块钱，刚刚够每个月的生活费。低工资在某种意义上来说，在公司内部不可能担任重要工作，这就意味着不会经常加班，有大量的自由支配时间。于是，她就加紧参加培训，提升工作技能。由于在上家公司的出色表现，李沿沿被现在供职的这家公司老总注意，许以高薪将她挖了过来。薪水翻了两倍。她觉得现在的工作让她很幸福。

如何获得工作中的幸福？专家给出的建议包括以下几个方面：

（1）爱上你的工作。热爱是获得幸福的最大理由。工作中要产生幸福感，首先源于对某种工作的热爱。这热爱来自工作本身与自己的期望值和能力相匹配，做起来才会充满激情和信心。因为在这种情况下，工作常常不再是单纯的谋生手段，而升华到一定的"事业"高度。只有热爱，才可能全身心地投入精力，才可能获得最大经济收益，为幸福生活提供物质保障。从另外一个层次讲，因为热爱，工作对你而言意味着享受，这本身就是一个幸福感。

（2）建立融洽的人际关系：融洽的人事关系，营造的是一种细水长流的幸福氛围。就职场人士来说，对这种环境的依赖和感受，是积久日深的。张杰喜欢上班，也跟所在部门轻松愉快的工作环境有很大关系。在公司里，她觉得自己的个性可以展露无遗，不必戴上一副假面具做人，因此心情很放松。去年的带薪假期，张杰一天也没休，也没有一天迟到早退过，这个过程自然而然，她觉得并不需要通过休假来调节自己的情绪。

很多公司特别注重公司办公氛围的营造，就是因为这个道理：公司人际关系也是生产力。好的人际关系使张杰不愿意休假只想上班，这不仅保证了公司的经营行为有序进行，而且为公司最大限度地减少了因人员变动而造成的成本。相反，如果人际关系氛围不好，任何一名员工都害怕上班，时刻盼望休假，一有小病就请长假，他们的工作效率必然低下，直接或间接地增加运营成本。

对于员工个人而言，本身就是一种投资，因为张杰对别人真诚，所以获得了别人的真诚对待，人际关系融洽。要想获得好的人际关系，就要对别人投资，投资形式是多样的，最重要的是时间投资，比如你帮助同事一起为一次重要的会议准备资料——这本是她的工作，但在你的帮助下，她得以能够按时下班。你想：下次她会不帮你吗？

（3）要自己充实起来，在忙碌中体验价值。工作，能够让日子过得充实，这也是一部分职场人士感到幸福的原因。在忙碌中收获，在忙碌中提升，感觉每天都没有白过。小张是一家出版社的编辑，经过一个月的辛苦，由她担任责任编辑的图书终于出版面市，看在自己的辛苦转化为有价值的成果，小张觉得自己再辛苦也值得。

（4）调整对工作的认知，使自己拥有幸福的心态。工作幸福指数很大程度上关系到生活幸福指数，但是工作幸福与否和人们的选择相关，如何让自己在工作中有幸福感，取决于其对工作的定位和工作中的心态。工作中的幸福不是别人可以给予的，自己的幸福要自己把握，努力提高自身的工作乐趣才是最重要的。

詹姆斯·奥本汉说：笨人寻找远处的幸福，聪明人在脚下播种幸福。幸福的人不会为了幸福去追求那些他们没有的东西。他们不需要特定的工作或者是特定的薪水。恰恰相反，他们学着从自己的拥有获得幸福。他们学会了满足的艺术。满足于自己所拥有的，你就能变得快乐和幸福。

第二十章 激励比惩罚更有效
——每天学点管理中的经济学

公司的目标可以集中企业资源，统一企业意志，振奋企业精神，从而指导、激励企业取得出色的业绩，战略制定者的任务就在于认定和表明企业的目标。

——约翰·基恩

战略制定者要在所取信息的广度和深度之间做出某种权衡。他就像一只在捉兔子的鹰，鹰必须飞得足够高，才能以广阔的视野发现猎物，同时它又必须飞得足够低，以便看清细节，瞄准目标和进行攻击。不断地进行这种权衡正是战略制定者的任务，一种不可由他人代理的任务。

——弗雷德里克·格卢克

如何能稳住军心，留住骨干

2005年7月20日，美国全球著名的互联网搜索业务大佬——Google突然对外宣布，前微软全球副总裁李开复博士将出任其全球副总裁与中国区总裁一职，并于三天后就职。

此消息一经传出，微软以李开复违反了与其在2000年签订的竞业禁止协议为由，将李开复和Google告上美国法庭。

李开复是生于台湾的美籍华人，曾就读于卡内基梅隆大学，获计算机学博士学位，后担任副教授，因开创性地运用统计学原理开发出世界上第一个"非特定人连续语音识别系统"，确立了他在信息技术研究领域的地位。另外，李开复还是美国电气电子工程协会的院士。曾担任苹果公司举

足轻重的技术专家,后任微软全球副总裁。

这个事情在猎头行业同样引起轰动。北京猎头界盛传:Google为"挖"李开复,光给猎头公司的业务费就高达1.3亿美元,创下这一行业的新纪录。几位和李开复熟悉的业内人士不约而同地告诉媒体,他们不认为已经是微软全球副总裁的李开复选择Google是为追求更多的经济利益。

经济学的偏好理论中有一项叫做"偏好逆转"。有人做过一个有意思的实验,假设某一个公司需要招聘一位工程师,其应该具有良好的专业技能以及这一基础前提下的良好的人际沟通能力,当然相对而言,专业能力更重要。

呈现给第一组实验者面前的材料是对应聘者专业能力的描述,结果该组选择录用专业性强的那一位。同样是这群实验者,他们在第二组实验中选择的结果却与第一次完全相反。之所以出现结果差异,原因就在于第二组试验者看到的材料多是描述人际沟通能力的内容。

在两种不同的实验方法下,实验者的偏好发生了逆转。至此,我们已经有理由认为人们的偏好是不稳定的,不同的启发方式会诱导出人们不同的偏好。

经济学家对消费者的不同选择,定义为消费者偏好。消费偏好是指消费者对于所购买或消费的商品和劳务的爱好胜过其他商品或劳务,又称"消费者嗜好"。它是对商品或劳务优劣性所产生的主观的感觉或评价。偏好受文化因素、经济因素、社会因素等多种因素影响。偏好的重要性质是偏好的有序化,即消费者对于商品组织的偏好程度是有顺序的。

常见的偏好主要有:

习惯。由于消费者行为方式的定型化,经常消费某种商品或经常采取某种消费方式,就会使消费者心理产生一种定向的结果。这种动机几乎每个消费者都有,只是习惯的方面及稳定程度不同。

方便。成员把方便与否作为选择消费品和劳务以及消费方式的第一标准,以求在消费活动中尽可能地节约时间。

求名。成员把消费品的名气作为选择与否的前提条件。购买活动中,首先要求商品是名牌。只要是名牌,投入再多货币也甘愿。多是基于成员对名牌商品质量的信任,有时也受成员情感动机的影响。但是,偏好受收入和产品价格的约束。

消费者偏好理论同样适用于职场。任何主动跳槽都是有原因的,不外乎以下几种:

获得名誉——很多球星跳槽到高水平球队,就是想获得冠军荣誉;

岗位提升——当你还只是一个部门经理,你总想着成为总监;

丰厚物质利益的回报——薪资获得增长,是很多人选择跳槽的首要因素;

创造更大的社会影响力——这是施瓦辛格竞选州长的原因;

降低了工作成本——公司是否离家更近,住房是否更便宜,消费成本是否下降。

职场就是江湖,每人选择不同。对于希望通过跳槽来转变自身职业发展前景的职场人士,人力资源专家建议,跳槽不要跟风,要学会最大限度地规避跳槽风险。

首先要对行业和企业进行考察,看看此行业和目标企业是否处于上升势头;其次,对自己职位的基本走向要清晰,特别是企业中层管理人员的跳槽,要对自己以后的职位发展方向和发展高度有一个明确的预期;再次,不光要看薪水待遇,还要考虑到新的职业是否具有长远发展的前景。

对于企业而言,在公司优秀人才频频跳槽的背后,应该自查两个方面的问题:一是公司提供的薪酬是否具有市场竞争力;二是检查企业的"软"环境问题,如上下级之间的沟通机制、领导者的管理方式、职业规划不够完善,等等。企业应通过提升薪酬水平和优化企业软环境,最大限度地保证优秀人才不怀跳槽之心。

分槽喂马,各尽其用

战国时期,中国北方有两种马非常有名,一种是蒙古马,力大无穷,能负重千余斤;另一种是大宛马,驰骤如飞,一日千里。

邯郸有一商人家里同时豢养了一匹蒙古马和一匹大宛马,用蒙古马来运输货物,用大宛马来传递信息。两匹马圈在一个马厩里,在一个槽里吃料,经常因为争夺草料而相互踢咬,每每两败俱伤,要请兽医调治,使得主人不胜其烦,当时恰巧伯乐来到邯郸,商人于是请他来帮助解决这个难题。

伯乐来到马厩看了看,微微一笑,说了两个字:分槽。主人依计而行,从此轻松驾驭二马,生意越来越红火。

能者要想才尽其用,不但要分而并之,还必须善用之。因为不同的贤能,各有其能,有的适合彼工作,有的适合此工作,把各种能力放在适合它们的土壤里才能生存成长。养可分,用必合方能各自协调,发挥合力。

去过庙里的人都知道,一进庙门,首先是弥勒佛,笑脸相迎,而在他的北面,则是黑口黑脸的韦陀。相传在很久以前,他们并不在同一个庙里,而是分别掌管不同的庙。

弥勒佛热情快乐,所以来的人非常多,但他什么都不在乎,丢三落四,没有好好管理账务,所以依然入不敷出。而韦陀管账是一把好手,但成天阴着个脸,太过严肃,搞得人越来越少,最后香火断绝。

佛祖在查香火的时候发现了这个问题,就将他们俩放在同一个庙里,由弥勒佛负责公关,笑迎八方客,于是香火大旺。而韦陀铁面无私、锱铢必较，则让他负责财务，严格把关。在两人的分工合作下，庙里呈现出一派欣欣向荣的景象。

分槽喂马和佛祖派工说的都是一个问题，就是如何把最合适的人放到最合适的岗位上去。

如果在用人中组合失当，常失整体优势；安排得宜，才成最佳配置。在这方面，柳传志成功地用"分槽喂马"的策略，不仅化解了这个难题，而且将企业的发展推向一个新的高度。

2001年3月，联想集团宣布"联想电脑"、"神州数码"分拆进入资本市场，同年6月，神州数码在香港上市。分拆之后，联想电脑由杨元庆接过帅旗，继承自有品牌，主攻PC、硬件生产销售；神州数码则由郭为领军，另创品牌，主营系统集成、代理产品分销、网络产品制造。至此，联想接班人问题尘埃落定，不孚众望的"双少帅"一个握有联想现在，一个开往联想未来。

在实行"分槽喂马"的过程中，还有一个如何进行搭配，使每个人才相得益彰而不是相互妨碍的问题。这就需要管理者对"千里马"有深刻的洞察力，最好使他们彼此所负责的事务具有互补性。

简单就是美，妙用奥卡姆剃刀

2009年1月中旬的一段日子里，在麦迪和阿泰因伤无法上场后，NBA的火箭反而确立了以姚明为核心的战术，并因此固定了首发阵容。最为重要的是，火箭在战术上非常明确，那就是以姚明为核心完成球队的进攻。

火箭的进攻非常简单，就是将球传给姚明，让姚明去单打。如果对方不对姚明进行包夹，姚明就坚决上篮完成单打；如果对方对姚明包夹，姚明就把球分出来传给外线的队友，这样火箭的外线队员就利用对方防守空虚的机会突破上篮或者远投三分。

2009年1月18日，在与热火的比赛中，姚明12投12中得到26分，命中率达到100%，如此高效率让热火抓狂，火箭将姚明的作用发挥到了极致。

简单就是完美，其实火箭的战术并不用布置得多么复杂，只要发挥姚明的内线统治力，让每个人都能够明确自己在球队中的责任，火箭就是一只实力非常强的球队。

14世纪时一位智者名字叫威廉，是一位很有学问的天主教教士，他出生于英国的奥卡姆，人们叫他"奥卡姆的威廉"。他曾在巴黎大学和牛津大学学习，知识渊博，能言善辩。由于他发表的言论有许多与当时的罗马教廷不合，因此被囚禁在法国的监狱。

在狱中过了四五年，他找到机会逃了出来，跑到巴伐利亚并投靠了教皇的死敌——德国的路易皇帝。他对路易皇帝说："你用剑来保卫我，我用笔来保卫你。"于是正在和教廷闹别扭的路易皇帝立刻收容了他。

随后他著书立说，但影响都不大。他对当时无休无止的关于"共相"、"本质"之类的争吵感到厌倦，主张唯名论，只承认确实存在的东西，认为那些空洞无物的普遍性概念都是无用的累赘，应当被无情地"剔除"。

这也就是他所谓的"思维经济原则"，概括起来就是"如无必要，勿增实体"。这句格言为他带来巨大的声誉，因为他是英国奥卡姆人，人们就把这句话称为"奥卡姆剃刀"。它表达了这样一种意思：把事情变复杂很简单，把事情变简单很复杂。人们在处理事情时，要把握事情的主要实质，把握主流，解决最根本的问题。尤其要顺应自然，不要把事情人为地复杂化，这样才能把事情处理好。

奥卡姆剃刀定律在企业管理中可进一步深化为简单与复杂定律：把事情变复杂很简单，把事情变简单很复杂。这个定律要求人们在处理事情时，要把握事情的本质，解决最根本的问题。尤其要顺应自然，不要把事情人为地复杂化，这样才能把事情处理好。

在管理企业制定决策时，应该尽量把复杂的事情简单化，剔除干扰，抓住主要矛盾。解决最根本的问题，才能让企业保持正确的方向。

如果管理者认为只有焦头烂额、忙得要死，才能取得工作上的成功，那就大错特错。事情会朝着复杂的方向发展，而效率则来源于简单。不要被复杂的事务干扰，忽略了真正有效的东西。真正有效的方法，往往是最简单的。

日本最大的化妆品公司收到客户抱怨，买来的肥皂盒里面是空的。为了预防生产线再次发生这样的事情，工程师想尽办法发明了一台X光监视器去透视每一台出货的肥皂盒。

同样的问题也发生在另一家小公司，他们的解决方法是买一台强力工业用电扇去吹每个肥皂盒，被吹走的便是没放肥皂的空盒。

同样的事情，采用的是两种经济效益天差地别的办法，精明的管理者应该采取哪一种呢？

奥卡姆剃刀原理向我们传递"简单与高效"的法则、理念和意识。爱因斯坦说："如果你不能改变旧有的思维方式，你也就不能改变自己当前的生活状况。"

当管理者用奥卡姆剃刀改变思维时，就会惊奇地发现：工作与管理不再是繁琐而杂乱，简单才是最美，也最容易获得高效。

为什么员工工资只能升不能降

2007年5月11日,德国某电信运营商的固话部门有超过一万名员工举行罢工。这批员工主要来自该公司计划转移到T-Service新服务部门的员工中。此次罢工主要集中在德国西部的北莱因—威斯特法伦州、黑森州和下萨克森州,影响公司的呼叫中心、线路安装和技术服务部门。转岗后工资降低,是这次罢工的主要原因。

其实早在2007年4月,该公司就已经遭遇了数千名员工的"警告性"罢工活动,波及全国13个州。这两次罢工的目的是一致的,旨在继续反对公司董事会抛出的改制计划,抗议降薪41%。罢工员工担心,公司多年管理不善的损失要由他们来承担,他们希望通过罢工施加压力,在企业改制过程中使自身权益能得到维护。

类似的事件在世界其他地方也有上演,诱发的原因都大同小异——大多是因为员工对薪资的向下走向表示不满。这就引发了一种值得关注的问题:为什么工资只许升不许降?

经济学家用工资刚性来解释这种现象。"工资刚性"从某种意义上说,取决于人性中的某种天性,比如人们往往会把"失去"看得比"得到"更重要。

资本主义市场经济都应该遵循这样的经济规律:商品供过于求就要降价。但工资在美国市场就是个例外。它很少受到经济萧条的影响。经济不好,老板可能少涨或不涨工资,也可能干脆解雇部分员工,但却很少给现有员工降薪。

按理说,公司盈利减少工资就该下降。为什么工资偏偏不遵守供求关系的经济规律呢?减薪对公司来说同样可以节约成本,为什么美国公司可以一批又一批地解雇员工,却不愿意采用给现有雇员减薪的办法来避免裁员呢?减薪可以避免或基本避免裁员。大家都实行弹性工资岂不是两全其美?

这个问题看似简单,其实它是经济学家们多年来面对的一个著名难题。在劳动力市场中,工资应像所有其他商品一样,由劳动力供求关系决定,劳动力需求量大,工资就高;反之,工资就低。但实际情况是,工资对外部经济环境的变化反映滞后,常常不能灵敏地反映劳动供求关系的变化并做出及时调整。

经济学家把这个现象称为"工资刚性原理"。他们认为,工资本来也是可以上下浮动的,但是企业认为,如果工资降得太低,员工会选择离职——因为他们认为不工作比低薪工作更好。所以减薪有害,它会让公司想留住的有价值员工另谋高就。

还有一些经济学家们解释说，公司内部一些年老资深员工不愿意降薪，他们向管理层施压要求解雇"新招来的"员工。事实上，美国公司近年来的裁员几乎首先裁掉那些资深员工。资深员工高昂的薪酬成为公司扭亏转盈的负担，而不是那些工资相对较低的新员工。

耶鲁大学经济学教授杜鲁门·彪利对工资刚性提出来最令人信服和最具创意的解释。彪利是美国最杰出的数理经济学家之一。他曾任《数量经济学学刊》编辑多年，在具有无穷性质的一般均衡理论、宏观经济学的微观基础方面做出了重大贡献。他研究了无数种商品经济中均衡的存在性、具有无穷性质经济的核与均衡的等价性、劳动力市场、最优货币数量重大理论问题。

他说："除了一个例外，我的发现不支持任何现有的经济学解释。这个例外就是减薪会极大地损害员工的士气，打击他们的工作积极性。"经济不好就减薪，还会让员工产生管理层趁火打劫的嫌疑。尽管解雇也会打击积极性，但它的影响与减薪相比没有那么严重和漫长。

一项调查显示，有半数的一线管理人员认为，减薪会把员工搅得心烦意乱无心工作。一位经理说，"遭到解雇的员工可能心情更加不好。他们已经出了公司的大门，心情再糟也不是我该操心的事。我更关心留在公司内的员工心情如何。"

在西方国家，企业和员工的工资报酬往往是通过契约的形式事先规定的；如果随意变动，则会受到当事人的控告和法律的制裁。而企业裁员导致的社会失业问题，则主要由政府来承担。减薪不仅会损害在职员工的利益，而且也会损害失业员工的利益。因为，他们无法保证当他们再次就业时，他们是否还能得到原来的报酬。

经济问题，往往不是一条是非曲直都很分明的"数学"题。

融化理性人，情感激励妙用

对于管理者而言，如果你的员工都是经济学假设的理性人，那肯定不好办，大家都算计着不肯多干活、不肯多付出，那你还怎么管理团队呢？所以，管理者们要想办法融化这些理性人，让他们抛开理性的分析与计算，心甘情愿地为企业做贡献。

融化理性人的最好办法就是让员工把企业当成家，让员工切实体会到自己是企业的一份子，体会到企业确实是关心自己的，体会到领导对自己的关怀。

欧洲在华最大珠宝零售机构比利时 TESIRO 通灵珠宝的高敬业度和敬

业度较好的员工分别占到了20%和65%，远远高于国内企业的敬业度水平。

TESIRO通灵认为，伙伴式管理理念是企业人力资源管理的精髓，这种理念主要强调对员工的尊重，需要站在员工的立场上想问题。伙伴式管理也让员工感到自己是企业必不可少的一员，参与企业的每一件事情，从"旁观者"变成了"局内人"。

比如，每个季度，公司都会对员工进行一次无记名的调查，调查的内容包括"你的生日、升迁等重要时刻，是否总能收到管理人员和员工的祝福"，"你的进步与业绩是否受到及时的关注与表扬"，"你与同事间的误解或矛盾是否总能及时被调解"等22条。由人力资源部依据调查结果对现存问题进行评价分析，并做出工作改进措施。这种参与，大大提高了员工对企业的关注程度，并且能够很好地发现一些高高在上的管理者所不能注意到的潜在问题。

这种关心让员工感到自豪，一个让员工感到自豪的公司，又会让员工不自觉地将自己的利益与公司的利益紧紧联系在一起，在日常的工作行为中，会考虑公司利益与个人利益的平衡，而不会出现时时事事均以私利为出发点的低敬业度状况。这样的员工，才是告别了"理性人"状态的员工，将公司的利益放在了自己心中的首位。

对于企业来说如此，对于领导来说也是如此。无论是谁，都需要平等和尊重。我们说领导要身先士卒，但更多的应该是和员工在一起，大家是平等的，要真正关心他们的成长，为他们争取福利。关怀和奖励的方式有很多种，下属辛苦了，哪怕你说一句"兄弟你辛苦了"，也是一种奖励，说明你怀有一颗仁爱之心，都会让对方感受到心灵的温暖。

有一次，松下幸之助出外旅行，但不久就回来了。员工们很纳闷，于是有一个就走上前去追问原因。松下略带失望地说："你们不在，我觉得没意思！"接着，他安排几名员工在工厂中央摆了一个大玻璃箱——里面有一只巨大的短吻鳄！

松下微笑着说："怎么样，这家伙好玩吧？！"在当时，如此巨大的短吻鳄并不容易见到。员工们在惊愕之余，都高叫着好玩。松下接着说道："我的旅行虽然短暂，但这是我最难忘的记忆！我把它买回来，是希望你们能与我共享快乐！"

老板的这一边番举动绝不是逢场作秀，类似的事情经常在公司里发生。松下经常下到员工中间去，与他们聊天，了解他们对工作的想法，了解他们的生活困难，并不时地鼓励他们。他每到一个地方，那个地方就谈笑风生，员工们都很喜欢他，工作起来也特别卖力。

总是板起面孔来教训人的上司，虽然可以得到下属的尊敬，但却得不到爱戴。上司与下属的关系不仅是约束，更要激励。做一个可亲可爱的上司，则团队的关系更和谐。正是松下这种与员工苦乐共享的风度，增加了领导者的亲和力，使松下公司的员工们获得了一个融洽快乐的工作环境，而正是这个环境成就了松下公司。

除了关心之外，管理者还需要给员工树立一个愿景，激励他们的斗志。在目标激励中，领导者一定要让激励对象树立其相应的信念，通过那些"先相信而后再看到"的远景来带领他们前进。但要特别注意，这个目标最好领导和下属一起共同塑造出来的，只有这样他们才觉得是自己的目标，才会发挥最大的努力。

在二战时期，巴顿将军在带领其集团军在欧洲作战的时候，曾经发表了如下一段动员报告："我们已经迫不及待了，早一日收拾掉万恶的德国鬼子，我们就能早一日去收拾那些日本的老巢。我们如果不抓紧时间，功劳就会全让那些狗娘养的海军陆战队夺去了。是的，我们想早日回家，我们想让这场战争尽快地结束。最快的办法就是干掉那些燃起这个战火的狗杂种们。我们早一日把他们消灭，我们就可以早日回家，我们回家的捷径就是要通过柏林和东京，把他们全部消灭了，我们才能回家。弟兄们，凯旋以后，今天在座的弟兄们都会获得一种值得夸耀的资格。20年以后，你们会很庆幸你参加了这一次世界大战。那个时候你们坐在壁炉边，你们的孙子坐在你们的膝盖上，你们的孙子问你一个问题，他说，爷爷在第二次世界大战的时候您在干什么呀？你们就不用很尴尬地咳嗽一声，啊，很不好意思吞吞吐吐地说，你爷爷我当时正在路易斯安纳铲粪呢。弟兄们，你们可以很骄傲地盯着你们孙子的眼睛，跟他讲，孙子，你爷爷我当年正在跟第三集团军的巴顿在一起并肩作战的"。

巴顿将军的这段演讲为他的士兵描绘了一个美好的人生愿景。正是在这种愿景的激励下，巴顿将军和他的战士们才拥有了战斗的勇气和奔向胜利的决心。人都是感情的动物，这虽然与经济学的假设有差别，但却是我们面临的现状。只有通过关心、激励等方式，融化员工的理性人心理，才能够让员工更好地为企业做贡献。

注意小细节，避免大损失

细节决定成败，这话一点都不假。从经济学的角度来看，如果因为一件小事做得不好而导致大的损失，这样的事情无异于亏本买卖。作为管理者，一定要注意到企业经营过程中的细节，在一些不好的事情显现出苗头的时候就加以遏制，防止产生大的损失。只有能够掌控全局的管理者，才能够防微杜渐，让企业安全、平稳地发展。

国内有一家汽车制造厂从美国请了几个技工来工厂工作。他们发现，这几位技工在工作时非常认真。比如，他们在拧螺丝钉的时候，总是要先在地上铺上白布，把要拧的螺丝钉一一放到上面，拿一个拧上，然后再回来拿另一个。而国内的工人在拧螺丝钉的时候，总是把螺丝钉揣在口袋里，直接到现场一口气拧上，结果这种马马虎虎"聪明省事"的做法，往往遗漏了螺丝钉，带来了很多麻烦，还要经常返工，不注意细节带来了大麻烦。如果不想犯错误，诀窍只有两个字，那就是认真。而真正的聪明，也恰恰是认真。真正的做大事者，从不忽略小细节。

企业在经营中，应该从小处使自己的机制健全，应该平日就加强自己的危险防范和公关应急机制，这样就会迅速反应，将灾祸消灭于萌芽之中，而不是事发之后，遭到致命一击。细节决定成败，小到个人，大到企业，细节都是决定成功的关键。成功者注意细节，因为他们清楚做好每一个细节能给自己带来的回报，他们清楚地衡量出了细节的巨大价值，他们更知道只有保持细节的完美，才能使成功更有保证。谁重视细节，细节就不会辜负谁。

南非的德塞公园最开始通过国际招标，确定了一家德国的设计院来负责。中标当时就有非议，对德国设计院的水平怀疑颇多。结果建成后，市民们更不满意，还觉得公园的某些地方不符合他们的审美观念。

后来南非人再建公园，就不用外国人了。20世纪70年代，南非人自己动手，修建了一个很大的公园———克克娜公园。可是没想到，两年后发生的几件事却使南非人的看法发生了惊人的变化。

在雨季到来时，克克娜公园被大水所淹，而德塞公园却没有一点雨水的痕迹。原来德国人不但为整个公园建了排水系统，还将地基垫高了两尺。这些当初人们不能理解的地方，直到大水到来才显示出自己的独特作用。

克克娜公园在举行集会时，因为公园大门过小造成了安全事故。这时人们才想到德塞公园大门的宽敞，给他们带来多少方便。而当时人们纷纷对德塞公园大门的过大给予了批评，还认为它有点傻。

炎热的夏季，克克娜公园遮阳的地方太少，所谓的凉亭子只是花架子，容纳不了多少人。而德塞公园纳凉的亭子，因为棚檐宽大，能容纳许多人。

几年后，克克娜公园的石板地磨损严重，不得不翻修。而德塞公园的石板地却坚如磐石，雨后如新。而当初因为德塞公园的石板路投资过高，南非人差点叫德方停工。当时的德国人非常固执，一定要坚持自己的做法，双方争得脸红脖子粗。当地人曾一度认为，德国人太死板、太愚笨。

现在看来，德国人是对的。德国人在设计时，考虑到了南非的方方面面，几乎包括了所有的细节，包括天气与季节，地理与环境。而南非人自己却没有顾及这些。德塞公园建完后，多少年没有变样，而克克娜公园总要修修补补，已经花掉了建德塞公园两倍的钱。为此，南非同行曾问德国同行，你们怎么会这么精明。德国人回答，我们只是认真罢了，注意到了一些细节。

今天，德国的工业之所以发达，很大程度上源自日耳曼民族极为认真、一丝不苟的做事态度，德国人的认真劲在整个欧洲都是有所闻名的。与其说德国人比其他民族的人聪明，真不如说德国更认真一些，正是这种注意细节坚持不懈的精神，让他们在竞争中胜出。

作为领导者，要牢记"千里之堤，溃于蚁穴"，在日常管理中规范员工的认真态度，绝不容许任何员工的马虎行为给企业带来损失。

蒂斯在某服装市场一层咨询大厅工作。有一次，一名顾客向她咨询童装市场的位置，一连问了三次，她才不耐烦地说："去问那边的收银台。"还有一次，在客户向她咨询的工作时间里，她却没完没了地打起电话来。后来，在客户的反映下，服装市场经理和蒂斯进行了下面的对话。

"蒂斯，你为什么在工作的时候不专心工作，对顾客不耐烦，在工作时间打私人电话？"

"经理，我觉得这没什么大不了的，我又不向顾客销售服装，我工作的好坏并不怎么会影响市场的销售业绩。再说了，我那个职位是整个市场最微不足道的，我不觉得我这样做有什么关系。"

难道真如蒂斯所说，她的职位微不足道就有理由不专心工作了吗？还有，她的失误真的对销售业绩毫无影响吗？还有，服务中有小事吗？

蒂斯的职位虽小，却很重要，是客户接触这家服装市场的前沿阵地，她工作的好坏直接关系着顾客们对这家市场服务状况的第一印象。因此，她为自己辩护的理由是不成立的。

企业如一架机器，其良好运行有赖于所有员工的认真工作，每一个失误都可能危及这驾机器的生死存亡。而客户则是这架机器良好运行的目标和动力，只有任何一位员工在其工作中坚持对客户负责、向客户提供真正人性化的服务，这架机器才能实现其目标，并获得不竭的动力。

好的管理者要像上文中提到的经理一样，防微杜渐，火眼金睛，及时发现影响企业运营的不利因素，及时加以修补改正，才能让企业更好的发展。

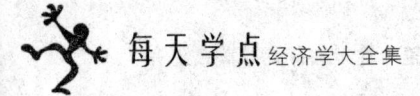

相信下属，不要凡事自己来

经济学讲究分工，就是说让每个人做自己最擅长的事情，至于不擅长的事情就让别人去做，这样互补，自然会让大家都获得更高的收益。

管理工作中也是如此。一个好的管理者并不一定什么事情都过问，不一定什么事情都亲自完成，每个人的能力和时间都是有限的，凡事自己来、完全不靠别人帮助的人是走不了多远的。管理大师曾说："有人告诉我他一周工作90小时，我对他说，你完全错了，写下20项每周至少让你忙碌90小时的工作，仔细审视后，你将会发现其中至少有10项工作是没有意义的，或是可以请人代劳的。"对于领导者来说，应该学会适当的分权，让员工学会自我管理，充分调动员工的积极性，让他们自动自发为企业做出贡献。

史蒂夫·鲍尔默曾给微软经理这样一条忠告："不要什么事都做。你的任务是计划、组织、控制、指挥。"关于史蒂夫·鲍尔默的授权艺术，微软公司前全球副总裁李开复博士曾这样评价道："史蒂夫·鲍尔默，微软的首席执行官，是近年来对我影响最深的人。几年前的鲍尔默就像个果断的老板，凡事喜欢一手抓，而且，总是在最前台鼓舞士气。做了首席执行官后，他放权给公司七大部门的负责人，不再做每件大事的最后决定人，加快七个部门负责人的成长。他不再做一个最有煽动力的拉拉队员，而是一个幕后的教练。他把自己对竞争对手的研究转换成对人才的研究。鲍尔默的行为对我很有启发。在我对任何要求回答'我做不到'之前，我总会想到鲍尔默可以做到，我为什么不试试？他这个榜样帮助了我的成长。"

除了授权和激励之外，领导者还有一个好办法调动员工的积极性，那就是让员工参与到工作中来，比如设计团队目标、规划蓝图，等等，每个人都会支持他参与创造的事物，因为只有参与进来，切身感受到事物的发展、了解发展过程中的每一个环节，才能够把自己当作是其中的一分子。美国阿肯萨斯大学教授莫丽·瑞珀特曾作过一个实验：

将一个公司的员工分成两组，分别被称作参与组和限制组：参与组的特点是战略远景清晰，在制定战略决策时员工参与度高，该员工高度认同战略决策等；而限制组的特点是战略远景不明确，战略决策制定的参与度低，战略决策缺乏认同等。

经过一段时间的观察，结果显示：工作满意度和组织参与度与企业的参与性文化密切相关。参与程度高的那一组表明,对战略决策的认同性是工作满意度的最重要因素,而对战略决策的参与性是组织参与度的最重要因素。

在这项研究的基础上,瑞珀特教授得出了这样的结论:企业只有为员工提供明晰的战略远景,加强员工对战略的认同,增强员工参与设计不同阶段的战略流程的意识,企业才能从中受益。这就是闻名世界的参与定律。

参与定律告诉我们,只有当员工参与了公司的决策和管理后,才能对企业产生认同感和很高的满意度,才能最大限度地激发自己的工作热情。同样,在生活中,每个人都会关心他创造的事物,与其苦口婆心劝说别人接受某种既定的事物,不如吸引他参与共同创造的过程,这样他自然而然的就可以接受了。

参与,本身就是一个机会平等的表现。让员工与领导者以及员工与员工之间都成为伙伴,会大大增加交流的机会,消除交流的障碍,员工可以时时参与企业的决策,最起码时时知道企业的动向。通过参与,充分调动了员工的积极性,从而增加了员工对企业的忠诚度。

授权也好,参与也好,管理者一定要做最终的掌控全局的人,这样才能把握好方向,不至于出现大的偏差。如果管理者一味放任,员工就没有了约束,这样的管理者虽然没有独揽大权,但是也做不好大事。

管理者对企业的感情肯定高于员工。你可以把很多事委托给他人去做,但关键问题一定要自己亲手解决或亲自过问。这样做不是怀疑下属、不信任他人,而是为了做到万无一失。这么说也许与用人不疑矛盾,然而事实上并不是如此。无论怎样授权,最后的一道屏障始终是领导者和所有者。对于任何人,都不能一百个放心,不管多么得力的下属,记得在授权时永远给自己留一颗心,小事一定要糊涂,但大事千万糊涂不得!

授权、合作、参与、激励……这些都是管理者的关键词,一个好的管理者需要掌握一些经济学的分工技巧,让合适的人去做合适的事,放权之后就不要随便干涉,但要及时过问关键问题,把握大方向,这样才能做好领导工作。即便有三头六臂,你也未必能够在现代商场激烈的竞争中胜出。凡事自己来,那就只能有苦自己吃。走出自己的小圈子,才能融汇到社会的大海洋里!做一个会管理、会放权、会控制得好的领导吧!

企业文化,成功的催化剂

经济学中研究每一个厂商的生产决策,但是却忽略了一点,那就是组成企业的每一个个人，他们需要一种共同的理念才能够结合成一个团体，共同为企业的价值最大化而努力。他们结合起来是一个完整的经济个体，而能够将他们完整的结合起来的，就是企业文化。

企业文化是企业的灵魂，是推动企业发展的不竭动力。它包含着非常丰富的内容，其核心是企业的精神和价值观。这里的价值观不是泛指企业管理中的各种文化现象，而是企业或企业中的员工在从事商品生产与经营中所持有的价值观念。

如果一个企业没有文化，那么势必如一盘散沙。尽管我们可以把一个公司或者公司里的一个部门看作是一个团队，但实际上并不是每一个公司或者部门都能体现出团队的优势，很多团队在同其他团队的竞争中败下阵来。他们的问题并不在于他们建立了团队，而在于他们的团队不是一个团结的团队，或者说他们的团队没有团队精神，他们的企业没有企业文化。

三个和尚在一所破寺院里相遇。

有人问："这所寺院为什么荒废了？"

"必是和尚不虔，所以菩萨不灵。"甲和尚说。

"必是和尚不勤，所以庙产不修。"乙和尚说。

"必是和尚不敬，所以香客不多。"丙和尚说。

三人争执不休，最后决定留下来各尽其能，看看谁能最后获得成功。

于是，甲和尚礼佛念经，乙和尚整理庙务，丙和尚化缘讲经。果然香火渐盛，原来的寺院恢复了往日的壮观。

"都因为我礼佛念经，所以菩萨显灵。"甲和尚说。

"都因为我勤加管理，所以寺务周全。"乙和尚说。

"都因为我劝世奔走，所以香客众多。"丙和尚说。

三人争执不休、不事正务，渐渐的，寺院里的盛况又逐渐消失了。就在各奔东西的那一天，他们总算得出一致的结论：这里寺院的荒废，既非和尚不虔，也不是和尚不勤，更非和尚不敬，而是和尚不睦。

这里的"不和睦"，其实就是指不互助、不合作。对于企业来说，只有每个人尽快适应每个同事的不同个性，让自己融入到团队当中，才能够让大家团结起来，共同为企业的未来而努力。如果企业是船，雇员是船员的话，那么，团队精神则是驶向目的地的动力燃料。在一定程度上，管理者恰恰是点燃燃料的那根火柴。令人遗憾的是，并不是所有的领导者都意识到了这一点。大多数的组织里团队像一团散沙，他们的船走不动，责任归咎于管理者薄弱的能力。团结是企业文化的第一张招牌，没有团结一致的精神，什么都是白费。

团结是前提，合作则是更高的要求。

佛教创始人释迦牟尼曾问他的弟子："一滴水怎样才能不干涸？"弟

子们面面相觑，无法回答。释迦年尼说："把它放到大海里去。"

一个人再完美，也是一滴水；一个优秀的团队，就是大海。优秀的个人要放在完美的团队中，才能展示其优秀的才华，一个优秀的职业人，只有得到团队的认可，团队伙伴的认可，才是有价值的人。

有一次，马氏集团招聘管理人员，9名优秀应聘者经过初试，从上千人中脱颖而出，进入了由公司老总亲自把关的复试。

老总看过这9人详细的资料和初试成绩后，相当满意。但此次招聘只能录取3个人。老总给大家出了最后一道题。

老总把这9个人随机分成甲、乙、丙三组，指定甲组的3个人去调查本市婴儿用品市场；乙组的3个人去调查妇女用品市场；丙组的3个人去调查老年人用品市场。

老总解释说："我们录取的人是用来开发市场的，所以，你们必须对市场有敏锐的观察力。让大家调查这些行业，是想看看大家对一个新行业的适应能力。每个小组的成员务必全力以赴"，临走的时候，老总补充道："为避免大家盲目开展调查，我已经叫秘书准备了一份相关行业的资料，走的时候自己到秘书那里去取"。

两天后，9个人都把自己的市场分析报告送到了老总那里。老总看完后，站起身来，走向丙组的3个人，分别与之一一握手，并祝贺道："恭喜3位，你们已经被本公司录取了。"

老总看见大家疑惑的表情，呵呵一笑，说："请大家打开我叫秘书给你们的资料，互相看看。"

原来，每个人得到的资料都不一样，甲组的3个人得到的分别是本市婴儿用品市场过去、现在和将来的分析，其他两组也类似。

老总说："丙组的3个人很聪明，互相借用了对方的资料，补充了自己的分析报告。而甲、乙两组的6个人却分别行事，抛开队友，自己做自己的。我出这样一个题目，其实最主要的目的，是想看看大家的团队合作意识。甲、乙两组失败的原因在于，他们没有合作，忽视了队友的存在。要知道，团队合作精神才是现代企业成功的保障。"

一个企业就是一个团队，团队成员之间的个性与能力互补，才能使团队成员弥补自身的不足，在工作中得到提高与启示。合作不但可以保持信息的沟通顺畅，提高信息的交流质量，而且还可以使人际关系变得和谐，产生感情的共鸣。现实中，和谐的团队人际关系往往会对团队凝聚力起到极大的推动作用，更容易发挥每个人的优势！不要忽视合作的力量，它会助你在工作生涯中的一臂之力，这种合作精神，也正是你成为优秀职业人的不可或缺的服务能力。一个人只要能够和其他人友好的合作，那么他的事业就会更加得心应手。单打独斗也许一时能够逞能，但是只有学会与别人合作，才能长久屹立于不败之地。

对于任何企业来说，企业文化都是必不可少的精神内涵。不管现在的企业文化多么花哨，强调工作生活平衡也好，强调平等也罢，最核心的企业文化永远是团结与合作，并以沟通为桥梁和保证。只要将这三点精髓应用到现实管理工作中，相信你就会成为一个优秀和成功的管理者！

第二十一章　成功，怎能与金钱无关

——每天学点经商中的经济学

> 各门人文科学的进步，尤其是心理学、社会学和社会心理学的进步，使我们不难证明有关"经济人"的这些论点是不够的或不确切的。
>
> ——阿尔布

> 穆勒的政治经济学的对象实际上不是人，而是受最盲目的情绪驱策的想象的动物，他们的理论，讨论人性的最低级本能，却把人的最高尚利益看作是纯属干扰其理论体系的东西，因而是亵渎了大写的"人"字。
>
> ——凯里

二八法则，决定效益的关键

经济学中有一个著名的二八法则。1897年，意大利经济学者帕累托偶然注意到19世纪英国人的财富和收益模式。

在调查取样中，他发现大部分的财富流向了少数人手里，同时，他还发现一件非常重要的事情：即某一个族群占总人口数的百分比和他们所享有的总收入之间有一种微妙的关系。他在不同时期或不同国度都见过这种现象。不论是早期的英国，还是其他国家，甚至从早期的资料中，他都发现这种微妙关系一再出现，而且在数学上呈现出一种稳定的关系。于是，帕累托从大量具体的事实中归纳出一个简单而让人不可思议的结论：

如果社会上20%的人占有社会80%的财富，那么可以推测10%的人占有了65%的财富，而5%的人则占有了社会50%的财富。在这里，有一项事实：财富在人口的分配中是不平衡的。

人们发现，这种二八的分类在其他地方同样常见：

——20%的产品或20%的客户，涵盖了企业约80%的管理额；

——20%的罪犯占所有犯罪行为的80%；

——20%的汽车狂人，引起80%的交通事故；

——你的电脑80%的故障是由20%的原因造成的；

——20%的已婚者，占离婚人口的80%（那些不断再婚又再离婚的人，扭曲了统计数字）；

——你一生使用的80%的文句是用字典里20%的字组成的；

——20%的孩子，享受80%的高水平教育；

——在家中，20%的地毯面积可能有80%的磨损。80%的时间里，你穿的是你所有衣服的20%。如果你有一辆摩托车，出现80%的故障，是由20%的原因造成的；

——在考试中，20%的知识能为你带来80%的分数；

——你20%的朋友，占据了你80%的与朋友见面的时间；

——80%的能源浪费在燃烧上，只有其中的20%可以应用到车辆中，而这20%的投入，却回报以100%的产出；

——世界上大约80%的资源，是由世界上15%的人口消耗的；

——世界财富的80%，为25%的人所拥有；

——在一个国家的医疗体系中，20%的人口与20%的疾病，会消耗80%的医疗资源。

这些现象给我们的启示就是，往往多数的因素只能造成少许的影响；而少数的因素，才是最关键的。

二八法则的最广泛的应用是在营销工作中。你只要抓住那些重要的20%的客户，你的利润就会有所保证。所以，我们更不能对每位客户都做到"一视同仁"，应该有侧重地和重要的客户多联系，多应酬。

在营销活动中，想把所有精力和努力平均分配给每一个客户——"一碗水端平"——是不可取的。明智做法是充分关注发挥主要作用的大客户，将有限精力投注在他们身上，从而取得事半功倍的效果。麦当劳的成功诀窍之一，就是运用了二八定律。

> 麦当劳大多数分店是特许经营店。这些分店都由当地加盟投资人出资并负责管理与经营活动，同时承担风险。如果一年开设500家分店，全由麦当劳自己来做，投资需数亿美元。招聘、培训2 000多名员工，建立一个庞大复杂的管理体系，这么多的工作想做好并非易事。

很多企业也采取了连锁方式,却没成功,其失败归因于20%的内部工作没有做好。而麦当劳20%的工作,如超值商品体系、品牌创造与总部管理,运营得很出色,所以既成功地利用了外部资源,又为客户创造并提供了最好的服务。而让更多的投资者(包括员工)在最短时间内拿出更多资金进行投资,只有一种可能,即给予投资者的权益、报酬显著高于常规比率。常规权益分配观念,是自己占大头,别人占小头。采取80/20的权益分配策略,即原则上让对方得大头,自己得小头,不但能够快速扩大规模,还可以让合作者分担更多的责任和风险。

把二八定律运用到市场营销中,会让我们确立营销策略就更有效。一种有效简便的方法是对你的客户进行分类,例如你可以用"ABCDE法":

"A"类客户:有意购买你产品的企业家或具有决策权的人,但还没有下定决心的潜在客户,而且购买的数额会较大。

"B"类客户:想购买你的产品,具有决定权,不过因为有其他原因而不能马上决策。

"C"类客户:有话语权,比较倾向于购买你的产品,但是没有决策权。

"D"类客户:对你还不了解,但是可以挖掘的客户。

"E"类客户:明确拒绝了你的客户。

通过这种分类,你可以避免把时间和精力浪费在毫无潜力的客户身上,而把应酬的对象选择在前三类重要的客户上。

美国管理协会的一项统计表明:一位有代表性的业务员,他往往拥有众多的客户,然而其中能为他带来大比例的成交额和利润的却只有非常少的几位客户。例如,一位房地产经纪人,在他的150位客户中属于A类的客户只有15位,然而就是这15位顾客却为他创造50%的销售额,而占46%的69位c类客户加起来也才只占10%的销售额。

因此,对于那些占你的销售额比重较大的客户,你就应当为他们花费更多的时间。否则就意味着是对自己的重点客户的忽略。总之,你应记住,你的时间是有限的,你应该把有限的时间用在刀刃上。

二八定律提醒我们:集中精力做好最重要的事情,避免把时间和精力花费在琐事上,要学会抓住要矛盾。一个人的时间和精力都非常有限,要想真正"做好每一件事情"几乎不可能,要学会合理分配我们的时间和精力。要想面面俱到还不如重点突破。把80%的资源花在能出关键效益的20%的方面,这20%的方面又能带动其余80%的发展。

留住老客户,成本最小

如果你是做客户服务或销售工作的话,你必须树立这样一个意识——留住客户比挖掘新客户更重要。当产品或服务出了问题,你一定要及时帮助客户解决,但是聪明的服务人往往会主动地和客户取得联系,而不是被动地等待问题的出现。

销售员每争取到一位新客户都必须付出巨大代价,所以一定要同老客户建立起稳定的联系,绝不要失去它,每一个销售员都要这样做,尤其当你知道赢得一位新客户需要花费多少精力时候。客观地说,比起保住一位老客户从他那里得到生意,争取到一位新客户需要花费更多的精力和费用。

德国邮政特快专递公司有个小伙子叫乌萨斯,他的工作很简单,和全世界几十万名快递员一样,去客户那里接收文件或包裹,并把它们送到目的地。很多人对这样的工作不屑一顾,这有什么,不就是干体力活的么,能创造什么价值?然而乌萨斯的经历却给了有这样想法的人一个回击。

无论刮风下雨,乌萨斯每天都会骑着他的摩托车穿梭于马赛的街头,当他接到客户电话说需要接收快递的时候,他会用最快的速度到达客户那里,敲门,问好,得到对方的容许,签好单据,取上包裹,和客户热情地挥手道别,骑上自己的摩托车,马不停蹄地又到另一家客户那里。时间久了,乌萨斯所负责地区的客户们送给他"摩托车上的信使"的称号。

乌萨斯不光能高效高质地完成客户给予的递送任务,更令人称奇的是,他几乎成为了所有客户的"贴心人"。一次,乌萨斯去一个服装制作公司的老板——亨利先生那里取快递,亨利先生签完单据便和他闲聊了两句。乌萨斯突然想起了热莫诺斯(马赛的一个地区名字)有一家新开的服装市场,于是便和这位老板说:"亨利先生,我在热莫诺斯看到了一家新开的服装市场,不知道您有没有已经在那里开展业务?"亨利先生显然还不知道这个信息,于是他很惊喜地问了乌萨斯关于新开的服装市场的具体细节,乌萨斯给了他耐心的回答。乌萨斯离开前,这位老板一再向他表示感谢,因为乌萨斯提供的信息对他开展业务太有帮助了。从此,乌萨斯成为了这家公司的指定快递员,上上下下都对他非常尊重和喜欢。

几年里,这样的经历在乌萨斯身上屡见不鲜,他经常在接送客户包裹的时候,把自己所知道的一些信息和客户分享:当乌萨斯看到新的商铺在招租,就会把这样的信息捎带转告给相应的客户;乌萨斯发现政府对某一条大街进行改造,也会告诉给经常要走这条大街的客户,提醒他们送货时选择走别的线路;乌萨斯还会给客户们分享路上见到的一些小趣闻,让客户在繁忙之余开怀一笑。总之,乌萨斯走到哪里,都会受到客户热烈的欢迎,客户们写信或打电话给法国邮政特快专递公司表扬他。乌萨斯休息不上班的时候,客户们甚至会因为别的快递员来服务而感到很不舒服。

在乌萨斯从事快递工作的第三个年头,他被授予最受欢迎市民荣誉,并得到了市长的接见,这不仅对他是莫大的殊荣,对于所在的快递公司也是一种荣誉。乌萨斯正是凭借自己的辛苦工作,赢得了老顾客的赞叹,并且让自己成为最受顾客欢迎的投递员,有这样的投递员,你还会去找别人吗?这就是乌萨斯留住客户的法宝。

客户是企业利润的源泉,这早已是世界五百强企业的共识。客户是企业生存发展的支点,服务好客户是企业经营的重中之重。因为如果招待好一个客户,他不仅会成为企业的忠诚客户,还会像免费广告一样,向更多的人宣传企业的优点,从而吸引越来越多的消费者。留住老客户,就等于招徕新客户。失去一个客户很容易,得到一个客户却很难。对于企业来说,产品合格不是标准,用户满意才是目的;没有十全十美的产品,但有百分之百的服务。服务好一个客户,留住了一个客户,就是在吸引 10 个客户。

服务客户不是一个简单的口号,而是要求不断超越客户的期望,这样才能让客户感觉在你这里享受的服务是最佳的,才能够让他成为"铁杆客户"。满足顾客的要求,相信一般的公司或企业都可以做得到,但是,只有超越客户的期望,付出超值的努力,让他们感受到超值的服务,才能在企业间的竞争中脱颖而出。对于超值服务,希尔顿饭店为我们提供了很好的榜样。

有一次,一位出差的经理前来投宿,服务生检查了一下电脑,发现所有的房间都已经订出,于是礼貌地说:"很抱歉,先生,我们的房间已经全部订出,但是我们附近还有几家档次不错的饭店,要不要我帮联系看看。"

然后,就有服务生过来引领该经理到一边的雅座去喝杯咖啡,一会儿外出的服务生过来说:"我们后面的大酒店里还有几个空房,档次跟我们是一样的,价格上还便宜 30 美元,服务也不错,您要不要现在去看看?"

那位经理高兴地说:"当然可以,谢谢!"之后服务生又帮忙把经理的行李搬到后面的酒店里。

类似的服务,在希尔顿饭店经常发生,尽管他们的行为超出了自己的职责范围,但是,却令顾客感到了满意和惊喜。试想想,如果你受到这样超越期望的服务,你下一次一定还是会选择希尔顿饭店,不是么?因为你知道,你在这家饭店一定会得到最好的服务,他们一切服务都是以实现你的最大利益为出发点的。受到热情、真诚接待的客户，会对酒店留下极好的印象，不仅自己会成为其忠诚的客户，还会广泛推荐它，这样便会在既有的和潜在的客户群众形成良好的声望和口碑，吸引更多的客户消费。

客户不容易吸引，也不容易留住，如果想让你的企业蒸蒸日上，就必须学会超越客户的期望，给客户最满意的服务，这样才能培养客户的忠诚度，让客户成为忠实的客户，这样你的生意便会越来越兴隆！

全力营销，市场就是利润

对于企业来说，不管你生产什么东西，都需要市场，需要销路。生产出来的东西卖不出去，其他方面再好也是白费。这是一个全力营销的时代，谁拥有市场，谁就拥有利润。

对于销售来说，因为是跟人打交道的，因此，只有琢磨清楚客户的心理才能给营销增加更多的胜算。可是，销售工作每一次遇到的都可能是新人，你如何能够知道陌生人的癖好呢？这里交给你几个万无一失的招数，不妨试一试。

首先，不管你自己是一个营销员也好，还是公司有一个营销团队也罢，一定要坚持将最好的一面展示给客户，给客户留下好的第一印象。

一天，钢材公司的一个业务员来到客户的办公室。这个业务员穿着一件昨天就已上身的衬衫和一条皱巴巴的裤子。用含糊不清的话语说："早上好，先生。我代表洛斯钢铁公司。"

"什么？"这位先生很不高兴地问，"你代表洛斯公司？年轻人，我认识洛斯公司的董事和经理，你错误地代表了他们。"

这位业务员还来不及介绍自己的产品就被拒绝了。怪谁呢？抱怨自己刚和顾客见面就被拒绝时没有用的，需要做的是自己反省一下。

在推销活动中，首先映入顾客眼帘的是业务员的衣着服饰。可以说，初次见面给人印象的 90% 产生于服装与你的仪容。一般来说，这两样能直接反映出一个人的修养、气质和情操。穿戴整齐、神清气爽，看起来干净利落的业务员容易赢得顾客的信任和好感；而衣冠不整的业务员会让顾客留下办事马虎、懒惰、糊涂的印象。所以，给客户留下良好的第一印象，你就获得了一半的成功。

初步接触有好感之后，你要迅速通过谈话等活动了解客户的喜好，最起码要摸清楚客户究竟需要什么，才能有的放矢。

一位汽车公司业务员讲述了他的经历："我记得曾经有一位中年妇女

走进我的展销室,说她只想在这儿看看车,打发一会儿时间。她说她想买一辆福特,可大街上那位业务员却让她一小时以后再去找他。另外,她告诉我她已经打定主意买一辆白色福特轿车,就像她表姐的那辆。她还说:'这是给我自己的生日礼物,今天是我55岁生日。'

　　'生日快乐!夫人。'我说。然后,我找了一个借口说要出去一下。等我返回的时候,我对她说:'夫人,既然您有空,请允许我介绍一种我们的雪弗莱轿车——也是白色的。'

　　大约15分钟后,一位女秘书走了进来,递给我一打玫瑰花。'这不是给我的,'我说,'今天不是我生日。'我把花送给了那位妇女。'祝您生日快乐,尊敬的夫人。'我说。

　　显然,她很受感动,眼眶都湿润了。'已经很久没有人给我送花了。'她告诉我。闲谈中,她对我讲起她想买的福特。'那个业务员真是差劲!我猜想他一定是因为看到我开着一辆旧车,就以为我买不起新车。我正在看车的时候,那个业务员却突然说他要出去收一笔欠款,叫我等他回来。所以,我就上你这儿来了。'

　　如果那位福特汽车业务员知道自己的顾客因为这个原因而买了别的车,不知该有过后悔!"

面对你的时候,顾客可能有很多需要。如果你只想着自己的产品,怎么能行呢?销售的起点是顾客的需要,终点是客户的满足。记住:不是销售产品,而是满足需要。销售就是介绍商品提供的利益,以满足客户特定需求的过程。商品当然包括有形的商品及服务,满足客户特定的需求是指客户特定的欲望被满足,或者客户特定的问题被解决。能够满足客户这种特定需求的,唯有靠销售人员的火眼金睛与善解人意了。

推销,是说服推销而不是欺骗推销。因此,推销的第一原则就是诚实,也就是古人早就说过的"童叟无欺"。当你决定做一名出色的业务员时,就要在内心中定下一条基本的准则:一定要做一个诚实的业务员。诚实是你赢得顾客好感的最好方法。

　　一次,一位客户在购买了自己的一份意外伤害保险后,忘了取回一张非常重要的单据。因为疏漏,这张重要的单据丢在了业务员存有客户资料的文件夹里。

　　三个月后的一天,这位客户在外出旅游时不幸摔伤,当他找到保险公司要求赔偿的时候,保险公司要他提供两张证明,否则不予赔偿,其中就有他遗忘的那张单据。

　　在这种情况下,那位业务员没有任何责任,因为他不知道那张要命的单据就在自己这里。但是当客户找到他的时候,他迅速和客户一起寻找,

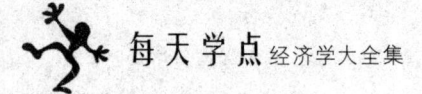

尽管始终没能找出那张单据的下落。

后来，他把自己存放材料的夹子取出进行查找。发现那张单据的时候，他真诚地向客户道歉，并没有因为害怕承担责任而隐瞒真相。

这位客户因为这件事而对他更加信任，后来又为他介绍了很多客户。

我们之所以信赖一个人，往往是觉得他诚实可靠。只有用诚实的态度，才能赢得越来越多顾客的信赖。

俗话说，市场就是利润，而营销就是占领市场的法宝。做一个善于营销的人，建立一支善于营销的团队，是生意经的第一要则。如果你想盈利，先学会怎么把东西卖出去！

抓住商机，眼光决定发展

经商的法则中，眼光至关重要。如果你能够发现商机，哪怕只比别人领先一步，也能够获得超额的利润。商海中到处涌动着机遇，就看你是否能够抓住它们。抓住商机，哪怕只是一个微弱的信号，就能够让你走到别人的前面，引领着未来的发展；而如果你忽略有用的信息，不仅会错失机遇，还会让别人超过自己，让自己成为落伍的人。

善于抓住商机，哪怕只是一小点别人不注意的信息，也要从中嗅出未来的信号；如果你反应迟钝，那么无疑只会成为落后的失败者。

英国能成为世界强国，海运事业的高度发达起到了重大的作用。酒店、咖啡店等地方成了这些闯荡大海的人的必到之地。1960年，劳埃德在英国的泰晤士河边开了一家咖啡馆。很快，这家咖啡馆就成了船老板、商人、船员等聚会的地方，很多信息都在这里交流，这里成了一个信息集散地。

他们在这里畅谈海外的奇闻轶事，回首航海中的风雨历程。这里有喜怒哀乐，这里有悲欢离合。高兴的人庆贺自己一帆风顺，满载而归；悲伤的人哀叹自己海上遇险，血本无归。

一天，咖啡馆老板劳埃德听到一个海员在喝咖啡的时候说，有一个伦巴第人在搞海运保险。这随随便便的一句话，在劳埃德的心中却掀起了波澜。

他想：我何不利用现在的条件，与这些老顾客们联手搞一搞海运保险呢？

他把计划告诉别人，很多人都说，这是很危险的，大海无情，海浪很容易把一条大船掀翻的，你赔得起吗？这就等于拿着英镑往大海里扔！

他感到有些犹豫，又不断地咨询那些从事海上贸易的老板，老板们对此很感兴趣。接着很多船长、船员、货主、商贩等纷纷表示，如果哪个人愿意来搞海运保险，他们都参加。这些人观点明确，在有了保障的前提下，谁都想碰碰运气，即使失败了，也不会血本无归。

有了这些人的支持，劳埃德终于下了决心。保险业开始的时候是不需要很多资金的，只要物色好了机构办事人员，就可以开张了。不久，一家"劳埃德保险公司"就在泰晤士河畔成立了。

很显然，他的保险公司生意一下子就火起来了，昔日一个小小咖啡店的老板，摇身一变，成了保险业的领军人物。

这就是成功者，他们即便是在日常工作、生活，甚至只是简单的与人交往之中，就习惯于主动地发掘有用信息，加以提炼，成为助自己成功的东风。成功需要一双明亮的眼睛，因为在这个人人渴望成功的社会，人人都跃跃欲试，而机遇总是那么的有限。谁能够耳聪目明，抢先发现商机，谁能够动作迅速，马上付出行动，谁才会成为引领风尚的人。在这个充满了变数的时代，任何一条信息都可能包含了未来的变化趋势。上帝从来不会直接给人馅饼，它需要你动脑去捉摸，自己发现有用之处。抓住商机，你就成功了一半。

美国西北部蒙大拿州比鲁特山边的达比镇，人们好多年都习惯于仰望那座晶山。晶山之所以获得这个名称，是因为它被风雨侵蚀，暴露出一条凸出的狭窄的微微发光的晶体岩脊，看上去有点像岩盐。

多少年来，没有一个人耐烦去弯下身子捡起一块发亮的石块，好好地把它观察一下。直到1995年，两个达比镇人康顿和汤普生参观镇上一场矿石展览会，看到矿物展品中的绿玉标本上附着的卡片，说明绿玉可用于原子能工业，便想到，也许晶山上的矿物会有大用途，于是他们立刻在晶山上立桩，表示所有权。最后，经专家检验分析，认定晶山是极有价值的世界最大的铍的矿产地之一。这一切都仅仅由于两个青年人不仅用他们的眼睛去观察，而且还用他们的心去思考。

商机不仅是创造财富的源头，更是掌握财富的钥匙，在知识化和信息化的时代，人类的生存和竞争主要依靠的是发现商机的眼光。商机其实不少，就看你能否发现。有时候，时刻盯住眼前的事情会让我们变得目光短浅，那么，就请试着放远一点，做笔大买卖。

第二次世界大战以后不久，战胜国决定成立一个处理世界事务的联合国。可是联合国设在什么地方，一时间成了一个颇费周折的问题。按理说，联合国的地点应该设在一座繁华的城市。可是，在任何一座繁华的城市建立联合国的总部都必须有大量的土地来建造楼房，这批土地必须花费大量的资金。可是刚刚起步的联合国总部却无力支付这样一大笔巨款。

正当各国的首脑们颇费踌躇的时候，美国的洛克菲勒家族知道了这个消息，立即出870万美元的巨资在世界级的大城市纽约买下了一块土地，无偿捐给了联合国，并且同时买下了这块土地周围的全部土地。

联合国大厦建起来之后，左右周围的土地价格立即飙升上去。没有人能够计算出洛克菲勒家族经营这片土地到底赚回来多少个870万美元。洛克菲勒家族之所以能够收获这丰厚的回报，就是因为他们播下了一粒智慧的种子。

做生意离不开对商机的追逐，综合我们举出的这些例子，其实不难看出，商机的捕捉，就在于你善于观察生活，善于发现别人忽略的东西，善于在寻常事中发现不寻常的出口。只要你捕捉到了商机，再辅之以勇气和努力，那么，你就会是商海的新星！

竞争策略，对手就是动力

厂家在商海中往往面临着很多实力雄厚的竞争对手，对于这些对手而言，彼此都要抢夺一样的市场，拼个你死我活是经常事，只有不断进步才能利于不败之地。

没有对手不是理想的状态，因为在没有竞争对手的环境下，你的进取心淡化了、你的斗志也消磨了，久而久之就不会继续努力了，消失只是迟早的事。所以，先要摆正竞争的心态，对手越多越好，这样你才能越战越勇！

许多的人都把对手视为心腹大患，是异己，是眼中钉，肉中刺，恨不得马上除之而后快。其实只要反过来仔细一想，便会发现拥有一个强劲的对手，反倒是一种福分，一种造化。因为一个强劲的对手，会让你时刻有种危机四伏的感觉，会激发起你更加旺盛的精神和斗志。

有位动物学家在对生活在非洲奥兰治河两岸的运动考察中，发现了一个奇怪的现象：生活在河东岸的羚羊繁殖能力比西岸的强，并且它们的奔跑能力也大不一样，东岸羚羊奔跑速度每分钟要比西岸的羚羊快13米。

经过深入研究，这个谜底终于被揭开，东岸的羚羊之所以强健，是因为它们附近生活着一个狼群。它们为了生存，天天生活在一种"竞争氛围"中，因而越活越有战斗力；而西岸的羚羊之所以弱小，恰恰是因为它们缺少天敌，没有生存的压力。

同样，一个人只有被另一个人紧追不舍，他才不敢松懈，才会努力拼搏，不断进步，并在前进的道路上严于律己，不犯错误。一个团队只有被另一个团队紧追不舍，这个团队才能团结一致，形成合力，并在团队与团队的竞争中处于优胜地位。一个企业只有被另一个企业或行业中的同行企业紧追不舍，这个企业才能在行业恶劣的竞争环境中调整自我，提高管理水平，积极开发新品，努力降低成本，优化营销手段，完善产品售后服务体系。只有这样，才能使自己的企业不断地战胜对手，超越对手，创造奇迹。一个国家只有被另一个国家或者被若干个敌视自己的国家紧追不舍，才能使这个国家居安思危，努力加强经济和国防建设，努力增强自己国家的综合国力，时刻保持清醒头脑，应付有可能发生的战争威胁，使自己的国家永远立于不败之地。由此可见，在生活和工作当中出现竞争对手并不是一件坏事情，相反，倒是一件好事，因为他能使你充满活力而富有朝气。所以，我们每个人应该学会利用竞争关系，实现个体或集体的进步。

不要希望没有对手，而要感谢你的对手，正是他们的存在，让你不会停歇，不断激发新的斗志。

　　林肯顺利地在1860年美国总统大选中胜出，当选为总统。就任后，他任命参议员萨蒙·蔡斯为财政部长。当时有许多人反对这一任命，因为蔡斯虽然能干，但为人狂妄自大，十分不讨人喜欢。他本来是想竞选总统的，却在大选中输给了林肯，但是蔡斯始终认为自己比林肯要强得多，不是很顺从与林肯的领导。当朋友不解地问起这件事时，林肯讲了这样一个故事：

　　"我想每一个在农村长大的朋友一定知道什么是马蝇。有一次，我和我的兄弟在肯德基老家的一个农场犁玉米地，一个吆马，一个扶犁。刚开始马很懒，总也不愿意动；可是过了一会儿，它却在地里跑得飞快，连我这双长腿都跟不上。等跑到了地头，我才发现，原来有一只很大的马蝇叮在马身上，我不忍心看着这匹马被咬得生疼，就随手就把马蝇打落了。我兄弟却埋怨我，并告诉我正是有了马蝇的叮咬，才使马跑得快。"

　　然后，林肯解释道："如果现在有一只叫"蔡斯"的强有力的马蝇正在叮咬我们的阵营，我们不仅不应该打落他，更应该感谢他，因为正是有了他的威胁，我们才会努力地跑。"

感激你的竞争对手吧，千万别把他当成"敌人"，而应该把他当作是正在叮你的"马蝇"，让你一刻都不能懈怠，充满竞争的激情和乐趣。

　　更重要的是，你要不断向你的对手学习，学习他们比你好的地方，改善自己。这样才能促进自己的进步，让自己在竞争中胜出。

　　20世纪60年代，零售业在美国兴起热潮，大量的企业如雨后春笋般崛起。沃尔玛在美国中部的小城起家，经过40多年的商海沉浮，在目睹了同行们一一倒闭、转行或者一蹶不振的惨相之后，如今，沃尔玛已成为

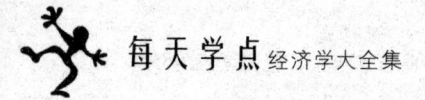

拥有4 000多家连锁商店、年收入2 400多亿美元的超级企业，名列全球500强首位，成就了一个业界神话。

当年，沃尔玛的一个竞争对手——斯特林商店——用金属货架换掉了传统的木制货架后，沃尔顿先生立刻也请人制作了更漂亮的金属货架，并成为全美第一家百分之百使用金属货架的杂货店。

后来，沃尔玛的另一竞争对手——富兰克特特许经营店——实施自助销售时，沃尔顿先生连夜赶到该店所在地实地考察，看到这种方式的巨大成功后，他也立刻开设了自助销售店，成为全美第三家开设自助销售点的零售业商家。

对手超过你的地方，正是你要学习的地方。如果一味只用敌意的眼光看待对手，那么你永远看不到对手比自己更优秀的品质；如果一味以胆怯的目光回避对手，也只会在对手的强劲攻势下甘拜下风。只有勇于挑战对手，并虚心向对手学习，才能够取其所长，让对手的经验为我所用，使自己得到长足的发展，最终超越对手。

蓝海战略，为企业找到新出路

随着自驾游的火爆，三亚汽车租赁业逐渐成为一个"高回报"的行业。但众多投资者扎堆入行，也给三亚汽车租赁业带来一定风险。

据三亚市交通局了解，由于三亚汽车租赁业没有设门槛，导致众多投资者扎堆入行，截止2009年6月在工商部门注册的汽车租赁公司达200多个。

"为了能够生存，很多公司只能不断压低价格，最后整个行业都在打价格战。"一位汽车租赁业内人士表示，这种恶性竞争不利于行业的发展。

"为了节省成本，很多公司使用二手车、私家车，车况差，自驾客经常抛锚半路，而一旦发生车祸，保险赔付也是一个大难题。"

随着旅游淡季的到来，价格战愈演愈烈，平时300元每天的一部车，现在只需100多元。

有戏言说，一个新产品，只要中国人知道了，肯定要涨价，因为购买的人太多了；只要中国人会制造了，肯定会跌价，因为模仿的人太多了。

这是任何企业都必须回答的问题：在商海中拼搏，靠什么获取优势？

答案无非是两个：要么在质量上竞争，要么在成本上竞争。

于是，两大经典的市场竞争策略诞生：差异化策略和低成本策略——前者通过在产品和服务等方面形成独有特色，利用产品设计、功能、外观、包装、品牌、服务等方面别具一格的形象，产生竞争力，这就是差异化策略。另一条路是低成本策略：通过扩大规模、利用专利技术和压低原材料价格，使自己的产品价格低于竞争对手，以此扩大销量，提高市场占有率。

要开发与众不同的产品，企业常常陷入高成本、高投入、高定价、低销量的恶性循环；而低成本策略常常导致价格战和低利润，同类企业拼得你死我活，头破血流。品牌和服务变得越来越相似，人们越来越基于价格做出选择。这就是"红海"——血腥、残酷。为了竞争优势和市场份额，企业在"肉搏"。同时，企业的获利性增长的空间越来越小。生存都不容易，要发展壮大就更难了。

那么，如何才能跳出"红海"的"肉搏"呢？

从100多年的资本运作最成功的150个战略案例身上可以找到答案。

从已有产业结构下的定位选择转为改变市场结构本身，通过跨越产业和竞争边界，开创市场空间，开启沉睡的巨大需求，把企业带入没有竞争者的蓝色海洋中。通过价值创新，让企业实现价值飞跃。这就是蓝海战略。

把整个市场想象成海洋，这个海洋由红色海洋和蓝色海洋组成，红海代表现今存在的所有产业，这是我们已知的市场空间；蓝海则代表当今还不存在的产业，这就是未知的市场空间。那么所谓的蓝海战略就不难理解了，蓝海战略其实就是企业超越传统产业竞争、开创全新的市场的企业战略。如今这个新的经济理念，正得到全球工商企业界的关注，有人甚至说，接下来的几年注定会成为"蓝海战略"年。

蓝海战略的核心，在于价值创新。

价值创新可不是技术创新。从历史来看，那些新产品的发明者，并不是最大的受益者。个人电脑和录像机这两种如此重要的产品，人们记不得最初的发明者，但却记得靠这些产品赚钱的公司。因此，价值创新可以通过多种途径实现，可以借用技术创新实现，也可以通过现有技术完成。"蓝海"并不都是新兴的产业，"蓝海"常常从"红海"中诞生。

全球咖啡连锁店星巴克就是一个绝佳的例子。

> 在咖啡零售领域竞争非常激烈，雀巢、麦氏等企业把注意力放在生产成本、质量、分销渠道上。一句话，都在"红海"竞争。然而，星巴克的诞生，开创了全新的盈利方式，将这些竞争对手远远甩在了背后。因为星巴克不仅出售咖啡，还提供独特环境、良好的氛围。这就是价值创新。
>
> 在星巴克诞生前，想喝咖啡只有两个选择，一个是去宾馆、酒店，并不是那里的咖啡好，而是酒店环境还不错；另一个选择就是传统咖啡店——暗淡的灯光，嘈杂的环境，还有吞云吐雾的吸烟者。于是，星巴克

的创始人在想,为什么不在一个优雅的环境里,出售美味的咖啡呢?时至今日,星巴克已经成为了咖啡连锁店大王:2004~2005年星巴克第三季度实现1.256亿美元净利润,整体净营收为16亿美元。在之前的第一季度和第二季度,星巴克也分别实现了1亿美元和1.1亿美元的净利润。星巴克明年将再开1 800家分店,在保持一贯的幽雅环境之外,还将推出"咖啡+音乐"的全新策略。

蓝海的开创者,从来就不以竞争者为标杆,而是采取完全不同的战略逻辑,这就是价值创新。在"红海"中,星巴克通过制造"环境"、营造"氛围",为顾客创造出新的价值,将咖啡和"环境"打包出售,找到了"蓝海"。从星巴克的发展来看,他们不仅保持了绝对优势地位,而且开创了一个价值连城的品牌。

有零有整,商品定价的学问

你关注过商品是如何定价的吗?厂家定价首先要考虑的是自己的成本,在成本之上加上一定的利润以确定价格,最后出售给消费者。

不知道你注意过没有,一些商场的商品定价往往都以9结尾,比如199、599等等,为什么商品的价格不取一个整数呢?

这首先是心理上的作用,比如199感觉好像便宜了,不到200;消费者以为自己买了一个一百多的东西,一说出去好像很划算;如果定在201,那就是200多了,好像就亏了。

还有一个原因是,商场搞促销,买满多少送多少或者减多少,当价格不是整数的时候,实际上要达到最优的情况不可能,总是要多买一些,比如买满200送100,那么199的东西就不符合,还要再买。比如有些商场是买200减80元现金,但是偏偏把商品定在599,真是让人哭笑不得,很多顾客为了凑够200的整数,多减一些,就会多买东西,可是最后算下来并不划算。

与此相反的是礼品的定价。很多礼品或者包装很好适合送人的商品的定价都带个零头,比如801,1055等等,为什么不把零头抹掉,直接定个整数就得了呢?这个在营销上有个专门的名词,叫立地定价法,就是在产品定价时把价格定位在某一价格区间的最低位置。例如我们经常见到的10、106、212等以0或特别小的个位数为末位数的价格。这种价格定位的好处是能够满足消费者提升档次但又不愿意承担更高费用的心理。可以简单概括为宁做凤尾不做牛头的心理。

如果你买这样的商品送人,价位上会让你感觉有零头送礼既实惠又有面子。如果你打算买两盒保健品送普通亲友，既想实惠又不想掉了面子。通常情况下我们会选择这种定价的产品。保健品礼品装一般都是两盒一个礼袋，如果两盒保健品价格是 199 元，你一定会觉得很窝心，明明加 2 元钱就送了 200 多元的礼了，偏偏没少花钱却丢了面子。对于礼品而言，立地法是最好的定价方法。

再说，中国人向来有砍价的习惯，如果能砍些价下来，既买了实用也买了开心。但对于卖家来说，是最不愿意被砍价的。那么这时能有个折中价是最好的，砍零头就是卖家最好的借口，也是不善于砍价的买家最乐意接受的折中方式。一件 308 元的商品，在买家刚开口要砍价的当口，卖家就极不情愿但又很爽快地让掉零头，这时候一般买家就不好意思再砍价了。

除了这两种常见的定价策略外，从便宜和贵两方面来看，也有两种定价方式。对于一种商品来说，如果定价太高，肯定买的人就少了，于是商家想出很多方法来解决这个问题。

现在很多 1 元店、两元店充斥在街头，这种小店用的就是同价销售术。最开始，英国有一家小店，生意萧条很不景气。一天，店主灵机一动想出一招：只要顾客出 1 个英镑，便可在店内任选一件商品（店内商品都是同一价格的）。这可谓抓住了人们的好奇心理。尽管一些商品的价格略高于市价，但仍招徕了大批顾客，销售额比附近几家百货公司都高。在国外，比较流行的同价销售术还有分柜同价销售，比如，有的小商店开设 1 分钱商品专柜、1 元钱商品专柜，而一些大商店则开设了 10 元、50 元、100 元商品专柜。对于消费者而言，大多都嫌讨价还价太麻烦，还是一口价简单方便，因此这种定价法就风行了。

对于一些很贵的东西而言，没有什么东西能比顾客对价格更敏感的了，因为价格即代表他兜里的金钱，要让顾客感受到你只从他兜里掏了很少很少一部分，而非一大把。价格分割是一种心理策略。卖方定价时，采用这种技巧，能造成买方心理上的价格便宜感。比如，商家将商品分割，用较小的单位报价。例如，茶叶每公斤 10 元报成每 50 克 0.5 元，大米每吨 1 000 元报成每公斤 1 元，等等。巴黎地铁的广告是："只需付 30 法郎，就有 200 万旅客能看到您的广告。"还有一种方法就是用较小单位商品的价格进行比较。例如，"每天少抽一支烟，每日就可订一份报纸。""使用这种电冰箱平均每天 0.2 元电费，只够吃一根冰棍！"报价时用小单位就是这种方法的秘诀。

还有很多商品，商家看准了顾客好面子的特点，便故意定高价使得顾客在购买的过程中觉得特别有面子、有身份感。例如，某地有一商店进了少量中高档风衣，进价 400 元一件。该商店的经营者见这种外套用料、做工都很好，色彩、款式也很新颖，在本地市场上还没有出现过，于是定出 1 350 元一件的高价，居然很快就销完了。这种定价方法能够让商家在短期内获利，但是很难持续。如果你推出的产品很受欢迎，而市场上只你一家，就可卖出较高的价。不过这种形势一般不会持续太久。畅销的东西，别人也可群起而仿之，因此，要保持较高售价，就必须不断推出独特的产品。除非你的产品真的物有所值，否则迟早会搬起石头砸了自己的脚，成为消费者唾弃的商品。

与此相反，有些商家尤其是生产大众化产品的商家，往往采用低价定价法，这种策略则先将产品的价格定得尽可能低一些，使新产品迅速被消费者所接受，优先在市场取得领先地位。由于利润过低，能有效地排斥竞争对手，使自己长期占领市场这是一种长久的战略，适合于一些资金雄厚的大企业。对于一个生产企业来说，将产品的价格定得很低，先打开销路，把市场占下来，然后再扩大生产，降低生产成本。对于商业企业来说，尽可能压低商品的销售价格，虽然单个商品的销售利润比较少，但销售额增大了，总的商业利润会更多。不过这种商品只适合一些中低档商品，对于高档商品及追求生活品质的客户则不适用。

对于一般商品来说，价格定得过高，不利于打开市场；价格定得太低，则可能出现亏损。因此，最稳妥可靠的是将商品的价格定得比较适中，消费者有能力购买，推销商也便于推销。如何避免过高定价和过低定价，保证定价的合理呢？这就可以应用安全定价法。安全定价通常是由成本加正常利润购成的。例如，一件T恤衫的成本是50元，根据服装行业的一般利润水平，期待每件T恤衫的能获20元的利润，那么，这件T恤衫的安全价格为70元。安全定价，价格适合，也使得厂商可以长期地维持在一个价格销售，免去了市场对价格敏感的麻烦。

对于一些日用品而言，折中定价法是一个很好的选择。这种定价法就是产品定价时直接以5、50、4、6等中间数字作为产品的末尾数字来定价。此类消费者对价格敏感度较弱，一般更关注产品本身带给自己的感受，不愿意受到他人意愿的指使。例如，很多饮料的终端零售价都定位为1.5元、2.5元、3.5元，还有4.5元和5元。折中定价的商品相对消费者的经济能力而言，属于小件商品，这种产品定价一般对青少年比较有效。青少年往往追求个性独立但又没有足够的经济能力，他们消费愿意追赶流行但有不愿意受金钱约束。他们会考虑到自己的经济承受能力选择商品时对高位数字很在意，但对价格零头缺乏关注。饮料就是一种典型的青少年消费品。但奶制品的定价往往很少用数字5为后位数，这是因为奶制品的购买人群多为家长尤其是成年女性。这类人对价格十分敏感，会对产品零售价、容量、单位含量均价等详细计算和比较。因此不适用于折中定价的商品。除了饮料外，我们可以发现一些快餐、小吃或者某些餐厅的菜单，也是以5为定价末尾数字。快餐自不必说，5元和6元快餐是最常见的。如果我们留意餐厅的菜单，我们会发现菜价中最后一个数字很少有1、2或8、9的。

价格是消费者直接付出的代价，毕竟消费者的经济实力是分三六九等的，如果不仔细研究定价的学问，就会错失市场。该高则高，该低则低，讲究定价的学问，才能让商品受市场的欢迎。

做老大，成为行业龙头

人们对任何堪称"第一"的事物都具有天生的兴趣，并有着极强的记忆能力。不经意地你就能列出许许多多的第一，比如：世界第一高峰、版图最大的国家、中国第一个皇帝、美国第一个总统、第一个登上月球的人……可是紧随其后的第二呢？你可能就说不上几个。看来，人类确实像那只小鹅那样，承认第一，却无视第二。

商业中有一个信条："如果你能真正制好一枚别针，应该比你制造出粗陋的蒸汽机赚到的钱更多。"所以，努力成为行业中的专家，对一个人的成功至关重要。俗话说，宁做鸡头，不做凤尾。只有做到第一，才会看到不一样的天空，才会拥有胜利者的笑容。

成为业内的"第一"或者翘楚是每个人的梦想，然而不经历一番磨炼又怎能超越众人呢？想成为"大拇指"，就必须付出加倍的努力。只有成为龙头，才能获得超额的利润，只有那些排名第一的公司才能立于不败之地，将竞争者远远落在后面。所以，做企业应该像参加奥运会一样，勇争第一。世界知名的戴尔电脑公司为我们提供了一个很好的例子：

2003年，戴尔公司的年销售收入超过354亿美元，比上一年有了长足的进步，然而戴尔却立即宣布：公司的新目标是，2006年的销售收入达到600亿美元，增长率必须达到市场增长率的三倍。

任何值得庆祝的成功在戴尔看来，都似乎是理所当然的。公司甚至还规定，员工在完成指标后的庆贺不允许超过5秒钟，而且在一个目标完成后的5个小时之内必须拿出新的目标和计划。

永远把自己的眼光聚焦在更高的地方，永远把自己置于一种厚积薄发的拼命状态，这就是戴尔的成功哲学。戴尔要求员工把每一次任务都当作参加奥运会，只能拿第一，不能拿第二。

戴尔既没有蓝色巨人IBM那么悠久的历史和品牌，也没有惠普实力雄厚的科研力量。如果想要在群雄鼎立的IT产业谋求大发展，戴尔只能以速度取胜，做到更快、更凶、更狠，以快速的增长速度来赢得市场。

实施证明戴尔的策略是明智的，戴尔在个人计算机销售量上，早已超过IBM、惠普和康柏，并且连续三年都是全球的第一。

如果你不够强大，那么就只能依靠更拼命、更迅速、更勇猛，来赢得长足的进展。不做第一，就注定被埋没。只有奋起直追，勇往直前，才能缔造一个个商业帝国。人，天生就有一种追随"第一"的本能，它就像一种强烈的心理暗示，左右着我们的人生路线。对于企业和个人发展来说，第一不是唯一，但是只有做第一，才会有人跟随，才会创造效益。

世界著名的CEO，美国通用公司（GE）的杰克·韦尔奇就深明做龙头老大之道，并应用于企业经营过程中。韦尔奇在上任的第一次年会上，就提出了"要做第一，只要不是第一、第二的部门就关门！"

他经常跟员工讲，谁都不愿在不入流的公司鬼混，而希望在第一流的公司经受最好的锻炼。所以对于那些失去竞争力的部门，他会毫不犹豫地将它们卖给对手，而不是让这些落后部门继续留在公司苟延残喘。

韦尔奇一直认为，如果通用电气不能做第一，还不如让员工选择到其他第一的公司工作。员工们被韦尔奇这种只做第一的信念打动，纷纷以力争上游的标准要求自己，使得通用电气在20世纪末前20年里，没有被经济不景气严峻形势击垮，一步步发展成了美国最成功的企业。

做第一，才能拥有不一样的未来。不要限制自己的发展，做企业，就要做行业翘楚，做行业龙头，做第一！这样才能实现商界的伟业。

第二十二章　你能看懂财经新闻吗

——每天学点热点中的经济学

> 对一件事情我们必先接受它，才能改变它。谴责并不能把我们从困扰中解脱出来，只会使之加剧。
>
> ——荣格
>
> 经济学家和政治哲学的思想，无论在当时正确还是错误，都比普通的理解更为有力。这世界实际上是由少数精英统治的。"
>
> ——约翰·梅纳德·凯恩斯

次贷危机，金融世界"大地震"

对于任何一个关心经济领域的人来说，次贷危机这个名词是再熟悉不过了。因为从2007年开始，这个名词就频繁地出现在各种媒体上。次贷危机让强大的美国经济陷入了增速减缓的困境，甚至面临经济危机。在经济全球化的今天，美国经济的变脸牵一发而动全局，让全球众多国家的经济也陷入了危机。在中国，次贷危机也产生了很大的影响，如经济的下滑、通货膨胀、股市的暴跌等，都和次贷危机有关系。那么，什么是次贷危机呢？

次贷危机全称次级房贷危机（Subprime Lending Crisis），是指发生在美国，因为次级抵押贷款机构破产而导致的投资基金被迫关闭，股市震荡反常剧烈的危机。次贷危机造成了全球金融市场流动性不足，包括美国、欧盟、日本等主要金融市场都受其影响。

在美国，按揭贷款有三个层次。第一个层次是优质贷款市场，这个市场面对信用分数在 660 分以上的优质客户，主要提供传统的 15~30 年固定利率按揭贷款。第三个层次就是次级贷款市场，针对的是信用分数低于 620 分，没有收入证明与负债较重的人，主要是提供 3~7 年的短期贷款。至于第二层次就是"另类 A 级"抵押贷款市场，主要是提供介乎前两者之间的贷款。

次贷危机的产生，就是由于第三个层次的次级贷款市场出现问题。次级贷款市场面向收入证明缺失、负债较重的人，贷款人可以在没有资金的情况下购房，无需提供资金证明。这表面上来看，贷款银行似乎在做着善事，让那些低收入家庭能够有房可住。事实上，我们不能忘记任何公司都是逐利的，银行也不例外。这些银行推出的都是无本金贷款，3 年、5 年、7 年可调整利率贷款，选择性可调整利率贷款等多种贷款方式。而这些贷款都有一个共同特点，那就是在还款的开头几年，每月的按揭支付很低而且固定，但是等到一定时间之后，还款压力就突然增加。这样做的危险性是显而易见的。但因为银行对资产价格有着极其强烈的上涨预期，而且这样做的利润空间很大，所以，就冒着极大的风险为低收入者提供贷款了。

银行将贷款带给低收入家庭之后，它本身为了转移风险以及尽快回笼资金，以住房抵押为基础，对次级贷款进行了证券化，将这些贷款发行成债券，即次级债（MBS）。相应的，此类次贷债券的利率也高于普通的债券。因为利率高，于是很多国际投资机构，包括投资银行、对冲基金等都纷纷买入了次级贷款债券。

而投资银行更加富有创新意识，将次级债再次证券化，设计出次级抵押证券（CDO），卖给全球的保险公司和对冲基金。保险公司和对冲基金再次转卖这些次级抵押证券，到了最后，风险已经蔓延到了全球的金融机构。

如果房价能够持续上涨，这样的利益链条是能够保持正常的。但是，从来就没有只升不降的资产价格，当经济进入滞胀，通胀泛滥，资产价格的下跌就无法避免了。从 2006 年开始，美国楼市开始出现下滑，房价开始下跌，次级贷这个多米诺骨牌随之倒塌，无数家庭无法偿还贷款，大量的违约房产被银行收回拍卖，导致了贷款银行的巨额亏损，投资银行也无法幸免，花旗、美林、瑞银、摩根士丹利等著名投资银行也爆出巨亏。这就是席卷全球的次贷危机了。

随着中国经济和世界经济的联系越来越紧密，次贷危机对中国经济的影响也就非常显著。虽然中国金融机构持有美国次贷金融产品的规模有限，但次贷危机的间接影响不容忽视。

首先，次贷危机造成美国进口需求下降，以及美国政府应对危机而导致的美元大幅贬值，严重恶化了中国出口行业的外部环境。统计显示，2008 年上半年中国出口增速比去年同期放缓 5.7 个百分点，其中纺织品服装出口额换算成人民币，增幅回落 11.6 个百分点；部分中小企业尤其是以出口为主的企业生产经营压力加大，全国有 6.7 万家规模以上中小企业亏损。

其次，由于美联储进入了降息周期，而中国央行在通胀压力下不得不实施从紧货币政策，加剧了人民币相对于美元的升值预期，吸引了大量的国际热钱流入中国套利。大量热钱的涌入一方面造成外汇储备迅猛增长（2008年上半年我国外汇储备新增2 806亿美元，总额达1.8万亿美元），强化了人民币升值预期；另一方面加剧了国内流动性泛滥的局面，推动通胀率和资产价格上升。

再次，次贷危机的爆发改变了全球投资者的风险偏好，推动了全球范围内的金融产品价值重估，增加了金融市场的波动性，这也是造成目前中国股市与房地产市场波动性加大的原因之一。

最后，美元贬值推高了全球能源与初级产品价格，这将通过PPI的上涨（我国的PPI从2007年10月份开始上升，到2008年2月份达6.6%，创3年新高），最终传递到中国的CPI（2008年2月份达到峰值8.7%）。

中国房价，有房才有家

"安得广厦千万间，大庇天下寒士俱欢颜，风雨不动安如山！"

这是杜甫的千古绝唱——《茅屋为秋风所破歌》中的诗句。公元759年暮冬，为避安史之乱，杜甫流亡到成都。次年春天，在友人的帮助下，于风景秀丽的浣花溪畔盖起了一座茅屋。诗人十分喜悦，在这里先后居住四年，留下诗作240余首。不料，最终在一个深秋，风雨大作，屋破雨漏，杜甫长夜难眠，遂写下了这一名作。诗人潦倒至极，然而在诗中，依然表现出身处窘困却心念天下黎民的胸怀。让杜甫更没有想到的是，他自伤贫困的一句诗仍是一千多年之后现代我们内心的真实写照。

"民以食为天，家以居为先"。住房，是一项基本的生活需求。时至今日，住房问题依然是中国百姓普遍关心的一个严峻话题。特别是进入21世纪以来，人们对于房产的改革，越来越关注，到了街头巷尾无不议论的程度。

1978年9月，城市住宅建设会议在北京召开，改革开放的总设计师邓小平同志说："解决住房问题能不能路子宽些，譬如允许私人建房或者私建公助，分期付款，把私人手中的钱动员出来，国家解决材料，这方面潜力不小。"

党的十一届三中全会召开后，针对住房问题，邓小平同志再一次说："城镇居民个人可以购买房屋，也可以自己盖，不但新房可以出售，老房子也可以出售，可以一次付款，也可以分期付款，10年、15年付清。住宅出售后，房租恐怕要调整，要联系房价调整房租，使人们考虑到买房合算，对低工资的职工要给予补贴。"

1997年，中国的住房改革正式上路。国务院提出建立"以经济适用房为主的多层次住房供应体系"，由此终结了推行几十年的福利分房。紧接着，众多工厂职工掏钱购买自己租住的单位房屋。中国由此飞速进入了"住宅私有化"的时代。大致在2000年，中国房地产市场开始进入"市场化、民营化"的阶段，而房价也踏上了飞速上涨的历程。然而此时，保障性住房并未按照国务院当年的要求，成为城镇住房市场的主体。这导致低收入和高房价的矛盾越来越深，太多的普通百姓陷入到只能看，不能买的境地。

有一种观点讲房价的上涨归结为住房的刚性需求。从马歇尔的《经济学原理》到萨缪尔森、斯蒂格利茨的《经济学》以及中国权威学者所编的经济学教科书，都找不到"刚性需求"这一术语。很显然，这是中国"经济学家"对现代经济学的独特贡献。刚性需求是什么，简单举个例子，中国未来有2亿多农民要成为城里人，他们需要房子，这是刚性需求。因为刚性需求的存在，中国的房价长期看肯定涨。稍微有点经济学基本常识的人都知道，经济学里所讲的需求，不仅是有效需求、真实需求，而且是在"预算约束下"在一定时间内的需求。而我们的这些经济学家，在谈刚性需求的时候，却把经济学里关于需求的概念忘得一干二净，只讲需求，不讲居民的收入，不讲在什么时间内的需求。

高昂的房价，直接影响到人们的生活。最简单、最直观的一个现象就是，男大当婚，女大当嫁，可是，有多少爱情死于房价？虽然两者之间没有直接关系，但不可否认的是，不管什么时候，结婚总得有住的地方。中国有一个历史悠久的传统，老百姓都讲"盖房子娶媳妇"，在现代化的城市里，这演变成"想买房子结婚"。然而，一套房子的价格对大多数年轻人来说，称得上一个天文数字。再者，人们的生活除了住房之外，还有孩子的上学和老人的健康，这两者都需要作很大的储备，人们不可能把钱全都存到房子里。在这样的情况下，人们对保障性住房的渴求就不难理解了。

"社会保障性住房"，是指由政府投资兴建或收购的，限定建设标准、供应对象和销售价格或者租金标准，具有保障性质和特定用途的住房。保障性住房与市场上的商品房相比，一个为了公益，一个为了盈利，有着本质不同。对于老百姓而言，保障性住房的最大特点当然就是便宜、实惠。

实际上，在十多年前的住房改革中，保障性住房就已经被钦定为主角，但由于各种原因，它一直站在中国房地产这个大舞台的边缘。现在，在中国楼市甘当了十多年配角的保障性住房，终于等来了"变换角色"的时刻。

2006年5月，国务院发布《中华人民共和国测绘成果管理条例（修订草案）》，提出六条房产调控纲要，明确重点发展中低价位、中小套型普通商品住房、经济适用住房和廉租住房。2007年8月8日，国务院下达《关于解决城市低收入家庭住房困难的若干意见》，明确提出"进一步建立健全城市廉租住房制度"、"改进和规范经济适用住房制度"以及"逐步改善其他住房困难群体的居住条件"。进入2008年，各地政府推进保障性住房建设的力度进一步加大。这表明，买不起商品房的老百姓，有望借助保障性住房满足自己基本的生活需求，实现并不奢华的住宅梦想。相信随着保障性住房的推广，"广厦千万间，百姓俱欢颜"的梦想，离我们的距离将越来越近。

扩大内需，消费是做贡献吗

王叔是一家外企的高级管理人员，收入丰厚，家庭生活富足。可是他却常常因两个人的花钱而生气，一个是他的父亲王大爷，另一个是他的儿子王小宝。这生气不是因为别的，是因为父亲的过分节俭和儿子的过度消费。

王叔的父亲王大爷是一个十分节俭的人。虽年已七旬，但勤俭的习惯却一直未改。为了节省一点电费，王大爷看电视时从来都不开灯，空调从装上到现在，如果不是王叔去他那里开上一会儿的话，他自己是舍不得开的。当王叔因此而说几句时，王大爷总是说："咱住在二楼这么阴凉，如果再开空调，浪费电不说，凉得也实在让人受不了。"为了防止蚊子咬他，王叔专门给父亲买了一盒蚊香让他记着晚上睡觉前点上。可王大爷总是说："不点也罢。过去在农村，有谁点蚊香。人瞌睡了自然就会睡着，这么大个人还在乎蚊子咬两口。"为了能免费理发，王大爷能从城西步行到城东找义务理发摊儿。为了省钱，王大爷不仅坚持自己蒸馒头，而且也很少买菜，常常是逛菜市场时顺便就拣上一些菜回来。王大爷过生日时，王叔说到饭店里去吃顿饭，可王大爷却说："还是在自己家吃实惠，割斤肉，擀点儿面，比去饭店吃强多了。"

与王大爷形成鲜明对比的是王叔的儿子王小宝。为了玩游戏，硬是让他妈给他买了一台好电脑，游戏光盘一买就是好几盘儿。想弹吉他，就让他妈给买了一把吉他，还专门请了老师教他。到了夏天，王小宝是进门就开空调，冰箱里好点的冰糕都是为他准备的。早上他动不动就要去喝两三块钱一碗的羊肉汤。中午和晚上，饭桌上没有肉他是不会动筷子的。就这还不算，双休日王小宝还总要王叔带他去饭店里撮一顿。对此，王叔没有少说儿子，可是王小宝却振振有词："现在提倡消费，国家领导人都说要扩大内需，我们应该响应党的号召，为社会多做贡献。而且，您和我妈的

收入也不应该在乎这点支出。"

王叔非常矛盾，常因父亲过分的节俭而心疼地责怪他，但对儿子的过度消费虽然生气却又无可奈何。其实，王叔在这里就遇到了一个经济学问题——节俭悖论。

18世纪，荷兰的曼德维尔博士在《蜜蜂的寓言》一书中讲过一个有趣的故事。一群蜜蜂为了追求豪华的生活，大肆挥霍，结果这个蜂群很快兴旺发达起来。而后来，由于这群蜜蜂改变了习惯，放弃了奢侈的生活，崇尚节俭，结果却导致了整个蜜蜂群体的衰败。

蜜蜂的故事说的就是"节俭的逻辑"，在经济学上叫"节俭悖论"。在西方经济学说史上，节俭悖论曾经使许多经济学家倍感困惑，但经济学家凯恩斯从故事中却看到了刺激消费和增加总需求对经济发展的积极作用，受此启发，他进一步论证了节俭悖论。

凯恩斯是20世纪最有影响的经济学家，一生对西方经济学做出了极大贡献，一度被誉为资本主义的"救星"、"战后繁荣之父"。"节俭悖论"就是他最早提出的一种理论，也称为"节约反论"、"节约的矛盾"。

如何解读这个悖论呢？我们都知道，节俭是一种美德，是个人积累财富最常用的方式。如果某个家庭能勤俭持家，减少浪费，增加储蓄，那么这个家庭往往可以致富。但是，根据凯恩斯的总需求决定国民收入的理论，节俭对于经济增长并没有什么好处。实际上，这里蕴涵着一个矛盾：公众越节俭，降低消费，增加储蓄，往往会导致社会收入的减少。因为，人们的收入通常有两种用途——消费和储蓄，而消费与储蓄呈反方向变动，即消费增加储蓄就会减少，消费减少储蓄就会增加。所以，储蓄与国民收入呈现反方向变动，储蓄增加国民收入就减少，储蓄减少国民收入就增加。根据这种看法，增加消费减少储蓄会通过增加总需求而引起国民收入增加，就会促进经济繁荣；反之，就会导致经济萧条。由此可以得出一个蕴涵逻辑矛盾的推论：节制消费增加储蓄会增加个人财富，对个人是件好事，但由于会减少国民收入引起萧条，对整个国民经济发展却是件坏事。

节俭悖论告诉我们：节俭减少了支出，迫使厂家削减产量，解雇工人，从而减少了收入，最终减少了储蓄。储蓄为个人致富铺平了道路，然而如果整个国家加大储蓄，将使整个社会陷入萧条和贫困。也就是说，在资源没有得到充分运用、经济没有达到潜在产出的情况下，只有社会每个成员都尽可能多地消费，整个经济才能走出低谷，迈向更加充分就业、经济繁荣的阶段。

凯恩斯还说明了，需求增加所引起的GDP的增加一定高于原来需求的增加。这被称为"乘数效应"。比如说，需求增加了1亿元，但最后GDP的增加一定大于1亿元。这是因为各种物品有互补性，国民经济各部门之间是相关的。比如，富人买别墅花了1亿元，GDP增加了1亿元。住在别墅里一定要有汽车，买车又用了1 000万元。买汽车要买汽油、买保险，购买各种服务（使用高速公路、维修等）又要用1 000万元。仅就这些支出已达1.2亿元。用于买别墅的1亿元带动了建筑、装修等行业，这些部门的人收入增加，消费增加。用于买汽车和相关物品与劳务支出的1 000万元也带动了这些行业的人收入和消费增加。住房和汽车又带动了钢材、水泥、机械等行业。这样一轮一轮带动之下，整个经济GDP的增加肯定不止原来买别墅的1个亿。在这个过程中，经济发展了，所有的人——无论是作为股东和高管的富人，还是作为管理和技术人员的中等收入者，以及低收入者工人——都会受益。

古老的美德何以成为现代的罪恶？有两点我们必须考虑，它有助于我们对于问题的理解：一是我们必须永远记住：在经济学中一加一不一定等于二。也就是说，对单独个人有益的事情不一定因而就对全体有益；在有些情况下，社会成员个人的精明可以是整个社会的愚笨。二是解决节俭悖论的这一现实存在于经济是否处于萧条的水平这一问题之中。在一个古老的社会中，我们总是处在充分就业状态；因此，我们把国民产品用于当前消费越多，可用于资本形成的产品就越少。如果产出可以假定总是处在其潜在水平，那么传统的节俭理论就是绝对正确的，即从个人和从社会角度来说都是正确的。也就是说，节俭悖论的存在，是有它的社会经济发展的特定条件的。并不是说任何时候都如此。

税赋归宿，谁来最终承担

在经济学上"税赋归宿"的概念，是指一项税收最终的经济负担者。在这里要指明，它是相应于法定纳税人而制定的，之所以这样规定，是因为最终的税收负担者和法定纳税人有时候并不一致。

纽约的史密斯在沃尔玛超市购物，他挑了一件质地不错的夹克，标价100美元。在付账时，收银员向他要了108美元。在给他的小票上标明，这108美元中，包括8%的销售税。同样的情形史密斯在其他州也经历过，不过，当时征收的是6%的零售销售税。在美国和欧洲的一些国家，顾客是要按"标价乘以税率"的模式支付相应的销售税的。史密斯可以依据小票，及时、准确地了解自己在这次购物中缴纳了多少税款。后来，史密斯来到北京旅游，并在一家大型超市里采购。可是，当他看到自己的小票时，却发现上面除了他所购买的货物的价格和数量外，平日习惯看到的税率没有了，于是他产生了一个疑问：在中国购物，消费者不用支付销售税吗？

美国和中国的税制不同，在我国相应的税种是增值税以及消费税。不过，有一点史密斯看到了，在我国的销售中，商品的标价是多少，顾客就付多少钱，仅此而已。倘若不作经济学分析，我们就可能产生这样的错觉：销售税征在谁的头上，谁就承担了这份税负。因此，许多人就此认为，在中国，对销售的征税是针对商家的，商家是这份税赋的负担者。那么，真的是这样吗？

在经济学上有一个"税收归宿"的概念，指一项税收的最终买单人。之所以这样规定是因为还有一个法定纳税人的概念，很多人就不明白了，法定纳税人不就是最终的税收负担者吗？比如工薪阶层，我们所交的个人所得税，这样来看我们不就是法定纳税人吗？是的，这时候，作为员工的你，是法定纳税人，但是如果企业作为法定纳税人的时候，企业就未必是最终税负的承担者。比如一个企业再计算成本的时候往往把税收计算进去，提高产品的终端售价。把税收转嫁给消费者，这叫做"税负转嫁"。税负转嫁有多种方式，分为前转、后转和混合转。前转是指提高商品价格的方式来转嫁消费者，比如一个玩具厂家，因为提高税率，税负加重，所以就会重新调整它的价格策略。原来给经销商的终端零售价是100元，现在可能要上调到120元。

后转是指以压低采购成本的方式将税负转嫁给原料提供者，比如图书需要用纸，因为需要交税，所以跟纸厂说，需要再便宜些，要把税钱省下来，这就是后转。

混合转是指，既包括前转也包括后转，比如，水杯厂在面对税负时，一部分用提高价格的方式转嫁给经销商，另一部分用压低进价的方式，转嫁给原料厂家。

但税负转嫁中与消费者最相关的就是前转，因为平时我们所消费的大部分商品都是被厂家转嫁税负之后的商品，但也不是所有的商品都会转嫁给消费者，因为税负转嫁还要受需求弹性的制约，一般来说，需求弹性大的商品，不易被转嫁，需求弹性小的商品，容易被转嫁。比如烟卷，这是生活必需品，需求弹性比较小，有人建议通过征税来抑制烟民的增长。但是这样的办法未必可行，因为需求弹性小，所以商家会把税收转嫁到消费者头上，你给烟厂征税，烟厂就提高烟价，提高烟价后并不影响烟卷的销售，所以征税的作用只能是让消费者多交钱。

我们生活中的很多商品都已经是税后的价格，有人算了这样一笔账：在我国，假如一袋1公斤的盐为2元。其中就包含大约0.29元的增值税。而每瓶3元的啤酒包含大约0.44元的增值税、0.12元的消费税。如果你花100元买一件衣服，其中包括14.53元的增值税。如果你花100元买一瓶化妆品，其中除了14.53元的增值税外，还包含25.64元的消费税。如果你吸烟，每包8元，其中大约4.07元是消费税、增值税。总之，只要你消费，就需要纳税。我国最主要的税种是增值税，是我国第一大税种。

增值税，通俗点讲就是对商品增值部分征收的税，也就是商品从生产到最终消费出去增值多少，针对利润收税，如果没有利润不收取增值税。增值税属于我国第一大税种，增值税的税率一般是17%。计算公式为：应纳税额=销项税额—进项税额。可能很多人不明白这个公式，我们以一个案例来说明税负是怎样征收并转嫁的：

假设乙企业要从甲企业购买一批货物。税率为17%，乙企业向甲企业购进货物100件，价值金额为10 000元。对甲企业而言，这是销售行为，国家要在这个过程中对商品征收增值税，甲的销售金额是10 000元，那么甲应交纳的税金是10 000元×17%=1 700（元），甲应该上缴1 700元。甲要把这个税负转嫁给他的消费者就是乙。乙作为采购方如果想购买这批货物，必须付款11 700元，17 00元给甲交税，10 000元买货，对乙而言，这1 700元就是进项税。

乙开始加工货物，制造了一批成品100件，金额为20 000元，卖给丙公司，这一销售行为同样要征税，丙公司要向乙公司交纳23 540元来购买货物。这3 540元就是乙的销项税额。那么这时乙应该上缴给国家的就是3 540—1 700=1 840(元)，1 840元是乙的应纳税额，而3 540元是乙的销项税额，1 700元是乙的进项税额。看到这里大家明白了，以后丙再卖给丁，商品在流转过程里都是这样不断征收增值税的，所以增值税又叫流转税。

跑不过刘翔，要跑过 CPI

网上突然大肆宣传这样一句话："你可能跑不过刘翔，但你一定要跑过CPI"。这种活泼生动的说法源于中国在2008年初出现了较为严重的价格上涨现象。

有个网友曾经很无奈地说：我想买房，结果房价涨了。我想买车，结果油价涨了。我想买点肉吃，结果猪价涨了。那我吃方便面总可以了吧？结果方便面也涨价了。

还有这样的一个笑话：沙僧对悟空说："大师兄，现在二师兄都比师父值钱了。"这个笑话就是说2008年猪肉的价格暴涨。
中国2008初年出现了较为严重的通货膨胀。

在北京朝阳区北大院旁边的菜市场，大白菜、菠菜摊位前挤满了人，小贩忙得满头大汗，脸上的笑容却一刻也没停止过。一个卖蔬菜的小贩每天能赚200元左右，而菜市场北侧的15个摊位经营肉类食品就冷清了。"以前卖肉很红火，一天能卖2 000元，可自从2007年年底开始，生意一落千丈。"一位姓胡的摊主指着对面空着的6个摊位说。"现在老百姓买肉开始算计了。好几家卖肉的都干不下去了。"

在美国学经济的留学生晁超,回国后的一个月里,有一多半时间在做中国春节期间物价的社会调查:和同学聚会时,就了解不同餐馆的消费水平;要在国内买一台手提电脑,就在专卖店和电脑城里了解电子产品的行情;陪老妈转商店,就对比衣服鞋子化妆品的市场价格……转得精疲力竭的同时,一篇名为"涨价时代的特殊调查"的论文,已经整理成文。

晁超在市场调查中发现,他所接触的一般民众——在菜场买菜的市民,在街边摆摊的小贩,都对CPI这样的专有经济学术语如数家珍。

在中国现实的社会中,"民生感受"这个词,也在逐步提高自己的"位置"。因为真正的民生话题,确实是和油盐柴米、家长里短息息相关的,物价成为国家高度关注的问题,就一点也不奇怪。

CPI是消费者物价指数(Consumer Price Index)的英文缩写,它能够反映与居民生活有关的产品及劳务价格统计出来的物价变动指标,通常作为观察通货膨胀水平的重要指标 它同时是反映我们吃的,喝的、用的,与人民生活密切相关的消费品价格参考指标。

经济学知识告诉我们:如果消费者物价指数升幅过大,表明通胀已经成为经济不稳定因素,央行会有紧缩货币政策和财政政策的风险,从而造成经济前景不明朗。因此,该指数过高的升幅往往不被市场欢迎。例如,在过去12个月,消费者物价指数上升2.3%,那表示,生活成本比12个月前平均上升2.3%;当生活成本提高,你的金钱价值便随之下降;也就是说,一年前收到的一张100元纸币,今日只可以买到价值97.70元的货品及服务。一般说来,当CPI>3%的增幅时我们称为IN-FLATION,就是通货膨胀;而当CPI>5%的增幅时,我们把它称为SERIOUSINFLA-TION,就是严重的通货膨胀。

应对通胀的最好办法是进行投资,如果投资收益超过了通胀,资产就能保值增值,避免缩水。在通货膨胀的情况下,投资实物资产的资产保值作用比较明显;而投资于一些固定收益类的产品,随着通货膨胀,在一定程度上来说是贬值的,比如债券。

在近期通货膨胀的大背景下,在家庭资产中配置一定比例的黄金投资能实现资产的保值增值。黄金投资是一个很好的风险防范的投资品种,又可以获得一定的投资收益,在资产的保值方面有不可替代的优势。

有资料显示,艺术品投资是世界上效益最好的三大投资项目(另外两项为:金融、房地产)之一,其回报率之高,最终将跑赢房地产和金融投资,这已经成为全世界投资者们的共识。许多人开始把对艺术品收藏作为一种保值、增值的投资行为。

目前在国内，艺术品的投资是一个特殊的门类，其投资效益往往比别的项目更显著，其增值幅度也超过别的投资。它的特殊性在于这些艺术品不仅是一种物质存在，更是一种精神文化的结晶，既可作为一种物质财富储蓄，也可作为艺术来欣赏与研究。由于精品在艺术家一生的创作中，数量极为有限，所谓精品难求，其独有性和不可取代往往可令其市场价值以惊人幅度攀升，而它们的价值具有相对的稳定性。对于这些书画与古董的买卖，可以随时进入拍卖市场，得到一个公平的价格。

只要我们采取不同的投资手段，跑赢 CPI 并非难事。或者即使跑不赢，也可并驾齐驱或紧随其后，或者不至于被甩得太远。

老年福利，养老是个大问题

"未富先老"，中国的老年人福利任重而道远。单纯依赖子女养老，依照现在的国情已经不大现实。必须广泛动员社会力量，才能从根本上解决我国越来越严重的老龄化问题。

老年人福利是指国家和社会为了安定老年人的生活、维护老年人的健康、充实老年人的精神文化而采取的政策、措施和社会公益服务。许多人会有一种模糊认识，就是老年人拿了退休金，即算是享受老年人福利了。实际上，这种看法是相当狭窄的。我国已经制定了《中华人民共和国老年人权益保障法》，并初步搭建了一个基本的老年福利政策框架，包括了老年人的物质生活和精神文化生活的各个方面，而绝不仅仅是养老金这一项内容。

按照世界卫生组织的规定，一个国家或地区 60 岁以上的老年人口比例如果在 10% 以上，或者 65 岁以上老年人口的比例在 7% 以上，就认为这个国家或地区进入了老龄社会。1999 年 10 月我国便提前进入人口老龄化国家的行列，60 岁以上的老年人口达到 1.26 亿，占全国总人口的 10%，并以年均 3.32% 的速度持续增长。如今，我国 60 岁以上老年人口达到了 1.3 亿，是目前世界上老年人口最多的国家，占世界老年人口的 1/5 和亚洲老年人口的 1/2。

世界上大多数国家都有老龄化趋势，我国也已经进入人口老龄化国家的行列。各个国家都把老年福利作为福利制度的重要内容之一，并推行了许多行之有效的措施。

以西方的一些发达国家为例，它们的老年人福利是在全民福利的模式中逐步建立起来的，基本上完全由政府开支。老年人除了可以享受公民的一切福利待遇以外，还可以享受社会提供给老年人的特有福利。美国、德国、瑞典、英国等都为老年人提供生活指导以及饮食配送。在瑞典，老年人乘坐公交车、上剧院、看电影、参观博物馆等都享受半价优惠。在对老年人尤为重要的医疗保健方面，美国提供住院和疗养性服务，德国、法国提供护理扶助，日本则有临终关怀医院等。需要指出的是，由于老年人平均寿命的延长，老年人的医疗和护理服务已成为衡量老年人福利水准的重要标志。老年人福利还包括精神文化生活，在这方面，许多国家对老年人的学校教育提供了很大的便利条件。法国由国家创办了多所老年大学，其开支均列入政府预算。瑞典国内所有的大学都对老年人开放。在巴西，大约有150所公立和私立大学招收老年大学生，规定60岁以上老人不必高考就可以直接入校，当然，课程安排也相应与常规不同。

与上述这些国家相比，我国的老年人福利差距立刻就显现出来了。近期有一项统计数据显示，在被调查的城市老人中，有98%的老人还在依靠自我养老，只有不到2%的老人由社区福利机构照顾。我国现有的老年人福利设施严重不足，社会福利机构的总床位数还不到老年人总数的1%，无法满足养老需要，而且与发达国家3%~5%的比例相比，差距是相当大的。而在经济不发达的农村地区，农村老人生活困难、缺医少药的现象还很普遍。我国存在着诸多欠缺，做得还远远不够。

那么，为什么在有着"尊老爱幼"悠久传统的中国，国家的老年人福利会有着这么巨大的差距呢？归根结底，还要从我国的国情说起，它可以用四个字来表达，即"未富先老"。

我国还是一个发展中国家，虽然经济实力在不断增加，人均值却无法与发达国家相比。与此同时，我国60岁以上的老年人口已经超过人口总数的10%，据推测，到2015年，我国60岁以上的老年人口将超过2亿，约占总人口的14%。到了21世纪中叶，将达到4亿人左右，占据总人口的20%以上。面对这么多的老年人口，国家财政明显感到力不从心。一方面是老年人福利建设资金不足，另一方面是全社会老年人的福利需求在迅速增长，这一矛盾显得尤其突出。

面对这种形势，推广"老年人福利社会化"，即广泛动员社会力量，而不是像欧美发达国家那样主要依靠国家财政将势在必行。"社会化养老"主要包括：一是投资渠道要多元化，形成国家、集体、企业和个人的多渠道投资，发展多种所有制养老机构；二是服务对象要扩大，福利机构不能只是面对"三无"老人、"五保"老人，要面对全社会的老年人；三是采用多种服务形式，过去基本上是"供养"，现在要通过各种社区服务的方式为老年人福利提供支持。只有将我国的实际情况与国际的先进经验接轨后，中国的老年人福利才会形成自己的特色，才会建立起真正的"老有所养、老有所医、老有所乐、老有所学、老有所为、老有所助"的和谐社会，才能让老年人真正生活在如《桃花源记》所描述的美好生活之中。

"黄金周"的出现，假日经济

据北京市旅游局发布的统计结果显示，北京市十一黄金周期间旅游总收入52.5亿元，同比增长27%。

据统计，黄金周7天北京市共接待外地旅游者235万人，比2007年同期增长22%；本市居民在京旅游人数370万人次，同比增长56%；乡村旅游人数197万人次，同比增长20%。旅游总人数达到802万人次，同比增长35%。

统计结果显示，故宫、天坛、长城等传统旅游景区仍然是来京游客的必到之处，十一长假游客量剧增，创历史最高水平。其中故宫接待游客62.5万人，创下最高日接待量13.58万人的记录。另外，天坛接待31.4万人，同比增长89%；八达岭长城接待39.6万人，同比增长58%。

黄金周期间，北京市餐饮销售大幅增长。北京商业信息咨询中心对37家餐饮企业的监测数据显示，节日7天营业额累计达到1.1494亿元，同比增长53.6%。特别是一些老字号企业和特色餐饮受到青睐，最为突出的是婚宴火爆，华天集团节日7天包桌总数达到7 000多桌，包桌数量同比上升超过30%。

在住宿方面，北京市星级饭店平均出租率63%，社会旅馆平均出租率70%，远郊区酒店平均出租率43%，均远远高于平时水平。

北京市公共交通客运量达到1.41亿人次，创历史新高。在9月29日，当天公共电汽车最高客运量达到1 474.98万人次，地铁最高客运量达到445.82万人次。

假日经济是指人们利用节假日集中购物、集中消费的行为，带动供给、带动市场、带动经济发展的一种系统经济模式。有人形象地称之为：因为有一部分人休息，而使另一部分人获得工作的机会。假日经济属于消费经济范畴。假日经济的主要特征是消费，假日经济具有的文化特征是休闲与旅游，假日经济具有的空间特征是流动与聚合，包括人流、物流和资金流。从时间上来讲，集中在双休日与几个节日高峰。

假日经济的产业体系涵盖面非常广，几乎涉及了第三产业中的大部分行业。除作为假日经济支柱行业的旅游业外，商业、餐饮业、娱乐业、体育产业、交通运输业、影视业、展览业、广告业，甚至是彩票都是假日经济的一部分。

假日经济是一种由各种需求、供给和资源配置所引起的经济行为，其消费条件是既要有钱，又要有闲，还要有文化。消费层次越高，其文化特征越浓，文化含量越大，其消费外延越广。

假日经济是在国家扩大内需，刺激消费的政策作用下发展起来的。假日经济是伴随着我国第一个"黄金周"而出现的。1999年9月，随着我国国民经济的发展，人民生活水平的提高，国家在经过一段时间的双休日的试行后，决定增加广大劳动者的休闲时间，将春节、"五一"、"十一"三个中国人民生活中最重要节日的休息时间延长为7天，于是"黄金周"的概念应运而生，在旅游管理部门的心中，这是一个难得的赚钱机会；在广大老百姓心中，这是一个难得的旅游休闲的假期。

近年来在我国出现的"假日经济"现象主要基于以下原因：

第一，随着改革开放的进行，社会生产力迅速发展，居民收入水平有了很大提高。

第二，人们闲暇时间的增加。1999年国务院决定增加公民的假日时间，全年达到114天，占全年总天数的31.2%。

第三，我国大多数市场进入买方主导态势，商品和服务种类越来越多。

第四，人们消费观念的变化。传统道德的影响以及多年来"短缺经济"下的艰难生活使大多数中国人重积累，轻消费，尤其无暇顾及精神消费和生活品质的提高。伴随着我国迈入"相对过剩经济"时期，居民的消费观念逐步发生变化，人们开始注重生活档次的提升。

常识篇
关于经济学的前生今世

  经济与我们每一个人息息相关，小至个人、家庭，大至社会、国家，都有个人的经济活动的影子，所以每个人都是经济活动家。由于每个人对社会经济都有自己的看法，这些看法既受到过去的或者他人的看法的影响，同时也对历史或他人产生不同程度的影响。因此，读一点经济学的历史，有助于了解"先辈们的传统"如何影响我们，同时我们应该怎样接受或者怎样解除这些影响的问题。

第二十三章　从古典主义到凯恩斯流派
——不可不知的经济学流派

新思潮的优点就恰恰在于我们不想教条式地预料未来，而只是希望在批判旧世界中发现新世界。

——马克思

事实上，近代经济学的创始者，差不多都是性情温和、富有同情心和为人道的热诚所感动的人。他们毫不例外地致力于这样的信念：全体人民的福利应当是一切私人努力和公共政策的最终目的。

——阿尔弗雷德·马歇尔

重农学派：一个时代的学术产物

重农学派的创始人和首领是魁奈，他的代表作《经济表》就是这一理论体系的全面总结。18世纪50~70年代，在魁奈的周围逐渐出现了一批门徒和追随者，形成了一个有较完整理论体系和共同信念的派别，并有着明确的纲领和组织。

重农主义者认为，和物质世界一样，人类社会中存在着不以人们意志为转移的客观规律，这就是自然秩序是永恒的、理想的、至善的。但社会的自然秩序不同于物质世界的规律，它没有绝对的约束力，人们可以以自己的意志来接受或否定它，以建立社会的人为秩序。后者表现为不同时代，不同国度的各种政治、经济制度和法令规章等等。

重农主义者认为，如果人们认识自然秩序并按其准则来制定人为秩序，这个社会就处于健康状态；反之，如果人为秩序违背了自然秩序，社会就处于疾病状态。

重农主义的自然秩序学说第一次确认在人类社会存在着客观规律，从而为政治经济学提出了认识客观规律的任务。这一认识成为古典政治经济学的传统，创立了把社会经济看作是一个可以测定的制度的概念。这概念意味着社会经济受着一定客观规律的制约；经济范畴间存在着相互的内在联系；事物的发展具有理论上的可预测性。资产阶级古典政治经济学的全部理论和政策就是建立在这一概念上的。但由于他们的阶级局限性，重农主义者既把人类社会客观规律看做永恒的规律，又把社会一个特定的历史阶段的规律看成同样支配着一切社会形式的抽象规律。

重农主义的自然秩序，实质上是被理想化了的资本主义社会。人身自由和私有财产是自然秩序所规定的人类的基本权利，是天赋人权的主要内容。自然秩序的实质是个人的利益和公众利益的统一，而这统一又只能在自由体系之下得到实现，于是重农主义者就从自然秩序引申出经济自由主义。

重农学派在当时法国的宫廷、贵族、达官中获得声誉，甚至在巴黎所谓社会显贵名流的社交场合中，以称道农业改革和穿着带有农家色彩的装束为时尚。在法国以外的当时欧洲若干国家的统治者，如俄罗斯的叶卡捷琳娜二世，瑞典的古斯塔夫三世，托斯卡纳的利奥波德二世，西班牙的查理三世，奥地利的约瑟夫二世，那不勒斯的斐迪南一世等也对他们的学说和主张发生一定的兴趣。他们的学说也因此引起了革命的或进步的启蒙思想家们的反感。伏尔泰在《有四十个埃居的人》中，对于他们学说的臆想进行了无情的讽刺与嘲弄。

剑桥学派：完整的庸俗经济学体系

剑桥学派是在 19 世纪末 20 世纪初由英国经济学家 A·马歇尔创建的一个学派。由于马歇尔和他的忠实门生 A·C·庇古、D·H·罗伯逊等长期在英国剑桥大学任教，所以被称为剑桥学派，也称为"新古典学派"。

剑桥学派所传播的经济学说，主要包括在马歇尔于 1890 年出版的《经济学原理》一书中。该书继承 19 世纪初以来的英国庸俗经济学传统，兼收并蓄，用折中主义的方法把供求论、生产费用论、边际效用论、边际生产力论等融合在一起，建立了一个以完全竞争为前提，以"均衡价格论"为核心的完整的庸俗经济学体系。该书一出版，就被吹捧为政治经济学发展史上的一个"里程碑"，与斯密的《国民财富的性质和原因的研究》和李嘉图的《政治经济学及赋税原理》相提并论。马歇尔的学说，通过其忠实门生，特别是庇古（他于 1908 年接替马歇尔为剑桥大学的政治经济学教授，直至 1944 年退休），在教学和著作中加以阐发和传播，形成学

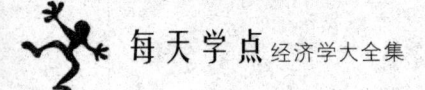

派，在19世纪末20世纪初的资产阶级经济学界占有支配地位。

剑桥学派的理论在方法论上的特点是：用"只有渐进没有突变"的所谓连续原理分析经济现象，认为在经济现象之间，经济概念之间都存在连续关系，没有严格的区分；用力学中的均衡概念和数学中的"增量"概念，来分析商品和生产要素的供求均衡及其价格的决定。在分析的同时，假定其他条件不变，即使用所谓局部均衡法；在静态均衡分析的框框内引进时间因素，以区别在长短不同的时期内，供求状况的不同变化所达成的不同均衡状态；用主观心理动机解释人类的经济行为，认为人类的经济生活都是由追求"满足"和避免"牺牲"这两类动机支配的，这两种动机决定着商品和各种生产要素的需求和供给。

剑桥学派的核心内容是均衡价格论。他们用边际效用递减规律决定的，不同需求量和相应需求的价格所构成的需求曲线，与用边际生产费用递增规律决定的，不同供给量和相应的供给价格所构成的供给曲线，说明一种商品的均衡价格的决定。他们用均衡价格衡量商品的价值，从而以均衡价格论代替价值论。

在均衡价格论的基础上，剑桥学派还建立了自己的分配论，他们认为国民收入是各种生产要素共同创造的，各个生产要素在国民收入中所占份额的大小，取决于它们各自的供求状况所决定的均衡价格。对劳动、资本、土地的需求取决于各自的边际生产力。劳动的供给取决于劳动的"负效用"；资本的供给取决于资本家对未来享受的"期待"。工资是劳动供求均衡时劳动的价格；利息是资本供求均衡时资本的价格；利润是资本家组织和管理企业以及冒风险的报酬；地租是农产品价格超过其生产费用的剩余，它取决于土地的边际生产力。

另外，剑桥学派竭力颂扬自由竞争，主张自由放任，认为资本主义制度可以通过市场力量的自动调节达到充分就业的均衡。至于实际存在的失业，则认为主要是工资率缺乏伸缩性的结果。

新剑桥学派：对马歇尔学说的发展

新剑桥学派出现在凯恩斯主义形成之前。第二次世界大战后，剑桥大学的琼·罗宾逊、卡尔多、帕西内蒂等学者的理论观点完全背离了以马歇尔为首的老一代剑桥学派的传统理论，因而被称为"新剑桥学派"。

新剑桥学派的主要代表人物有琼·罗宾逊、卡尔多、斯拉法、帕西内蒂等，他们都是英国剑桥大学的教授。其中琼·罗宾逊和卡尔多是这个学派的实际领袖。琼·罗宾逊和斯拉法作为以马歇尔为代表的剑桥学派的成员，在20世纪的20年代曾是马歇尔理论的积极支持者，同时又发展了马歇尔学说。

在凯恩斯《就业、利息和货币的通论》发表后，琼·罗宾逊转而追随凯恩斯，成为凯恩斯经济学的积极鼓吹者。她所著的《就业理论引论》、《资本积累论》、《经济增长的理论》、《经济学异端》等著作，被认为是根据凯恩斯经济学并在理论上有所发展的作品。1973年，她与约翰·伊特韦尔合写的《现代经济学导论》一书，则被认为是按照新剑桥学派观点系统阐述经济问题的一本入门书。目前，琼·罗宾逊是新剑桥学派中最有影响的经济学家。在她的晚年研究生涯中，曾经想把马克思、凯恩斯和李嘉图的经济理论结合在一起，形成一套新的经济学理论，但最终没有实现。

新剑桥学派在理解凯恩斯理论的问题上与新古典综合派有着根本的分歧，而在方法论的论战中，该学派表现出理论分析的特点：以历史观代替均衡观；以凯恩斯经济理论体系的完整性为理由，反对综合宏观与微观经济学。

新剑桥学派的观点是：新古典综合派采取的是返回凯恩斯以前经济学的均衡论传统去，用微观的生产要素供给和市场分析来"填补"凯恩斯宏观经济学的"空白"，于是就拼凑起一个杂种的宏观—微观理论。在这里，似乎不仅总需求和总供给是从一个均衡状态过渡到另一个更高的均衡状态的，而且每一个个别市场上的供给和需求也总是处于均衡状态的。所以，这种分析的实质是，综合已经回到凯恩斯以前的市场均衡论的传统上去。这完全破坏了凯恩斯理论体系的完整性。

新剑桥学派的分析方法是：凯恩斯经济学作为一种宏观的经济理论，所缺乏的是价值论和分配论，凯恩斯本人也不曾对这两个理论进行探讨，因此，要使宏观经济学具有微观经济学基础，那就应当研究价值理论和分配理论。

凯恩斯革命：宏观经济学的诞生

1936年，西方经济学界发生了一件大事，那就是约翰·梅纳德·凯恩斯发表了他的代表作：《就业、利息和货币的通论》。

凯恩斯在刚撰写此书时就制造舆论，他在给戏剧家萧伯纳的信中颇为自负地说，他这本即将面世的著作也许会对世界上关于经济问题的思考方法发生革命，引得世人拭目以待。果然，该书一出，轰动一时。

凯恩斯最早属于英国剑桥学派，以研究货币理论和货币政策著称。然而，20世纪30年代的经济大危机和大萧条使他的思想和主张发生了根本性的变化。他在传世之作《就业、利息和货币通论》中，否定了传统的新古典经济学关于资本主义市场经济可以自动维持经济达到充分就业的和谐均衡状况的理论主张和信条，提出了一整套新颖的有效需求理论，并主张通过国家对经济生活进行积极干预的办法，来消除大规模失业、走出经济萧条。

"凯恩斯革命"的主要内容是从理论、方法和政策三个方面，对传统的新古典经济学进行了变革。

理论上，凯恩斯反对代表基本传统理论观念的"萨伊定律"，强调总需求对决定国民收入的至关重要的作用。他提出在三大心理规律（消费倾向规律、流动偏好规律和资本边际效率规律）作用下，有效需求不足将导致大规模失业和生产过剩，而市场自动调节的机制将无法发挥有效作用，纠正这种失调。

方法上，凯恩斯复活了重商主义曾经使用过的宏观总量分析方法，克服了此前传统的将货币经济和实物经济分开的"二分法"，将货币经济和实物经济合为一体。这一做法开辟了经济学研究方法的一个新时代。

政策上，凯恩斯反对"自由放任"和"无为而治"的传统做法，主张国家通过财政政策和货币政策对经济生活进行积极干预和调节。特别是，他创新性地提出了功能性的财政预算政策，主张以赤字财政政策来解决大的经济萧条和危机问题。

总之，凯恩斯认为，资本主义市场经济的自动调节作用尽管可以使储蓄和投资达到相等，但是，却未必可以达到充分就业的水平。一旦出现小于充分就业的均衡水平，国家就应该积极干预经济生活，通过增加政府投资来推动就业扩大和克服经济危机。

凯恩斯的这些理论观点和政策主张被后来的经济学界认为是对于以马歇尔，在古为代表的新古典经济学自由放任的主要思想倾向和政策主张的"革命"。这也就是后来所说的"凯恩斯革命"。这一"革命"开创了一个新时代，导致了现代宏观经济学的产生，也导致了凯恩斯主义经济学在第二次世界大战之后在西方国家中较长期的主流地位。

货币学派：传统货币量的新论述

第二次世界大战后，美英等发达资本主义国家，长期推行凯恩斯主义扩大有效需求的需求管理政策，虽然在刺激生产发展、延缓经济危机等方面起了一定作用，但同时却引起了持续的通货膨胀。弗里德曼从20世纪50年代起，以制止通货膨胀和反对国家干预经济相标榜，向凯恩斯主义的理论和政策主张提出挑战。他在1956年发表《货币数量论——重新表述》一文，对传统的货币数量说作了新的论述，为货币主义奠定了理论基础。此后，弗里德曼和他的同事们在理论细节方面不断进行琢磨补充，并且利用美国有关国民收入和货币金融的统计资料进行了大量经济计量学方面的工作，为他的主要理论观点提供经验材料的论据。自60年代末期以来，美国的通货膨胀日益剧烈，凯恩斯主义理论无法做出解释，更难提出对付这一进退维谷处境的对策，货币主义开始流行起来，并对美英等国的经济政策产生了重要影响。

以弗里德曼为代表的货币主义的基本观点，可概括为以下几个命题：

第一，货币需求函数是一个稳定的函数，意指人们平均经常自愿在身边贮存的货币数量与决定它的为数不多的几个自变量（如人们的财富或收入、债券、股票等的预期收益率和预期的通货膨胀率等）之间，存在着一种稳定的并且可以借助统计方法加以估算的函数关系。

第二，引起名义国民收入发生变化的主要（虽然不是唯一）原因，在于货币当局决定的货币供应量的变化。假如货币供应量的变化会引起货币流通速度的反方向变化，那么，货币供应量的变化对于物价和产量会产生什么影响，将是不确定的、无法预测的。

第三，在短期内，货币供应量的变化主要影响产量，部分影响物价，但在长期内，产出量完全是由非货币因素（如劳动和资本的数量，资源和技术状况等）决定的，货币供应只决定物价水平。

第四，资本主义经济体系本质上是稳定的，只要让市场机制充分发挥其调节经济的作用，资本主义将能在一个可以接受的失业水平条件下稳定发展，凯恩斯主义调节经济的财政政策和货币政策不是减少了经济的不稳定，而是加强了经济的不稳定性。因此，弗里德曼强烈反对国家干预经济，主张实行一种"单一规则"的货币政策。这就是把货币存量作为唯一的政策工具，由政府公开宣布一个在长期内固定不变的货币增长率，这个增长率（如每年增加3%~5%）应该是在保证物价水平稳定不变的条件下与预计的实际国民收入在长期内会有的平均增长率相一致。

供给学派：独树一帜的学派

第二次世界大战后，凯恩斯主义占据了资产阶级经济学的统治地位，凯恩斯根据20世纪30年代的经济现实，论证需求不足产生经济危机和失业，政府要采取措施刺激需求，才能使经济达到充分就业和稳定，从而推翻了"新古典学派"的供给能够产生其自身的需求、市场自行调节可以达到充分就业和经济稳定的论点。西方国家普遍依据凯恩斯的理论制定政策，对经济进行需求管理，取得一定效果。于是凯恩斯主义盛极一时。

但是，凯恩斯主义错误地理解资本主义经济机制，人为地扩大需求只是使资本主义生产同市场的矛盾暂时掩盖起来，矛盾并没有得到真正的解决，最后导致20世纪70年代西方经济出现生产呆滞、失业严重，同时物价持续上涨的"滞胀"（见停滞膨胀）局面。于是西方经济学界纷纷向凯恩斯主义提出挑战，并研究替代的理论和政策。供给学派就是在这样的背景下兴起的。

供给学派该学派的先驱者是加拿大籍、美国哥伦比亚大学教授R·A·芒德尔。20世纪70年代初，他多次批评美国政府的经济政策，提出同凯恩斯主义相反的论点和主张。1974年，他反对福特政府征收附加所得税控制物价的计划，主张降低税率、鼓励生产，同时恢复金本位、稳定美元价值来抑制通货膨胀。芒德尔的论点引起拉弗和J·万尼斯基的注意和赞赏。拉弗进一步研究并发展了芒德尔的论点。当时的美国国会众议员J·F·肯普也很重视芒德尔的主张。他任用P·C·罗伯茨为他拟定减税提案，聘请N·B·图尔进行减税效果的计量研究。

20世纪70年代后半期，拉弗、万尼斯基、罗伯茨等利用《华尔街日报》广泛宣传他们的论点。肯普也在国会内外竭力鼓吹减税能够促进经济增长。万尼斯基所著《世界运转方式》（1978）被认为是供给学派的第一部理论著作，G·吉尔德的《财富与贫困》（1981）阐述供给学派的资本和分配理论，被誉为是供给经济学的第一流分析。70年代末，供给学派在美国经济学界已成为独树一帜的学派。

供给学派还没有建立其理论和政策体系，只是学派的倡导者对于资本主义经济机制、产生"滞胀"的原因及政策主张有些共同的看法。他们认为，1929~1933年资本主义世界经济危机并不是由于有效需求不足，而是当时西方各国政府实行一系列错误政策造成的，萨伊定律完全正确，凯恩斯定律却是错误的。吉尔德坚持说，就全部经济看，购买力永远等于生产力；经济具有足够的能力购买它的全部产品，不可能由于需求不足而发生产品过剩。拉弗极力强调萨伊定律的重大意义。他指出萨伊定律不仅概括了古典学派的理论，而且确认供给是实际需求得以维持的唯一源泉。供给学派认为政府不应当刺激需求，而应当刺激供给。

供给学派重新肯定萨伊定律以后，进而确认生产的增长决定于劳动力和资本等生产要素的供给和有效利用，在生产要素中资本至关紧要。资本积累决定着生产增长速度，应当鼓励储蓄和投资。

供给学派认为，在市场经济条件下，个人和企业（统称为经济主体）提供生产要素和从事经营活动都是为了谋取报酬或利润。因此，对报酬和利润的刺激会影响经济主体的行为。对实际工资的刺激将影响劳动力的供给；对储蓄和投资报酬的刺激会影响资本的供给和利用。充分发挥市场机制，能够使生产要素供需达到均衡和有效利用。

供给学派指出，政府的经济政策是经济主体经营活动的刺激因素，其中财政政策最为重要。在分析经济政策对行为的影响时，供给学派反对凯恩斯主义只注意政策对经济主体收入和支出的效果，而是强调政策对生产活动的作用。

供给学派给予西方经济思想以有力冲击，对西方一些国家特别是美国的经济政策也有很大的影响。

激进经济学：以马克思主义为名

激进经济学是20世纪60年代后期，主要在美国形成的一个经济学流派的理论，也称为激进政治经济学派。它提出一些大体上以马克思的政治经济学观点为依据，或与之相接近的论点，来批判资产阶级经济理论和分析当代资本主义的经济问题。

1969年，美国各大城市爆发了黑人抗暴斗争，美国人民反对侵越战争的浪潮和美国大学中兴起的进步运动，促使美国部分人民的思想趋向革命化。于是，在美国西部以加利福尼亚大学为基地，不少具有激进思想的大学生、研究生和青年教师等组织起来，成立了激进经济学派，其宗旨是"研究发展和应用激进政治经济学，作为美国建设社会主义的工具"。

最初，他们与黑人斗争和学生运动相结合，采用群众运动的形式，在大学校园或市区广场上宣讲自己的激进观点或散发传单和小册子。不久，他们的作品流传到全国，有些成员成为较有影响的大学教师，编写了教材和论著出版，定期出版《激进政治经济学评论》季刊和不定期的附刊。到20世纪70年代，该学派有成员2 000多人。

激进派认为，对于人的经济行为，不能通过概括普遍性的人的倾向，并在形式上用最优化模式来进行分析，而必须研究具体的社会经济制度对人的行为的影响；在经济活动中，个人、家庭和企业都不是最主要的决策单位，决定经济成果的关键是形成相互冲突关系的人群或阶级所产生的集体力量；不能从基础结构以及各种经济运动趋于均衡的假设出发，制定反映一个社会的经济过程发展的模式，相反，应该在"社会—经济阶级"的相互冲突中考察基础结构的不断变化，并用动态的不均衡模式来探索经济过程发展中的辩证的和矛盾的特点。

激进派的共同立场和基本观点实际上反映了激进经济学家对主流派经济学的不满，有人把激进经济学家评论主流派经济学的理论缺陷，概括为五点：

对收入分配问题的重要性重视不够，并用边际生产率、供需模式等方法来分析这个问题，回避了在各阶级间分配收入的基本问题。

用消费者爱好来分析资源配置问题,而消费者爱好又被看作已知的或特定的。

不注意人们的生活质量问题,只重视在数量上分析每个人如何根据自己的爱好对消费品和闲暇的选择所得到的满足,并不考虑劳动群众的劳动条件如何,生活环境是否恶化,以及集体福利的供应是否充分。

重视在经济制度下的边际变动,不注意较大的数量上的变化,更不研究整个经济制度的历史性变动问题。

忽视经济与政治因素的相互作用,回避经济中权力分配问题,主流派经济学摒弃了英国古典经济学家所用的"政治经济学"名称,并自诩采用与政治脱离的较具有"科学性"的"经济学"名称。但激进经济学家坚持把这门经济学科称作"政治经济学"。

激进经济学家认为这门学科应着重研究社会上收入、财富和权力的分配不平等的根源,在微观和宏观背景下阶级冲突的机制,当代阶级社会走向危机的趋向,以及一种"社会—经济体系"向另一种"社会—经济体系"的过渡问题。

美国激进政治经济学联盟成员对具体的理论问题或现实问题,从不同角度进行研究,提出自己的看法和主张,这些看法和主张也可能随着时间的推移,和研究工作的深入而有所变动。至今,激进政治经济学派的经济思想可以说还没有定型,没有形成一个比较完整的理论体系。但自联盟成立后的多年来,激进经济学者已发表了不少论著,对美国当前的一些经济问题介绍了自己的研究成果,并提出了值得注意的个人看法。

总的看来,美国许多主流派经济学家轻视激进派学说,认为它仅是政治态度的表达,而不是认真追求真理。但也有一些主流派经济学家认为激进派提出的一些论点可以作为传统经济学的补充。

新自由主义:层面广泛的意识形态

在美国,"新自由主义"一词通常也与自由贸易和社会福利改革等立场相连接,但并没有反对凯恩斯主义或环境保护主义。例如,经济学家布拉德福德·德隆是知名的新自由主义辩护者,但他也是一个凯恩斯主义者,也支持收入的重新分配,同时他也大力批评布什政府的执政。

在最极端的形式上,新自由主义是一种根基于未经管制的贸易和市场的经济意识形态,以及在冷战结束后、或全球化所提供的商业扩展上,主张自由市场、自由贸易、和不受限制的资本流动,认为这样将能创造出最大的社会、政治、和经济的利益。这种形式的新自由主义主张将政府的开支、税赋最小化，同时也将政府的管制最小化，并将政府对经济的直接干预最小化。他们主张自由市场的力量将能自然地在许多领域创造出最高的价值。在西方国家，新自由主义主张福利国家制度应该被撤销或民营化。这种形式的新自由主义以全球化来运用全世界的资源：廉价的劳工、原料、市场等，尽可能以最有效率的方式来运作，并且要让更多的市场开放，让发达国家参与。

不过，新自由主义能被套用至相当广泛的层面，包括了撤销政府管制、从企业福利制度转向私营的福利制度、从布雷顿森林协定的低贸易量转移至高贸易量的货币流通环境，利用相对优势来增加国内生产总值和工资中位数（Medianwages）等。新自由主义还主张，开发中国家之所以产生腐败问题的原因正是因为国家对于市场机制的干涉和管制。例如补助价格、设定工资等等。

新自由主义在国际政策上的主要竞争对手是新现实主义，新自由主义认为人民、国家以及公司的本质是良善的。相反的新现实主义认为人民和国家都只是依照其自身的利益行动，并且认为一国只有在对其自身有利的情况下才会与他国合作。新自由主义坚持绝对增益（Absolutegain）的理念也显示他们比新现实主义者更加乐观。相较新现实主义，新自由主义比较能接受国与国之间收益不均的合作行为。

柏克莱加州大学的经济历史学教授，同时也是新自由主义支持者的布拉德福德·德隆认为，新自由主义有两个主要的原则：

第一，在产业核心和资本主义世界经济之间的紧密联系，而这种发展模型是那些贫穷国家在快速迈向繁荣的途中所不可或缺的（因此所有国际贸易的障碍应该尽可能的彻底移除）。

第二，政府缺乏运作大型产业和商业公司的能力。因此，除了收入的重新分配、公共建设、司法的执行、和一些其他领域之外，政府规模应该被减缩并民营化。

第二十四章　送人千金不如授人一本经济学
——不可不知的经济学名著

天生的能力好像天然生成的植物，必须通过学习加以修整；然而学习本身如若不由实践去约束，必然方向纷杂而漫无目的。

——培根

我们可以根据三件事来判断一个人的能力：他已做过什么（包括他留给别人的印象），他"自认为他能做什么，根据他的个性揣度他可能做什么。如果三者不能统一还应审慎地做进一步观察。

——查尔斯·霍顿·库里

《国富论》——亚当·斯密

1768年，亚当·斯密开始着手著述《国民财富的性质和原因的研究》（简称《国富论》）。1773年时，他认为《国富论》已基本完成，但多花了三年时间润饰此书，初版于1776年3月，就是美国《独立宣言》发表的那一年。

《国富论》共分五卷。它从国富的源泉——劳动，说到增进劳动生产力的手段——分工，因分工而起交换，论及作为交换媒介的货币，再探究商品的价格，以及价格构成的成分——工资、地租和利润。

第1卷，共11章，主要内容是分析形成以及改善劳动力生产能力的原因，分析国民财富分配的原则。

第2卷，共5章，主要内容是讨论资本的性质、积累方式，分析对劳动力数量的需求取决于工作的性质。

第3卷，共4章，主要内容是介绍造成当时比较普遍的重视城市工商业，轻视农业的政策的原因。

第4卷，共9章，主要内容是列举和分析不同国家在不同阶段的各种经济理论。

第5卷，共3章，主要内容是分析国家收入的使用方式，是为全民还是只为少数人服务，如果为全民服务有多少种开支项目，各有什么优缺点；为什么当代政府都有赤字和国债，这些赤字和国债对真实财富的影响等。

书中总结了近代初期各国资本主义发展的经验，批判吸收了当时的重要经济理论，对整个国民经济的运动过程做了系统的描述，被誉为"第一部系统的伟大的经济学著作"。

此书出版后引起大众广泛的讨论，影响所及除了英国本地，连欧洲大陆和美洲也为之疯狂。

《国富论》的首次出版标志着经济学作为一门独立学科的诞生，在资本主义社会的发展方面，《国富论》起了重大的促进作用。

18世纪结束以前，《国富论》就已出了九个英文版本。人们以"一鸣惊人"来形容《国富论》的出版，并一致公认亚当·斯密是一门新学科——政治经济学的创始者。据说，当时英国政府的许多要人都以当"斯密的弟子"为荣。国会进行辩论或讨论法律草案时，议员们常常征引《国富论》的文句，而且一经引证，反对者大多不再反驳。这本书不仅流传于学术界和政界，而且一度成为不少国家社交场合的热门话题。

《政治经济学与赋税原理》——李嘉图

李嘉图的《政治经济学与赋税原理》被誉为是继亚当·斯密《国富论》之后的第二部最著名的经济学著作。它的出版被人们称为"李嘉图革命"。

这本书所处的时代背景是19世纪初，英国资产阶级革命已经波及各个行业。英国的机器大工业生产普遍建立，怎样使资本主义经济更上一层楼，成为当时经济学的主要研究目标。日益壮大的工业资产阶级强烈要求为自己的发展扫清道路，但由于17世纪英国资产阶级革命的不彻底性，政权实际上落在资产阶级化的土地贵族手中。长时期来他们维护旧的政策法令，保护甚至扩大自己的经济利益，限制工业资本的发展，一度存在于资产阶级和土地贵族间的妥协终于破裂了。《政治经济学与赋税原理》正是在这一历史条件下写成的，书中的经济思想反映了工业资产阶级与封建残余势力作斗争，以发展生产力和扩大自身利益的要求。

这部划时代的巨著在1817年出版,后于1821年重新修订(第三版)。实际上,李嘉图的政治经济学理论完全包括在该书前六章中。论若干具体的赋税的第十二章和论对外贸易的两章都是理论原则的运用,而其余涉及这些原理的实际运用、解释和补充的各章只能算为本书的附录。就前六章来说其逻辑结构也是不严谨的。

第一章论价值本应只涉及价值问题,其他范畴只有在对价值分析的基础上才可能进一步说明。但本书在这一章里不仅假定了商品的存在,论述了价值原理,而且假定了工资、资本、利润甚至一般利润的存在,并对这些范畴一并作了论述。第二章论地租,第三章论矿山地租只是对第二章的补充。在这两章里又是以对整个资本主义生产关系的全部见解为前提论述的。第四章论自然价格和市场价格,第五章论工资,第六章论利润只是对第一、第二章的补充。可见全部经济理论又可以说都包含在头两章里了。以后各章除个别地方有新的见解外,都是对这两章阐述的原理的运用和补充。

总之,本书对政治经济学理论做出了重要发展,特别是以其毫无顾忌的诚实态度,揭露了资本主义制度下阶级利益的对立,使英国古典政治经济学达到了完成阶段。其阐述的思想至今仍然让人们受益无穷。当代著名经济学家丹尼斯·奥布莱恩在1975年出版的《古典经济学家》一书和1981年发表的名为《李嘉图式的经济学家和李嘉图的经济学》一文中,仍对他的分配理论进行了深入的探讨和研究。

《资本论》——马克思

《资本论》是一部博大精深的辉煌巨著,是马克思政治经济学研究的高峰。当时,随着资本主义生产方式在欧洲的迅速发展,资本主义社会所固有的矛盾就凸显出来,无产阶级反对资产阶级的斗争日益尖锐与复杂化。为了斗争的需要,为了给无产阶级提供强大的理论武器,马克思开始着手研究政治经济学。他广泛阅读和收集有关的文献资料,深入研读了一千五百本以上的著作,做了大量的摘录和笔记,并在此研究的基础上不断发展和完善他的理论。1867年9月14日《资本论》第一卷在汉堡正式出版,其余各卷在他1883年逝世以后由恩格斯等整理出版。

《资本论》就是论资本,而资本是带来剩余价值的价值,没有剩余价值就不存在资本,而没有资本也就不能带来剩余价值。所以,我们说资本范畴是《资本论》的中心内容,也可以说,它的中心内容是剩余价值。纵观《资本论》四卷,其中第一卷的中心是分析剩余价值的生产问题,第二卷的中心是分析剩余价值的实现问题,第三卷的中心是分析剩余价值的分配问题,第四卷是剩余价值理论的发展史。

可见，《资本论》是研究资本家如何榨取工人所创造的剩余价值，以及剩余价值的实现和分配问题。所以，在《序言》中提到的"资本主义方式"，是指以资本主义所有制为基础的生产资料与劳动力相结合的方式，这属于广义的生产关系，它包括生产、交换、分配和消费等各方面的关系。而"和它相适应的生产关系"，则是指直接生产过程中人与人之间的关系，即狭义的生产关系，它从属于广义的生产关系。资产阶级古典经济学家把政治经济学看成是研究财富的科学，马克思第一次确定政治经济学的研究对象是生产关系，这是和资产阶级经济学根本对立的。

《资本论》研究的主要对象是英国。马克思说："到现在为止，这种生产方式的典型地点是英国。因此，我在理论阐述上主要用英国作为例证。"但是，《资本论》所揭示出的资本主义生产关系产生、发展和灭亡的规律，并不只限于英国，对于其他资本主义国家都是适用的。

在《资本论》中，马克思不仅从生产力与生产关系的相互作用中来研究资本主义的生产关系，而且还从生产关系的总和（即经济基础）与上层建筑的相互作用中来研究生产关系。其最终目的是要"揭示现代社会的经济运动规律"。揭示出这些规律，也就同时揭示出资本主义生产关系产生、发展和灭亡的规律。

就这部书的历史意义，恩格斯曾说："自地球上有资本家和工人以来，没有一本像我们面前这本书那样，对于工人具有如此重要的意义。资本和劳动的关系，是我们现代全部社会体系所赖以旋转的轴心，这种关系在这里第一次作了科学的说明，而这种说明之透彻和精辟，只有一个德国人才能做到，这个人就是马克思，他攀登到最高点，把现代社会关系的全部领域看得一览无遗。"

《经济学》——萨缪尔逊

保罗·安·萨缪尔逊，美国人，1915 年出生在印第安纳州的加里市，15 岁考入美国芝加哥大学专修经济学，1935 年他从芝加哥大学以优异成绩得到学士学位，1941 年，他以一篇很快给他赢得哈佛大学的大卫·A.威尔斯奖的论文《经济理论运算的重要性》而获得哈佛大学的哲学博士学位，1947 年，他被任命为麻省理工学院经济学教授，并一直在那里留任。

1948 年，萨缪尔逊发表了他最有影响的巨著《经济学》教科书。这本书一出版就立即脱销。许多国家的出版商不惜重金抢购它的出版权，并翻译成日、德、意、匈、葡、俄等多种文字。

《经济学》具有"集大成"的特征。该书所陈述的主要观点，反映了后凯恩斯

主流经济学派的一般经济理论,可以归纳为四个方面:

主张支出水平取决于储蓄和投资的货币数额的相互作用。萨缪尔逊在分析"投资的变动性"时认为,就总投资或货币支出能力而论,自由放任的制度没有良好的自动调节的设备,过剩危机和事业不可避免,正如凯恩斯的判断,资本主义经济常态为小于充分就业的"均衡"。由于边际消费倾向、灵活偏好和资本边际效率等三个基本的心理因素作用导致"有效需求不足",只有国家干预经济,并进行需求管理,才能解决充分就业的"不稳定性"。

萨缪尔逊既赞同宏观调控、国家干预,前提是承认"有效需求不足";又维护市场竞争和自由企业制度,前提是以"影响供给与需求的独立的力量通过市场价格的变动而趋于平衡",进而推导为,"同样的,我们将看到,储蓄与投资的决策也通过收入与就业水平以及利息的变动而趋于平衡"。

各种类型的社会经济制度都具有一定的优势。萨缪尔逊分析了资本主义制度难以克服的弊端,强调政府的经济干预职能。他指出,政府在现代混合经济中具有日益扩大的作用。这可以从三个方面反映出来:政府支出的数量增长;国家对收入的再分配;直接调节经济生活。萨缪尔逊一再强调政府要通过法令、措施来限制"垄断"的危害因素;用政府经济作用来烫平周期波动,用财政政策、货币政策和收入政策来消除失业和通货膨胀。最后还分析了政府调控下,反对贫穷和不平等、反对城市和环境的病态、反对种族和性别歧视的各种斗争。

主张财政政策与货币政策协调作用。萨缪尔逊将收入决定的各条曲线和货币分析联系起来,认为货币分析能够很好地和现代收入决定论配合在一起,它为两种稳定性政策(指货币与财政政策)的结合创造了条件。这两种宏观经济的措施必须协调起来,以便达到成为具有适当的稳定价格和能充分利用生产潜力的进步的经济社会的目的,从而有助于造成一个有利的经济环境,在其中,人们具有最宽广的机会来取得成就。

主张宏观经济理论与微观经济理论的照应与配合。萨缪尔逊认为,宏观研究总量性经济变量的运动及其相互关系,其目的在于探索"烫平"经济周期性波动,以保证经济均衡发展。但当人们解决了大萧条问题或存在的失业和通货膨胀问题后,又会对微观经济问题感兴趣。在萨缪尔逊看来,必须把宏观经济理论与微观经济理论相结合,为微观经济分析提供和开拓一个"充分就业"的宏观经济均衡的依据和方式。在混合经济需求管理的宏观经济学中,古典学派的微观经济原理仍然适用,经济学家可以满怀信心地讲述古典经济学原理,并运用此学说以济世,以求达到"帕累托最优状态"的理想境地。

1970年,萨缪尔逊因"对提高经济科学的一般分析方法的水平有贡献,超过任何其他当代经济学家。他事实上干脆重写了经济理论的许多部分。他也指出了经济学中各个问题和各种分析技术方面的基本统一性,部分地借助于系统地运用最大化方法于宽广的问题集合"而荣获诺贝尔经济学奖。

《同意的计算》——布坎南

1919年10月2日,詹姆斯·麦吉尔·布坎南生于美国田纳西州的穆尔弗里鲍尔,他是公共选择学派最有影响、最有代表性的经济学家,是公共选择学派的创始人与领袖,于1948年获芝加哥大学哲学博士。

20世纪60年代是公共选择学派逐渐成型的阶段,这一阶段,布坎南等人主张恢复政治经济学的研究。主张在经济研究上回到古典学派,分析规则和制度对经济的影响,把政治因素纳入经济分析之中。1962年,布坎南与塔洛克发表了《同意的计算》,为现代公共选择理论奠定了强有力的基础,1969年与塔洛克在弗吉尼亚工艺学院创建了"公共选择研究中心",并出版了《公共选择》杂志,促进了公共选择理论的迅猛发展,同时使公共选择理论传播到欧洲和日本。

《同意的计算》是一本原创性的纯理论著作,它被作者布坎南视为现代公共选择理论的第一杰作。人们一般认为,公共选择理论是把经济学的分析方法运用于政治领域的讨论而形成的。布坎南指出,市场与政治之间的重要差异并不在于人们追求的价值或利益的不同,而在于人们追求他们的不同利益时所处的条件。《同意的计算》是第一次尝试,意在取得我们称为"政治宪法的经济理论"。在这本书中,作者更多的关注不同决策规则对参与集体决策的行为主体所可能产生的影响。

布坎南在多种场合分析了公共选择学科所使用的经济学方法,并把它归纳为三个方面:方法论上的个人主义、经济人行为的理性原则与政治作为交换过程的特点。这三个要素被称为研究政治问题的公共选择方法或公共选择思路。"公共选择"理论使宪政民主制可以用数理工具定量分析,为经济和政治的制度研究开辟了全新的路径。

1986年,因把经济方法运用于政治过程的研究所取得的杰出成就,填补经济学研究领域空缺,布坎南获诺贝尔经济学奖。

《人力资本投资》——舒尔茨

1979年,舒尔茨和W·阿瑟·刘易斯同获当年诺贝尔经济学奖。

舒尔茨在《改造传统农业》(1964) 一书中假定：农民也能在权衡长、短期利益之后，为所求最大利益做出合乎理性的反应。他指出，传统的农户是理性的"经济人"，他们之所以不愿意改革和创新，主要是农业经济效益的不确定性造成的，并且这种障碍又被第三世界许多国家农业附属服务的缺乏和价格及税收政策的不公平所加重。舒尔茨认为，农业问题并不来自农业本身。农业生产的特点决定了大部分的农业问题都来自外部的经济波动和经济不平衡。

舒尔茨认为经济的发展主要取决人的质量而不是取决于自然资源的丰富和资本存量的多少。在古典经济学家那里，大多不承认"人力资本"这一概念。他们认为：劳动者不可能成为资本拥有者，劳动者在生产过程中只从事体力劳动，而从事体力劳动不需要知识和技能；劳动者的劳动力的再生产是纯粹的消费，而不是投资。可是舒尔茨认为：劳动者能够成为资本拥有者；劳动者成为资本拥有者不是靠公司股票所有权的扩散，而是靠劳动者发掘自己的知识和技能；劳动者要发掘自己的知识和技能，不能只是消费，还要进行投资。

舒尔茨还观察到，一些在第二次世界大战中工厂和设备遭到严重摧毁的国家，由于较高的国民素质和水准，因而能迅速医治战争的创伤，在比人们预料的更短的时间内，重创经济繁荣。为了解释上述传统理论所不能解释的现象，舒尔茨认为，有必要引入总括资本的概念，既包括传统意义上的资本，也包括人力资本。舒尔茨的人力资本意义：①人力资本体现在人身上，表现为人的知识、技能、资历、经验、和熟练程度，一句话，表现为人的素质。②从经济发展的角度看，人力资本是稀缺的，特别是企业家型的人力资本。③人力资本是通过对教育、健康的投资形成的资本。从这种意义上来讲，教育和健康的支出是生产型的。④人力资本像一切资本一样，都应当获得回报。人的时间的经济价值的提高是一种趋势。⑤人力资本使我的时间的经济价值的提高对经济发展的作用越来越大。

《经济学和公共目标》——加尔布雷思

以加尔布雷思为代表的新经济学派是在凡勃伦为代表的旧制度学派的基础上发展起来的。以加尔布雷思为代表的制度经济学属于政府干预经济思潮，以科斯为代表的制度经济学属于经济自由主义思潮。

新社会主义理论主要包括以下两个方面：第一是资本主义和社会主义趋同论。加尔布雷思认为资本主义和社会主义不过是现代工业系统的不同技术和组织形式。两者有以下的共同趋势，如市场被计划代替；大公司和专家组合力图保持自己的独立性；国家调节总需求以保证居民有最必需的购买力；资本主义分配差距有缩小趋势；分配领域趋同等。第二是二元社会和新社会主义。二元系统是指像美国这样的现代资本主义社会由计划系统（工业系统）和市场系统组成，这两个系统不断地发生着交换关系。而在资本主义制度下，通过提高市场系统的地位和权力，消除计划系统对市场系统的剥削和抑制它的权力，让两个系统的权力和收入均等化，就可以达到新社会主义。

加尔布雷思为我们勾勒出了一个好社会的粗略轮廓。一个人人享有改善自己命运的机会的社会就是好社会。换句话来说，好社会即是一个机会均等的社会，一个创造条件、使社会所有成员能够在同一起跑线上按照同样的比赛规则参加竞争的社会。

加尔布雷思的好社会大厦有两大支柱：好政治和好经济。好政治指真正意义上的民主；好经济指足以保障社会充分就业的经济繁荣。两大支柱缺一不可，一柱斜则大厦倾。

第二十五章 你知道"欧洲的孔子"吗
——不可不知的经济学家小传

经济学是一门按照模式进行思维的科学,而模式本身又夹杂着艺术,这种艺术就是能选出适合当前世界的模型。……出色的经济学家十分稀少,因为要运用"有准备的观察"才能捕捉到好的模型,尽管这种天赋并不需要高度专业化的知识技能,但却显得十分难得。

——约翰·梅纳德·凯恩斯

经济学家与政治哲学家的观念,无论对错,都远较一般人所了解的为有力。这个世界甚少受其他人的统治。负实际责任的人尽管认为不太受知识分子的影响,但通常都是某些死去经济学家的奴隶。

——J.M.凯恩斯

约翰·劳——让法国倾家荡产的人

1671年,约翰·劳出生在苏格兰首府爱丁堡的一个银行世家里,他从14岁起就在父亲的会计事务所中做学徒,凭借过人的天赋,年轻的约翰·劳在会计师这一行里做得顺风顺水。不过,随着年龄的增长,相貌英俊,生性放荡的约翰·劳并不满足于这些。1688年,约翰·劳的父亲去世,他随后就卷铺盖离开家乡,带上遗产来到向往已久的大都会伦敦。

在伦敦,约翰·劳将大把的时间和金钱花费在赌场和情场上。他凭借高超的算数技巧,成了赌场上的常胜将军,同时在情场上,英俊的约翰·劳也是如鱼得水。直到1694年,他为了一位女子而与情敌决斗,结果对方当场毙命,当天他就被逮捕并被起诉。就在无休止的诉讼过程中，约翰·劳找机会成功越狱，并坐船逃往荷兰。

踏上欧洲大陆的约翰·劳曾一度充任了英国外交使节的秘书，并潜心研究当时欧洲规模最大、实力最雄厚的阿姆斯特丹银行。然而每当夜晚来临时，人们总是在赌场里找到他。从1699年起，约翰·劳开始在欧洲大陆四处游荡。1705年，他流窜回苏格兰，在爱丁堡出版了《论货币和贸易——兼向国家供应货币的建议》。

在这本书中，约翰·劳主要强调了增加货币对于国家利益的重要性。在他看来，增加流通中的货币对国民经济有百利而无一害。但由于白银数量有限且缺陷很多，因此增加货币只能求诸银币以外的其他办法。他由此提出利用银行来发行纸币的建议。约翰·劳断言，纸币比银币更适于充当货币——因为国家或地方政府有权改变银币的面值或成色，其价值也会随其供应量或需求量的变化而变化，因此银币的价值并不稳定；纸币则不存在这些问题，且易于转手、运输和保存，而且纸币的供应量是可以由政府控制的，因而它的价值比银币稳定得多，更加适用于充当交换商品。

约翰·劳建议创办了以土地这种不动产为担保品发行纸币的一种特殊银行，因为土地供应既不会减少，也很难增加，因而土地的价值远比白银一类商品稳定。遗憾的是，苏格兰议会没有采纳约翰·劳的建议，英格兰议会又驳回了他的司法赦免的请求，他不得不再次回到欧洲大陆，继续靠赌术混日子。

1715年，机会终于来了，法国的"太阳王"路易十四驾崩，年仅7岁的路易十五即位。先王的弟弟，与约翰·劳颇有交情的奥尔良公爵成为摄政王。

在这之前，路易十四已经将法国政府折腾到濒临破产的地步。摄政王着手改革，但由于积弊已久，问题不但没有解决，反而愈演愈烈，正在此时，约翰·劳出现了。凭借与摄政王的交情，他摇身一变成了法国的救命稻草，他的那套理论也一下子获得了用武之地。

1716年5月5日，摄政王授权约翰·劳成立法国第一家私人银行——通用银行，开始发行纸币。约翰·劳的想法是，在经济萧条、就业不足的前提下，先大量发行纸币，增加货币供应，繁荣法国经济，增加就业。等经济恢复、海外贸易发展后自然会产生更大的货币需求。这样就形成了良性循环。

由于当时的金属货币价值经常会因为政府朝令夕改的政策而贬值，而约翰·劳发行的纸币不但可以行使金属货币的职能，还保证价值不变，因此人们开始信任纸质货币，到后来，纸币的价值甚至超过了等面值的金属货币。

约翰·劳的计划很快产生了效果，法国凋零的商业开始复苏了，这更强化了人们对纸币的信心。1717年8月，约翰·劳再接再厉，成立了一家"密西西比公司"，获得了开发当时法国控制的密西西比河广阔流域的贸易特许权以及加拿大的皮货贸易垄断权，并以每股500利弗尔的价格开始发行股票。约翰·劳当时承诺，每份500利弗尔的股票每年派发红利200利弗尔。消息一发布，立即让整个法国陷入了投机狂潮，至少有30万人前来申请购买这5万份新股。

据史料记载，每天从早到晚，想要申请购买股票的人挤破了头，造成股票疯涨。很多人一夜暴富，带动法国的商业空前繁荣，大批外省人从四面八方涌进巴黎，不仅是为了来买股票，也是为了挥霍，一时间导致巴黎的人口猛增三分之一。为了接纳这些人，巴黎市民把自家的阁楼、厨房甚至是马厩都腾出来当作客栈。工资、房租，一切都在上涨，暴富的人们肆意挥霍着不费吹灰之力赚来的钱，以前平常人可望而不可即的珠宝和高档艺术品这时也成了抢手货。处于这一切中心的约翰·劳自然也获益颇多。报纸上铺天盖地的报道更是把约翰·劳捧上了天。

然而，如此疯狂的股票投机行为，自然要求有足够的货币才能进展顺利，这就需要约翰·劳发行更多的纸币。他顺水推舟，每次增发股票都伴随着增发货币。仅仅在1719年下半年就增发了大约9亿利弗尔纸币。与此同时，约翰·劳又发行了30万新股，每股售价5 000利弗尔，以助摄政王还清了所有的国债。收购国债的钞票流入股市，又继续刺激股价暴涨，雪球就这样越滚越大。

大家都知道，股票价格的上涨不可能是无限制的。当差不多所有人都拥有了约翰·劳的股票，再也没有新的傻瓜加入进来的时候，股票价格就开始暴跌了。

1720年年初，一件偶然发生的事成了一切暴乱的开始。当时，有一位孔蒂亲王想用自己的定价购买股票，被约翰·劳断然拒绝，一生气就装了三马车纸币找约翰·劳要求兑换成铸币。跟着，那些精明的投机者也察觉到了股市崩盘的蛛丝马迹，偷偷将手中的股票和纸币兑换成铸币，再悄悄运到国外。由于纸币发得太滥，物价飞涨，通货膨胀的端倪早已显露，更多的人开始储存铸币保值，用于流通的铸币出现严重匮乏，到了最后，法国境内的铸币已经匮乏到不足以维持正常的商业运营了。

1720年5月，在一次国务会议上，支撑不下去的约翰·劳只好同意股票和纸币一同贬值，新法令规定纸币将贬值一半，股价则从9 000利弗尔逐步降到5 000利弗尔。这一计划立即导致民众恐慌，争先恐后地抛售股票。七天后，摄政王不得不宣布此法令作废。

与此同时，约翰·劳被踢出内阁，成了一切过错的替罪羊。不久，他在家门口遭到一群暴徒的袭击，差点性命不保。最终，约翰·劳一家老小不得不躲到皇宫避难。

股票继续下跌，到1720年8月已经跌到发行价500利弗尔，一个月后又跌至200利弗尔以下，10月，摄政王终于颁布法令禁止纸币流通，并剥夺了密西西比公司的一切特权。约翰·劳见大势已去，在圣诞节前灰溜溜地离开了法国。

1729年，58岁的约翰·劳在威尼斯去世。后世的很多著作记载他晚景凄凉，但在当时留下的遗产清单中，他却拥有多达488幅绘画作品。其中包括提香、拉斐尔、米开朗基罗以及达·芬奇这些名家的作品。事实上，他一直凭借自己的高超赌术而在威尼斯过着相当体面的生活。但是，如果与他几年之前在法国曾经拥有的财富和地位相比，这点遗产自然不值一提。从这一点上来说，他确实称得上是"晚景凄凉"。法国人得知约翰·劳去世的消息，立即为他编撰出一篇墓志铭：一位苏格兰名宿安息于此，这位天才的数学家。用神奇的数学法则，让法兰西倾家荡产。

法国人痛恨约翰·劳，称他为大骗子。但平心而论，这么说他确实有点不公平。约翰·劳的计划并非毫无可取之处，亚当·斯密就在《国富论》等著作中评论到，约翰·劳的计划绝不是卑鄙龌龊的计划，如果他能够见好就收，兴许还真能获得最终的成功。

虽然约翰·劳的大胆实践失败了，但他的理论也包含了很多合理因素。他认为纸币流通但不贬值的基础是信用——国家信用或私人银行可兑换的信用，这是没有错的，但法国民众的疯狂让和不懂经济的摄政王急于求成的想法火上浇油。约翰·劳非但没有想办法制止，反而一次次增发纸币。等到约翰·劳反应过来，局面已经无法收拾了。

约翰·劳的失败大大破坏了法国的经济，之后法国人甚至诅咒银行这个词汇达一个世纪之久。但约翰·劳也促进了重农主义思想的产生。早在17世纪下半叶，重农主义的先驱者就已经在抨击以牺牲农业换取商业繁荣的重商主义政策，当约翰·劳的信用货币制度破产时，重农主义的代表人物魁奈等人看到，在约翰·劳造成的金融证券投机狂潮中，整个法国都陷入混乱状态，而只有土地这种不动产似乎没有受到损害。再加上其他一些因素的刺激，此后重农主义思想得以广泛传播。

在之后的历史中，约翰·劳的名字也没有被人们遗忘。例如两百年后的凯恩斯主义者在某种程度上就可以说是约翰·劳的"知音"，在各种通过通货膨胀摆脱经济危机、解决失业问题的方案中都能找到他的影子。

魁奈——"欧洲的孔子"

弗朗斯瓦·魁奈（1694—1774），重农学派创始人，曾任法王路易十五的侍医。他自从移住到凡尔赛宫后，开始同哲学家、思想家们交往，借以熟悉法国的政治经济情况。当时法国因柯尔培尔执行牺牲农业扶植工商业的重商主义经济政策，以及法国在军事上的连连失利，导致了法国财政困难，人们生活困苦的后果。在这样的背景下，魁奈创立了重农学派。

1694年6月4日，魁奈生于巴黎蒙福尔·拉穆里的梅里村，他的父亲是一位律师。虽然家庭经济情况不是很困难，但因兄弟很多——兄妹十三人中他排行第十，未能受到很好的教育，甚至到 11 岁时，仍然目不识丁。然而，年幼的魁奈对学习有着浓烈的兴趣，曾有一次微明即起，从梅里村出发，步行几十公里到巴黎，买到所要的书，在当天回家的途中，就把它阅读完了。

魁奈 13 岁时，父亲去世；16 岁时，在一外科医生处做学徒。不久后，他师从巴黎著名的雕版术家罗歇福，同时在附近的大学研究医学，并学习化学、植物学、数学、哲学等；24 岁时回乡，在蒙脱开业做外科医生。作为医生，他的声誉日渐提高，很多知名人士亦去就诊。

1730 年，魁奈发表了论文《放血效果的观察》（*Observationssur les effets de la saignée*），很受医学界的重视，并因此和当时著名外科医学者佩洛尼等相识，被聘为巴黎外科医学会的常任秘书，因而移居巴黎。1736 年，他又发表了《动物经济论》，论述了生理学的哲学基础。在 1747 年该书的第二版中，魁奈企图在生理学的基础上建立心理学，从自然法的观点，提出自由放任的主张和关于人类的社会性的看法。作为魁奈经济学说基础的社会哲学，已经在这一著作中开始萌芽。

1749 年，魁奈 55 岁时，被任命为法王路易十五的宠姬蓬巴杜夫人（*Madame la Marquise de Pompadour*）的侍医，住进凡尔赛宫。1752 年，因治愈皇太子的痘疮有功，又被任命为路易十五的侍医。由于他的医学上的成绩和治好国王和皇太子疾病的功劳，由国王赐封为贵族。

在凡尔赛宫廷中，魁奈有更多的机会同哲学家和思想家交谈，借以熟悉法国的政治经济情况，并接触到一种崭新的和诱人的观察世界的方式方法，即启蒙运动——它旨在启发人们要使用自己的理智，只相信自己所能看到和可以证明的东西。启蒙运动对教会的原则提出挑战，越来越多的人不再任人摆布自己的思维。

当时，法国因柯尔贝尔执行牺牲农业扶植工商业的重商主义政策，经济问题十分严重，财政困难，人民生活痛苦——正是在这样的背景下，魁奈把研究对象转向哲学，并更进一步转到经济学上来。

在宫中，和魁奈经常聚会的哲学家和思想家有狄德罗、达兰贝尔、爱尔维修、孔狄亚克等，同时有许多经济学家也经常见面，如米拉波侯爵、里维埃尔的迈尔西埃、杜邦·德·奈穆尔、勃多、杜尔哥等，他们后来结成了经济学说史上有名的重农主义学派。

1756 年，魁奈在老友狄德罗和达兰贝尔编纂的《百科全书》第六卷中，发表了《明证论》和他的最初的经济论文《租地农场主论》，并在 1757 年出版的第七卷中，发表了《谷物论》，由此开始了作为经济学家的活动。

在启蒙运动的影响下，弗朗索瓦·魁奈试图表明，经济中各个集团之间的关系，就像行星的运行那样有自己的规律和法则，他提出了关于经济关系的法则，并把它称为《经济表》。魁奈把经济设想为一个循环系统：就像血液一样，从心脏流入身体各个部分，然后再流回来，在经济中，商品和货币的河流往来循环，就像在大自然中一样，一切都是有规律的，关键的是不能干扰这种循环。

自然秩序是重农学派思想体系的理论基础。魁奈尤其赞赏孔子的学说，曾写《孔子的简史》，认为所有学者中他是最伟大的人物，具有崇高的声望，立法明智，要求在人民中树立公正、坦诚和一切文明风尚的"贤明大师"等等。魁奈的门徒和学界名流把魁奈称为"欧洲的孔子"。

魁奈的自然秩序思想，是西方经济学自由主义思想的来源，而这在表面上与中国儒家以及道家"无为"的"天道"一脉相承。法国皇太子曾问魁奈："如果你是国王，你会干些什么呢？"魁奈回答："什么也不干。"皇太子又问："那么谁来统治呢？"魁奈回答："自然法则（The law）。"

1764年，魁奈在凡尔赛宫中的有力的庇护者蓬巴杜夫人去世，这使他在皇宫中的地位降低了。1774年，路易十五逝世后，魁奈退职，同年12月，他死于凡尔赛宫，享年80岁。

在多年以后的20世纪，美国的经济学家瓦西里·列昂节夫曾以魁奈为榜样，制定了一份现代经济运行图，并因此获得诺贝尔奖。这个循环图表，后来进一步演变成为国民收入和生产核算表。用这个图表不仅可以计算出经济发展的速度，还可以计算出一个国家的国民的整体经济实际价值到底是多大，即国民生产总值或国内生产总值。

亚当·斯密——经济学鼻祖

1723年，亚当·斯密出生在苏格兰法夫郡的寇克卡迪。亚当·斯密的父亲也叫亚当·斯密，是律师，也是苏格兰的军法官和寇克卡迪的海关监督，在亚当·斯密出生前几个月去世；母亲玛格丽特是法夫郡斯特拉森德利大地主约翰·道格拉斯的女儿。亚当·斯密一生与母亲相依为命，终身未娶。

亚当·斯密自幼在家乡苏格兰求学，在格拉斯哥大学时期完成了拉丁语、希腊语、数学和伦理学等课程。1740—1746年间，亚当·斯密赴牛津大学求学，但在牛津并未获得良好的教育，唯一收获是大量阅读许多格拉斯哥大学缺乏的书籍。

1750年后，亚当·斯密回格拉斯哥大学工作，他不仅担任过逻辑学和道德哲学教授，还兼负责学校行政事务，一直到1764年离开为止。这时期中，亚当·斯密于1759年出版的《道德情操论》获得学术界极高评价。而后于1768年开始着手著述

《国家民财的性质和原因的研究》（简称《国富论》）。1773年时《国富论》已基本完成，但亚当·斯密花三年多时间润饰此书，1776年3月此书出版后引起大众广泛的讨论，影响所及除了英国本地，连欧洲大陆和美洲也为之疯狂，因此世人尊称亚当·斯密为"现代经济学之父"和"自由企业的守护神"。

1778—1790年间，亚当·斯密与母亲、阿姨在爱丁堡定居，1787年被选为格拉斯哥大学荣誉校长，也被任命为苏格兰的海关和盐税专员；1784年，斯密出席格拉斯哥大学校长任命仪式，因其母于1754年5月去世，所以迟未上任；直到1787年才担任校长职位至1789年。亚当·斯密在去世前将自己的手稿全数销毁，于1790年7月17日与世长辞，享年67岁。

亚当·斯密学识渊博，性格孤僻。他能丝毫不受外物干扰、经常想事情想得出神，因此也会发生一些糗事，例如，亚当·斯密担任海关专员时，有次因独自出神将自己公文上的签名不自觉写成前一个签名者的名字；亚当·斯密在陌生环境发表文章或演说时，刚开始会因害羞频频口吃，一旦熟悉后便恢复辩才无碍的气势，侃侃而谈；亚当·斯密对喜爱的学问研究起来相当专注、热情，甚至废寝忘食。

事实上，亚当·斯密并不是经济学说的最早开拓者，他最著名的思想中有许多也并非新颖独特，但是他首次提出了全面系统的经济学说，为该领域的发展打下了良好的基础。因此可以说《国富论》是现代政治经济学研究的起点。

该书的伟大成就之一是摒弃了许多过去的错误概念。亚当·斯密驳斥了旧的重商主义学说。这种学说片面强调国家贮备大量金币的重要性。他否决了重农主义者的土地是价值的主要来源的观点，提出了劳动的基本重要性。亚当·斯密（分工理论）重点强调劳动分工会引起生产的大量增长，抨击了阻碍工业发展的一整套腐朽的、武断的政治限制。

《国富论》的中心思想是，看起来似乎杂乱无章的自由市场实际上是个自行调整机制，自动倾向于生产社会最迫切需要的货品种类的数量。例如，如果某种需要的产品供应短缺，其价格自然上升，价格上升会使生产商获得较高的利润，由于利润高，其他生产商也想要生产这种产品。生产增加的结果会缓和原来的供应短缺，而且随着各个生产商之间的竞争，供应增长会使商品的价格降到"自然价格"即其生产成本。谁都不是有目的地通过消除短缺来帮助社会，但是问题却解决了。用亚当·斯密的话来说，每个人"只想得到自己的利益"，但是又好像"被一只无形的手牵着去实现一种他根本无意要实现的目的，……他们促进社会的利益，其效果往往比他们真正想要实现的还要好。"（《国富论》，第四卷第二章）

但是如果自由竞争受到障碍，那只"无形的手"就不会把工作做得恰到好处。因而亚当·斯密相信自由贸易，为坚决反对高关税而申辩。事实上他坚决反对政府对商业和自由市场的干涉。他声言这样的干涉几乎总要降低经济效率，最终使公众付出较高的代价。亚当·斯密虽然没有发明"放任政策"这个术语，但是他为建立这个概念所做的工作比任何其他人都多。

有些人认为亚当·斯密只不过是一位商业利益的辩护士，但是这种看法是不正确的。他经常反复用最强烈的言辞痛斥垄断商的活动，坚决要求将其消灭。亚当·斯密对现实的商业活动的认识也并非天真幼稚。《国富论》中记有这样一个典型观察："同行人很少聚会，但是他们会谈不是策划出一个对付公众的阴谋就是炮制出一个掩人耳目提高物价的计划。"

亚当·斯密的经济思想体系结构严密，论证有力，使经济思想学派在几十年内就被抛弃了。实际上亚当·斯密把他们所有的优点都吸入进了自己的体系，同时也系统地披露了他们的缺点。亚当·斯密的接班人，包括像托马斯·马尔萨斯和大卫·李嘉图这样著名的经济学家对他的体系进行了精心的充实和修正（没有改变基本纲要），今天被称为经典经济学体系。虽然现代经济学说又增加了新的概念和方法，但这些大体说来是经典经济学的自然产物。在一定意义上来说，甚至卡尔·马克思的经济学说（自然不是他的政治学说）都可以看作是经典经济学说的继续。

在《国富论》中，亚当·斯密在一定程度上预见到了马尔萨斯人口过剩的观点。虽然李嘉图和卡尔·马克思都坚持认为人口负担会阻碍工资高出维持生计的水平（所谓的"工资钢铁定律"），但是亚当·斯密指出在增加生产的情况下工资就会增长。事实已经十分清楚地表明亚当·斯密在这一点上正确，而李嘉图和马克思是错的。

除了亚当·斯密观点的正确性及对后来理论家的影响之外就是他对立法和政府政策的影响。《国富论》一书技巧高超，文笔清晰，拥有广泛的读者。亚当·斯密反对政府干涉商业和商业事务、赞成低关税和自由贸易的观点在整个19世纪对政府政策都有决定性的影响。事实上他对这些政策的影响今天人们仍能感觉出来。

自从亚当·斯密以来，经济学有了突飞猛进的发展以致他的一些思想已被搁置一边，因而人们容易低估他的重要性。但实际上他是使经济学说成为一门系统科学的主要创立人，因而是人类思想史上的主要人物之一。

李嘉图——天才的业余经济学家

经济学刚刚诞生的时候，几乎所有的经济学家都是业余的，不管是英国的亚当·斯密，还是法国的巴斯夏、萨伊。在当时，大学里面也没有经济系，政府也没有开办经济研究和顾问机构，要搞经济学研究，就得自己先给自己找到饭碗。只有解决了生活问题，才能谈得上研究经济学。而英国古典经济学家李嘉图正是这么一个典范，而且，他也许是有史以来最富裕的经济学家。

1772年4月18日，大卫·李嘉图出生在伦敦城。他是犹太人，有学者说，他之所以在后来的著作中喜欢抽象的演绎推理，就跟他的犹太血统有关。

李嘉图的父亲是一个富裕的证券经纪人，所以，尽管李嘉图并没有正儿八经地上过什么学，但他的父亲却有钱给他请任何他喜欢的家庭老师。12岁的时候，他就曾被父亲派到荷兰留学，那时候的荷兰，可是全球商业最发达的地区。两年后，李嘉图回到英国，开始下海，跟父亲经商。

如果这样一路下去，英国不过又多了个天才的证券经纪人而已。然而，年轻的李嘉图爱上了一个跟自己家的宗教信仰不同的姑娘。他的父亲坚决不同意这门亲事，21岁那年，年轻气盛的李嘉图被父亲赶出家门。

李嘉图只好白手起家，幸好在这之前，他已经在证券交易界摸爬滚打了七年，有了自己的朋友圈子，所以在众人的帮忙下，他的事业很快就上了正轨。短短几年时间，他就发财致富了。据说，在他去世时，他的资产大约价值70万英镑——如果折合成现在的货币，可能价值数千万美元，每年还有2.8万英镑的收入。他的一个得意之作是在滑铁卢战役前4天，成功地买进大量政府债券，结果英军打败拿破仑，他大赚了一笔。

至此，仅仅发财致富已经不能让李嘉图看到人生的意义了，于是，他开始在知识领域寻寻觅觅。27岁那年，他偶尔读到了亚当·斯密的《国富论》，对政治经济学产生了兴趣。也有学者认为，与其说是李嘉图选择了政治经济学，不如说是政治经济学选择了李嘉图。因为，两年前，英国宣布脱离金本位制，英镑正在经历剧烈波动，年轻的金融家李嘉图不能不思考货币问题。因此，这就很容易理解了，为何李嘉图最初的经济学研究几乎完全集中在货币问题上——他的第一篇文章就是《黄金的价格》。

《黄金的价格》发表于1809年，在这之前长达十年的时间里，即从27岁~37岁，是李嘉图学习研究政治经济学的时期。这中间，他得到了英国当时著名学者、功利主义的创始人詹姆斯·穆勒的无私帮助。李嘉图虽然是天才，毕竟没有好好上过学，在研究问题，尤其是学会写文章方面的训练是绝对必要的，否则，他此后的十一大卷著述就无从谈起了。

事实上，即使在修炼完成之后，李嘉图也不是一个坐在书斋里专心研究学问的人，与此相反的是，他是一个活跃的社会活动家，也是一个活跃的议员，整天为经济政策和政治问题忙碌着。

对李嘉图来说，他与穆勒的友谊非常重要。正是在穆勒的再三催促下，李嘉图开始竞选国会议员，并于1819年2月当选；也是在穆勒的帮助下，他完成了自己的名著《政治经济学与赋税原理》（这本书于1817年4月出版）。李嘉图相当自负,他说,他的观点和大权威斯密及马尔萨斯不同,在英国,能读懂他的书的人,不会超过25个人。但不管人们是否读懂,他一举成名,成为当时最著名的经济学家。

与另一位大经济学家马尔萨斯的论战,也是李嘉图学术上迅速成熟的一个助推器。李嘉图和马尔萨斯是两位在出身、经历、个性和思想观点等方面都有着明显反差的思想家:

李嘉图出身于富有但缺乏社会地位的犹太移民家庭,其父亲似乎是一个唯利是图的投机者;马尔萨斯却出身于上层贵族社会,其父亲与当时思想界名流如休谟、卢梭等有着广泛的交游。

李嘉图从未接受系统的正规教育;而马尔萨斯少年时代就博览群书,并进入剑桥大学。

李嘉图的身份是证券经纪人;马尔萨斯是一个职业学者。

李嘉图不仅在证券经营中一帆风顺,还担任过议员;马尔萨斯过得却是平淡无奇的教师生活。

李嘉图虽然经商,但成了理论家;而马尔萨斯一辈子过的是学院生涯,却关心现实。

李嘉图个人财产达 160 英镑;马尔萨斯却从来没有富裕过。

李嘉图和马尔萨斯,这两人几乎在每件事上都有争执,讨论无休无止,直至一方去世为止。但对他俩而言,与终身论敌相伴的还有另一层关系——终身朋友。在 1811 年 6 月,马尔萨斯向李嘉图"冒昧地引见自己"之后,他们不仅十几年间持续通信交流思想,还经常相互拜访。李嘉图不仅通过自己的证券经营帮助过马尔萨斯赚取投资收益,临终前还留赠了马尔萨斯一笔生活费用。同他们作为论敌的持久争论具有持久的影响一样,他们持久的友谊也是思想史上的一段佳话。李嘉图在给马尔萨斯的最后一封信里说:"像别的争论者一样,经过了多次讨论之后,我们依然各持己见,相持不下,然而这些讨论丝毫没有影响我们的友谊;即使您是同意了我的意见的,我对您的敬爱也不会比今天更进一步。"马尔萨斯在李嘉图故去后,深情地说道:"除了自己的家属外,我从来没有这样爱戴过任何人。"

凯恩斯——名利双收的经济学家

约翰·梅纳德·凯恩斯(John Maynard Keynes,1883—1946),现代西方经济学最有影响的经济学家之一,他创立的宏观经济学与弗洛伊德创立的精神分析法和爱因斯坦发现的相对论一起,并称为20世纪人类知识界的三大革命。

凯恩斯是一个伟大的经济学家,他敢于打破旧的思想的束缚,承认有非自愿失业的存在,首次提出国家干预经济的主张,对整个宏观经济学学的贡献极大。他不仅是经济学理论上的天才,还是位大胆的实践者。

凯恩斯的祖上是英国的贵族,他父母在剑桥大学任教。凯恩斯是他们的第一个孩子,他们在他身上付出了很多,也对小凯恩斯寄予了很高期望。凯恩斯果然不负所望,从伊顿公学毕业,就取得了国王学院数学和经典著作的奖学金。1905年毕业于英国剑桥大学,并获得数学学士学位。1906年凯恩斯通过公务员考试,到外交部的印度办公室工作。两年后,申请国王学院的数学研究员职位,但没有成功。

不久,剑桥大学向他提供一个教学一般经济学的研究员职位,这个职位一直保留到他去世。凯恩斯主讲的众多课程中有一门是每周一次的关于印度货币和金融方面的课程。不久,凯恩斯专门研究货币、信用和价值。这段时间,他也写了一些书,主要是在概率论方面,他的经济学方面的第一部著作是《印度的货币和金融》。

1914年,第一次世界大战爆发,当时社会上普遍担心出现金融危机,作为货币问题专家,凯恩斯去财政部任职。他的首次努力是去说服首相劳合·乔治保持黄金储备。到战争结束时,凯恩斯已在财政部树立了牢固的地位,并被派到国外处理一系列的金融问题。当和平会议在巴黎举行时,凯恩斯代表英国财政部参加了和谈。

和谈结束后,凯恩斯从财政部辞职,撰写了《和平的经济后果》一书。这本书中描述了一些当时著名人物的事情,包括劳合·乔治等人物以及对当时社会的分析。

华特·利普曼把凯恩斯的著作编成一个系列,凯恩斯承担出版费,由麦克米伦公司出版。著作在爱丁堡印刷,用船把它运到伦敦,途中船不幸失事,2 000本《和平的经济后果》被海水冲到丹麦海滩。按丹麦法律,书在当地公开拍卖。这本书最后被译成多国文字,大约售出了14万册。

凯恩斯是一个最会把理论化为实践的人,在撰书的同时,凯恩斯也从事货币买卖。根据他在财政部工作得到的经验和对战后德国的考察,他开始看好美元,看跌欧洲货币,并按10%的保证金进行交易,建立了一系列货币仓位。不久他赚了大笔利润,并就此认为自己能比普通人更好地看清市场的走势。

1920年4月,凯恩斯预见德国即将出现信用膨胀,以此为理由,卖空马克。此前马克一直下跌,但现在开始反弹。4、5月间,凯恩斯自己损失了13 125英镑,他任顾问的辛迪加也损失了8 498英镑。经纪公司要求他支付7 000英镑的保证金,于是他从一个敬慕者那里借来了5 000英镑,又用他的预支稿酬支付了1 500英镑,才得以付清。他承认,自己已经破产了。

1921年,通过写作,凯恩斯的经济状况好转,又开始了商品和股票投机,交易都采用保证金交易方式。

1924年，凯恩斯投资57 797英镑，到1937年增值506 450英镑，在证券业中建立了自己的声誉。此间，凯恩斯每年的平均投资复利收益率为17%，利润虽高，但仍然比不上保守的投资家沃伦·巴菲特的业绩。

凯恩斯的官方传记作者说，凯恩斯在1937年放弃了投机，原因是他身体欠佳。实际上，那时他的病已经好了，而且身体不错，以致可以在接下来的9年里继续影响经济学和政治的发展。但近年来出版的传记指出，凯恩斯在1937年美国股市上损失惨重，考虑到第二次破产可能会损害他作为世界上最著名的经济学家的声誉，于是及时退出了投机行列。

在《就业、利息与货币通论》一书中，凯恩斯谈到了他的投资哲学，我们可以恰当地称之为"选美理论"。共有100幅候选美女照片，由公众从中选出4人。然而，人们并不投票给他认为是最美的人，而是选择他认为大多数人都认为是最美的人。

像许多伟大的金融家一样，凯恩斯在大事上十分大胆，敢于冒险使用大量资金以支持一个论点。但小事上，他非常保守。

一次，凯恩斯和一个朋友在阿尔及利亚首都阿尔及尔度假，他们让一群当地小孩为他们擦皮鞋。凯恩斯付的钱太少，气得小孩们向他们扔石头。他的朋友建议他多给点钱了事，而凯恩斯，这个世界上最伟大的经济学家，回答道："我不会贬抑货币的价值。"

张培刚——发展经济学之父

发展经济学之父张培刚，曾是与萨缪尔森同年获得威尔士经济学奖的哈佛博士，曾是在而立之年就以研究农业国工业化而名扬国外的中国学子，曾是一位立志报国却被埋没了30年的经济学家。他的理论著作对南美和东南亚的很多发展中国家的工业化进程都产生了很重要的影响，很多人对他顶礼膜拜。

1913年，张培刚出生在湖北省黄安县（今红安县）一个普通的农民家庭。少年时期的他一边随家人从事放牛、砍柴、插秧等各种农活，一边在乡下读私塾和小学。1929年，张培刚只读了一年半的高中便跳级考入武汉大学文科预科班，成为当年武汉大学唯一录取的文科预科生。

1934年，张培刚以优异的成绩从武汉大学毕业后，即被选送到前中央研究院社会科学研究所任助理研究员，从事农村经济研究工作。在随后的6年时间中，他深入农村进行实地考察和调查，积累了许多实践经验，对他以后的学术生涯很有裨益。

1941年4月，张培刚考取了清华大学第五届庚款留美公费生。他是武汉大学考上清华庚款公费留美的第一人，也是该次考试所录取的仅有的两名文科类（分别为"工商管理"和"经济史"学科）考生之一。1941年7月，张培刚幸运地进入哈佛大学学习，他师从熊彼特、张伯伦、布莱克、汉森、厄谢尔、哈伯勒等大师，深入学习和研究了当时世界最前沿的经济学理论。在哈佛的求学，对张培刚的学术生涯产生了深远的影响。

为了探索贫穷落后的中国如何走上工业化和现代化的道路，张培刚选择了"农业与工业化"为博士论文题目。在哈佛的图书馆里，张培刚申请了不足6平方米的空间，通晓5种外国语言的他阅读了德文、法文、英文等180余位经济学家的200多本著作。张培刚用了9个月的时间，于1945年10月完成了英文稿的"农业与工业化"。

1947年，这篇博士论文被哈佛大学授予经济学科最佳论文奖，并获得哈佛大学经济学科最高荣誉奖——"大卫·威尔士奖"，张培刚也成为迄今为止亚洲唯一获此殊荣的人。著名的经济学家陈岱孙说："我终于看到了有一个中国留学生跻身于哈佛大学经济系最高荣誉奖获得者的行列。"张培刚的学生、经济学家董辅礽这样评价：张培刚先生在书中提出的农业国工业化是当代发展经济学的核心问题的论点，比20世纪70年代获得诺贝尔经济学奖的刘易斯至少早10年。张培刚的论文于1949年由哈佛大学出版，并成为许多大学经济学专业的指定参考书。中国人民大学的高鸿业教授20世纪50年代在美国伯克利大学攻读硕士学位时，就在老师给他开的书单上意外地发现这本唯一由中国人写的书。

"农业与工业化"是第一部从历史和理论上系统探讨贫穷落后的农业国如何走上工业化道路的著作。该著作后来被国际学术界誉为"发展经济学"的奠基之作，张培刚也被誉为"发展经济学的创始人"之一。这本书在当时成为南美和东南亚各国的热门书籍。但由于当时中美两国处于隔绝状态，再加上"文革"中张培刚遭受了不公正的待遇，他本人竟然对此毫无所知。"文革"结束后，张培刚才在华中科技大学这所工科院校里开设了经济学专业，张培刚说，自己一直站了30多年，总算有一张凳子可以坐下歇歇脚了。他先后担任华中科技大学社会科学部主任、教授，华中科技大学经济学院院长，经济发展研究中心主任。

1978年5月，张培刚被借调到中国社科院经济所，担任《政治学辞典》和《外国经济史》的主编。随后，他又成为第一批给国家领导人主讲"外国经济学"的专家，并与厉以宁合写了《宏观与微观经济学》，最早把西方经济学（即市场经济学）介绍到中国。改革开放以来，他通过著作和讲学，全面介绍了西方经济学、西方管理科学和世界经济的发展。

20世纪80年代初，将近70岁的张培刚在重病卧床的情况上，把在抽屉下面藏了30年的"农业与工业化"英文手稿译成了中文，埋没了半个多世纪的著作终于开始得到人们的认可。经济学家胡鞍钢定期要给政府部门编写国情报告，他在文章中就经常引用张培刚的理论。胡鞍钢说："张培刚先生在写那本书的时候，就已经讨论过这些问题，他当时讨论的是三大关系，实际上就是最早我们所说的对外开放的理论。就是农业国必须要参与全球化的过程，从全球化过程中和与工业国之间的交往过程中获得资金、技术及支持。应当说后来中国改革开放就是这样的一个理论，张培刚先生已经做出了一些铺垫。"

1989年他写的《发展经济学往何处去》一文为迷茫中的发展经济学指明了方向。那时学术界认为发展经济学走向了衰落。张培刚不仅为发展经济学正了名，而且扩大了发展经济学的研究范围。

1990年，清华大学的梁小民教授把当年刘易斯获得诺贝尔经济学奖的《经济增长理论》翻译成中文，相比之下张培刚的理论远在刘易斯之上，刘易斯主张通过工业化来实现经济发展，那是靠牺牲农业来发展工业。但是张培刚的理论是把农业作为产业的一个部分，他所要求的不是牺牲农业发展工业，而是把农业和工业作为整体来发展。后来刘易斯也作了反思，刘易斯说："过去我太重视工业了，牺牲农业发展工业，看来这是错误的。"

世界银行的经济专家钱纳里来华讲学时说："发展经济学的创始人是你们中国人，是张培刚先生。这是中国人的骄傲。"1986年，西北大学教授何炼成访美后说，哈佛大学一教授在座谈会上说，张培刚才真正是发展经济学的创始人，刘易斯、舒尔茨的理论比他提出的要晚好些年，因此他更有资格获得诺贝尔奖。

保罗·克鲁格曼——预言家

2008年10月13日晚上7点，瑞典皇家科学院诺贝尔奖委员会宣布将2008年度诺贝尔经济学奖授予美国经济学家、普林斯顿大学教授保罗·克鲁格曼，以表彰他在分析国际贸易模式和经济活动的地域等方面所作的贡献。

作为美国经济学界的天才式人物，保罗·克鲁格曼是自由经济学派的新生代，他曾成功预言了亚洲金融危机和此次美国经济衰退，开创新国际贸易理论，分析解释了收入增长和不完善竞争对国际贸易的影响。

1953年2月，克鲁格曼出生于纽约长岛的一个犹太裔中产阶级家庭。从约翰·F·肯尼迪高中毕业后，他来到了著名的麻省理工学院，学习经济学。大学时代的克鲁格曼似乎更偏好历史，经济学的专业课修得不多。

大学二年级的时候,著名经济学家诺德豪斯在偶然看到克鲁格曼的一篇关于汽油的价格和消费的文章后,为他对经济问题的深刻理解所打动,立即邀请他做自己的助手。大学毕业后,在诺德豪斯的推荐下,克鲁格曼顺理成章地进入了研究生院攻读博士学位。

1977年,克鲁格曼获得麻省理工学院的博士学位。随后任教于耶鲁大学、麻省理工学院及斯坦福大学。在麻省理工学院他成为了福特国际经济学教授。

1982年,克鲁格曼刚从瑞典参加一个国际会议回来,就接到费尔德斯坦的电话,邀请他去华盛顿任职,担任经济顾问团国际经济学首席经济学家。在华盛顿的经历并不愉快,克鲁格曼发现,这个地方好的分析者并不受重用,"马屁精"倒是如鱼得水。很快,他就产生了厌倦。不过,在华盛顿他又发现了自己的另一项才能:用简明易懂的语言讲述严肃的经济学问题。1983年的总统经济报告就是他主笔的。1992年的总统选举使克鲁格曼在全美国人面前大出了一番风头,他在电视上的经济演说给克林顿极大的帮助。

克鲁格曼曾经出版20余本著作和200余篇论文。他在学术领域获得的声誉主要是在国际贸易及金融领域。他是"新贸易理论"的创建者之一,该理论对传统的贸易理论进行了崭新的思考。因为该理论,克鲁格曼获得了1991年的克拉克奖,该奖主要奖励那些"低于40岁的对经济学知识做出卓越贡献的青年经济学家"。

在获得诺贝尔经济学奖之前,克鲁格曼最近的身份是普林斯顿大学经济学及国际关系教授,以及已经从业长达十几年之久的《纽约时报》评论员。他擅长以简单的预言评说复杂的问题,而且能够将它们讲得清楚。

诺贝尔奖颁发给克鲁格曼是基于他对两个截然不同但却相关的领域所作的贡献:克鲁格曼关于"新贸易理论"发展的贡献及"新经济地理"的著作。

此前,就有经济学者评论:"如果诺贝尔经济学奖要颁给国际金融领域的研究者,那就一定会颁给克鲁格曼,因为他是这个方向的一个开创性人物。"

诺贝尔经济学奖最近一次定格金融学领域是在1997年,当时,斯科尔斯和默顿两位学者因其在金融衍生产品理论方面的贡献摘得桂冠。而1997年也正是爆发亚洲金融危机的"一个金融动荡的年份"。

令克鲁格曼名声大噪的是他的一个预言。1996年,克鲁格曼曾在其《流行国际主义》一书中预言了亚洲金融危机。他提出,所谓的"亚洲奇迹"是"建立在浮沙之上,迟早会幻灭"。他认为,亚洲在高速发展的繁荣时期已潜伏着经济危机,将在一定时间内进入大规模调整。1997年,该预言得到验证,有力地奠定了克鲁格曼作为"新一代经济学大师"的地位。

因此,在华尔街金融风暴引发全球金融动荡之时,克鲁格曼对当前形势的评价,越发引人关注。

"按照我的判断，当前普通美国人的命运与经济普遍增长的脱钩，在美国近代史上是史无前例的。"事实上，在近些年来，几乎布什政府所有的政策，都会成为这位在《纽约时报》上勤奋写作的经济学家批评的对象。

克鲁格曼总喜欢提起自己青年时代的"失落的天堂"——即20世纪五六十年代，美国在那时成为众所周知的中产阶级社会。"我生于1953年。与同辈人一样，我把自己成长于斯的美国的一切都视为理所应当的。事实上，如许多同辈人一样，我严词抨击美国社会种种甚为真切的不义现象……只是在后来的回想中，我才明白地意识到，自己年轻时所处的政治与经济环境是一个早已逝去的天堂，是美国历史上一段不同寻常的篇章。"

克鲁格曼认为，这样的"天堂社会"背后的推动力是总统罗斯福的"新政"。正是"新政"开始大力实施的"自上而下的收入和财产再分配"使美国社会获得了繁荣。直到20世纪70年代，政府才开始以某种形式"撤回"这一政策。这个本来按照欧洲标准衡量就很糟糕的社会福利国家被拆卸得七零八落，盛极一时的工会如今已经大不如前。

克鲁格曼认为，再次扭转这一趋势的时刻到来了。正因如此，他主张回归罗斯福和杜鲁门时代的经济政策——至少要有一点儿像"新政"。

在面对荣誉时，克鲁格曼说："我们都想得到权力，我们也渴望成功，但是对我来说，最好的回报就是理解带来的快乐。"

附 富裕的和穷困的经济学家

经济学是关于财富的科学。但是，在财富的竞技场上，经济学家并没有优势。其实，关于财富的知识与获取财富的能力本来就不是一回事。经济学的功能一般认为是帮助人们了解、认识和解释世界，因此它实际上并不能为人们提供发家致富的妙计良方。也许积累财富或者赚钱需要的是一种天分而不是知识，最杰出的经济学不一定具备最杰出的经营能力。1997年，罗伯特·默顿和迈伦·斯科尔斯因为期权定价理论而获得诺贝尔经济学奖，但他们经营的长期资本管理公司却面临破产。作为谋生甚至牟取财富的工具，经济学的回报率不会高于社会平均回报率。在积累财富的角逐中，成功的经济学家凤毛麟角。成功者所凭借的大多不是其卓越的经济思想，而是某种赚钱的天分。其高于社会平均收益的部分实际上相当于稀缺资源获得的"租"。

威廉·配第

古典经济学的拓荒者**威廉·配第**（1625—1687）是经济学历史上的一个富豪。配第少年时已显示出赚钱的天分。他13岁进入卡昂大学学习时，就通过做首饰生意赚取学习和生活费用。他从一个先令开始，短短时间内就增加到24英镑。配第的财富故事开始于爱尔兰。利用担任爱尔兰土地分配总监期间获得的9 000英镑报酬，配第通过土地投机，短期内积累了5万英亩土地。到了晚年，配第不仅成为拥有27万英亩土地的大地主，还是拥有多家渔场、冶铁和铝矿的大企业主。配第被马克思誉为"政治经济学的创始人"，但经济学对他成为经济学家当中的财富成功者并没有什么贡献。他的财富成功依靠的是他的经营天分。

理查德·坎蒂隆

被杰文斯誉为亚当·斯密之前的"经济学家的经济学家"的**理查德·坎蒂隆**（1680—1734）同样利用投机积累财富，但他的速度和效率要远远高于财富，这并不是由于他比配第有更高的经济学天分，而是时代为他提供了一个更有效的投机工具——有价证券。1716年，坎蒂隆以一个出色金融家的身份从伦敦来到巴黎，此时，他的同胞约翰·罗改革和重组法国金融体系的工程已经展开。约翰·罗的密西西比计划实施后，坎蒂隆与人合伙组建一家金融公司，从事股票投机。坎蒂隆预见到罗氏体系必然崩溃，但以他娴熟的经验和技巧，他有充分的把握抓住火中取栗的机会。他的公司为投资者提供贷款购买股票，股票出手前由公司保管。坎蒂隆实际上做的是空头交易，而且把款项汇往国外，这引起约翰·劳的妒恨，罗威胁他，"如果你不在24小时内离开法国，我就把你送到巴士底狱去。"坎蒂隆说："我不会离开，但我将使你的那套办法取得成功。"坎蒂隆果然取得了巨大的成功。在投机狂潮时期，坎蒂隆"以高昂的价格全部卖出他的法属印度股票和其他证券，并将钱款汇往英国和荷兰，以此购置一笔庞大的地产。"坎蒂隆的成功显然加速了约翰·劳体系的崩溃。1715年在巴黎大约200个银行家里，只有三四个幸免于难。"1717—1720年间，巴黎的银行家已经像秋天的落叶一样纷纷败落，……大部分钱财都进入了坎蒂隆的口袋。"在1720年股价暴跌的时候，坎蒂隆几天之内赚了250万。坎蒂隆是在取得金融投机的成功并淡出经营活动之后才开始进行经济学研究的，因此，更有可能的是他的经济实践推动了他的经济研究，而不是相反。

财富在经济学家中的分布大体也呈正态，大多数经济学工作者的收益处于社会平均水平。所以，有了少数极端富裕的经济学家，也就有少数极端贫困的经济学家。由于经济学的意识形态性质，只有符合主流意识形态的经济学家才能获得社会平均收益。对于非主流的经济学家来说，其学术供给成本太高或许学术需求很低，其收益率可能低于社会平均水平，甚至会沦为收益水平最低的阶层。因此，经济学家中的极端贫困者往往出现在非主流或反主流经济学家中。李斯特、马克思和凡勃伦的穷困就属于这种情况。

弗里德里希·李斯特（1789—1846）是古典经济学的怀疑者和批判者，是德国历史学派的先驱者。李斯特的奋斗目标是推动德国在经济上的统一，这决定了他的经济学是服务于国家利益和社会利益。据说一个忽视自身利益的人连上帝也不会关照他，因此，李斯特的一生串联着一系列的失败。1819年，由于组织旨在统一德国经济的全德工商联盟受到迫害，被迫辞去蒂宾根大学教授职务，并被解除其他政府公职。

弗里德里希·李斯特

1820年，担任市议员期间，由于提出激进的民主改革主张，被以"煽动闹事，阴谋颠覆国家政权"的罪名判处10个月监禁。李斯特潜逃到了法国和瑞士。两年后回国，随即被关押。为了彻底摆脱这个危险分子，政府同意他移居美国。1825年李斯特一家到了美国。他开始经营农场，还担任过报社编辑，并开办了一个规模很大的煤矿。1832年，李斯特回到欧洲参与莱比锡—德累斯顿铁路建设工程，他希望通过建立全国铁路系统推动德国经济的统一。1834年，德国关税同盟建立。但他的全国铁路系统计划由于封建割据和资产阶级的狭隘的唯利是图本性失败。1837年，李斯特在美国的矿山在美国的银行危机中破产了，李斯特陷入生活困境中。其间，李斯特一直受到政府的监视，并受到再次被监禁的威胁。尽管他不断努力，仍然不能在他的祖国找到一份固定职业。李斯特被迫流亡法国。法国梯也尔政府曾邀请他担任铁路建设和贸易政策方面的要职，但由于法国对德国的侵略性态度，李斯特拒绝了，主要靠给报社撰稿谋取微薄的收入。俄国财政部长曾经聘请他在政府中担任要职，以推行他的"国民体系"，李斯特因为俄国实行专制的沙皇制度而拒绝了。1841年，李斯特曾经被委任为《莱茵报》主编，由于健康原因未能成行（不久后马克思担任了这一职务）。1846年，英国废除"谷物法"，这对立主贸易保护主义的李斯特是一个打击。随后，李斯特提出建立英德联盟的计划没有被采纳，而他参与德国关税同盟工作的愿望也一直得不到实现。此时，李斯特陷入深深的失望中。"他对德国实现他为之奋斗的民族资产阶级——资本主义的进步感到无望，被容克地主封建反动势力在'科学界'和新闻界的御用文人的越来越肮脏的污蔑搞得一蹶不振，被他自己的阶级——优柔寡断的怯懦的德国资产阶级——可耻地抛弃。"一直身体健壮的李斯特此时明显衰老了，他已经无法忍受肉体和精神上的挫折。李斯特看不到个人和国家的前途，加上疾病缠身和生活困顿，他陷入了绝望。在给朋友的信中，李斯特说："我如果没有写作所得的收入，就只能靠妻子的财产（我是什么也没有）糊口度日了。可是，这些收入和财产也不足以维系妻子和孩子们的生活，我几乎陷入了绝境。"1846年11月30日，李斯特在一个小镇开枪自杀，结束了57岁的生命。由李斯特奠基的历史学派后来成为德国的显学，成为德国制定社会经济政策的指南。李斯特的不得志固然在于他的不妥协，更在于他的时代背景。特定时代总有其特定的占主导地位的意识形态。李斯特的悲剧在于他的思想不仅超越了他所处的时代，也超越了他所在的阶级。在李斯特这里，成为他谋生障碍的不是经济学，而是他的经济学与时代的不协调。

卡尔·马克思

马克思（1818—1883）强调物质利益对人与人的经济关系甚至对一切社会关系的决定作用，把对物质利益的追求看成是社会发展的终极动力。但是，在实现自身物质福利方面，马克思并不成功。当然，根本的原因在于，这并不是马克思的追求。马克思的前半生一直处于颠沛流离当中。1842年，大学毕业的马克思担任具有左翼倾向的《莱茵报》的编辑。正是在此期间对穷人利益的关心，出于为穷人利益辩护的需要，马克思才开始经济学研究。一年后，该报由于观点激进被普鲁士当局查封，马克思携燕妮进入巴黎，其间邂逅他的终身战友恩格斯。在1844年发表了《1844年哲学经济学手稿》后，马克思成为一个共产主义者。1845年由于其政治观点，马克思被法国当局驱逐出境，移居布鲁塞尔。1848年革命开始后，马克思又被逐出比利时，先去法国，后又去科隆。1849年流亡到伦敦。在伦敦，马克思一家经常处于极度贫困当中。马克思经常一文不名，而且极少工作机会。他的工作主要是给纽约每日论坛和其他报纸当兼职记者，收入极不稳定。而且，为了他的政治信仰，马克思顽固地拒绝变得"实际"。"马克思为了家人能够生存下去，典当了所有的东西——家族银器、亚麻布，甚至孩子的衣服。"据一个普鲁士政治间谍1853年的报告："马克思住在伦敦条件最差因而也是最便宜的住处……所有的东西都是坏的、粗糙的、破烂的；所有的东西都蒙着一纸厚的灰尘；所有地方都是最杂乱的。一个人走进马克思的房间，眼睛会被煤烟和烟草熏得极模糊以至于一开就要摸索前进……每样东西都很脏，每件东西都全是灰……"极度的贫困伴随着疾病，他的7个孩子只有两个幸存下来。"马克思一生的大部分时间都在病痛中度过，他一直被慢性疾病困扰——哮喘时常发作。头痛持续不断，喉咙细菌感染，常患流行感冒，他还患有风湿病、支气管炎、牙痛、肝痛、眼部发炎、喉炎和失眠。他的疖子和痈病过于严重，以至于他晚年时全身上下都是疤痕。燕妮去世时，他连葬礼都无法参加。"1883年3月17日，马克思在贫困和疾病中去世，没有留下遗嘱和遗产。说马克思没有留下任何遗产是不对的，虽然经济学没有给他带来物质财富，却给他带来了对社会经济发展规律的深刻洞见。他的使命是拯救整个世界而不是他自己。物质生活的穷困并没有束缚他探索的步伐。作为历史上最伟大的经济学家之一，马克思创立了无产阶级政治经济学。他对资本主义制度的卓越的研究极大丰富了经济思想，拓宽了经济学研究的领域，提供了深刻的经济学研究方法，这一切,是他留给经济思想史的宝贵财富。

同样出身贫寒的**托尔斯坦·凡勃伦**(1857—1929)并不像配第那样对财富有着执著的追求,相反,凡勃伦是资本主义物质文明的辛辣的嘲弄者。他曾经仿效普鲁东"财产即为偷窃"的著名论断,称私人财产只是"成功突袭获得的战利品",对财富的追求是一种"掠夺的本能"。当然,这样的人也不可能得到财富的青睐。青年时代,凡勃伦曾经辗转在卡尔顿大学、莫诺纳学院、约翰·霍普金斯大学学习,1884年在耶鲁大学获

托尔斯坦·凡勃伦

得哲学博士学位。由于当时大学中的专职学术教师通常从神学学生中挑选,没能获得学术职位的凡勃伦以失败者的身份回到家乡。在此后的7年中,凡勃伦一直处于失业状态,先靠家里养活,后又靠岳父周济。由于研究哲学的前景暗淡,凡勃伦进入康奈尔大学学习经济学,开始其职业经济学家的生涯。1年后进入芝加哥大学任教。凡勃伦本来就对世俗的成功抱有鄙视的态度,自然,经济学也没有给他带来世俗的成功。由于其特立独行的个性及对主流的新古典经济学的毫不妥协的态度,被陶西格称为"所有经济学家中最接近天才"的凡勃伦很难在一所大学待太长时间,离开芝加哥大学后又先后去了哈佛大学、斯坦福大学、密苏里州立大学、新社会研究学院。凡勃伦以行为怪异而著称,比如邋遢的穿着、粗陋的家居陈设,这其实一方面体现的是他对资本主义物质进步的嘲弄,另一方面则反映了他生活的窘困。退休的凡勃伦生活更加穷困,靠学生的资助生活,抽劣质的烟草,住简陋的房屋。"他变成孤单一人并被世人所忽视。他的经济状况岌岌可危。恶劣的健康状况和心理状态的不平静,不断烦扰着他的晚年生活。"凡勃伦准确地预测到了大危机的到来,但他已经不能承受危机的打击。在大危机到来前的1929年8月3日离开了人世。当然,凡勃伦也许并不以为他窘困的物质生活是一种痛苦。这个资本主义制度和新古典经济学的牛虻,追求的也许是从嘲弄中得到的快感。

欧文·费雪(1867—1947)是一个特例。他既是一个主流经济学家,而且他的理论和主张曾经对政策制定发挥过作用,同时,他一生执著追逐财富,但最终成为财富角斗场上的失败者。坎蒂隆、李嘉图和凯恩斯都通过证券投机而致富,但货币主义的创始人和"美国有史以来最伟大的当然也是最具有传奇色彩的美国经济学家之一"的费雪却是个证券投机的彻底失败者。他终身从事货币研究,显然货币并不青睐他。曾经通过证券投资而成为历史上最富有的经济学家之一,但最终却一贫如洗。费雪一生爱慕虚荣且自视甚高,从来都相信自己会成为一个伟人——不仅在学术上,而且在财富上。他总是在寻找各种致富的途径。1910年,费雪发明了一

欧文·费雪

种索引卡片系统——罗拉代克斯（Rolodex）并取得专利。1913年创办自己的公司进行生产和销售。开始盈利后，1925年，费雪的公司被竞争者收购，该公司后来叫雷明德·兰德公司。费雪突然成为百万富翁。他购买了一辆大号林肯并雇佣了一名专职司机。在狂飙猛进的20世纪20年代，费雪是乐观主义的主要倡导者。除了持有兰德公司股票外，他还购买了大量小盘成长性股票。在牛市高峰时期，费雪的股票市值超过1 000万美元。这一数字实际上使费雪列为历史上最富有的经济学家之列。但是，在1929年10月华尔街股市崩盘之前，费雪仍然乐观地认为股票价格将在一个较高的水平上稳定下来。当股指由1929年的最高点381点跌到1932年的40点左右时，费雪的投资被彻底吞没了。后来经济复苏了，但费雪的经济状况一直没有复苏。他不仅要应付沉重的负债，还要同税务机关提出的对他以往收入征税的要求进行斗争。1931年，费雪得了肺炎，雪上加霜的是他同时收到美国国税局的来信，要他支付6万多美元的税款。1935年费雪被强制退休。由于他不能对他的住房付款，耶鲁大学只能同费雪签订终身租期协议，买下这所房子再租给费雪。晚年，费雪基本上是靠其妻姐的周济度日，他一共欠下75万美元，而且一直没有能力归还。费雪还一直期待能够帮他赚到几百万美元的方法，但也只是完成了一些毫无价值的小发明。1947年，贫困中的费雪被癌症击倒了，他的财富梦想终结了。费雪成为百万富翁依靠的是技术发明而不是经济学，但他最终的失败却与他的经济学有一定关联——他否认经济周期的存在可能使他做出错误的投资决策。

成功金版——高端珍藏经典畅销书系

《金融史其实很有趣》
65.00元 16开

《私营企业降低成本的157个绝招
防止亏损的92条措施》
55.00元 16开

《绩效考核与量化管理全方案》
55.00元 16开

《薪酬设计与员工激励全方案》
55.00元 16开